Pillole per la memoria – 6

Isbn 978-88-96576-05-2

Prima edizione: 2009
Seconda edizione: 2021
Edizioni Trabant – Brindisi
www.edizionitrabant.it
redazione@edizionitrabant.it

La presente opera è di pubblico dominio.
La veste grafica, le immagini, gli apparati di prefazione e note del curatore, ove non diversamente specificato, sono © 2009 Edizioni Trabant - tutti i diritti riservati.

Mastro Titta

Memorie di un boia

Edizioni
Trabant

MASTRO TITTA PASSA PONTE

"Quella der boja è una missione. Perché ammazza' un omo ner nome della giustizia nun è come scanna' uno dentro a un'osteria quanno se sta' bevuti, è 'na cosa diversa. Perché tu ammazzi un omo che nun t'ha fatto gnente. Quindi lo fai senza odio, senza rancore, anzi con una certa educazione, un certo garbo: - *Permette?* - *Prego!* Zac! Je stacchi la testa e bonanotte."

Così filosofeggiava un indimenticabile Aldo Fabrizi in una delle prime scene di *Rugantino*, l'altrettanto indimenticabile commedia di Garinei e Giovannini. Fabrizi dichiarò più volte: farei Mastro Titta a vita.

E infatti ancora oggi la figura del boia di Roma resta legata a quella straordinaria interpretazione. A teatro Mastro Titta è il proprietario di un'osteria, divenuto boia del Papa per arrotondare i guadagni e per questo abbandonato dalla moglie e preso in giro dai Romani. Come è stato fatto notare, rappresenta il prototipo del ceto medio, l'uomo tranquillo che sogna una donna in casa e un fiasco di vino sul tavolo ed è disposto a qualunque lavoro pur di racimolare due lire. Facendosi pagare *pro capite*, cioè, con secondo la traduzione di Fabrizi, "un tanto a capoccia".

Ma chi era davvero Mastro Titta? Le notizie certe scarseggiano, e per i motivi che esporremo poco ci vengono in aiuto le presenti memorie.

Al secolo si chiamava Giovan Battista Bugatti ed era originario di Senigallia, dove nacque il 6 marzo 1779. Dai documenti risulta che esercitò la professione di boia tra il 1796 e il 1864, totalizzando 516 tra esecuzioni capitali e punizioni corporali. Essendo forse l'unico *professionista* disponibile, fu al servizio sia dei Papi che degli invasori francesi, dai quali apprese l'utilizzo della ghigliottina. Smessa l'attività, poté godere di una pensione di 30 ducati al mese; morì infine il 18 giugno 1869. Di lui restano alcune stampe dell'epoca che lo ritraggono all'opera, una ghigliottina e il mantello rosso che indossava nelle occasioni ufficiali, reperti conservati nel Museo Criminologico di Roma.

Tutto qui? Tutto qui. Ma sarebbe ingeneroso limitare a queste poche righe una figura che, al contrario, ai contemporanei era celeberrima. Basti solo a dire che il suo soprannome gli sopravvisse e continuò genericamente a indicare qualunque boia esercitasse a Roma. Persino in maniera *retroattiva*: in un sonetto, Gioacchino Belli chiama "Mastro Titta" l'autore di un'esecuzione avvenuta molto prima che il nostro nascesse.

Per capire bisogna andare con la mente al sistema giudiziario dell'epoca. Era un periodo per così dire di transizione, in cui certe usanze barbare erano lentamente ma non ancora del tutto abbandonate. Gioverebbe ricordare come la pena di morte nel nostro paese sia stata definitivamente abolita soltanto alla fine della Seconda Guerra Mondiale, e come in questo siamo stati all'avanguardia in Europa. Nella Roma papalina era ancora in vigore il concetto che la morte dei rei dovesse servire da esempio ai sudditi. Questo comportava in primo luogo che l'evento fosse pubblico, con richiamo del maggior numero di persone; in secondo luogo, prevedeva – nei casi più gravi – appendici cruente come la mutilazione del condannato e l'esposizione al pubblico (su ponti, porte o sullo stesso patibolo) delle membra dissezionate. L'unica concessione alla *modernità* del secolo consisteva nel fatto che lo squartamento e la dissezione avvenissero *dopo* la morte del condannato, avvenuta per impiccagione o taglio della testa.

L'esecuzione capitale era dunque un avvenimento di pubblico interesse, che attirava la folla e la coinvolgeva emotivamente in miriadi di sfumature. Non necessariamente su basi di sadismo: sarebbe ingiusto immaginare, come spesso si fa, il pubblico intento a dileggiare e umiliare il condannato. Anzi, spesso la folla aveva interesse a sorvegliare il boia, che facesse bene il suo dovere, senza cioè far soffrire troppo il malcapitato: non mancano esempi di pubblico inferocito che cerca di picchiare un carnefice maldestro. Altro motivo di curiosità era sapere se il reo avesse accettato o meno la confessione religiosa – dando così esempio di pentimento – e fonte di ammirazione quando andava incontro alla morte con dignità e animo sereno. Un pubblico spettacolo, insomma, che certo ci appare disgustoso, ma che – ammettiamolo – toccava corde emotive ancora oggi presenti nella morbosità con cui vengono seguiti certi fatti di cronaca.

Riflettiamo su qualche dato statistico: considerato che Mastro Titta compì 516 esecuzioni tra il 1796 e il 1864 (di cui 55 per i francesi e le restanti per il Papa) e il suo successore 12 fino al 1870, anno della caduta del governo papale, ne conseguono 528 condanne a morte nell'arco di 74 anni, per una media di circa 7 l'anno. Dati che – comunque – vanno riferiti all'intero Stato Pontificio e non alla sola Roma. Si capirà dunque come la figura del boia fosse familiare ai romani. In un altro sonetto, il Belli ironizza sugli "specialisti del patibolo", coloro i quali non perdevano un'esecuzione e la seguivano con la competenza dell'esperto:

> Volete inzeggnà a me chi ffa la capa?
> Io qua nun manco mai: sò ffreguentante;
> E er boja lo conosco com'er papa.

Da qui anche l'espressione idiomatica che nacque riguardo al nostro personaggio. All'epoca le esecuzioni erano effettuate in tre posti: Campo de' Fiori, luogo tradizionale ma un po' in disuso nel XIX secolo, Piazza del Popolo o poco più avanti davanti al ponte di Castel Sant'Angelo; tutte comunque sulla riva destra del Tevere. Per motivi di tradizione, il boia non poteva abitare su quella riva, dove era concentrata la maggior parte della popolazione, e risiedeva invece sulla sinistra, in prossimità del Vaticano. Dovendo quindi attraversare il fiume ogni volta che era chiamato al lavoro, fu coniata la frase "Mastro Titta passa ponte" a significare il giorno dell'esecuzione.

L'unità italiana segnò la fine di quell'epoca. Non la fine della pena di morte, purtroppo; ma certo il termine delle esecuzioni come pubblico spettacolo, della mutilazione dei cadaveri e simili leggi da contrappasso. Quel che restò fu da parte dei romani il ricordo di questa bizzarra figura, e da parte del resto del mondo una morbosa curiosità per tali oscuri avvenimenti.

È in questo momento che finisce la storia di Mastro Titta e incomincia quella delle sue memorie.

Nel 1886 veniva dato alle stampe a Città di Castello un documento importante: il taccuino di Giovan Battista Bugatti, sul quale aveva riportato tutte le esecuzioni eseguite, con data, nome del condannato e il motivo della condanna. Si trattava di uno scarno elenco, di interesse storico ma di noiosa lettura. Qualche anno più tardi – precisamente nel 1891 – sullo stesso tema era pubblicato a puntate un libro corposo, scorrevole a leggersi, intitolato "Mastro Titta il boia di Roma: memorie di un carnefice scritte da lui stesso".

Quale la differenza tra i due testi? Semplice: il primo era autentico, il secondo no.

Era in realtà una scaltra operazione commerciale a opera dell'editore Edoardo Perino. Si trattava di un torinese trasferitosi dopo il 1870 a Roma, dove aveva aperto un'edicola di giornali in piazza Colonna. In seguito si era reinventato editore, pubblicando romanzi a puntate di dubbio valore e gusto, che però avevano larga diffusione, grazie anche all'uso – innovativo per l'epoca – degli strilloni. Per la modica cifra di 5 centesimi la gente poteva avere un nuovo fascicolo di storie a tinte forti dai titoli come "La figlia del cardinale", "La Papessa Giovanna", "I piombi di Venezia". Insomma, romanzetti d'appendice caratterizzati da orrendi delitti, clerici perversi, carceri malsane. Il povero Bugatti fu suo malgrado coinvolto in un'operazione del genere, con una finta autobiografia basata sì su documentazione reale – i suoi taccuini, le cronache dell'epoca – ma riassemblata in modo romanzato e con non poche astuzie ed esagerazioni dalla penna di un anonimo. La tesi più ricorrente, mai però confermata, individua questi in Ernesto Mezzabotta, uno degli scrittori più prolifici al servizio di Perino.

D'altra parte era ciò che andava per la maggiore in quell'Europa di fine ottocento, la terra del Grand Guignol e di Jack lo Squartatore, avida di racconti grondanti sangue e geniale creatrice della *cronaca nera*. L'Europa che riscopriva il medioevo, non più quello dei castelli e dei cavalieri, ma quello dell'Inquisizione e delle prigioni sotterranee, ed era percorsa da decine di furbastri intenti a confezionare falsi strumenti di tortura che i magistrati medioevali, feroci ma poveri di fantasia, mai avrebbero potuto concepire; e che ancora oggi affollano certe mostre da località turistica.

Quell'Europa, e quella Mitteleuropa (comprese le regioni alpine che avevano di recente e felicemente unificato il nostro paese) amavano guardare all'Italia, e in particolare al centro-sud, come un lembo di terra in cui il medioevo della fantasia fosse ancora vivo e vegeto; una terra oscura, fitta di foreste abitate da briganti sadici e all'occorrenza anche cannibali; e nella quale gli stati pre-unitari erano feroci dittature con la passione per le celle segrete ricolme di infelici dati ai tormenti. In sostanza, era venuta meno l'abitudine a proporre al pubblico spettacoli cruenti, ma non era venuta meno al pubblico la voglia se non di assistere, perlomeno di leggere di stupri, rapine e sanguinose esecuzioni.

Quando le *Memorie di un carnefice* furono date alle stampe, Roma era ormai una città incamminata sul suo destino borghese: capitale del Regno, cantiere a cielo aperto che si espandeva ogni anno di più con nuovi quartieri, palazzi alla moda, vita mondana, teatri, gran caffè e *sciantòse*. Ma non era passato poi così tanto tempo da cancellare il ricordo della Roma che fu, sorta di paesello diroccato con le pecore a pascolare fra le rovine antiche e il Papa-Re a vegliare a che nessuno turbasse quella quiete da tempo congelato. Un delitto compiuto in quella città estinta aveva tutt'altro sapore; non foss'altro per la cruenta sorte che attendeva il colpevole.

Ecco dunque spiegata la ricetta del successo di quest'opera, che con la scusa di raccontare la carriera del boia riassume gli eventi capitali della cronaca nera romana tra la fine del '700 fino all'unità italiana. Certo non si tratta di un capolavoro, bisogna essere onesti; ma è comunque una riuscita mistura di ingredienti appetibili non solo per il pubblico di allora, ma anche per l'odierno, così ghiotto di tinte oscure. Si tratta dunque di una patacca? Sì, se volete, a patto di considerarla una patacca con un non trascurabile fondo di verità. Allo stesso modo delle decine di finte Vergini di Norimberga conservate nei musei.

Ci piace concludere con la testimonianza di un visitatore straniero che alla metà del XIX secolo ebbe occasione di assistere a un'esecuzione di Mastro Titta, e ne riportò il resoconto in un'opera intitolata "Pictures of Italy".
Lo straniero ha saputo di una condanna a morte in programma e, spinto dalla curiosità, ha deciso di assistervi in compagnia di un amico. L'evento è fissato per le nove meno un quarto del mattino e i due, con un'ingenuità nordeuropea che fa francamente tenerezza, si fanno trovare sul posto ben due ore prima. Tutto inutile: il patibolo è pronto, la lama della ghigliottina luccica ai raggi del sole, soldati a piedi e a cavallo pattugliano la zona, ma il condannato si fa aspettare ben oltre l'ora prevista. È proprio un "paese incomprensibile", commenta il nostro.
Inizia a spargersi la voce che si dovrà aspettare fino a sera, come di prassi quando il reo rifiuta i conforti religiosi. Passano una, due ore. Quand'ecco dopo le undici arriva all'improvviso il corteo: si saprà in seguito che il ritardo era dovuto alla richiesta del condannato di incontrare la moglie per l'ultima volta.
Il testimone non si dilunga eccessivamente sui dettagli, ma da quanto riusciamo a ricostruire la scena che gli si presentò doveva essere alquanto macabra. Il malcapitato era accompagnato dalla processione dei *confortatori*, vale a dire i monaci della confraternita di San Giovanni Decollato (nome non casuale), che procedevano incappucciati dietro un crocefisso, in modo non dissimile da certe celebrazioni del Venerdì Santo. Un giorno, peraltro, qualcuno mi spiegherà che conforto potesse trarre dall'avere accanto degli incappucciati che cantano in latino sventolando crocefissi. Ad attenderlo sul palco Mastro Titta, il boia, con indosso un lungo mantello con cappuccio color rosso sangue.

Poi tutto si svolge con estrema rapidità. I monaci posizionano il crocefisso davanti alla ghigliottina, in modo che il condannato possa vederlo fino all'ultimo. Questi si accomoda al ceppo, e in meno di minuto la lama cade e la testa rotola giù nel cesto. Mastro Titta la prende per i capelli e la mostra alla folla, facendo il giro dei quattro angoli del patibolo; poi la fissa in cima a un'asta sul davanti.

The show was over, lo spettacolo era finito. La folla defluisce, i superstiziosi o cinici che dir si voglia deducono dai particolari dell'esecuzione i numeri da giocare al lotto, gli assistenti del boia si danno da fare per pulire la gran quantità di sangue versato.

Il nostro ne conclude: "Fu uno spettacolo brutto, sporco, ributtante; il cui unico significato non era altro che un'opera di macelleria, al di là del momentaneo interesse, ai danni dell'unico sventurato protagonista. Sì! Una tale vista ha un solo significato e un solo ammonimento. Che io non possa mai dimenticarlo."

Il visitatore veniva dall'Inghilterra, e il suo nome era Charles Dickens.

MASTRO TITTA, IL BOIA DI ROMA

Memorie di un carnefice scritte da lui stesso

I
LE PRIME OPERE

Esordii nella mia carriera di giustiziere di Sua Santità, impiccando e squartando a Foligno Nicola Gentilucci, un giovinotto che, tratto dalla gelosia, aveva ucciso prima un prete e il suo cocchiere, poi, costretto a buttarsi alla macchia, grassato due frati.

Giunto a Foligno incominciai a conoscere le prime difficoltà del mestiere: non trovai alcuno che volesse vendermi il legname necessario per rizzare la forca e dovetti andar la notte a sfondare la porta d'un magazzino per provvedermelo. Ma non per questo mi scoraggiai e in quattr'ore di lavoro assiduo ebbi preparata la brava forca e le quattro scale che mi servivano.

Nicola Gentilucci frattanto, a due ore di notte, dopo avergli rasata la barba e datogli a vestire una candida camicia di bucato e un paio di calzoni nuovi, venne condotto coi polsi stretti da leggere manette, nella gran sala comunale, poiché volevasi dare la massima solennità all'esecuzione, stante la gravità del suo delitto, superiore a qualsiasi altro, trattandosi dell'uccisione di un curato e di due frati.

La compagnia dei Penitenti Bianchi in abito di cerimonia, col cappuccio calato sul volto, schierata in due file, dalla porta all'estremità opposta l'attendeva. In faccia alla porta era stato collocato un grande crocifisso con due confrati ai lati, e una schiera di religiosi, invitati a confortare il paziente.

Il bargello e gli sbirri che lo conducevano, giunti alla porta della sala, bussarono e questa venne aperta. Quella scena commosse vivamente il Gentilucci, nondimeno entrò. Non appena ebbe fatti pochi passi il balio, aiutante del cancelliere, che ne porta gli emblemi, gli presentò una carta dicendogli:

–Nicola Gentilucci, io ti cito a morte per domattina.

Il complimento poco gentile impressionò il condannato per modo che si lasciò sfuggire di mano la carta, e sarebbe caduto egli stesso svenuto, se non lo avessero sorretto il confessore e i confortatori, i quali lo condussero poi in una sala vicina, dove, sdraiato su di un materasso posto per terra, lo lasciarono dormire.

Due ore innanzi lo spuntare del giorno susseguente lo svegliarono per fargli ascoltare la messa: il confessore gli parlò e gli impartì l'assoluzione e l'indulgenza in *articulo mortis* che il papa soleva concedere in tali circostanze. Confessato e comunicato, i confortatori gli apprestarono l'asciolvere. Gentilucci mangiò, bevve e si trovò alquanto rinfrancato d'animo.

Nondimeno il confessore lo confortò ancora, assicurandolo che egli stava per avviarsi al cielo. Il condannato avrebbe forse desiderato di differire d'un altro mezzo secolo il viaggio, ma assicurato che non avrebbe che differita la sua felicità, si preparò a farlo allegramente.

Mi presentai in quel mentre e togliendomi il cappello ossequiosamente offersi una moneta al Gentilucci, come di rito, perché facesse celebrare una messa per la sua anima. Quindi, ricopertomi il capo, gli legai le mani e le braccia in modo che non potesse fare alcun movimento tenendone i capi nelle mie mani per di dietro.

La Confraternita della Morte aperse il corteo. I confrati indossavano il loro saio ed avevano il viso coperto. Essi salmodiavano in tetro tono il *Miserere*. Venivano poi i Penitenti Azzurri, ultimi i Penitenti Bianchi ai quali era serbato il posto d'onore: cantavano pur essi nel medesimo tono il salmo stesso, seguendo gli uni agli altri, per non interrompersi, di guisa che quando gli uni cantavano gli altri tacevano.

Dopo le confraternite v'erano i bargelli delle città vicine e gli sbirri in grande uniforme, e a questi teneva dietro il paziente, condotto pei capi della fune da me stesso, - umile ma pur raggiante in tanta gloria - circondato dai confortatori e dal confessore.

Giunto sulla spianata ove doveva aver luogo l'esecuzione, Nicola Gentilucci fu fatto avvicinare ad un piccolo altare eretto di fronte alla forca e quivi recitò un'ultima preghiera.

Poi, rialzatosi, lo condussi verso il patibolo a reni volte, perché non lo vedesse e fatto salire su una delle scale, mentre io ascendevo per un'altra vicinissima.

Giunto alla richiesta altezza, passai intorno al collo del paziente due corde, già previamente attaccate alla forca, una più grossa e più lenta, detta la corda di soccorso, la quale doveva servire se mai s'avesse a rompere la più piccola, detta mortale, perché è questa che effettivamente strozza il delinquente. Il confessore e i confortatori intanto, saliti sulle due scale laterali, gli prodigavano le loro consolanti parole. Gli altri confortatori in ginocchio recitavano ad alta voce il *Pater noster* e *l'Ave Maria* e il Gentilucci rispondeva. Ma appena ebbe pronunziato l'ultimo *Amen,* con un colpo magistrale lo lanciai nel vuoto e gli saltai sulle spalle, strangolandolo perfettamente e facendo eseguire alla salma del paziente parecchie eleganti piroette.

La folla restò ammirata dal contegno severo, coraggioso e forte di Nicola Gentilucci, non meno che della veramente straordinaria destrezza con cui avevo compiuto quella prima esecuzione.

Staccato il cadavere, gli spiccai innanzitutto la testa dal busto e infilzata sulla punta d'una lancia la rizzai sulla sommità del patibolo. Quindi con un accetta gli spaccai il petto e l'addome, divisi il corpo in quattro parti, con franchezza e precisione, come avrebbe potuto fare il più esperto macellaio, li appesi in mostra intorno al patibolo, dando prova così di un sangue freddo veramente eccezionale e quale si richiedeva a un esecutore, perché le sue giustizie riuscissero per davvero esemplari.

Avevo allora diciassette anni compiti, e l'animo mio non provò emozione alcuna. Ho sempre creduto che chi pecca deve espiare; e mi è sempre sembrato conforme ai dettami della ragione ed ai criteri della giustizia, che chi uccide debba essere ucciso.

Un delinquente è un membro guasto della società, la quale andrebbe corrompendosi man mano se non lo sopprimesse. Se abbiamo un piede od una mano piagata e che non si può guarire, per impedire che la cancrena si propaghi per tutto il corpo, non l'amputiamo? Così mi pare s'abbia a fare de' rei. E benché innanzi nell'età e ormai vicino a rendere la mia vita al Creatore ed a comparire al suo supremo tribunale, non provo alcuna tema per ciò che ho fatto: se il bisogno lo richiedesse e le forze me lo consentissero, tornerei da capo senza esitanza, perché mi considero come il braccio esecutore della volontà di Dio, emanata dai suoi rappresentanti in terra.

Trascorsi due mesi, meno otto giorni, dovetti ripetere l'ufficio mio e il 14 gennaio 1797 impiccai in Amelia, Sabatino Caramina che aveva commesso un omicidio per bestiale furore e dopo settantaquattro giorni, il 28 marzo 1797, mazzolai e squartai in Valentano Marco Rossi che aveva ucciso suo zio e suo cugino per vendicarsi della non equa ripartizione fatta di una comune eredità.

Stavano radunati in casa, quando si accese il litigio. Le due vittime cercarono di persuadere l'assassino dell'erroneità dei suoi calcoli e della irragionevolezza delle sue pretese. Ma il Rossi non volle ascoltar ragioni e d'un tratto afferrata una scure, spaccò la testa allo zio, poi ripetè l'azione contro il cugino, che gli cadeva ai piedi estinto, spruzzandolo col suo sangue. Rinsavito, ebbe orrore del proprio delitto e andò a consegnarsi al bargello. Gli fu eretto subito il processo e, condannato, mi venne consegnato per la esecuzione, che subì rassegnatamente, chiedendo perdono a Dio ed agli uomini del suo misfatto.

Il giorno sette agosto 1797 fu uno de' segnalati nella mia vita e lunga carriera. Ebbi l'onore di eseguire le mie funzioni per la prima volta in Roma, a piazza del Popolo, al cospetto de' più eccelsi magistrati ecclesiastici, di insigni personaggi della Corte Pontificia, di ambasciatori, ministri, patrizi e dame del più alto lignaggio, impiccando Giacomo Dell'Ascensione. Era costui un pericolosissimo scassatore di botteghe, che dedicandosi a tal pericoloso mestiere, aveva saputo sottrarsi sempre alle indagini della punitiva giustizia e menar vita allegra, gioconda, lietissima. Ma dàlli e dàlli finì col cadere in una trappola tesagli con arte sottilissima. Colto quasi in flagrante, tentò sulle prime di far resistenza, ma poi mise senno, si lasciò arrestare e condurre alle carceri, ove confessò tutti i suoi delitti. Condannato, non voleva saperne di subir la pena. Diceva che i suoi delitti non erano passibili di morte, che la sentenza era un abbominio. E ci volle del bello e del buono per metterlo legato sulla carretta. Mentre stavo per farlo salire sulla scala, mi diede un così terribile spintone che per poco non vacillai. Ma questo tratto villano mi inasprì e senza ulteriori complimenti, passatagli la corda al collo, lo mandai all'altro mondo, dove avrà portate le sue lagnanze contro la giustizia di Roma.

Dopo quattro mesi d'inazione fui inviato a Iesi per impiccarvi, come di fatto impiccai, il 30 ottobre 1797, Pacifico Santinelli di quella città, il quale essendo detenuto nelle prigioni aveva ucciso il carceriere e sua moglie. Era il Pacifico Santinelli l'antitesi personificata del suo nome. Altro che Pacifico! Pareva il demonio! Alto e tarchiato, dotato di una forza erculea, aveva esercitato tutti i mestieri confessabili e non confessabili. Era in voce di grassatore, ma nessuno aveva mai potuto provarlo. Messo dentro in seguito ad un tafferuglio avvenuto una notte in piazza, nel quale non aveva preso, per dire la verità, alcuna parte attiva, si cercò di trattenerlo più che fosse possibile, al fine di praticare indagini sul suo conto e venire a capo delle accuse che gli si movevano. Si sperava che la sua detenzione avrebbe incoraggiato i testi a deporre contro di lui. Ma, o non avesse realmente commesso i delitti che gli si imputavano, o fosse realmente tale il timore che incuteva da paralizzar la lingua di chi avrebbe potuto comprometterlo, tornarono tutti i tentativi a vuoto.

Pacifico Santinelli intanto si impazientiva orribilmente e andava dicendo al suo carceriere che se non gli si apriva la porta un giorno o l'altro l'avrebbe strozzato colle proprie mani.

E, purtroppo, tenne la parola.

Il povero carceriere entrato una mattina nella sua cella, lo trovò di molto agitato. Aveva passato una notte insonne mulinando i più sinistri propositi.

– Pacifico, gli disse scherzando il carceriere, credendo d'amicarselo, non intendi dunque di rappacificarti colla giustizia?

– La giustizia la strozzerei, come strozzerò te, suo rappresentante e ministro, se non m'apri la porta.

– Sei in vena di ridere, Santinelli?

– Punto.

– Eppure a sentir certe proposizioni lo si crederebbe.

– Quali?

– Non hai detto che vuoi uscire oggi?

– L'ho detto e lo farò.

– Chi t'aprirà la porta?
– Le chiavi.
– Sono troppo ben collocate – riprese il carceriere, agitando il mazzo delle chiavi che portava sospese alla cintola.
– Lo credi? – gli domandò il Santinelli sempre più torvo e minaccioso, con accento strano.
– Ne sono sicuro.
– Vediamo.

Così dicendo il prigioniero, con un balzo di pantera fu addosso al carceriere e afferratolo alla gola, lo rovesciò sul pavimento. Tentò il carceriere di rialzarsi, con un brusco moto, ma Pacifico gli pose un ginocchio sul petto e strinse viemaggiormente il cerchio delle sue mani che gli serravano il collo.

Le vene del paziente si gonfiavano orribilmente; il viso s'era fatto paonazzo, poi quasi nero; gli occhi gli schizzavano dall'orbita; la lingua gli usciva per tre quarti dello bocca. E non pertanto resisteva ancora.

Ma in quel mentre s'udì un rumore di fuori e Pacifico Santinelli con una sforzo supremo riuscì a strangolare il disgraziato carceriere, il quale quand'egli aprì il cerchio delle mani, aveva resa l'anima a Dio.

Il rumore esterno che aveva affrettato la catastrofe, proveniva dai passi della moglie del carceriere, la quale, inquieta per la prolungata assenza del marito e per le minacce che aveva udito pronunciare dal carcerato, moveva incontro a lui.

Non appena fece capolino nella cella, Pacifico l'afferrò e rovesciatala brutalmente sul cadavere del marito la condusse alla stessa fine di lui, strozzandola e schiacciandole il petto con le ginocchia.

Quindi staccate le chiavi dalla cintola del carceriere, fuggì tirandosi dietro la porta della cella. Sperava potersi appiattare in qualche buio angolo finché giungesse il momento opportuno per la fuga. Ma fatti pochi passi s'incontrò in un manipolo di birri che scortavano un altro carcerato: fu subito riconosciuto ed arrestato. Scoperto il delitto si eresse il giudizio e contro le palmari prove non resistettero a lungo i dinieghi del reo. Condannato all'impiccagione e affidato alle mie mani la subì coraggiosamente, confessando di meritarla aggiungendo: «Forse le mie vittime pregheranno in Cielo per me, la vendetta e i risentimenti non varcano i confini del regno dello morte».

II

L'ASSASSINIO DI UN PRETE

Non meno arduo affare fu per me l'esecuzione degli uccisori del sacerdote don Giovanni Lupini, che mi toccò fare il 6 maggio 1800, la quale destò in Roma a quell'epoca grandissimo rumore.

Don Giovanni abitava con una servente ed una nipote in una elegante casina a mezza costa della collina di Monte Mario. Era uomo assai danaroso, amava il vino generoso e la buona cucina. Le male lingue sussurravano che non fosse insensibile anche alle seduzioni del bel sesso e lo argomentavano forse dal fatto che Tota, la sua fantesca, era un pezzo di ragazza forte e sanguigna, assai appetitosa. Ma dal momento che si teneva in casa la nipote, parmi si dovesse rimuovere ogni sospetto.

Celebrava la prima messa nella Chiesa di Monte Mario e di pratiche religiose non se ne occupava più; tanto meno di uffici ecclesiastici. E questo contribuiva ad alienargli le simpatie della Curia, la quale lo aveva parecchie volte richiamato alla stretta osservanza del Concilio Tridentino, che prescrive ai preti di non tenersi in casa donne in età minore di quarant'anni.

– Diciannove ne ha la mia nipote, Bettina, ventuno la mia serva Tota, e fra tutte due sommano appunto quarant'anni: sono nella legge. Così ragionava il bravo prete.

Don Giovanni avea già più volte osservato dei brutti ceffi che si aggiravano nei dintorni della sua casina; ma non avea fatto caso.

La sua villetta era ben munita di solide imposte: aveva un alano che latrava da far spavento, al menomo rumore; possedeva delle buone armi; e vicino ad essa sorgeva un fabbricato rustico, abitato da due famiglie di contadini alle sue dipendenze, delle quali facevan parte alcuni robusti giovanotti. Credeva quindi di non aver a temere sorpresa alcuna.

Or avvenne che, essendosi ammalata in città una sua sorella, vecchia zitellona, dalla quale sperava ereditare, le mandò per ingraziarsela a prestarle cure la nipote e la serva. Quest'ultima veramente l'avrebbe trattenuta volentieri presso di sé. Ma trattandosi alla fin fine di pochi giorni si rassegnò a privarsene.

La notte susseguente alla partenza delle due donne, don Giovanni Lupini, dopo aver lautamente cenato, servito a tavola da una delle sue contadine, e copiosamente libato il frizzante vinello delle sue vigne di Monte Mario, si coricò.

Era ancora immerso nel primo sonno, pesante e duro, quando si sentì serrare alla gola da due mani poderose: tentò gridare, ma la parola gli morì nella strozza e dati due o tre sussulti, giacque cadavere irrigidito nel suo letto.

E così lo trovarono la mattina dopo i suoi contadini, i quali veduta aperta la porta entrarono, credendo fossero ritornate le donne, per dar loro il buongiorno. Ma non appena furono penetrati nel cortile e videro l'alano steso esamine al suolo, furono presi da sinistri sospetti e s'affrettarono alla camera del padrone.

Tutta la casa era stata messa a soqquadro: forzati gli armadi, i canterani e la cassa dove don Giovanni soleva riporre i suoi danari. Svaligiata la dispensa e sulla tavola di cucina gli avanzi miserrimi di un pasto pantagruelico che i ladri avevano fatto.

Che più? Dalla cantina saliva su un odore di vino assai acuto. Scesi, trovarono che prima d'andarsene i malfattori avevano aperte le botti e lasciato che il contenuto colasse al suolo, disperdendo così quella grazia di Dio, che non avevan potuto portar via.

Dato avviso all'autorità, la casina fu tosto diligentemente visitata da' suoi messi, i quali si saranno probabilmente preso quello che i ladri avevan dimenticato.

Quindi incominciarono le indagini.

Si venne a sapere che un pizzicarolo di Borgo aveva acquistato dei caciocavalli e de' prosciutti che dovevano essere di compendio del furto. Dietro questa traccia, vennero arrestati: Gioacchino Lucarelli, Luigi De Angelis, Lorenzo Robotti, Giovanni Rocchi e Antonio Mauro, i quali vennero trovati in possesso di troppo maggior copia di danaro, che non comportasse la loro posizione e del quale non seppero giustificare la provenienza.

I tormenti aprirono la bocca del Lucarelli, il quale confessò d'esser penetrato, durante il giorno, dal muro di cinta del giardino, d'aver gettata una polpetta avvelenata all'alano, sul far della sera, che lo spense, e quando il prete si fu coricato, d'aver introdotto nella casa i suoi compagni.

La matassa del delitto, venne così in breve dipannata. I rei vennero tutti condannati alla forca, quindi al taglio della testa e delle braccia, da esporsi, per esempio, sulla porta Angelica, e il Lucarelli e il De Angelis ad essere, per giunta, bruciati.

L'esecuzione ebbe luogo a Ponte e non offrì nessuno incidente notevole. Parevano proprio nati per il patibolo. Vi si avviarono colla massima indifferenza. Mentre io ne impiccavo uno gli altri assistevano quali spettatori senza batter ciglio. Si sarebbe detto che non fosse cosa che li riguardasse. Quando li ebbi strangolati tutti, dovetti, coll'aiuto del solo mio garzone, distaccarli tutti dalle forche. Quindi incominciò la carneficina. Il palco sembrava trasformato in una bottega da macellaro. Terminata anche questa operazione e deposte le teste e le braccia nella canestra, accendemmo la pira all'uopo innalzata e vi bruciammo i resti sanguinolenti del Lucarelli e del De Angelis. I vapori che si sviluppavano da quel carname in combustione si sollevavano biancastri e diffondevano una puzza nauseabonda.

A rizzare le teste e le braccia su porta Angelica, però dovemmo aspettar la notte, perché l'autorità pensava essere troppo pericoloso il farlo presente la folla.

All'albeggiare del giorno seguente i burrini che entravano da Porta Angelica, vedendo il truce spettacolo di quelle teste recise ed infisse alla sommità, livide e contratte, erano presi da un senso di terrore, e molti tornavano indietro fuggendo, quasi avessero paura di dover fare la fine medesima.

Risaputasi invece la cosa in città, fu un accorrere di gente infinita. In breve tutte le bettole dei dintorni riboccavano di curiosi, che vi traevano ilari, giocondi e contenti, come se si trattasse di assistere ad una festa. La forte fibra romana non si smentiva. Tutti erano convinti che la condanna era stata giusta e non credendo che malfattori di tale specie meritassero pietà veruna, mostravansi soddisfatti della giustizia eseguita e la festeggiavano.

Vuolsi però aggiungere che la splendida giornata primaverile aggiungeva esca a quella gita, quasi processionale.

Quanto a me, monsignor Fiscale, volle attestarmi il suo compiacimento per la quintuplice esecuzione così ben eseguita e mi largì una gratificazione straordinaria.

Credo, dopo tutto, d'essermela ben meritata.

Ma non era ancora finito.

Per segreta rivelazione venne il tribunale in cognizione che l'organizzatore del delitto e quello che aveva raccolto il maggior frutto, era stato un tal Bernardino Bernardi, perché i delinquenti non avevano avuto il tempo di spartirsi tutto il bottino, deposto in una sua casa fuori la porta San Sebastiano.

Non appena informata di ciò, l'autorità fece arrestare il Bernardino Bernardi e perquisire la sua casa, ove si trovò la maggior parte dei valori rubati a Don Giovanni Lupini. Si istruì procedimento anche contro di lui, il quale di fronte alle prove irrefutabili che lo accusavano si rese confesso, e lo si condannò alla forca ed allo squartamento, ch'io operai due mesi più tardi, esponendo la testa spiccata dal busto e le braccia alla porta San Sebastiano. Ma l'interesse era già esaurito dall'antecedente esecuzione e questa passò quasi inosservata.

III

UN BARGELLO E DUE GUARDIE ASSASSINI

L'anno 1801 fu per me fecondo di lavoro fin dal suo esordire, giacché incominciai coll'impiccarne e squartarne tre il 19 gennaio ed otto giorni dopo dovetti ripetere l'operazione medesima sopra quattro delinquenti. Procediamo per ordine.

Da parecchio tempo le aggressioni di pubbliche corriere e di vetture private sulle strade conducenti a Roma, s'erano fatte frequentissime e sempre più ardite. Ma per quante indagini si facessero non si riusciva mai a scoprirne gli autori né ad averne le traccie.

Si supponeva l'esistenza di una banda di masnadieri, la quale si riunisse per compiere i misfatti, quindi si sciogliesse tornando i suoi componenti agli usati lavori dei campi o ad altre funzioni. I più esperti esploratori erano stati inviati nelle campagne e nei paesi circonvicini; ma per quanto battessero quelle e cercassero di raccogliere notizie in questi, non venivano a capo di nulla.

Un bel mattino giunse a Roma la notizia di una grassazione patita sulla strada da Baccano a Calcata, da un colonnello napoletano, il quale recavasi ad Ancona, per affari diplomatici, munito di credenziali del suo Sovrano, e accompagnato da suo fratello e da un servitore.

Il fatto era avvenuto così.

Ad un miglio circa dell'Osteria del Pavone, presso Baccano, al sopraggiungere della carrozza di viaggio, che portava il colonnello ed i suoi, sbucarono da una siepe tre individui. Quello che pareva il capo fermò i cavalli ed ordinò al vetturino di scendere da cassetta. Nel frattempo altri due giovanotti imberbi si presentarono agli sportelli del legno e spianando i fucili intimarono ai viaggiatori di consegnare i denari e gli oggetti preziosi che avevano.

Il colonnello che si teneva in petto una discreta somma in argento e desiderava salvarla, rivoltosi ai masnadieri, disse loro:

– Io non ho denaro sopra di me, frugate nel cassetto della carrozza e ne troverete. I masnadieri così fecero e presero cinque o sei scudi di rame; ma poi si accorsero che il colonnello teneva una mano sul petto e che questo era rigonfio.

– Datemi quel denaro che cercate di nascondere in seno o vi ammazzo – gli intimò il capo-banda spianandogli contro il pistone di cui era armato.

Il colonnello allora impaurito trasse dalla tasca in petto dell'abito una cinquantina di scudi che teneva e li consegnò ai grassatori, i quali gli tolsero pure il cappello a tre punte gallonato d'oro, con una nappina dello stesso metallo, sulla quale era la sigla F. R. (Ferdinando Re).

Al fratello tolsero poche monete, le fibbie delle scarpe e una sottoveste di seta che portava.

Al vetturale che guidava la carrozza tolsero pure i pochi spiccioli che possedeva. Il domestico invece fu lasciato in pace. Probabilmente avevano preveduto che non possedeva il becco d'un quattrino.

Quindi vennero lasciati proseguire il viaggio.

Giunti a Baccano, il colonnello mandò subito un rapporto del fatto al governatore di Monte Rosi e questi lo trasmise al governo centrale in Roma, il quale ordinò ad un bargello di partire con alcuni birri di campagna pel teatro del delitto, il che fu subito fatto.

Giunto il bargello a Calcata, si seppe che la notte stessa, erano state commesse, evidentemente dalla medesima banda due altre aggressioni. La prima contro il conduttore della corriera postale fra Roma e Guarcino, cui erano stati presi pochi paoli; la seconda contro alcuni mulattieri, ai quali erano stati tolti i ferraioli e le robe che avevano nelle bisacca, i pochi denari; e a uno d'essi i bottoncini d'oro che portava all'orecchie, a un altro le scarpe nuove.

Assunte alcune informazioni il bargello co' suoi birri andò subito ad arrestare in Calcata il suo collega, bargello del paese, che godeva pessima fama ed era indiziato di aver rubato di notte al farmacista di Calcata un mulo, mandato poi a vendere in piazza Montanara a Roma da' suoi complici. E col bargello di Calcata, Giuseppe Zuccherini, arrestò due guardie da lui dipendenti, Giuseppe Sfreddi, romano, già contumace per altri reati, e Giacomo D'Andrea, veneto, già fornaio disoccupato, e come l'altro assunto in servizio dallo Zuccherini.

Il bargello di campagna, trovò i summenzionati in possesso di una bisaccia, contenente tutta quanta la *re furtiva*. Ma nell'interrogatorio che gli arrestati subirono in Calcata, dissero che quella bisaccia l'avevano tolta la notte stessa a tre malandrini, sorpresi sulla strada, coi quali s'erano collutati, e che erano poi fuggiti lasciando la bisaccia sul terreno. Quanto alle scarpe nuove del mulattiere, che il D'Andrea s'era messe, questi si scusò dicendo, che non potendo camminare colle proprie, tanto eran rotte e malconcia, aveva prese provvisoriamente quelle dalla bisaccia.

Tradotti a Roma e sottoposti a nuovi interrogatori, il D'Andrea, giovane ventenne appena, confessò tutto: gli altri negarono recisamente. Ma fu vana opera. Convinti del reato, vennero condannati alla forca ed allo squartamento, anco per dare una soddisfazione al re di Napoli, Ferdinando di Borbone, che strepitava per averla.

È impossibile descrivere la densità della folla, che s'era agglomerata in piazza del Popolo la mattina del 19 gennaio 1801, quando eseguii la sentenza. Scesi dalla carretta coi confortatori, la gente ci circondò d'ogni parte e a stento i soldati poterono aprirci il varco per salire sulla piattaforma del palco. Ma i condannati erano solidamente legati colle mani dietro le reni: i cappuccini stavano loro intorno e sarebbe riuscito vano qualsiasi tentativo di fuga.

Sarebbe inutile ripetere i particolari dell'esecuzione, che non offrì nessuna varietà. Morirono coraggiosamente e cristianamente, dopo aver chiesto perdono dei loro delitti. E questo, come sempre accade, conciliò loro le simpatie della folla, ammirata dal franco portamento.

– Che peccato – mormoravano specialmente le donne – così giovani!

I loro resti rimasero appesi al palco tutta la giornata. Solo nella notte vennero ritirati e il patibolo fu disfatto.

IV

LA GRASSAZIONE DELLA PRINCIPESSA

La seconda giustizia che mi fu commessa in quel mese di gennaio 1801, seguì il giorno 27, a Camerino, sopra quattro persone, come avvertii, cioè Luigi Puerio, Ermenegildo Scani, Gaetano Lideri e Leonardo Ferranti.

Trattavasi d'un'altra grassazione.

Avevano costoro formata una banda e scorazzavano nei dintorni di Camerino, aggredendo vetture pubbliche e private, poveri viandanti e perfino le corriere postali. La notte della befana, dopo aver già compiute due grassazioncelle di poco conto, togliendo pochi scudi ad alcuni carrettieri e un piccolo carico di cibarie ad un mulattiere, si ritiravano nella macchia, col proposito di far perdere le loro traccie, se per avventura i derubati, infischiandosi delle loro intimazioni e minaccie di morte, li denunziassero; quando udirono sulla strada maestra i campanelli tintinnanti dei cavalli di una sedia di posta. Tornarono subito sul ciglio della macchia, e videro venire di gran trotto una elegante carrozza da viaggio, tirata da quattro cavalli, montati da due postiglioni in uniforme di gala e due domestici dietro in alta livrea gallonata d'oro.

Si consultarono sul da farsi e in due minuti furono d'accordo. La partita era forte e pericolosa, ma prometteva di riuscire molto proficua e decisero di giocarla.

S'appostarono sulla strada e non appena la vettura giunse le scaricarono contro i pistoni, dei quali erano armati. Il legno si fermò di botto, perché i due cavalli di volata erano stati feriti e caddero, tirandosi sotto il primo postiglione ferito pur esso. L'altro balzò tosto a terra e tentò di tagliare i finimenti della prima pariglia, per liberare la seconda, nella lusinga di poter con essa fuggire. Ma i banditi gli furono sopra di balzo lo legarono saldamente e lo buttarono da un lato della strada.

Dall'interno della carrozza uscivano intanto strazianti grida femminili. I due domestici paralizzati erano rimasti immobili.

– Fateli scendere e legateli – disse il capo, Luigi Puerio, a Leonardo Ferranti e Gaetano Lideri – e tu, Scani, assicurati dell'altro postiglione.

Questi, per far presto, gli spaccò il cranio, con una pistola d'arcione, che portava alla cintola.

– Imbecille! – gli gridò il Puerio volgendosi alla detonazione, mentre s'avvicinava allo sportello.

Ermenegildo Scani alzò con noncuranza le spalle e si fece a frugare il postiglione morto, mentre Lideri e Ferranti facevano altrettanto con quello legato e coi due domestici che avevano addossati ad una grossa pianta e avvinti al tronco della medesima.

– Sciocchi! Non vi perdete in bazzecole – tonò di nuovo il capo banda. – Staccate le valigie dietro la carrozza e perquisitele.

Dal legno non s'udiva più nulla.

Puerio s'accostò allo sportello, l'aperse e vi scorse una bella ed elegante signora svenuta.

Questo gli permise di lavorare a suo bell'agio, togliendole gli orecchini di brillanti, e i ricchi monili che portava. Poi la levò di peso sulle proprie braccia e la portò sul limitare della macchia, adagiandola colla maggior delicatezza possibile sopra un morbido tappeto di vellutello, che pareva fatto apposta per attenuare l'asprezza del suolo.

La bella signora portava al collo una sottile catena d'oro di Venezia i cui capi andavano a celarsi nel busto, sorreggendo forse qualche medaglione.

Puerio, che era giovane e di civile condizione, volle mostrarsi garbato e piegato un ginocchio a terra si accinse a slacciarle la veste. Ma, man mano che l'operazione procedeva egli sentiva accendersi i sensi, e ben altre idee che quelle del furto gli frullavano per il capo. Gl'inebbrianti profumi che si sprigionavano dal busto della dama gli davano le vertigini, e quando il candido seno, sciolto da suoi involucri, proruppe torreggiante ed aulente, fra la spuma dei merletti che le adornavano la camicia, si chinò sopra di lei e vi depose un bacio, ebbro di passione e di desiderio. Al contatto di quelle labbra ardenti come braci, la signora rinvenne e guardandosi attorno, come si svegliasse da un sogno, s'accorse della terribile posizione in cui si trovava.

– Che volete da me? – chiese con marcato accento forestiero al brigante.

– Nulla – rispose a fior di labbro il Puerio, cogli occhi fiammeggianti.

– Mi avete dunque già preso tutto?

– Nulla – ripeté il brigante, con voce resa tremula dal delirio sensuale onde era in preda.

– Lasciatemi dunque! – ripigliò la signora, la quale avendo ricuperato il pieno esercizio delle sue facoltà, intravedeva le intenzioni del bandito.

– Nulla... fuorché amore! – le sibilò all'orecchio il Puerio, bruciandolo quasi coll'alito ardente.

– Amore! – esclamò la donna con sarcasmo così profondo che il masnadiero si sentì rimescolare il sangue —. Sanno dunque i pari vostri che sia?

Le ultime vestigia del carattere cavalleresco d'un tempo scomparvero a quel sinistro accento dal Puerio, e tornò ad un tempo brigante e belva, irritata da una irrefrenabile voglia di godimento.

– Se lo sappiamo vedrai – mormorò con voce rauca, cingendole la vita, rovesciandola sul muschio, dal quale s'era rialzata a mezza vita, cercando di insinuarle un ginocchio fra le gambe e di baciarla sulla bocca.

A tale oltraggio brutale, la signora che aveva forse per un istante subito il fascino di quella passione frenetica, e l'influenza dell'ora, del luogo, della situazione, ricuperò di un tratto tutta la sua freddezza, la sua energia, la sua alterigia sdegnosa e mentre il masnadiero tentava di appoggiare le proprie labbra alle sue gli lanciò uno sputo, che colpì Luigi Puerio in pieno viso.

Il bandito si rizzò di scatto, brandì un pugnaletto che portava al fianco e lo immerse nella gola della disgraziata signora, la quale ricadde sul suolo immersa nel sangue che le sgorgava a fiotti dalla ferita. La lama dello stile le aveva reciso di netto la carotide.

Luigi Puerio, tirò un sospiro di soddisfazione dall'imo del petto. La sua vendetta dell'atroce offesa era stata così rapida, così fulminea, che ne provava una gioia ineffabile. Se avesse conseguito, ciò che pochi istanti prima anelava più d'ogni altra cosa al mondo, l'amplesso di quella donna, non avrebbe potuto essere più felice. Subitamente si immobilizzò e parve tendere l'orecchio ad un rumore lontano: non potendo spiegarselo si buttò a terra sulla strada e poggiò l'orecchio stesso al suolo e dopo pochi secondi si rialzò e chiamando i compagni, gridò loro:

– Presto, presto! S'ode uno scalpitio di cavalli, cinque almeno: è una pattuglia che non tarderà dieci minuti ad esser qui.

I briganti si affrettarono a cacciare entro larghe bisaccie onde erano muniti, la roba involata dalla carrozza e si gettarono col loro capo nel folto della selva.

Disgraziatamente per loro la donna assassinata era una principessa spagnuola, sposa di un addetto all'ambasciata di Sua Maestà Cattolica presso la Santa Sede.

Il governo avvisato sguinzagliò per le macchie di tutti i dintorni un nugolo di birri e di agenti, i quali stringendo man mano il cerchio in cui erano stati disposti, finirono coll'impossessarsi dei quattro grassatori, poco lontano dal teatro delle loro ultime gesta.

Il processo si svolse a Camerino. Le deposizioni dei due domestici e del postiglione ricostruirono il fatto nelle sue entità e nei suoi minuti particolari, talché i complici finirono per rendersi tutti confessi. Il solo Puerio persistette nelle negative. Ma alla perfine dovette arrendersi dinanzi alle prove schiaccianti e fu come i compagni suoi condannato alla forca ed allo squartamento.

Chiamato all'esecuzione, potei compierla non senza difficoltà, perché, come sempre avviene in provincia non mi si voleva dare il materiale per rizzare il palco e le quattro forche occorrenti. Dovetti andarlo a prendere di viva forza, scortato dai birri, di notte in un magazzino di legname.

Sull'albeggiare del 27 gennaio però tutto era pronto. Mi recai alle carceri ove mi vennero consegnati i condannati, che feci salire nella carretta, ben ammanettati e legati due per due.

Luigi Puerio respinse i confortatori e salì sul palco con passo intrepido e morì bene, senza codardia e senza smancerie. I suoi complici invece erano addirittura disfatti.

Più della corda li spense lo spavento del patibolo. Però mi condussi in modo che il pubblico non si avvedesse, perciocché per antichissima tradizione è convenuto che non si debbano giustiziare né morti, né moribondi, né infermi di qualsiasi maniera.

Assistettero a questa mia giustizia l'ambasciatore di Spagna e una quantità di diplomatici d'altre nazioni, perché la principessa era assai conosciuta e benevisa, e le circostanze in cui era seguito il suo assassinio, avevano dato corso ad una infinità di commenti. Insieme ai diplomatici ed all'ambasciatore di Spagna erano pur giunti a Camerino una quantità di signori e grandi personaggi romani, fra i quali Sua Eminenza il Cardinale, Segretario di Stato.

Fu questa una delle più solenni mie esecuzioni.

V

LO STUPRO D'UNA VERGINE

Il fatto del Puerio mi richiama alla mente un altro delitto, nel quale la foia erotica, la libidine dei godimenti sensuali ebbe parte precipua e che condusse il reo nelle mie mani. E poiché la memoria in questo momento mi soccorre meravigliosamente, tanto da ricordarmi i più minuti particolari, interrompo l'ordine cronologico delle mie esecuzioni per narrarlo qui e descriverlo.

Viveva in città di Castello, nei primi anni del secolo un tal Francesco Conti, giovinotto aitante della persona, appartenente a famiglia d'agricoltori dei dintorni agiata, ma non ricca, che mandava a vendere in città i prodotti delle sue coltivazioni, erbaggi, frutta, derrate di vario genere.

Francesco che aveva abitudini dissipate e amava poco la vita campagnuola, ottenne dai suoi di trasferirvisi e di aprire un negozio per lo spaccio delle loro merci. E quivi cominciò a darsi alle gozzoviglie ed a contrarre relazioni con facinorosi e farabutti d'ogni specie.

Fra le pratiche del negozio del Conti, era una leggiadrissima giovinetta, orfana di madre, alla quale il genitore lasciava la gestione dell'azienda domestica, di nome Elvira Fontana. Costei si recava ogni giorno a far la spesa, accompagnata da una fantesca, e si tratteneva spesso a discorrere col Conti, ch'era un bel giovanotto dalle forme erculee, dal colore olivastro pallido, dagli occhi neri fiammeggianti, dalle labbra carnose e sensuali, fra le quali intravedevansi, quando sorrideva, denti piccoli e bianchi.

L'umor faceto, le gaie proposizioni e i modi cortesi del bottegaio piacevano alla giovinetta; ma era dessa ben lontana dal supporre quali strani pensieri egli mulinasse nel cervello, quando posava gli sguardi avidi sopra di lei, e fu ben sorpresa, quando dai complimenti usuali, Francesco passò ad espressioni molto più esplicite e dirette.

Un giorno mentre la fantesca era uscita dal negozio per un bisogno accidentale, il Conti trasse l'Elvira con un pretesto in fondo al negozio e, cingendole la vita con ambe le braccia, la baciò e ribaciò freneticamente sulle labbra, dicendole:

– T'amo! T'amo, e devi esser mia a qualunque costo.

La servente tornò in tempo e non s'accorse, o non volle accorgersi, del rossore che avvampava le gote della fanciulla.

Elvira all'indomani mutò l'ortolano, né più tornò da Francesco Conti; ma si guardò bene di raccontare l'accaduto a chicchessia.

L'ardito giovanotto tentò di riavvicinarla; ma non essendovi riuscito, pose il cuore in pace e s'ingolfò sempre più nella sua vita sconsigliata. In breve giunse a tale che si associò a una compagnia di ladri, coi quali scassinava di notte case e botteghe.

Una notte s'introdusse in un palazzotto signorile, con altri cinque amici, ove gli era stato detto che c'era buon bottino a fare. Girando al buio per gli appartamenti, videro attraverso le commessure d'una porta filtrare un filo di luce. Entrarono. Era la camera da letto, ove dormiva discinta Elvira Fontana. Francesco Conti alla vista di quella formosissima creatura fu preso da una specie di delirio erotico, che gli tolse ogni lume di ragione. Dimenticando i compagni e la causa che li aveva condotti in quella casa, non pensò che a far sua la fanciulla vincendone la coraggiosa resistenza.

Alle grida della infelice, che indarno il Conti cercava reprimere, accorsero il padre e un vecchio servo; ma nulla poterono fare in sua difesa, perché gli altri banditi li trattennero finché l'orribile misfatto fu consumato. Né basta: i cinque compagni del Conti vollero pur essi possedere la disgraziata giovinetta, che fu così ludibrio di tutti quanti sotto gli occhi del genitore.

Incominciava ad albeggiare, quando l'oscena masnada lasciò la preda: non c'era tempo da perdere: legarono il padre ed il domestico, e frugando alla lesta, poiché il tempo incalzava, non riuscirono a trovare che una trentina di scudi, coi quali fuggirono dal teatro delle loro turpi gesta.

Francesco Conti tornò, come se nulla di nulla avesse fatto, al suo negozio, dove dietro denuncia del Fontana, fu sull'imbrunire arrestato.

Sottoposto a processo tentò sulle prime di negare; ma la testimonianza dell'Elvira lo schiacciava e incominciò col confessare lo stupro della fanciulla, dicendo però di non aver fatto parte della banda, che abusò poi di lei e rubò i trenta scudi. E in questo proposito fu irremovibile. Tutti i tentativi per fargli declinare i nomi dei complici riuscirono frustranei.

Fu nondimeno condannato alla forca, senza altro inasprimento di pena e io lo impiccai a Città di Castello, la mattina del 26 aprile 1803, dopo che fu ben confessato e confortato religiosamente, essendosi mostrato pentito del suo delitto. Morì coraggiosamente e la sua salma venne tosto distaccata dai parenti e portata al paese, ove le diedero onorata sepoltura.

VI

LA VENDETTA DI UN MARITO OLTRAGGIATO

Dopo i quattro di Camerino che avevano grassato e assassinato la principessa spagnuola il 9 febbraio 1801, compii la mia 28ma giustizia impiccando e squartando in piazza del Popolo Teodoro Cacciona, condannato per aver rubato a un carrettiere un ferraiuolo, un paio di stivali e dodici scudi. Cinque giorni dopo dovetti trasferirmi in Albano, dove il 14 febbraio 1801 ebbi a mazzolare e squartare un tal Fabio Valeri il quale aveva grassato il pizzicagnolo dell'Ariccia. La settimana appresso, mi recai a Viterbo, dove il 21 febbraio 1801 dovetti impiccare e squartare Francesco Pretolani, il quale aveva grassato ed ucciso un oste e sua moglie. Dopo un riposo di quattro mesi, il 6 giugno 1801 ho impiccato, a piazza del Popolo a Roma, Giovanni Fabrini, il quale aveva commesso un omicidio per vendetta, alla Pace. Nessun particolare è degno di nota né per i delitti, né per le esecuzioni, di tutti costoro. Volgari malfattori, perendo per mia mano, ricevevano il giusto guiderdone delle loro opere malvagie, e se ne andavano all'altro mondo, persuasi essi medesimi di dover saldare il conto colla giustizia, senza troppo disperarsi e rassegnandosi al proprio destino. Tanto valeva per loro morir sul patibolo che in letto.

Molto interessante ed eminentemente drammatico fu invece il processo di Domenico Treca, che, in seguito a sentenza del tribunale che lo condannava alla forca, fui chiamato ad impiccare in Subiaco, come di fatto lo impiccai la mattina del 4 luglio 1801.

Domenico Treca era un giovinotto che si guadagnava la vita facendo il merciaio ambulante, girando per villaggi e frequentando i mercati e le fiere. Lucrava discretamente, e tutti i suoi denari li spendeva intorno alla moglie, che amava sviseratamente, e che ben meritava d'essere amata per l'incomparabile sua bellezza.

Si chiamava costei Felicita ed era dotata di un personale molto appariscente: densa di forme, ma aggraziata, col petto torreggiante, le anche poderose, ben tornite e candide le braccia e pingui i lacerti. La testa avvenentissima, impiantata sopra un collo taurino, di niveo splendore, aveva movenze seducentissime. Ricca, prolissa e naturalmente ondeggiata la bruna e lucida capigliatura. La bocca sempre sorridente. Le gote pienotte e rosee, gli occhi pieni di un fascino irresistibile. Le orecchie piccole, diafane, ben disegnate, che invitavano a sussurrarvi dolci parole d'amore.

Quando Domenico era fuori, stava in casa con Felicita una vecchia parente. L'aveva voluto ella stessa, per allontanare qualsiasi sospetto da parte del marito, il quale valutava adeguatamente i suoi pregi, e benché la sapesse onesta, ne era naturalmente geloso.

Molti fra i più bei giovani di Subiaco avevano tentato di avvicinarsi a Felicita, ma da brava ed onesta moglie ella li aveva sdegnosamente respinti.

– È proprio la perla delle spose, dicevano tutti, uomini e donne, non senza una punta di gelosia.

Se nonché Felicita era pia e devota: frequentava la chiesa; ascoltava messa tutti i giorni, tutte le settimane si confessava e comunicava, ed era il curato stesso che aveva presa la sua direzione spirituale.

Quando una donna è giovane e bella è di leggieri sospettata. Le pettegole, che non potevano soffrire la superiorità fisica e morale di Felicita incominciarono a notare l'assiduità di lei alla chiesa, e commentarla e malignarne. Si diedero a spiare i suoi passi e la sua casa, e giunsero a sapere che il curato la visitava e si intratteneva con lei lungamente.

– C'è in casa la parente, obbiettavano coloro che volevano assumerne le difese.

– Le farà da mezzana, ripetevano le male lingue.

E così, in breve, di bocca in bocca, si diffuse la notizia che Felicita era l'amante del curato.

Domenico, come sempre accade, fu l'ultimo ad essere informato delle voci che correvano in paese intorno sua moglie. Quando glie ne giunse contezza provò uno schianto al cuore: egli comprese che tutto era finito per lui; non più felicità, né pace, non più avvenire, poiché felicità, pace, avvenire per lui si compendiavano nella donna adorata e infedele. Meditò la vendetta. Ma prima di compierla volle sincerarsi delle cose per filo e per segno. Il castigo doveva scendere inesorabile su tutti i colpevoli. La sua vita era infranta? Avrebbe infrante pur quelle de' suoi traditori tutti.

Con una forza di dissimulazione della quale soltanto l'odio più acerrimo potea renderlo capace, chiuse il suo segreto negli imi penetrali della sua anima piagata. Non uno sguardo, non un gesto, non una parola rivelò in lui, né alla moglie, né ad altri, la terribile cognizione della sua rovina morale, cagionatagli dal tradimento. Attese. Attese finché gli fu dato di raccogliere tutti i particolari della sua sventura.

Un giorno partì come di consueto colla carrozzella che gli serviva per il trasporto delle sue merci, annunziando che recavasi ad una fiera, la quale doveva durare otto giorni. Ma la notte medesima tornò pedestre, ad insaputa di tutti, a

Subiaco, penetrò nella sua casa e si nascose in una stanza vicina alla camera da letto.

Vide giungere il curato ed entrarvi: vide tutti gli apprestamenti di una baldoria fatti da sua moglie e dalla parente di lei e non si mosse; udì il tintinnio dei bicchieri cozzanti e i lieti evviva e i propositi fescennini che uscivano dalla bocca del curato mezzo ebbro, e non si mosse; assisté al trasporto dei resti della cena e alla preparazione del nido d'amore e non si mosse.

Solo quando ebbe la materiale certezza che il curato si trovava nelle braccia di sua moglie, uscì dal nascondiglio e armato di un lungo pugnale, si avviò nel buio, alla camera nuziale. In quel mentre tornava la parente con un lume: il terrore le tolse la parola. Non poté mandare un grido, ma si gettò attraverso la porta per contenderne l'accesso all'oltraggiato marito.

Domenico Treca non disse verbo: gli infisse il pugnale nel cuore fino all'elsa e lo ritrasse fumante di sangue; quindi, con un balzo di pantera fu addosso al prete, che era sceso dal letto, al rumore prodotto dalla caduta della parente, e pur d'un colpo lo spense.

– Menico! Pietà! Pietà! – urlò Felicita levandosi a sedere seminuda sul letto maritale contaminato – protendendogli le bellissime braccia, quasi in atto d'invitarlo ad un amplesso.

Treca stette un momento a guardarla. Forse la lasciva donna, satura di fluido magnetico, esercitò un fascino erotico sopra i suoi sensi e gli fece balenare il pensiero orribile di godersi ancora una volta l'amore di quella femmina, intriso del sangue che per lei aveva versato. Ma lo respinse tosto, perché colla passione si risvegliò subito in lui il furore geloso.

– No! No! – esclamò, con un rantolo di morte che gli serrava la gola. No!

E precipitandosi su Felicita gli piantò il pugnale nel petto, sfiorandole prima il braccio col quale la disgraziata aveva tentato di farsi schermo. Ma, per quanto fiero, il colpo non la uccise tosto, e con quella fittizia energia che dà la disperazione tentò la lotta contro l'assassino.

Ma il contatto di quelle carni che egli avrebbe voluto coprir di baci, accendeva viemaggiormente la rabbia del tradito.

Treca non era più un uomo, era una belva inferocita.

Continuò a straziare quel corpo bellissimo coprendolo di ferite. Il sangue spillando con violenza gli aveva soffuso il viso e bagnate le labbra. Treca ne gustava il sapore e se ne ubbriacava.

Il delirio omicida gli durò finché non cadde estenuato e privo di sensi al suolo.

Rinvenuto dopo parecchio tempo, gli parve svegliarsi da un sogno: si alzò, si guardò attorno e tutta la tremenda verità gli apparve dinanzi agli occhi. Un senso di ribrezzo l'invase; volle fuggire, inciampò nel cadavere del curato e cadde; si rialzò, mosse alcun frettoloso passo ed inciampò ancora nel cadavere della parente. Si rialzò un'altra volta e barcollante giunse sulla via, sempre col pugnale stretto nella destra.

Albeggiava e la luce smorta piovendogli sul volto contraffatto da convulsioni spasmodiche dei muscoli visuali, lo rendeva cadaverico. Pareva un colpito da mala morte, che uscisse dal sepolcro. Il sangue che gli grondava dai vestiti, cosparsi di grossi grumi, compiva il quadro scellerato.

Alcune donne che lo videro prime in quello stato fuggirono gridando spaventate e facendosi il segno di croce; alcuni uomini che pur lo scorsero non ebbero il coraggio di accostarsegli e andarono in traccia dei birri, i quali giunsero di corsa e mentre lo ammanettavano e legavano solidamente, gli chiesero:

– Che avete fatto?

Quella fredda domanda parve ridargli la conoscenza dell'esser suo.

– Mi sono vendicato – rispose e non aggiunse verbo.

Tratto in carcere dormì parecchie ore d'un sonno affannoso. Solo quando si svegliò, dopo il riposo, ebbe il beneficio delle lagrime, che salvò la sua ragione vacillante.

Proruppe in dirotto pianto e chiese instantemente di essere subito giustiziato.

– Mi pesa troppo la vita! mormorava.

Ma dovette attendere che le formalità del processo si esaurissero. Non durarono però molto, essendo confesso, e il 4 luglio 1801 lo impiccai a Subiaco, con immenso concorso di gente colà convenuta da tutte le parti, perché il rumore sollevato dal misfatto, aveva destato l'universale curiosità.

Domenico Treca era caduto parecchi giorni prima della sua impiccagione in uno stato di completa apatia. Si confessò e ricevette i conforti della religione, e salendo il patibolo non era più un uomo, era un automa.

VII

L'ASSASSINIO DI UN GIUDÌO – PARRICIDIO

Le prime esecuzioni dell'anno 1802 furono in persona di grassatori. Il primo, Domenico De Cesare, lo impiccai sulla piazza di Ponte Sant'Angelo, il giorno 8 febbraio. E se vi fu mai uno che meritasse d'andarsene al diavolo colla fune intorno al collo, era lui. Aveva grassato un povero spazzino per togliergli i pochi baiocchi, coi quali doveva comprare il pane a' suoi figliuoli. Arrestato, confessò il delitto cinicamente, senza mostrarsene menomamente pentito. Respinse il primo confortatore che gli si presentò, sputandogli in volto, e mentre io gli legavo le braccia, dissemi:

– Attento Mastro Titta, perché se non mi tieni saldamente, scappo e vengo a farti una visita di notte a Borgo Sant'Angelo.

Parimenti a Ponte, dodici giorni dopo, cioè il 20 febbraio 1802, impiccai e squartai Ascenzo Rocchi e Giovanni Battista Limiti, che avevano aggredito sulla strada di Bracciano alcuni carrettieri, tolti loro i denari, i ferraioli, e perfino due copelle di vino che portavano per il proprio consumo. Uno dei carrettieri aveva tentato di difendersi e gli diedero un colpo di bastone sulla testa che la mandò tramortito al suolo.

Sorpresi dai birri fuggirono, ma furono agguantati non guari dopo, processati, condannati e giustiziati. Morirono muniti dei religiosi conforti e sinceramente pentiti, mostrandosi coraggiosi anche in faccia al patibolo.

Più ardua bisogna fu quella che mi toccò il 15 marzo del 1802, nel qual giorno ebbi a mazzolare, scannare e squartare, sempre a Ponte Sant'Angelo, Giovanni Francesco Pace di Venanzio che aveva grassato ed ucciso un ebreo.

L'affare era andato così:

Il Pace, oriundo napoletano, aveva messo bottega di sartore a San Carlo a Catinari e prendeva la roba a credito da un mercante giudìo di nome Abramo, in Ghetto. Non venendogli fatto di strappargli i denari, il mercante lo costrinse un giorno a firmargli delle obbligazioni a lunga scadenza. Una sera rincasando il Pace incontrò Abramo al ponte Quattro Capi: una triste idea lo assale. Si guarda attorno e non vede anima viva; faceva freddo, un fitto nevischio cadeva e nessuno usciva di casa. L'idea del sartore era di farsi restituire le obbligazioni.

Non appena concepita volle tradurla in atto, e afferrandolo subitaneamente per il collo gli intimò:
— Fuori le carte.
— Non le ho — rispose atterrito, colla voce nella strozza il giudìo.
— Fuori le carte — ripete il Pace.

E l'altro pur sotto quella potente stretta si serra le mani al petto, per impedire all'aggressore di frugargli addosso. Questo allora trae di tasca le forbici che portava sempre con sé e ne inferisce più colpi alla gola del giudìo.

Abramo cade, intriso del sangue che gli sgorgava dalle ferite, e muore colle braccia sempre conserte al petto e irrigidite.

Pace si china allora sopra di lui e gli toglie dal pastrano un portafogli pieno di valori fiduciari e una borsa con alcune monete. Quindi se ne va tranquillamente a casa a dormire.

Le aggressioni anche in città erano allora all'ordine del giorno, o più precisamente all'ordine della notte e non destavano gran rumore. Trattandosi poi d'un israelita la cosa pareva quasi naturale. Si fece qualche indagine dall'autorità e non essendosi potuto scoprire nulla non se ne parlò più.

Incoraggiato dall'impunità il Pace, dopo aver spese le monete, pensò di servirsi dei valori ed andò ad offrirli ad un cambiavalute al Corso. Questi insospettitosi avvertì il fiscale che fece una perquisizione alla bottega del sartore, gli trovò il portafogli con delle carte che ne indicavano il legittimo proprietario. Pace fu tratto in arresto e mandato alle carceri. Sulle prime negò sfrontatamente e disse che il portafogli lo aveva trovato per terra in via Rua. Ma messo alle strette finì per confessare ed ebbe come dissi, la ricompensa degna del suo misfatto. Il 3 aprile 1802, recatomi a Fermo, mazzolai e squartai Domenico Zeri, il quale aveva ucciso il proprio padre, in seguito ad un litigio insorto per la divisione di un piccolo fondo venuto loro in retaggio per la morte di un lontano parente.

Stavano entrambi cenando in cucina e accalorandosi ne' discorsi avevano bevuto di molto vino cotto, che dà al capo ed abbrutisce bestialmente. Da una parola acerba ad un'altra il padre minacciò Domenico Zeri di privarlo anco di quel poco che gli avrebbe dovuto lasciare alla sua morte.

— Voi non lo farete! — esclamò d'un tratto rizzandosi minaccioso, e cogli occhi iniettati di sangue Domenico Zeri.

— E perché no? — gli chiese il padre alzandosi pure lui, quasi in atto di sfida.

— Perché non ve ne lascerò il tempo — rispose allontanandosi qualche passo dalla tavola, accostandosi all'ampio camino, e stendendo la mano dietro di sé, per cercare qualche cosa.

Il vecchio sempre più irritato afferrò il boccale di terraglia ormai vuoto, che si trovava sul desco e lo scagliò al figlio ferendolo alla fronte. Sentendosi il volto irrigato di sangue questi perdette il lume della ragione e afferrata la pala del fuoco ne assestò un terribile colpo sulla testa al padre, che cadde boccheggiante al suolo. A quel truce spettacolo, Domenico Zeri fuggì; errò parecchi giorni per le campagne e finì coll'essere arrestato dai birri a Recanati.

Ricondotto a Fermo più morto che vivo per la paura e lo strazio del rimorso, confessò subito il suo misfatto e manco tentò difendersi. I giorni trascorsi fra la condanna e l'esecuzione furono per lui una continua agonia, lenta e crudele. Delirava giorno e notte in preda a violentissima febbre, refrattaria ai più potenti antipiretici. Convenne affrettare l'esecuzione della sentenza, per tema che se ne andasse all'altro mondo defraudando l'umana giustizia. Agli ultimi momenti confortato dai cappuccini parve riaversi alquanto e s'avviò al patibolo recitando preghiere e raccomandazioni alla pietà dei fedeli. Ma era una vita, dirò così, fittizia la sua; quando gli bendai gli occhi era diaccio, e giurerei che non ha sentito il colpo della mazzola.

Squartato, i suoi resti rimasero esposti sul palco per tutta la giornata, appesi ai ganci infissi nella travatura.

Durante la notte furono distaccati ed ebbero sepoltura, per opera de' cappuccini stessi, in un appezzato di terreno vicino al cimitero, non potendo essere in questo inumato.

VIII

DUE DONNE IMPICCATE –
INFANTICIDIO E ASSASSINIO D'UN MARITO

Confesso candidamente che di tutte le mie esecuzioni quelle che mi sono andate meno a versi sono le esecuzioni sopra le donne. E questo non per un manifesto spirito di pietà morbosa, o perché mi lasciassi in qualsiasi modo dominare dalle attrattive muliebri. Gli è che io ho sempre considerato la donna come un essere intellettualmente e fisicamente inferiore all'uomo e mi disgustava di dover esercitare la mia azione sopra tale inferiorità. Ma devo pur constatare che la donna, che è pure sì gentile e graziosa creatura, talvolta eccede in ferocia l'uomo stesso, segnatamente quando è invasa dalla passione.

In sull'esordire di maggio dell'anno 1802 fui chiamato ad Orvieto per l'impiccagione di Agostina Paglialonga, condannata all'estremo supplizio per aver barbaramente trucidato tre figli.

Era l'Agostina rimasta vedova con tre bambini, una appena svezzato dal latte, il secondo di due anni e mezzo, il terzo maggiore di undici mesi a questo. Bella e appariscente nelle forme, simpatica di fisionomia e sufficientemente agiata, ebbe presto molti corteggiatori, alcuni per semplice vaghezza di godimenti, altri animati dall'onesto intendimento di farle deporre le gramaglie vedovili, riconducendola all'altare. Fra questi era un giovane macellaio, una specie di Ercole, gagliardo e promettitore di eccellenti risultamenti per una donna inclinata ai rapporti sessuali. Naturalmente costui ottenne la preferenza dall'Agostina: ma quando ebbe raggiunto l'intento di possederla, incominciò a lungheggiare sul proposito del matrimonio.

Messo finalmente dalla Paglialonga fra l'uscio e il muro, si scusò dicendo che non si sentiva di sposare una donna con tre figli, non suoi.

– È questo l'ostacolo unico? gli chiese una sera l'Agostina
– Questo soltanto.
– Senza figli...
– Ti sposerei anco domani.

La donna non insisté con altre domande. Passate tre ore in frenetici amplessi il macellaro se ne andò, dimenticando sul tavolo un'ascia, di quelle che si adoperano per spezzare le ossa, che aveva portato ad arruotare.

Rimasta sola, la Paglialonga, prese in mano l'ascia: un terribile pensiero le balenò alla mente e in breve l'invase in modo tale da soggiogarla.

Afferrò l'ascia ed entrata nella camera dove dormivano i suoi bambini li tolse uno per uno dal letticciuolo e li assassinò, spaccando loro il petto ed il cranio coll'arma fatale e buttandoli estinti uno sopra l'altro come tanti abbacchi macellati. Poi li fece a pezzi, li portò in cucina e li mise a bollire nella caldaia, colla quale soleva fare il ranno per il bucato. Coll'acqua stessa levò le macchie di sangue del pavimento e ripulì l'ascia in modo da renderla tersa, e rilucente come nuova.

Compiuto l'orribile misfatto trasse le carni cotte dalla caldaia e andò a disperderle pei campi, affinché servissero di pasto ai cani ed alle altre bestie vaganti, e sopravvenuto il mattino riportò l'ascia al macellaio, annunziandogli che i suoi bambini era venuto a prenderli un fratello del defunto marito, il quale li aveva condotti seco in un lontano villaggio delle provincie meridionali. E tale notizia ripeté a quanti le chiedevano conto dei suoi figliuoletti.

Ma Dio non volle lasciare impunita quella scellerata mano: un grosso cane entrato in Orvieto con un osso in bocca richiamò l'attenzione di un medico, che riconobbe in quell'osso la tibia di un bambino. Si fecero delle ricerche e si trovarono altri resti. La voce pubblica incominciò ad accusare la Paglialonga dell'eccidio dei suoi bambini e venne arrestata.

Arrestata confessò cinicamente il delitto. Venne condannata e la mattina del 5 maggio 1802, io l'ebbi ad impiccare. La fama del delitto aveva chiamato ad Orvieto una folle enorme dai paesi circonvicini.

Quando uscimmo colla carretta dalle carceri per recarci alla piazza dove doveva compiersi l'esecuzione, temetti per un momento che ad onta della scorta, mi togliessero di mano la delinquente, tant'era il furore onde erano invasi gli spettatori e segnatamente le donne. Ciò nullameno Agostina Paglialonga non impallidì, salì sul patibolo accompagnata dal confessore, con fermo passo e morì coraggiosamente.

Un'altra donna, pur bella di sembianze e di forme mi toccò d'impiccare a Todi il 6 luglio 1808, Rosa Ruggeri, insieme ai fratelli Angelo e Paolo Caratelli ed Antonio Scarinei, dai quali aveva fatto assassinare il proprio marito.

Antonio Scarinei era suo amante e la Rosa n'era pazza: lo voleva per sé, tutto per sé, senza che avesse a staccarsi un momento dal suo fianco. Egli le propose di fuggire con lui; ma la donna, dopo averci lungamente pensato e calcolato tutte le conseguenze, rifiutò.

– Dunque non mi ami? le disse Scarinei.

– Sbarazzami di mio marito e sposiamoci.

– Vuoi?

– Senza dubbio.

Combinarono di simulare un'aggressione in casa. La Rosa fece nascondere l'amante e i suoi complici nella propria casa e quando vide il marito ben addormentato li chiamò. Scarinei uscì di sotto il letto ove s'era nascosto e inferse al disgraziato il primo colpo che lo fece cadere al suolo; sopraggiunti alle sue grida i complici coi coltelli impugnati, lo finirono mentre i due amanti orribile a dirsi, si gettarono uno nelle braccia dell'altra sul talamo stesso.

I due Caratelli fecero poi bottino del bello e del buono e se ne andarono, lasciando la Rosa e Scarinei in preda al loro delirio amoroso. Ma sorpresi dai birri col bottino, e interrogati a parte lì per lì, si confusero, si contraddissero ed ispirarono dei sospetti al funzionario innanzi al quale erano stati portati. Messi alle strette, col miraggio dell'impunità confessarono il fatto nei più minuti particolari, di modo che la Rosa Ruggeri e l'Antonio Scarinei, furono sorpresi nel letto, appié del quale giaceva ancora il cadavere del marito assassinato.

Furono tutti condannati all'impiccagione, la quale dovetti eseguire in quest'ordine: prima Angiolo, poi Paolo Caratelli, terzo Antonio Scarinei, ultima la Rosa Ruggeri, affinché lo spettacolo della morte de' complici inasprisse gradualmente la pena. Gli uomini morirono con sufficiente coraggio, assistiti dai confortatori, ai quali s'erano cristianamente confessati. La donna diede in ismanie terribili e pur col capestro al collo, urlava come una dannata. Ma non durò a lungo: in un *fiat* la spedii a raggiungere i suoi compagni.

IX

L'ASSASSINIO DI UN FRATE CAPPUCCINO

Il giorno 8 maggio 1802 compii la mia quarantatreesima esecuzione, mazzolando ed impiccando, ne' modi di pratica, a Perugia un tale Antonio Nucci, condannato a tal pena per aver assassinato e derubato un frate cappuccino, priore del convento di quella città.

Era il Nucci un giovane caposcarico, assai noto per la sua giovialità e per le pazzie burlesche che commetteva, ogniqualvolta se gliene presentava l'occasione.

Il cappuccino era in fama di libidinoso e dedito a piaceri contro natura. Veduto il Nucci e ammirate le sue forme belle e tondeggianti si lasciò cogliere dalla tentazione di trarne godimento.

Gli si mise attorno col pretesto di ricondurlo a miglior vita e di avviarlo sul sentiero della virtù. Nucci prendeva la cosa in ischerzo e fingeva di assecondare il frate, che finì col persuaderlo a recarsi da lui per confessare e fare ammenda de' suoi peccati. Ma quando il giovane si fu accostato al tribunale di penitenza, il priore pare gli tenesse dei propositi osceni e gli desse convegno per la sera fuori della città, in una piccola osteria sulle rive del Trasimeno, ove solevano convenire di consueto i pescatori del lago.

Non mancò il Nucci all'appuntamento: mangiarono allegramente, abbandonandosi a copiose libagioni, poiché l'osteria a quell'ora era deserta, non essendo ancora giunti i soliti frequentatori.

Sull'imbrunire lasciarono l'osteria e per un sentiero traversale risalirono il colle.

Così deposero concordemente in giudizio parecchi testi, che li avevano veduti insieme, l'oste per il primo. Ma da quel momento in poi non si può riposare che sulle asserzioni del Nucci, il quale aveva troppe buone ragioni per raccontar le cose a suo modo.

Udiamolo:

– Che cosa avete fatto, gli domandò il giudice, quando avete lasciato la strada maestra per prendere la stradicciuola montana?

– Ci siamo inoltrati nella macchia; il priore era bevuto parecchio e tornava

sulle proposte che mi aveva fatte al confessionale.
– Avevate voi aderito a quelle proposte?
– Sì, ma per celia. Volevo burlarmi del frate sozzone.
– Come avete risposto in quel momento alle nuove insistenze del priore?
– Risposi obbiettando che il luogo non era opportuno e che avremmo potuto esser sorpresi.
– E il cappuccino?
– Tirò innanzi fino ad una piccola spianata, cinta d'alberi fronzuti, e là mi disse: Riposiamo un po' qui.
– E voi?
– Acconsentii.
– Dunque eravate ben disposto?
– Tutt'altro.
– Almeno vi fingevate tale?
– Io non dicevo nulla. Lui mi raccontava delle storielle lubriche, che diceva accadute in convento; io ascoltavo e ridevo.
– In quale posizione vi trovavate?
– Sdraiati sull'erba, sopra un piccolo pendio, costeggiante lo spianato, dove più fitta era l'alberata.
– Continuate.
– Sentendomi assalito da un bisogno, chiesi perdono al priore, il quale mi disse: «Fa pure il comodo tuo». Ma mentre mi accingevo a farlo, mi sentii afferrare a tergo per le braccia dal frate, che con un colpo di ginocchio mi fece cader supino.
– Perché non vi svincolaste subito, se non eravate annuente?
– Tentai, ma le sue braccia erano più vigorose delle mie.
– Dovevate chiamare aiuto.
– Avrei buttato il mio fiato: in quell'ora non si trova mai nessuno nella macchia.
– Breve: come finì?
– Cacciai il coltello che tenevo nelle tasche dei calzoni.
– Per uccidere il cappuccino?
– No: solo per fargli paura.
– E per fargli paura semplicemente lo avete ammazzato?
– Vedendo che il priore ci si metteva per davvero, gli tirai un colpo, perché mi lasciasse.
– Un piccolo colpo che gli spaccò il cuore.
– Non è colpa mia.
– Eravate sempre supino?
– Sì.

– La perizia medica esclude la vostra asserzione, perché la ferita parte dall'alto al basso. Quello che voi narrate, non è che un'oscena favola colla quale sperate indarno di ingannare la giustizia. Voi avete tratto il disgraziato priore, chissà con quale pretesto, per quel sentiero deserto, nel fitto del bosco e quando vi siete ritenuto al sicuro, approfittando di un momento in cui egli si era chinato, gli avete vibrato la coltellata che lo freddò.

– La favola è questa, non la mia.

– La tabacchiera d'oro che apparteneva al cappuccino, che vi fu trovata, all'atto del vostro arresto, prova esuberantemente che lo avete assassinato per depredarlo.

– L'ho veduta luccicare per terra e la raccolsi; forse gli sarà uscita dallo sparato della tonaca nella colluttazione.

– E il danaro che gli avete tolto?

– Io non gli ho tolto denaro di sorta.

– I testi sono concordi nel dichiarare che il priore usciva sempre con una borsa di pelle ben fornita, per fare le spese della comunità. E ne' primi giorni dopo il delitto foste veduto scialarla sprecando denari in gozzoviglie più del consueto e più che non comportassero le vostre finanze.

Antonio Nucci tentò schermirsi, ma le testimonianze erano schiaccianti per lui. La mancanza del priore fu tosto constata al convento, ma il suo cadavere non venne trovato nella macchia che dopo otto giorni, da alcuni boscaiuoli. La voce pubblica tosto accusò il Nucci, col quale il frate era stato veduto. Il Nucci fu arrestato e sottoposto al processo. Ma non si trovò che la tabacchiera. Forse il denaro lo aveva seppellito, per andarlo poi a prendere di mano in mano quando gli serviva. Condannato, accettò i conforti religiosi e subì il supplizio senza viltà.

Durante l'esecuzione però avvenne un fatto curioso. Due garzoni, tratti dal carcere per aiutarmi nella costruzione del palco, vennero a litigio dietro il medesimo e si azzuffarono. Dovettero essere separati dai birri.

Questo fatto ne ricorda uno congenere accaduto a Palermo più tardi, del quale corse la fama per tutto il mondo.

Mentre sul palco il giustiziere ghigliottinava un marito che aveva ucciso la moglie per motivo di gelosia, due rivali, amanti entrambi dell'assassinata, che erano riusciti, per diversa via, a penetrare sotto il palco medesimo, per meglio assistere all'esecuzione, accesi di subito furore, si avventarono uno sull'altro armati di coltello, impegnando un terribile duello, dal quale uno dei due uscì morto; l'altro, gravemente ferito, di poco gli sopravvisse.

X

LA STORIA DI UN EREMITA

Inaugurai il 7 luglio 1802 la seconda cinquantina del primo centenario, impiccando a Collevecchio Felice Rovina, condannato alla forca per avere strozzato un Eremita, chiamato fra Pasquale, benché non fosse punto frate e meno Pasquale. La sua storia merita d'essere qui narrata.

Fra Pasquale apparteneva alla piccola nobiltà di provincia; aveva ingegno fecondo e bel personale, appetiti smodati e un coraggio a tutta prova. Se la sua famiglia fosse stata più ricca e avesse potuto fornirgli denaro quanto esigevano le sue dissipazioni forse avrebbe avuto miglior ventura. Messo invece dalle sue passioni alle prese col bisogno, scartò dalla via retta e precipitò giù per la china del vizio, che mena al delitto. E se non lo avesse sorretto l'acutissimo ingegno e una furberia di primo ordine, sarebbe finito nelle mie mani, invece del suo assassino.

Dopo una sequela di bricconerie e di violenze, fra Pasquale, avendo ucciso un rivale in amore, di gran casato, dovette buttarsi alla macchia e dedicarsi alla vita del bandito. Ce n'erano di molti a quell'epoca e accadeva spesso che si mettevano in lotta fra loro, con gran compiacimento del governo, al quale non pareva vero che i masnadieri si ammazzassero da sé, risparmiandogli la spesa e l'incomodo di farlo esso.

Fra Pasquale batté la campagna per molti anni, sfuggendo a tutte le trame, messe su per pigliarlo. I birri stessi lo aiutavano un po' per paura, un po' per simpatia, un po' ancora per avidità di lucro, imperocché, soleva distribuire anche a loro una parte dei suoi bottini.

Era così giunto a quell'età, in cui anco gli uomini più robusti, incominciano a sentire il bisogno del riposo, e andava mulinando nella testa come avrebbe potuto procurarselo, quando seppe che era stata messa un enorme taglia sulla testa di un altro bandito, contro il quale si erano spiegate tutte le maggiori energie, e le più grandi sottigliezze per agguantarlo.

La taglia – ripeto, enorme a quei tempi – era di tremila scudi. Ma nessuno aveva abboccato: c'erano troppi pericoli da affrontare per conseguirla.

Fra Pasquale – continuiamo a chiamarlo così, benché tal nome non avesse ancora assunto, – ebbe un'idea luminosa e tosto s'accinse a tradurla in atto.

Una sera, mentre Monsignor Fiscale aveva appena finito di cenare e stava facendo il suo chilo, con un fiasco di vino accanto e la tavola tuttora imbandita, gli fu annunziata la venuta di uno sconosciuto, che chiedeva di parlargli.

Monsignore, che era di buon umore e sapeva d'altronde di essere ben custodito, ordinò che lo facessero passare.

Entrò un uomo sulla cinquantina, coi capelli spioventi sulle spalle, e la lunga barba, brizzolati e questa e quelli, vestito alla cacciatora, con una certa eleganza.

– Chi siete? – gli domandò il Fiscale, ostentando il piglio brusco, d'un uomo disturbato ed annoiato.

– Non vi servirebbe a nulla il mio nome per il momento, s'anco lo declinassi.

– Che volete?

– Desidererei da V. S. reverendissima degli schiarimenti.

– Sopra quale argomento?

– Sulla taglia imposta per la presa del bandito Lucarini.

– Vi sentireste in grado di guadagnarla?

– Perché no?

– Sapete che sono ormai tre mesi che si è pubblicata e nessuno si è lasciato sedurre dalla medesima?

– Lo so.

– E voi vorreste tentare?

– Vorrei riuscire.

Monsignor Fiscale si tolse gli occhiali e ne pulì con un lembo del tovagliolo le lenti, quindi se li ripose e guardò fissamente il nuovo venuto.

Questi sostenne lo sguardo e non si mosse.

Il giudizio del Fiscale parve favorevole, perché la sua fronte corrugata si spianò e sclamò:

– Benissimo: mi sembra uomo più che di parole, di fatti.

– Purtroppo!

– Purtroppo? – ripeté il Fiscale aggrottando le ciglia, – Perché?

– Perché i fatti mettono spesso gli uomini in brutti impicci.

– Ho capito. Avete qualche conto da rendere alla giustizia.

– Può essere.

– Vi avverto che non mi piacciono le locuzioni ambigue – Monsignore pronunziò queste parole in tono severo, e quasi duro, guardandosi attorno come cercasse qualche cosa o qualcuno. Fra Pasquale non se ne diede per inteso e continuò:

– Chi vi portasse la testa di Lucarini...

– Avrebbe la taglia promessa in tanti scudi di zecca, fiammanti uno sopra l'altro.

– E se avesse de' conti da rendere alla giustizia, come monsignore diceva poc'anzi?

– Non gli verrebbero domandati in quel momento.

– E se volesse l'assicurazione dell'impunità?

– Bisognerebbe esaminare prima la cosa.

– Se si trattasse d'un traviato desideroso di ritornare sulla buona via e di emendare i suoi errori, rendendo dei servigi al governo?

– Potrebbe ottenerla per tacito consentimento.

– Vale a dire?

– Mutando nome e non offrendo colla sua condotta nuove cagioni di perturbazione, si ignorerebbe chi fosse realmente e si dimenticherebbero i suoi antecedenti. Suppongo però che non siate venuto da me per farmi subire un interrogatorio. Non ho l'abitudine di lasciarmi invertire le parti. Come vi chiamate?

– Francesco Perilli.

– Dei conti di Casana?

– Per l'appunto.

– Una testa val l'altra. Vi garantisco che la vostra rimarrà al suo posto, se mi portate quella del Lucarini... Fra quanto?

– Fra otto giorni.

– E sia. Ma badate: tentando d'ingannarmi voi non uscireste di qui che per andar alle carceri, e dalle carceri che per andare alla forca.

– Alla mannaia! Monsignore, alla mannaia.

– È vero; siete di stirpe nobile; me ne dimenticavo. Ma questa è una questione di forma, che non muta la sostanza. Liberamente siete venuto, e liberamente ve ne andate. Siate però certo che se non tornate, saprò cogliervi.

Perilli si inchinò ed uscì.

Otto giorni dopo all'ora stessa, il medesimo personaggio tornava a presentarsi al Palazzo del Fiscale e venne da Monsignore ricevuto immediatamente.

Perilli vestiva ancora da cacciatore, e portava un canestro sotto il braccio.

– Mi recate la cacciagione? – chiese giocondamente il Fiscale, allontanando un po' la sedia dalla tavola, tuttora imbandita, e coi resti del dessert.

– Sì, Monsignore. E precisamente il capo... di selvaggina che mi avete domandato.

– Vediamo, vediamo.

Il cacciatore, con rapidità fulminea, tolto dalla mensa un gran piatto d'argento cesellato, trasse dal canestro la testa del Lucarini e depostala sul piatto la presentò al Fiscale, come fu presentata ad Erodiade la testa del Battista.

Monsignore volle mostrarsi forte, ma un lieve pallore si diffuse sul suo volto, denunziando la emozione disgustosa che gli suscitava tal vista in quel momento.

– Riponetela, mormorò poi, volgendo da altra parte lo sguardo.

E Perilli acciuffatala per i capelli, la ripose nel canestro, quindi la coprì con una salvietta tolta dalla tavola, nella quale si era pulita la mano lorda di sangue raggrumato.

– Monsignore, disse tranquillamente, ho mantenuto il mio impegno, posso contare sul vostro?

– Ne avete la mia parola. Il mio maestro di casa vi passerà i tremila scudi. Che contate di fare?

– Indosserò l'abito del mio protettore S. Francesco, se me ne dà licenza Monsignore.

– Volete entrare in un chiostro?

– No, non me ne sento degno.

Il Fiscale si accorse dell'ironia che era nel fondo, di queste parole e sorrise. Perilli continuò:

– Mi ritirerò in campagna, in un piccolo eremo, che mi servì già d'asilo, in una valletta amena e silenziosa, come quella ove sorgeva la Casa del Sonno, cantata da Messer Ludovico.

– Mi darete contezza di voi?

– Non mancherò, Monsignore.

– Ne avrete congrua ricompensa.

– Grazie.

Con profondo inchino il bandito si accomiatò dal Fiscale e recossi dal Maestro di casa a riscuotere la taglia.

XI

LA CAPANNA DELL'EREMITA

Erano trascorsi pochi anni.
Perilli aveva scrupolosamente seguito il suo programma, per quanto concerne la metamorfosi. Mutato in frate francescano, s'era stabilito in una capanna, nel fondo di una piccola valle, addossata al versante di un colle, che aveva acquistata, con poche rubbie di terreno intorno, da un pastore.
Meschinissimo era l'aspetto esteriore: curioso l'interno diviso in due scompartimenti. Il primo era una specie di laboratorio, con un fornello, il cui fumo usciva da un comignolo eretto sul tetto; e sul fornello, storte, lambicchi, fiale e fiaschi d'ogni genere. Nel secondo c'era un piccolo desco di legno, rozzamente lavorato e sovr'esso un boccale di terra per l'acqua; un sedile a tre piedi, sul quale posava un teschio umano e una lampada di bronzo a tre lucignoli; distesa per terra una stuoia di cortecce intrecciate, serviva per letto e un Cristo appeso alla parete, indicava il capo.
In fondo uno sportello chiudeva una specie d'armadio, scavato nel muro, ingombro di involti, nei quali erano le raccolte d'erbe medicinali, che l'eremita soleva fare, per distribuirle ai contadini che gliele venivano a chiedere.
Ma quell'armadio dissimulava una porta, che girava sui cardini, insieme alle tavole traversali, sulle quali stavano gli involti delle erbe, e dava accesso ad un terzo compartimento segreto, molto più ampio dei due antecedenti presi insieme, che si internava nella collina, e faceva capo ad una grotta naturale, chiusa da una porta, coperta da un alto specchio di Venezia, con larga cornice intagliata e dorata.
La grotta serviva all'eremita di deposito delle sue dovizie e per un lungo corridoio, scavato nel tufo calcareo, si giungeva ad un'altra uscita, difesa da una porta sprangata di ferro, che si apriva dall'interno ed era al di fuori mascherata da grandi massi, rivestiti di verde musco. Questa uscita metteva nel folto della macchia, che si estendeva su tutto il versante dell'aspra collina.
Il compartimento segreto della capanna era riccamente arredato e munito di tutti i conforti della vita: un ampio letto a colonne con cortinaggi di velluto e di trina, che lo chiudevano come un santuario; vasti armadi di legno dipinto e

intarsiato, con fregi e dorature, una tavola rotonda col pedale di bronzo dorato e il piano di mosaico; sedie e divani coperti di velluto e di cuoio di Cordova impresso in oro, ne costituivano il mobilio sontuoso ed elegante ad un tempo, e chiarivano come fra Pasquale doveva aver passato i suoi primi anni nel lusso ed avervi affinato il suo gusto.

Era quello scompartimento il suo piccolo paradiso; un paradiso che non aveva delle Urì come quello di Maometto, ma al quale non mancava di quando in quando il sorriso della donna.

La fama dell'Eremita si era diffusa a parecchia distanza; dai paesi circonvicini non solo, ma ben anco da lontani, gli giungevano clienti in cerca di semplici e di composti. Fra Pasquale non vendeva soltanto le medicine che manipolava co' suoi lambicchi, e le erbe salutari, colte fra i boschi e fra gli sterpi del torrentello spumeggiante, che bagnava la valletta, dove aveva stabilito il suo domicilio: componeva altresì dei filtri portentosi che avevano la proprietà di far amar le persone tra loro e di disinnamorarle, di rendere più vigorosi od inetti all'azione genetica, e, quel che è peggio, di togliere alle donne, ed alle fanciulle in ispecie, l'incomodo della maternità, dissolvendo embrioni e feti ed espellendoli anzi tempo dall'alvo, perché non giungessero a maturità. Volevano anche taluni che più d'una vedova dovesse a' suoi farmaci le anticipate, agognate gramaglie. Ma forse erano voci maligne e nulla più. Certo è vero che aveva nome di stregone: più di una vecchierella, scorgendo da lungi il tetto della sua capanna, o il sottile pennacchio di fumo che ne usciva, si faceva il segno di santa croce. I preti incontrandolo mormoravano: *ite diabulis, ite ad inferi*. I birri di campagna, per converso, non sdegnavano di soffermarsi sulla soglia del suo laboratorio, di chiedergli un boccale d'acqua fresca, e di accettare magari un boccale di vino, nonché di attingere da lui informazioni, intorno alla gente che batteva la campagna. Informazioni ch'egli era sollecito di fornir loro, studiando intanto di carpirne altre sul soggetto delle missioni ond'erano incaricati.

Avevano luogo fra loro dei dialoghi come questo:

– Fra Pasquale, s'è vista nessuna persona sospetta scorazzare per questi dintorni?

– Non mi pare. Però un povero ammalato che venne da me per soccorso, mi disse d'"aver incontrato una comitiva di uomini, che tenevano i pistoni nascosti, sotto i ferraioli, i quali lo fermarono, gli fecero delle interrogazioni, poi lo lasciarono senza molestia.

– Da quale parte provenivano?

– Da Collevecchio.

– Ed erano diretti?

– Piegarono a manca, costeggiando la macchia.

– Era di notte?

– Di mattina verso l'alba. E dovevano aver fatto buon bottino, perché erano allegri e portavano delle bisaccie rigonfie. Il mio malato lo fermarono più per curiosità che per altro. Credo anzi gli regalassero qualche baiocco.
– Dovrebbero esser loro.
– Siete sulle traccia di qualche banda di grassatori?
– È stata assalita una vettura padronale di viaggiatori, che portavano di molto valsente. Dovrebbe essere la masnada del famoso Caciotaro.
– Non vorrei essere ne' suoi panni.
– Perché?
– Perché non tarderà a cadervi nelle mani.
– Speriamolo.
– Siete soli?
– Abbiamo combinato un appostamento, col bargello di Collevecchio e le sue guardie, proprio nella macchia, costeggiata dalla vostra comitiva. C'è a scommettere che è quella del Caciotaro.
– Buona fortuna!

I birri se ne andavano, lieti e felici delle notizie avute da fra Pasquale. E fra Pasquale, che era in rapporti d'affari col Caciotaro, chiudeva la sua capanna e per la grotta si recava nella macchia, dove trovava tosto un messo da inviargli, per porlo sull'avviso; onde non avesse a cadere nell'agguato tesogli dal bargello.

Al Caciotaro e ad altri capi di banditi d'alta levatura, fra Pasquale porgeva eziandio informazioni sui viandanti, i corrieri e i viaggiatori di gran conto, che passavano, o dovevano passare, nei luoghi ove era agevole il grassarli. E su questi percepiva un quinto del bottino.

D'altra parte però, se qualche disgraziato, si buttava da novellino nella macchia, o spinto dal bisogno, o per aver commesso qualche delitto, per il quale era ricercato dalla giustizia, fra Pasquale non ritardava a saperlo: estendeva quanto più poteva le sue indagini, e ne faceva giungere notizie al Fiscale di Roma, che così gli conservava la sua protezione e non mancava di rimunerarlo lautamente.

Così l'astuto eremita, faceva un doppio giuoco, ritraendone largo profitto ed assicurandosi l'impunità.

La sua clientela abituale era composta in gran parte di giovani sposi e di fanciulle innamorate ed a queste, specialmente se erano leggiadre, soleva imporre un tributo carnale. Le brine che l'età aveva deposte sul suo capo, non avevano spenta la sua foia, non avevano saziata la sua sete di femminei godimenti. Egli soleva attrarle con arte finissima nelle sue reti e una volta che vi erano incappate non gli sfuggivano di leggeri. Alcune cedevano riluttanti per tema di peggio; altre subivano la violenza, ma tacevano, un po' per vergogna, un po' per paura. Ed altre finalmente s'acconciavano con piacere, e queste erano ammesse alla sua intimità, nel terzo compartimento, passando pure qualche notte in orgie sfrenate, inebbriate dai vini generosi e dagli amplessi frenetici dell'eremita. E talora gli servivano eziandio da mezzane, inviandogli incaute giovinette, bisognose dei suoi molteplici ministeri, le quali, prima d'essere esaudite, dovevano subire l'oltraggio delle sue carezze e de' suoi baci.

XII

L'ATTENTATO E LA MORTE

Una bella mattina di maggio, fra Pasquale, stando nel suo laboratorio, vide scendere per la china che conduceva nella piccola valle, una formosa fanciulla trilustre, precocemente sviluppata. Il turgido seno le torreggiava sotto la bianca camiciuola, la vita agile e sottile, stretta dal busto sovrapposto, faceva spiccare maggiormente le sue anche poderose, ondeggianti nell'incedere; il breve gonnellino lasciava scorgere il profilo di una gamba nervosa e ben modellata.

Fra Pasquale ne fu colpito; i suoi occhi mandavano fiamme; il sangue gli martellava le tempie; le sue labbra fremevano di desideri voluttuosi.

– Ov'è diretta, quella gallinella? – chiese a se stesso osservandola – Venisse da me?

E per non darle soggezione non si mosse, e cessò dal guardarla fissamente, come dapprima aveva fatto.

La fanciulla continuava a scendere pian piano pel sentiero serpeggiante; ma ad ogni tratto si fermava, ora volgendo gli occhi in alto dalla parte donde era calata, ora al basso della valletta, ove era diretta. Si vedeva dalle sue esitanze che aveva ancora degli scrupoli a superare.

Forse il suo angelo custode a destra le mormorava all'orecchio: «Torna indietro.» Allora rimaneva per un istante sul pendio col pie' sospeso. Ma il diavolo da mancina era pronto ad incoraggiarla e le diceva: «Che temi, sciocca? Vuoi o non vuoi esser certa che Felicino ti ama e che ti sposerà? Tira innanzi». E allora la fanciulla moveva parecchi passi affrettati giù per la china.

Ma ad un certo punto parve che il suo buon angelo avesse ripreso il sopravvento. Era ormai giunta a tre quarti della discesa: vedeva distintamente l'interno della capanna e fra Pasquale, che fingendosi intento alle faccende del suo laboratorio, non tralasciava di sorvegliarla. D'un tratto si voltò e riprese a risalire per la stradicciuola con gran furia. Evidentemente non voleva lasciar tempo al suo cattivo consigliere di sospingerla alla meta peccaminosa.

Disgraziatamente pose un piede in fallo, incespicò in un sasso sporgente ed acuminato che la ferì alla clavicola e cadde rotoloni per buon tratto di strada, finché le sue vesti impigliatesi ne' pruni la sostennero.

Fra Pasquale accorse tosto in suo aiuto.

Quando le fu vicino s'accorse che era svenuta e si fermò ad ammirare le stupende forme, dalle carni rosee e vellutate, che rimanevano scoperte, essendosene il guarnellino rimboccato, per effetto delle spine che lo trattenevano.

Invaso dal furore erotico, il lubrico eremita, stava per approfittare brutalmente di quella innocente creatura, nella stessa posizione in cui si trovava. Ma un barlume di ragione ne lo trattenne.

Staccò pian piano le vesti della fanciulla dai pruni, quindi recatasela sulle braccia, la trasportò nella capanna, e la depose sullo splendido letto a baldacchino del compartimento segreto.

La giovinetta era in preda ad un deliquio, cagionatole dallo spavento della caduta e dal dolore acuto prodottole dalla ferita, che aveva fatto sangue.

Fra Pasquale le tolse innanzitutto gli stivaletti e le calze, le lavò le ferite coll'acqua di fonte, le applicò dell'arnica fresca, che andò a cogliere a pochi passi dalla capanna, ove la coltivava, trapiantata.

Quindi le levò il candido pannolino che le copriva il capo: la ricca capigliatura, sciolta così da ogni ceppo le cadde lungo le spalle incorniciandole il bellissimo volto ovale, pallido, ma pur sempre fiorente di giovinezza.

La fanciulla non si svegliava: fra Pasquale prima di spruzzarle il volto, o di darle ad odorare dei sali, che l'avrebbero richiamata in sensi, volle svestirla completamente: le slacciò il busto, con ansia febbrile, e le strappò i bottoni della bianca camiciuola la quale cadde, offrendo alla vista del libertino eremita i tesori d'un bel seno virginale. Liberata così dall'oppressione, che il busto le cagionava, la respirazione della giovinetta diventò regolare e poco a poco le sue labbruzze ripresero il bel colore corallino e le gote le si rifecero vermiglie.

Fra Pasquale la contemplava estatico.

Nulla di più leggiadro si era mai offerto a' suoi avidi sguardi.

Egli tratteneva il respiro, per tema di destarla, e mentre le sue pupille rutilanti la dardeggiavano, colle nari dilatate assorbiva le fraganze soavi, emanate da quel corpo di Psiche.

La fanciulla sollevò lentamente, dopo breve istante le lunghe ciglia, quindi le palpebre, de' suoi grand'occhi morati, e così stette per un momento immobile e silenziosa. Non aveva per anco ricuperato il pieno esercizio delle facoltà mentali: il deliquio le incombeva ancora sul cervello.

Ma fu un affare di pochi secondi.

D'un tratto gettò un acutissimo grido dalla bocca socchiusa e si alzò a sedere sul letto, incrociando le braccia sul seno per sottrarlo pudicamente agli sguardi dell'eremita, che la bruciavano.

– Dove sono, mio Dio, dove sono? – domandò piangendo.

– Non temere, fanciulla, le rispose fra Pasquale, sei in casa tua: qui sei padrona e regina.

– No, no. Lasciatemi – gridò la giovinetta invasa dallo sgomento, e tentò di balzare dal letto..
Ma il frate la trattenne avvincendola solidamente fra le sue braccia.
Allora incominciò una lotta formidabile, fra la fragile creatura che difendeva il suo pudore, con energia disperata, e l'osceno eremita, che dominato dalla passione bestiale, non aveva più nulla d'umano, neppure il volto velloso e reso adusto dal sole.
Vinse il pudore.
Discinta, coi capelli sciolti sul capo e sul petto, col viso madido di sudore e di lagrime, la giovinetta, riuscita a svincolarsi, s'era messa a ginocchioni ed abbracciava le gambe dell'eremita, supplicando:
– Lasciatemi, padre, lasciatemi, o ne morrò.
E veramente il suo parossismo era giunto a tale, che faceva temere, non foss'altro, per la sua ragione.
Fra Pasquale comprese, che quella fanciulla ridotta in così disperate condizioni d'animo, non le avrebbe procurato alcun godimento, e, siccome non intendeva di rinunciarvi, mutò tattica.
Si finse dolente dell'accaduto, pentito del suo eccesso e ne chiese scusa alla giovinetta colle più dolci, più insinuanti, più umili parole. Era stato un delirio momentaneo. Aveva voluto farla rinvenire e guarirla. La vista di tanta bellezza l'aveva reso dissennato. Se non otteneva il suo perdono sarebbe morto dannato. Tutto quel tanto di vita che gli rimaneva, non sarebbe bastato, pur infliggendosi patimenti d'ogni genere, ad espiare.
La fanciulla rialzata, ricoperta co' suoi vestiti, man mano si rinfrancò e, ingenua com'era, credette alla mendace parola dell'astuto eremita, il quale spinse l'ipocrisia fino a farla inginocchiare al suo fianco sulla stuoia, dell'altro compartimento, innanzi al crocifisso e a dichiarare che gli perdonava di cuore il suo trasporto.
Ricuperata la fiducia, la fanciulla non esitò a confessare il motivo che l'aveva guidata colà. Aveva un amante che la doveva sposare. Era partito da parecchio e ancora non le aveva dato nuova di lui. Desiderava di sapere che cosa era accaduto; se il suo Felicino le volesse sempre bene, se sarebbe tornato, se l'avrebbe sposata per davvero. Le avevano detto che quivi si trovava un eremita, un sant'uomo che avrebbe potuto farle conoscere tutto ciò, ed aiutarla, pure, a conseguire ciò che ardentemente bramava. Perciò era venuta.
Ma mentre scendeva dalla china una voce le diceva di non farlo: aveva voluto tornare sopra i suoi passi, era caduta e da quel momento non sapeva più nulla.
Fra Pasquale la confortò. Finse di consultare certi vecchi libri che teneva nel laboratorio; poi trasse una boccia, la riempì d'acqua e lasciandovi cadere goccia a goccia da una fialetta un liquore verdastro che formava delle spire opaline e si

scioglieva lentamente, le palesò ciò che diceva aver tratto da' suoi esperimenti.
Il suo amante l'avrebbe sposata, l'amava ancora, ma un'altra donna voleva rapirle il suo affetto: era necessario neutralizzare gli sforzi di quella donna.

– Mio Dio, come fare? chiedeva la povera creatura, torcendosi le mani, addolorata e piangente.

– Rasserenati e confortati, bimba mia. Io ti darò un filtro, bevendo il quale, il tuo amante prenderà in orrore la tua rivale.

– Costerà di molto? – domandò l'ingenua giovinetta, portandosi le mani alle orecchie, per togliersi gli anelloni d'oro che le adornavano.

– Costa di molto sicuramente – rispose l'eremita; ma io te l'offro, senza spesa, in espiazione del mio fallo.

E tratta una boccetta, che teneva riposta, ne bevve una metà e ne porse il resto alla fanciulla che, così rassicurata, la tracannò d'un fiato; era un sonnifero potente, misto ad un afrodisiaco non meno gagliardo. Poi la congedò, conducendola fin sul limitare della capanna. La fanciulla attraversò la valletta, lesta come una gazzella, e s'inerpicò sul sentiero fatale, d'ond'era caduta.

Intanto Fra Pasquale rientrato nel laboratorio s'affrettava a prendere per antidoto del sonnifero alcune cucchiaiate di caffeina. Quanto all'afrodisiaco, pensò che gli avrebbe giovato anzicché nociuto. Quindi si avviò dietro alla giovinetta.

La trovò adagiata alla sommità della discesa, sopra un tappeto di musco, e presala sulle bracia un'altra volta, senza che desse un segno di vita, la riportò sul letto, dove aveva tentato poco prima di violentarla.

La fanciulla non uscì dalla capanna che all'indomani mattina. Era irriconoscibile. Pareva disfatta. Una rosa divelta dallo stelo dall'imperversare della bufera, e calpestata, avrebbe solo potuto dar un'idea di lei.

Era trascorso un mese circa dal misfatto compiuto da Fra Pasquale, quando una mattina capitò alla capanna un giovanotto sui venticinque, vestito alla campagnuola e mostrando uno scudo, chiese all'eremita una medicina per guarire sua madre, da una forte colica che l'aveva presa.

Fra Pasquale pose a bollire alcune fronde secche, tolte dall'erborario, in una ampolla di vetro. Ma, mentre soffiava sulle braci per ravvivare il fuoco, si sentì afferrato per il collo e rovesciato al suolo.

Non ebbe campo di porsi sulle difese, perché sempre serrandolo con una mano alla gola, il giovanotto, gli saltò sul petto con un balzo da gatto selvatico, e premendoglielo colle ginocchia, per tenerlo fermo, lo strozzò.

Compiuto l'assassinio, il giovanotto andò a consegnarsi al bargello di Collevecchio. Confessò il suo delitto. Eretto il processo fu condannato e, come dissi, il 7 luglio io l'impiccai.

Era Felice Rovina, l'amante della fanciulla stuprata, la quale al suo ritorno l'aveva reso edotto dell'onta subita.

Informato della cosa, poco dopo l'arresto del Rovina, Monsignor Fiscale, mandò da Roma a perquisire la capanna di fra Pasquale e per tal modo giunse a cognizione di tutto, e colle dovizie trovatesi si pagò ad usura e della taglia pagata pel Perilli e delle susseguenti elargizioni.

XIII

AMORI CLANDESTINI

Continuo il corso cronologico delle mie «operazioni» colla 56ma, che eseguii in Viterbo il 18 dicembre 1802, mediante la forca, in persona di Domenico Guidi, al quale fu intimata la sentenza di morte alle 22 per le 23, rarissimo esempio nella storia della giustizia papale, che soleva lasciar sempre al reo il tempo per pentirsi e provvedere alla salvezza dell'anima sua.

Era costui un giovinotto di venticinque anni pazzamente innamorato di una fanciulla benestante, appena quadrilustre.

I suoi amori erano stati sempre contrastati dai parenti della ragazza; ma questa gli voleva un bene dell'anima e non c'era stato verso di distoglierla dal suo divisamento di sposarsi il Guidi, volendo o non volendo i suoi genitori.

Si vedevano di notte in una stalla, in casa della fanciulla, nascostamente di tutti, dove l'amante s'introduceva di soppiatto e restando per ore ed ore in attesa.

La relazione fra i due continuava da parecchio con reciproca soddisfazione. Ma un giorno Pepita, tale il nome della donzella, fu avvertita dalla madre che suo padre l'aveva promessa in isposa a un campagnuolo, ricco ed anziano, ma fornito di molti beni immobili e di denaro.

– Siete matti? – gridò spaventata la giovinetta – io non isposerò il vostro burrino quattrinaio, nemmeno se m'aveste ad ammazzare.

– Perché? – le domandò dolcemente la madre.

– Perché... perché... perché non voglio sposare. Voglio restar zitella.

– Pepita, bada: tuo padre non ischerza. Vuole questo matrimonio assolutamente: se ti opponi t'incoglierà male.

La fanciulla non aggiunse verbo: non si mostrò né assenziente, né dissenziente. Per cui la madre la giudicò non lontana dall'arrendersi alla volontà paterna, e disse al marito: «Lasciamola stare per qualche giorno. Combatte le ultime ripugnanze».

Pepita alla sera si trovò al solito convegno coll'amante e le prime parole che gli rivolse furono queste:

– Portami via.

– Perché? – chiese stupefatto Domenico Guidi.
– Portami via, se no mi uccido.
– Ma dimmi almeno in nome di Dio che cos'è avvenuto per determinarti a questa rischiosa proposta. Fummo scoperti?
– No.
– Dunque?
– Dunque, mio padre vuol maritarmi a tutti i costi. E quando s'è fitta in testa una cosa non è uomo da lasciarsi rimuovere dal proposito.
– Tua madre?
– È troppo debole per resistergli.
– Tuo fratello?
– È avido di danaro quanto e più di mio padre: lo sposo è ricco.
– Fanno conto di spogliarlo?
– No. Ma tu capirai che dove ce n'è ne gronda.
– Perfettamente. Ma dove ti devo condurre? Se restiamo a Viterbo saremo subito scoperti..
– Bell'affare.
– E d'altra parte, lasciando il paese, dove ti condurrò, come troverò da mangiare per me e per te?
– Lavoreremo.
– Non sarà la voglia che mi mancherà. Ma ci vorrà del tempo prima di trovar da occuparci. E intanto?
– Ci penserò io. Ho dei gioielli, ho della roba, ho pure qualche scudo da parte.
– Quand'è così, decidi tu. Io son pronto.
– Bisogna far presto.
– Questa sera, no, credo?
– Domani.
– E sia.
Per quella notte amore fu lasciato in disparte. I due giovani s'accomiatarono tosto. Pepita tornò su in casa, Domenico uscì, ma nell'uscire gli parve di aver veduta un'ombra fuggire sulla muraglia illuminata dalla luna. Ne fu un po' scosso e stette qualche minuto in ascolto. Non vedendo nulla, mormorò:
– Mi sarò ingannato.
E uscì lesto dallo sportello del portone chiuso.

XIV

LA FUGA E IL DELITTO

La sera susseguente, Domenico giunse più sollecito del consueto all'appuntamento, e vi trovò Pepita già pronta con due enormi involti di roba..
– Dove vuoi portarli? – le domandò il Guidi, evidentemente imbarazzato.
– Con noi.
– Ma se incontriamo dei birri, saremo presi per ladri, ci interrogheranno, dovremo declinare i nostri nomi e allora, addio fuga.
– Pure è necessario, se abbiamo a campare.
Il giovanotto si rassegnò, per amor della sua ragazza, a correre l'alea d'un arresto.
Prese i due involti fra le braccia e si avviò all'uscita. Ma mentre stava per entrare nel vestibolo della porta si sentì afferrare pel collarino e una mano armata di coltello si levò sopra di lui e cadde replicatamente per ferirlo. Fortunatamente gli involti gli paravano i colpi e non ebbe a toccare che una lievissima quasi impercettibile scalfittura al collo.
Però vedendo che l'incognito assalitore gli attraversava la via di scampo e non pareva disposto a lasciarlo, trasse di tasca il coltello e fatta scattare la molla, per assicurare la lama, si pose sulle difese. I due involti intanto erano caduti al suolo.
Le due lame s'incontrarono; quella di Domenico Guidi, deviata con abile e pronto movimento quella dell'avversario, entrò nel collo a questi fino al manico.
Guidi si sentì uno spruzzo di sangue caldo bagnargli il volto e intanto vide il corpo del suo antagonista, prima barcollare, poi cadere.
Pepita s'era trattenuta nella stalla per lasciare il tempo all'amante d'uscire cogli involti. Dopo pochi minuti attraversò il cortile dirigendosi verso alla porta.
Il cielo era annuvolato ed era buio. Ma un raggio di luna fendendo le nubi in quell'istante, illuminò la scena sanguinosa.
– Sciagurato – esclamò l'infelice reprimendo la voce – hai ucciso mio fratello!
Indi chinatasi, raccolse i due involti e con essi scomparve nella stalla.
Guidi si passò la mano sulla fronte, quasi volesse cacciare un sogno molesto. L'umidiccio del sangue, ond'era soffuso, lo richiamò subito alla realtà delle cose

e si diede a fuggire disperatamente, senza meta.

D'un tratto si sentì afferrato da quattro robuste braccia e una voce brusca ed imperiosa, gli domandò:

– Siete ferito. Dove vi siete accoltellati?

Nessuna risposta egli diede.

Allora i due birri che lo avevano arrestato, gli tolsero il coltello di mano, tuttora fumante di sangue, gli legarono strettamente i polsi e lo portarono alle carceri di città.

Il suo spirito avea frattanto ricuperato un po' di calma, e così potè architettare il suo sistema di difesa.

Sottoposto dal bargello ad un primo interrogatorio dichiarò che s'era imbattuto per via in un ubbriaco, il quale, stava per cascargli addosso. Egli lo redarguì e quello gli si fece sopra col coltello aperto, per menargli. Aveva dovuto difendersi. S'era sentito spruzzare sul volto il sangue dello sconosciuto ed era fuggito. Dell'altro non sapeva che fosse accaduto.

Invitato a precisare il luogo dello scontro titubò alquanto e così suscitò dei dubbi al bargello sulla veridicità del suo racconto.

Il bargello lo fece chiudere nella cella più sicura, quindi andò egli stesso con due carcerieri in giro per la città, ad assumere informazioni.

Essendo di notte, nulla potè raccogliere e dovettero tornarsene alle carceri, senza aver nulla scoperto.

Pepita, affranta dal dolore, s'era frattanto ritirata nella sua camera e disfatti gli involti aveva riposto ogni cosa, e curato che sparisse ogni traccia della sua tentata fuga.

Fu una notte terribile per lei. Avrebbe voluto trovar modo di scendere per soccorrere il fratello, se fosse ancor vivo, ma temeva di destar sospetti, dai quali sarebbe forse scaturita la verità del delitto e la persona del delinquente.

Ad ogni tratto tendeva le orecchie per udire se qualche rumore le giungesse, dal quale le fosse dato arguire se il ferimento del fratello fosse stato scoperto.

Ma il silenzio più profondo regnava nella casa, ed estenuata moralmente e fisicamente, finì coll'addormentarsi sull'albeggiare. Poco dopo un gran fracasso la svegliò. Tutta la casa era sossopra: si udivano voci confuse e imprecazioni e lai. Un famiglio aveva trovato nell'androne della porta il cadavere già irrigidito del figlio del padrone ed era corso a darne avviso al padre. La triste nuova si era diffusa in un baleno per ogni dove, e d'ogni dove accorrevano i curiosi per «vedere il morto» e per saper qualche cosa dell'omicidio.

La giustizia informata interviene pure e mandò a raccogliere i particolari del fatto. I giudici associarono tosto il delitto al nome di Domenico Guidi, arrestato appunto verso quell'ora in cui doveva essere seguito il delitto. E questi fu portato al cospetto della salma. Ma egli sostenne imperturbabilmente quella vista:

non un muscolo del suo volto subì una contrazione; il suo polso accuratamente tastato, non diede un battito di più.

XV

INDAGINI INFRUTTUOSE

Si fecero delle indagini per scoprire se qualche rapporto fosse interceduto fra l'ucciso ed il supposto uccisore e ne risultò nemmanco che si fossero conosciuti. La tresca fra la ragazza ed il Guidi era stata così abilmente condotta, che non ne era trapelato nulla. E a nessuno passò manco per la mente che vi potesse essere qualche punto di contatto fra Pepita e l'assassino di suo fratello. In una parola mancò alla giustizia il filo conduttore che la portasse alla scoperta dell'autore del misfatto.

L'ucciso era un bel giovane, aitante della persona, ben proporzionato e piacevole. Aveva anco fama di fortunato in amore. Si venne alla conclusione che il delitto doveva essere il portato di una vendetta personale. Qualche marito oltraggiato, aveva fatto il colpo, colla massima cautela, per rifarsi dell'onta patita. Il processo rimase aperto. Pepita intanto, accasciata dall'angoscia, aveva voluto entrare in un chiostro di clausura, per fare il suo noviziato e invano tentarono d'opporsi il padre e la madre. La perdita del fratello in così atroce modo avvenuta giustificava la sua determinazione. L'autorità non le rifiutò il suo appoggio.

E per tal modo la fanciulla addolorata poté sottrarsi ad ogni pericolo e ad ogni seccatura.

Domenico Guidi restava in prigione.

La giustizia non aveva potuto in verun modo assodare che esistesse una correlazione fra il misterioso assassinio e la sua fuga per le vie di Viterbo, nella stessa notte, insanguinato e armato di coltello. Ma nell'animo del giudice inquirente era radicato il convincimento che siffatta correlazione doveva esistere, e però decise di trattenerlo in carcere, finché il caso, o un accidente purchessia, fosse venuto a porgere un indizio, mediante il quale fosse dato riprendere l'istruzione del processo e dipanare l'arruffata matassa.

Gli erano stati dati per compagni di cella degli spioni abilissimi, col mandato di estorcergli qualche confessione, qualche mezza confidenza, qualche imprudente rivelazione, sull'esser suo, sulle sue gesta, sui rapporti con terzi, e toccavia. Ma Domenico Guidi, o lo sapesse, o lo sospettasse, rimase ermeticamente chiuso in se stesso. Fu tormentato con improvvisi interrogatori di giorno e di notte, nella cella e fuori. Si adoperarono suggestioni d'ogni maniera e riuscirono frustate.

L'inquirente aveva tenuto calcolo dei più minimi particolari e studiato tutti i versi per edificare un dramma, il cui epilogo fosse l'assassinio per opera del Guidi, e la sua fantasia si era esaurita senza raggiungere il suo intento.

Quand'ecco un giorno giungergli la notizia che Pepita, chiusa nel chiostro delle Clarisse, era stata riconosciuta gravida. Senza por tempo in mezzo, si reca al convento, ottiene di parlare alla superiora, e la interroga se credesse possibile che lo scandalo fosse avvenuto nel monastero. Ma questo venne assolutamente escluso. La vita claustrale era mantenuta con tale rigidità, che nessun trasporto, né estraneo, né interno, potevano aver le novizie e le monache con persone d'altro sesso.

Doveva dunque essere avvenuto prima della sua entrata.

Il giudice assunse altre informazioni in casa di Pepita e la madre della fanciulla accasciata dalla notizia dello stato in cui si trovava sua figlia, gli narrò il progetto del matrimonio fatto da suo marito per Pepita e le ripulse della fanciulla quando glie lo comunicò.

Questo fu un raggio di luce per l'inquirente.

Tornato al proprio ufficio e chiuso nella solitudine del suo gabinetto, con lunga e profonda meditazione riuscì a ricomporre la trama del delitto.

XVI

LA CONFESSIONE E LA MORTE

A notte alta si fa condurre innanzi Domenico Guidi e, rimasto solo con lui, così l'abborda:
— Ho una notizia a darvi: Pepita la vostra amante è stata riconosciuta gestante.

La lampada posta sullo scrittoio dell'inquirente proiettava sopra di lui la luce; il giudice invece, coperto da un paralume di seta verde, restava all'ombra e studiava attentamente sul volto dell'imputato l'effetto delle sue parole. A quell'uscita il colore del Guidi s'era fatto cadaverico.

— Persisterete a negare — riprese il giudice collo stesso tono di voce aspro e secco — d'aver ucciso il fratello della vostra ragazza?

Guidi non rispose.

— Ben più consigliata di voi, Pepita ha confessato tutta la verità, nulla occultando alla giustizia, né della vostra tresca, né del progetto di matrimonio, concepito da suo padre e comunicatole dalla madre e da lei respinto, né delle conseguenze che ne scaturirono.

L'imputato pareva fulminato: le sue forze morali erano paralizzate e le fisiche del pari. Credeva tutto scoperto e si sentiva morire.

— Domenico Guidi — continuò il giudice, dando alla sua voce un'inflessione meno severa e parlandogli in modo quasi paterno — la sincerità solo può migliorare la vostra sorte, attenuare la gravità del delitto.

L'imputato cadde nel laccio e, sperando di sfuggire al patibolo, del quale gli pareva rizzarsi l'immagine innanzi a lui, balbettò:

— Fu per legittima difesa.
— Lo so. Foste sorpreso...
— E replicatamente colpito. Se non erano i due involti di Pepita nei quali si affondò la lama del suo coltello l'ucciso sarei stato io.

Quella rivelazione dei due involti aprì la mente del giudice. Li aveva dati all'amante Pepita. Che cosa potevano contenere? Certamente i suoi effetti. A quale scopo? Per portarli con sé. Era dunque a una fuga che si erano preparati. L'assassinato aveva colpito il Guidi? La sorpresa risultava evidente.

— Dove intendevate di portar Pepita, dopo la fuga? — domandò il giudice a bruciapelo.

– Non lo so. La cosa era stata così improvvisa, che non avevo avuto tempo di pensare a nulla. Si voleva andar via da Viterbo. Saremmo usciti di città per andar poi lontano.

– Col fardello della roba che Pepita portava con sé, non è vero?

– Io non possedevo mezzi. Fu lei che lo volle. Mi disse che avrebbe portato con sé la sua roba. Null'altro che la sua roba.

L'idea di esser ritenuto complice di un furto domestico, per parte della ragazza, ripugnava al Guidi più dello stesso delitto di sangue che aveva commesso.

Man mano, l'abilissimo inquirente, sempre fingendosi già informato di tutto, dalle supposte rivelazioni di Pepita, trasse di bocca al prigioniero tutti i più minuti particolari del fatto, dall'inizio delle sue relazioni colla fanciulla, fino alla sua fuga disperata, dopo aver assassinato il fratello. Emerse così chiaro che questi aveva avuto cognizione della tresca della sorella e che la vigilava, per modo, che non potesse andar a monte il progettato di lei matrimonio.

Ottenuto un così grande, quanto insperato successo, l'inquirente licenziò il Guidi, esortandolo a confermare al domani innanzi al consesso giudicante, le sue confessioni e facendogli intravedere la possibilità di una mite condanna e della grazia fors'anco.

Il giorno seguente il reo ripetè la sua confessione ampia: quindi fu fatto ricondurre in carcere. Il tribunale, per evitare uno scandalo, trattandosi di una fanciulla chiusa in un chiostro, sorvolò nella motivazione della sentenza ai fatti antecedenti e condannò il Guidi alla forca per omicidio.

E la condanna ebbe subito corso, come avvertii.

Quando Guidi, giunse ai piedi del patibolo, era più morto che vivo. L'intimazione della sentenza lo aveva siffattamente colpito, mentre era così lontano dall'aspettarla, che non proferì più verbo. Aveva perduta la favella.

Dovetti portarlo su di viva forza per la scala, mentre il mio aiutante lo sorreggeva per le gambe.

XVII

VIOLAZIONE DI UNA PROMESSA SPOSA

Il 30 marzo del 1805 dovetti recarmi a Fermo, l'antica capitale delle Marche, per impiccarvi un giovane di buona famiglia che aveva commesso un assassinio ed uno stupro: l'assassinio in persona del padre dell'ex sua promessa sposa, lo stupro in persona di lei medesima. Luigi Masi era il suo nome.

Di carattere estremamente violento, si era innamorato di Elvira Placenti, figlia di un merciaio che teneva negozio in piazza di Fermo, e dopo averla per parecchio tempo corteggiata le chiese in isposa al padre, il quale acconsentì, a patto che prima del matrimonio si procurasse una posizione stabile. La fanciulla era esperta quanto leggiadra, e avrebbe potuto benissimo, dopo la sua morte, condurre da sé il negozio. Voleva quindi che il marito avesse un'altra occupazione.

Luigi, apparteneva, come dissi, ad agiata, ma numerosa famiglia e non poteva fare assegnamento sul solo asse paterno per vivere. D'altronde aveva fama di dissipato e gozzovigliatore. Il tempo e la moglie l'avrebbero emendato, e di farlo egli solennemente prometteva. Ma il padre d'Elvira, che era vedovo, ed aveva quell'unica figlia voleva assicurarle la felicità, perché l'amava come la pupilla degli occhi suoi.

Il Masi, innamorato, promise tutto quello che vollero l'Elvira ed il suo genitore; ma si guardò bene dal fare quello che aveva promesso. Però siccome anche la fanciulla era innamorata di lui, su questo capitolo si sarebbero accordati.

Luigi le prodigava tenerezze infinite e le dava prove continue di verace affetto. Però, soffriva di gelosia. E questa a poco a poco diventò un tormento pei due promessi. Stando in negozio, bella com'era, aveva naturalmente degli adoratori, ai quali non corrispondeva punto, ma che non poteva cacciar fuori di bottega quando v'entravano col pretesto di fare degli acquisti.

Di qui una quantità di litigi per parte del Masi, col futuro suocero, colla promessa sposa e cogli avventori, ch'egli aveva presa la mala abitudine di provocare. Il padre diceva quindi ad Elena:

– Figliuola mia, Masi non fa per te, bisogna licenziarlo, se no un giorno o l'altro, va a finir male.

La povera fanciulla ne soffriva; comprendeva la ragionevolezza delle opposi-

zioni del padre, ma voleva bene al suo Luigi e non sapeva decidersi a staccarsi da lui. E ripeteva al padre:
– Lo vorrei sposare: una volta che saremo moglie e marito si cheterà.
Ma il padre non voleva saperne.
Risaputo un giorno che un giovane del paese aitante della persona, simpatico, intraprendente, mentre egli era andato a caccia, s'era trattenuto lungamente nel negozio della sua promessa, Luigi andò a farle una scena terribile e nel bollore dell'ira alzò le mani sopra di lei e sopra del padre, gridando:
– Sciagurati! Se credete d'ingannarmi v'ammazzo tutt'e due.
Quindi uscì dal negozio, innanzi al quale s'era addensata la folla, chiamata dal chiasso, andò direttamente dal giovane per provocarlo. Quegli cercò sulle prime di schermirsi e di dissipare i dubbi gelosi, sorti nella mente del Masi; ma questi avendolo apostrofato col titolo di vigliacco, reagì.
Trassero entrambi i coltelli e si fecero un sopra l'altro. Erano entrambi vigorosi e d'animo invitto e la scena sarebbe finita male, se per buona sorte, alcuni amici coraggiosi, non si fossero frapposti in tempo per evitare una catastrofe, mentre i due contendenti non erano riusciti che a prodursi delle lievi scalfitture.
Ma lo scandalo destò un'eco profonda in tutto il paese. Il principe arcivescovo, mandò a chiamare il padre di Elvira, e lo ammonì perché facesse in modo di troncare la relazione fra la sua figliuola e il Masi. Entrambi, del resto, s'erano già decisi ed il promesso venne licenziato definitivamente.
Tentò il Masi più volte di far la pace e di riaccostarsi all'Elvira, anco all'insaputa del padre. Ma non vi riuscì, perché la fanciulla s'era disgustata e forse già pullulavano nel suo cuore i germi di un novello amore. Luigi seppe infatti che il giovanotto col quale aveva tentato di fare a coltellate, frequentava di soppiatto la casa di Elvira. E allora decise di vendicarsi non di lui, ma dell'ex promessa e di suo padre.
Una sera, sull'imbrunire, Elvira e il Placenti ritornavano da Porto, ove avevano passata metà della giornata, a Fermo, salendo la costa che vi conduce. Giunsero a mezza via che era notte fatta, essendosi di soverchio indugiati. Il silenzio regnava profondo di ogni intorno. Ad uno svolto della strada, videro un'ombra appostata che al loro avvicinarsi si alzò e all'incerto luccicare delle poche stelle, riconobbero Luigi Masi. Il cuore presago avvertì il padre che un pericolo era imminente e spinto dall'affetto mosse innanzi alcun passo per far schermo alla diletta figliuola.
All'infuori dei tre non v'era anima viva.
Masi si gettò fulmineo sul vecchio e colpendolo replicatamente, col coltello al petto lo stese morto al suolo. Quindi con pari rapidità afferrata l'impaurita fanciulla la ferì due volte o tre volte, lievemente perché la mano gli tremava, commosso com'era dalla passione d'amore.

– Giggi mio, lasciami la vita – gridava l'infelice Elvira.

La sua voce toccante, mutò il corso delle idee del forsennato. Volle possedere quella fanciulla adorata e abbracciandola a mezza vita, ad onta delle di lei energiche resistenze, l'addossò alla rupe, nella quale è tagliata la strada e violentemente l'ebbe.

Arrestato la notte stessa, Luigi Masi confessò il suo delitto, cercando di giustificarlo coll'accecamento della passione. Ma per quante influenze ponesse in giuoco la sua famiglia, non potè sottrarlo al supplizio della forca alla quale fu condannato.

Morì pentito e munito dei conforti religiosi, ma non senza coraggio.

XVIII

LA BELLA – L'ABBACCHIARO DI CAMPO DE' FIORI

Questo processo singolare me ne rammenta un altro che ebbe luogo in Roma pochi mesi appresso, del quale dirò brevemente, dopo aver menzionate le esecuzioni che operai fra l'uno e l'altro.

Avvertii già come l'imperversare del malandrinaggio alle porte di Roma inducesse l'autorità ad una sorveglianza molto più attiva. Vennero infatti colti sullo scorcio di maggio dai birri di campagna fuori di Porta Angelica, nei pressi di Monte Mario, i due grassatori Filippo Mazzocchi e Giuseppe Guglia, che io impiccai a Ponte Sant'Angelo e squartai il 10 giugno; Nicola Alicolis, che impiccai e squartai io stesso il 1° ottobre alla Merluzza e Santino Moretti, parimenti condannato alla forca, poi allo squartamento. Questa esecuzione l'operò il giorno medesimo il mio aiutante al Ponticello, fuori di Porta San Paolo, essendo io occupato alla Merluzza. Nel frattempo io ero stato il 4 settembre a Iesi per impiccarvi il fratricida Sebastiano Spadoni e il 23 pur di settembre a Civitavecchia, per impiccarvi Luigi Giovansanti, un forzato che aveva ucciso nel bagno un altro forzato.

Il giorno 9 ottobre compii, dunque, un'altra esecuzione, che destò grandissimo rumore per il movente del delitto, l'amore e la gelosia, come per il Masi di Fermo, e per l'autore del misfatto, Gioacchino *quondam* Bernardino Rinaldi, abbacchiaro ne' pressi di Campo de' Fiori. E appunto a Campo de' Fiori, per esemplarità maggiore, ebbe luogo il supplizio.

Gioacchino Rinaldi era uomo sulla quarantina, piuttosto inoltrata. Rozzo della persona, della fisonomia e delle maniere, ma molto ben provveduto di roba e quattrini, aveva condotto in moglie una bellissima ragazza di Trastevere, di nome Giacinta, la quale aveva ceduto alla volontà de' parenti, più che alla sua inclinazione, sposandolo.

Giacinta non sentiva una decisa avversione pel marito, lo tollerava, ad onta della sua bruttezza e gli si mostrava grata per le finezze che le prodigava: abiti costosissimi, gioielli preziosi, e quanto al trattamento alimentare: bocca che cosa vuoi? Ad onta della provetta sua età Gioacchino era ancora robusto e fervente nelle lotte genetiche. Tanto che la sposa gli era uscita quasi subito gravida. Una donna che avesse avuto soltanto degli appetiti materiali, avrebbe potuto appagarsi ed essere felice con lui.

Disgraziatamente Giacinta sapeva d'essere bella, poiché glie l'avevano detto mille volte i più simpatici, garbati e galanti giovanotti di Trastevere.

I suoi occhi mori, tagliati a mandorla a volte languidi e irrorati, stillanti di voluttà, a volte fosforescenti e saettanti di passione; la sua piccola bocca rossa, sanguigna, fra le cui labbra spiccavano denti candidi, aguzzi come quelli di un sorcetto, fatti per dar baci e morsi, dolci del pari; il suo bel viso ovale, dalla pelle bruno-dorata, più morbida del velluto; il suo collo rotondo e grassottello; la sua testa vezzosa, dai capelli neri e ricciuti; le sue piccole orecchie rosee e diafane, incitanti a sussurrarle soavi parole d'amore; la sua superba persona, slanciata, snella e pur densa e pasciuta, dal petto torreggiante, dalle anche poderose ed ondeggianti nell'incedere; le sue mani bianche e levigate; i suoi piedi arcuati e duttili, avevano già suscitati desideri cocenti e provocate delle dichiarazioni alle quali non era rimasta sempre insensibile. Molti *minenti* e molti *paini* le avevano fatto una corte assidua esaltando il suo spirito, già per natura mobile e fantasioso.

XIX

LA COLPA E IL CASTIGO

Anche nella bottega del marito non le mancavano gli adoratori. Ma forse non sarebbe venuta meno ai suoi doveri di moglie se il Rinaldi non avesse commesso l'errore di metterle accanto per garzone un giovinetto biondo, roseo, dagli occhi cerulei; una specie di cherubino in grembiale bianco, spesso chiazzato di sangue e sparso di penne di polli e di gallinacci. Questi incominciò a farle lo spasimante. Giacinta ne rise sulle prime. Ma poi, nelle lunghe ore in cui restava sola con lui, mentre il marito andava fuori per le compere, incominciò ad ascoltarlo per rompere la noia, e, travolta dalla passione, finì per darglisi, là nel negozio stesso, colle imposte socchiuse, nelle ore calde del giorno, e alla sera, mentre attendeva il ritorno di Gioacchino. Amore è imprudente di sua natura e in breve la tresca della bella abbacchiara col garzone, fu nota non solo ai bottegai, ma ben anco a tutte le serve, che frequentavano Campo de' Fiori. Solo ad ignorarla era il marito.
Ma ci fu chi si prese il triste incarico di avvertirlo, con una lettera anonima, nella quale gli si fornivano tutte le indicazioni particolari per sorprenderla.
L'abbacchiaro che non aveva mai avuto neppure il più piccolo sintomo di gelosia e che attendeva con ansia il giorno in cui la Giacinta gli avrebbe dato un figlio, fu terribilmente colpito dall'annunzio fatale. Tutta la sua felicità era distrutta: l'avvenire non esisteva più per lui. Il frutto che la sua donna portava in seno forse non era suo. Nella sua casa, se non l'avvertivano, sarebbe entrato un bastardo. E se era suo, chi gli avrebbe potuto togliere il dubbio straziante? Bisognava finirla. Uccidere l'amante, la moglie e il suo portato.

Uscì, dicendo che sarebbe tornato a sera tarda. Invece sull'imbrunire s'appostò in luogo dove poteva vedere ciò che succedeva in negozio.

Quando la gente incominciò a diradarsi sulla piazza e nella sua bottega fu acceso il lume, vide Giacinta e il garzone che si scambiavano delle moine e delle tenerezze. Poi il garzone s'avanzò sul limitare del negozio, diede un'occhiata di fuori e chiuse le imposte, lasciando aperto uno spiraglio, d'onde filtrava un filo di luce.

Gioacchino frenò la propria impazienza, e attese altri cinque minuti, che gli parvero, nell'angoscia disperata in cui versava, cinque secoli. Poi attraversò la strada e irruppe nel negozio come una bomba.

I due amanti erano là, nel fondo, abbracciati, deliranti. Il Rinaldi non aveva pensato a munirsi del coltello, ma ne trovò uno sul banco: l'afferrò, e avanti che potessero rinvenire dalla sorpresa terribile, sgozzò prima il garzone, come un abbacchio, recidendogli quasi la testa, poi l'immerse reiteramente nel petto e nel ventre della sua donna, perché voleva distruggere lei ed il feto. E i feti erano due! Alle grida dei morenti, accorsero i passanti, quindi le guardie, le quali arrestarono il Rinaldi, che pazzo di furore continuava a menar coltellate nel ventre alla moglie, come l'amante, già estinta.

Eretto il processo, Rinaldi confessò tutto, non mostrandosi punto pentito del suo misfatto, anzi affermando d'essere felicissimo di aver ucciso la moglie e i due bastardi che portava nel ventre. Condannato alla mazzolatura ed allo squarto, non volle conforti religiosi e morì stoicamente.

XX

IL CORRIERE DEL PAPA

Una mattina di dicembre, fredda ma bella, entrava in una osteria di Porto Recanati un uomo sui trentacinque, dalle forme atletiche, con lunga barba castano rossiccia fluente sul petto e lunghi capelli spioventi sulle spalle naturalmente inanellati; vestiva di velluto marrone alla cacciatora, con grandi stivali di pelle che gli salivano sin oltre il ginocchio; una larga cinta pure di pelle gli cingeva la persona e un fazzoletto di seta rosso il collo. Un cappello molle ad ampia tesa, gli ombreggiava il volto maschio ma bello, e sotto le folte sopracciglia dardeggiavano due occhi di falco, neri a volte, a volte gialli e iridescenti.

Portava il fucile sulle spalle; ma non avea cani con sé. Dopo aver data una rapida occhiata nel primo ambiente del locale, passò nel secondo, e fece altrettanto, quando uscì dalla porta posteriore che dava sopra una stradicciuola deserta, un *rezde-chaussée*, come dicono i francesi, e guardò nella via.

Finalmente rientrò, soddisfatto del suo esame, a quanto parve, poiché battendo sulla spalla dell'oste, che aveva seguito un dietro l'altro i suoi passi, gli battè famigliarmente sulla spalla dicendogli:

– Oste di Satanasso, avrai bene da darmi da mangiare: ho una fame da arrabiato e ti assicuro che mangerei ancora la tua carcassa, se non m'avesse l'aria d'essere tigliosa, come quella di un vecchio caprone.

L'oste sorrise beatamente. Forse aveva in serbo qualche cadavere quattordicenne di animale più o meno domestico e pensava essere venuta la buona occasione per disfarsene, traendone lauto compenso.

– Bada però, ripigliò l'incognito, che la fame non esclude il gusto, che se mai avessi qualche vecchio gatto scorticato e ti promettessi di ammannirmelo, avresti sbagliato i tuoi calcoli.

L'oste ne fu sgomento.

– Che sia proprio il diavolo in persona costui? – si chiese mentalmente – ha indovinato il mio pensiero.

L'esitanza dell'oste persuadeva sempre più il cacciatore, che questi aveva delle perfide intenzioni a suo riguardo. Lo prese quindi delicatamente per un orecchio e gli intimò:

— Portami in cucina.
— A quest'ora non c'è nulla di pronto ancora – balbettò l'infelice – ma posso servirvi da principe se avete un po' di pazienza.

E si diede a chiamare a squarcia gola:
— Marianna! – Marianna!

Marianna era la rispettabile sua metà, una specie di bomba, che si rotolava sul suolo, poiché non sembrava che camminasse. Giunse frettolosa alla chiamata del marito, miagolando con flebil voce:
— Menicuccio mio, che vuoi?
— Il signore vuol mangiare e mangiare bene – mormorò l'oste, sottolineando le parole.
— Così mi piace! – esclamò l'incognito sogguardandoli entrambi.
— Le farò un brodetto.
— Benissimo, purché il pesce sia fresco.
— Altro che fresco! Menicuccio vallo a pigliare da Petronio, che è arrivato stamani colla paranzella.

L'oste se ne andò via, ben felice di sottrarsi allo sguardo indagatore del forestiero.
— Poi, continuò Marianna, le darò un pollo alla cacciatora.
— Morto da quanti mesi?
— Mi meraviglio. Lo prenderò dalla stia e se vostra Eccellenza vuol ammazzarlo con una fucilata, lo troverà più frollo e saporito.
— Accettato. Intanto?
— Intanto le affetterò un salame di Fabriano che fa la goccia. Me lo manda mio fratello, che provvede per la cucina di Sua Santità e di parecchi Cardinali.
— Ottimamente! esclamò il cacciatore, facendo scoppiettar la lingua in bocca, quasi ne pregustasse il sapore.

In un batter d'occhio la rotonda ostessa apparecchiò, stendendo una candida tovaglia sul rozzo desco e sovrapponendovi delle stoviglie grossolane, ma pulite e quasi luccicanti.

Quindi recò del pane tolto di fresco dal forno e ancora caldo, un boccale di vino e un piatto di salame.
— È cotto questo vino? domandò l'incognito versandone nel bicchiere.
— Mi meraviglio. È Sangiovese di Romagna e del migliore.

Il forestiero tracannò il bicchiere e facendo scoppiettar la lingua, disse:
— Eccellente! Farete bene a preparar per due, perché aspetto un amico, il quale mi ha dato convegno qui.
— Segno che ci conosce. Non faccio per dire, ma come al Caval Marino non si mangia, non si beve e non si alloggia in tutte le Marche.
— Avete camere d'alloggio?

– Con dei letti, nei quali potrebbero dormirvi degli sposi. Se vuol vedere...
– Dopo, dopo.
– Dunque, tiro il collo al pollo, o vuol ammazzarlo col fucile?
– Il rumore del colpo chiamerà gente.
– Manco per sogno: qui non c'è nessuno.
– Allora vediamo.
– Stia pronto che glielo mando. Badi a non fallire: se no la povera bestia si spaventa, gli vien la febbre e la carne perde il sapore.
– Non dubitate.

L'ostessa passò in cucina e aprì la stia: due giovani polli scapparono fuori e s'avviarono alla camera vicina. S'intesero subito due colpi e Marianna accorsa, li trovò entrambi stesi al suolo col capo fracassato.

Il viaggiatore stava ancora colle due pistole in mano, che si era tolto dalla cinta.

– Come! Li avete ammazzati colle pistole? domandò la donna, sbarrando gli occhi esterefatti.
– Credo bene.

In quel mentre rientrava Menicuccio con un canestrello piatto, coperto di fronde.

– Ecco il pesce: è ancora vivo, disse sorridendo e guardando il viaggiatore. E col pesce vi porto un amico.

Seguiva infatti l'oste un uomo sulla cinquantina, basso tarchiato, panciuto, col naso rotondo, gli occhietti piccoli, vivi e mobilissimi, la bocca larga, con piccole basette brizzolate, come le ciocche dei capelli inanellati, che gli coprivano le tempie, uscendo di sotto il cappello di feltro nero, duro, a larga tesa, che completava il suo vestito da agente campagnuolo.

Egli mosse difilato al forestiere e gli sporse la mano, dicendogli: – Sapevo che eri già venuto.

– Te ne avvertì l'Oste? Scommetto che fra un'ora ne saranno informati tutti coloro che si trovano nel perimetro di dieci miglia. Ha la lingua lunga quell'oste.

– Non temere, Paolo.
– Ho forse avuto paura mai, io?
– Non inquietarti, insomma. Sei più sicuro qui che sull'altare di S. Pietro in Roma. Di Menicuccio rispondo io.
– Mangiamo, allora. Ho una fame maledetta.
– A tavola si concludono meglio gli affari.

Menicuccio aveva già recata la posata e il piatto. Il campagnuolo si assise di fronte all'incognito e incominciarono a far sparire il salame.

– Sarà dunque per stanotte senza fallo, disse sommessamente il nuovo venuto. Sei pronto?

– Prontissimo.
– I tuoi?
– Fa assegnamento sopra di me.
– Non hanno scorta. Ma sono gente deliberata e fors'anco ben armata.
Il cacciatore sbozzò un sorriso di scherno.
– Della somma si faranno tre parti.
– Due per me.
– Per te solo?
– Per me e pe' miei, l'altra per te.
– E le gioie e i valori personali che potranno avere con sé?
– Incerti del mestiere.
– Voglio parteciparvi.
– Ed è giusto. Ma se per avventura qualcuno di noi avesse a finire nelle mani di Mastro Titta, avrai pure la tua parte di corda.
– Vi rinunzio.
– Hai torto; porta fortuna.
– Porta al Diavolo.
– Un giorno o l'altro ci si deve andare.
– Più tardi che sia possibile.

Menicuccio aveva intanto servito; prima il brodetto, poi i polli e riempito tre volte il boccale. Il benessere e col benessere la giocondità incominciava a diffondersi sul volto dell'onesto campagnuolo.

– Mandaci Marianna, che vogliamo fare un brindisi alla sua salute, dissegli questi. Cucina in modo ammirabile.

Marianna comparve, umile in tanta gloria, e partecipò al brindisi in suo onore.

Il campagnuolo le disse poi:

– Ora ci condurrete di sopra e ci darete due buoni letti.

E così fu fatto.

XXI

L'AGGRESSIONE DEL CORRIERE DEL PAPA

Sull'imbrunire si fermava alla porta dell'Albergo del Caval Marino una sedia di posta, tirata da due buoni cavalli romani, nella quale si trovavano due persone. Il cocchiere fece schioccar la frusta e tosto accorse Menicuccio, col berretto in mano.
Uno dei due viaggiatori sporse il capo e gli ordinò:
— Recaci da bere una bottiglia.
— Subito, Eccellenza, rispose l'oste e s'avviò verso l'interno del negozio, d'onde ritornò poco dopo con due bicchieri di cristallo, sopra un bel vassoio d'argento e una bottiglia, che versò con religiosa attenzione.
Il viaggiatore che l'aveva ordinata passò il vassoio all'altro con rispettosa deferenza; quegli bevve, quindi mormorò:
— A voi.
Il viaggiatore vuotò il suo bicchiere, quindi ordinò a Menicuccio di dare il rimanente al cocchiere, e gli porse uno scudo, dicendogli:
— Da parte di questo signore che ha trovato buono il vostro vino.
— Mille grazie! esclamò l'oste inchinandosi fino a terra, mentre la carrozza partiva di buon trotto.
Due spettatori avevano assistito alla scena dalla finestra socchiusa, nascosti dietro le griglie: il cacciatore ed il campagnuolo. Questi esclamò:
— Maledizione! Hanno anticipato di tre ore. Un bel colpo fallito.
— Nulla di perduto, rispose l'altro. Fra mezz'ora io li avrò sorpassati. La salita per la strada maestra è lunga, per i giri che fa la strada ed erta in modo che i cavalli non possono che andare al passo.
— E i compagni?
— Non ci pensare. Li troverò io.
Il buio si era fatto intanto profondo e Menicuccio lieto della sua giornata, aveva chiuso l'albergo, ben certo che a quell'ora nessun altro avventore sarebbe capitato.
Il cacciatore, fatto sicuro di non essere veduto, aperse la finestra, che distava pochi metri dal suolo e colla lestezza e agilità del dardo, discese nella via, tenen-

do il suo fucile ad armacollo.

Toccato il suolo, a passo celere raggiunse una stradicciuola traversale che menava alla montagna.

Il campagnuolo, dopo averlo salutato, richiuse la finestra e si coricò, stropicciandosi le mani e mormorando:

– Dio lo salvi e il diavolo lo protegga.

La notte era buia, senza luna e senza stelle. I fanali della sedia di posta proiettavano dai due lati della strada la loro luce rossiccia. Gli alberi parevano gigantesche figure umane tendenti le braccia.

Nel legno i due personaggi sonnecchiavano; ma non erano pienamente tranquilli; un'inquietudine vaga, indefinibile li agitava. Quando s'addormentavano sognavano malandrini, aggressioni e morti e si destavano di soprassalto e portavano le mani alle armi, che tenevano nelle tasche de' pastrani.

La strada fra Porto Recanati e Macerata, dopo aver percorso un tratto nel piano, incomincia a salire ed a serpeggiare lungo la montagna, cingendole i fianchi, come un largo nastro bianco.

Il cacciatore aveva tenuto la promessa fatta al suo amico campagnolo, che lo attendeva a Caval Marino: inerpicandosi per scoscesi sentieri, attraverso le macchie, e marciando sempre di buon passo, aveva da lungo tratto sorpassata la sedia di posta e l'attendeva al varco, dietro un burrone, in uno dei punti più difficili della strada.

Di quando in quando si buttava a terra e accostava l'orecchio al suolo, per distinguere i rumori lontani.

– Eccoli – disse ad un tratto – fra dieci minuti saranno qui.

E si rizzò tosto per prendere posizione.

Non appena i cavalli della vettura giunsero innanzi al burrone, ove stava celato, il cacciatore uscì fuori, tenendo nella destra il pistone e ingiungendo colla manca protesa al cocchiere di fermarsi. E il vetturino cedendo alla paura che gli ispirava la persona atletica del masnadiero, la sua estrema sicurezza, il suo sangue freddo, ubbidì.

– Frusta i cavalli, codardo – tonò una voce dall'interno della carrozza e contemporaneamente un colpo d'arma da fuoco rintronò nell'aria.

Era diretto contro l'assalitore e colpì invece alla testa uno dei cavalli, il quale stramazzò.

– Mal diretto! esclamò forte il malandrino. Se sciupate così la vostra polvere, non ve ne resterà per farvi saltare le cervella, se per avventura sdegnassimo noi di farlo.

Due altri colpi da fuoco scoppiarono contemporaneamente. L'uno forò il cappello del vetturino, l'altro sfiorò una spalla del brigante, senza che questi mostrasse avvedersene.

– Scendi disgraziato – gli disse l'aggressore – se no quei signori finiranno coll'ammazzarti.

Il cocchiere, non se lo fece dire due volte, scese in un salto da cassetta, tenendo ravvolte in mano le guide.

– Legale al cassetto, fatti consegnare le pistole da que' signori e portamele: ai cavalli bado io.

Il vetturino si presentò allo sportello di sinistra e il viaggiatore che si trovava dalla sua parte, gli consegnò tosto le sue armi.

Contemporaneamente s'apriva lo sportello di destra e un signore su trentacinque balzò fuori, dirigendosi coraggiosamente verso il brigante colle pistole spianate.

– Signor conte di Lavello – disse questi – non facciamo ragazzate. E contemporaneamente col calcio del pistone gli faceva saltar di mano una delle due pistole, che descritto un semicerchio in aria, cadde al suolo, lasciando uscire il colpo.

– L'altra è scarica – riprese a dire beffardamente il bandito – farete bene a seguire l'esempio del Corriere di Sua Santità e consegnarmela.

Il viaggiatore che era stato qualificato per Corriere di Sua Santità, si era intanto rannicchiato nel fondo della carrozza, pronto a rendersi a discrezione, anziché correr l'alea di una pistonata, che gli squarciasse il petto onusto di decorazioni.

Ma il conte di Lavello non pareva punto disposto ad imitarlo. Si lanciò puntando contro il masnadiero, facendo atto di afferrargli l'arma: ma un improvviso, fulmineo scarto di fianco dell'avversario, lo fece cadere supino al suolo. E per il dolore cagionatogli dallo aver battuto il petto ed il volto nei ciottoli, svenne.

– Mi siete testimoni, che avrei potuto ammazzarlo e che gli faccio grazia, per rispetto alla Santità di Nostro Signore, che ne affidò i preziosi giorni al suo Corriere, – disse, sempre col suo piglio canzonatorio il bandito, mentre tratta dalla cacciatora che portava una funicella sottile, ma solidissima lo legava colle mani rovesciate dietro le reni, e ai piedi, dopo averlo trasportato sul ciglio della strada.

Compiuta l'operazione, tornò alla sedia di posta e intimò al Corriere del Papa di scendere. Questi non si fece pregare, e fu legato pur lui. L'ultimo a subire siffatta operazione fu il cocchiere.

– È una formalità, sai, – gli diceva intanto il bandito, una semplice formalità.

Incominciò quindi la perquisizione della carrozza, che durò parecchio tempo. Terminata questa, passò il bandito alle persone de' viaggiatori; i quali non poterono salvare nulla di nulla dalle sue mani rapaci.

Stava il masnadiero gettando in una bisaccia tutto il bello ed il buono che aveva preso, quando gli parve distinguere un galoppo di cavalli. Buttossi quindi sulle spalle il sacco del bottino e s'internò nella macchia, non senza lanciar l'ultimo sarcasma a' suoi svaligiati:

– Avevo intenzione – disse di liberarvi io stesso e di porvi in condizione di continuare il vostro viaggio, ma pare che stiano per giungere de' vostri amici e non voglio togliere loro questo piacere.

XXII

SCOPERTA, PROCESSO, CONDANNA ED ESECUZIONE

Il malandrino non si era ingannato; pochi momenti dopo giungeva sul teatro della grassazione una pattuglia di birri a cavallo, i quali sciolsero i tre legati e domandarono loro i particolari del fatto.

Il Corriere del Papa e il Conte di Lavello esposero agli agenti della legge ciò che era accaduto, asserendo che doveva trattarsi di una grossa banda, capitanata dall'audace e temerario aggressore del quale erano rimasti vittima.

Solo la corrispondenza di cui era latore era stata salvata dall'accorto Corriere, il quale se n'era cacciato il piego nel fondo de' calzoni, mentre il Conte lottava col brigante.

L'interrogatorio del cocchiere riuscì molto più interessante,

– Siete pratico del paese? – gli domandò il bargello di Macerata, che era venuto coi birri.

– Perfettamente.

– Avreste qualche indizio a fornire?

– Ne ho più d'uno.

– Conoscete forse il capobanda?

– Come conosco voi.

– Ed è?

– Paolo Salvati.

– La paura vi ha posto le traveggole. Paolo Salvati, incalzato da tutte le parti ha sciolto la sua banda ed è passato nel regno di Napoli.

– Non dubito delle vostre affermazioni signor bargello, ma io sono sicuro che ci ha aggrediti Paolo Salvati.

– In tal caso non poteva che essere solo; se avesse riordinato la sua compagnia brigantesca, se ne avrebbe avuto già sentore.

– L'avevo già riconosciuto a Porto Recanati, mentre ci siamo soffermati a Caval Marino per berne una bottiglia, lo vidi dietro le griglie della finestra superiore.

– E perché non ne avete dato avviso all'Autorità?

– Contavo di farlo non appena giunto a Macerata.

– E come mai non avete prese delle cautele prima di partire?
– Come potevo immaginare, con due cavalli di quella fatta, che egli sarebbe riuscito a superarci? Io lo supponevo diretto verso Ancona.
– Sta bene. Ma, ad ogni buon conto, io ti dichiaro in istato d'arresto. Monsignor Fiscale disporrà di te.

Seguendo gli ordini del Bargello, i birri staccarono il cavallo ucciso dalla sedia di posta, e vi sostituirono uno dei loro. Quindi fatti salire i due viaggiatori nel legno, uno dei birri si collocò a cassetta, allato del cocchiere, rimasto affidato alla sua custodia, e la sedia partì.

– Bisogna andar subito a Porto Recanati, disse poi il Bargello ai birri rimastigli. Scommetto che Salvati ci è tornato. Deve aver avute delle informazioni precise per tentare un simile colpo. Forse riusciremo a sorprenderlo coi complici.

Ben s'appose l'astuto Bargello.

Paolo Salvati, compiuta l'aggressione tornò a Porto Recanati: con un leggero sibilo chiamò il campagnuolo, che altri non era se non uno dei più famosi manutengoli, e in men che non dicasi il masnadiero e la bisaccia del bottino, avevano preso il loro posto nella camera dell'albergo del Caval Marino. Inutile dire che la bisaccia aveva subito una notevole diminuzione, perché Salvati aveva già riposta la propria parte e quella dei suoi supposti compagni in luogo sicuro.

Il brigante s'era cacciato fra le coltri e dormiva profondamente, riposando delle sue onorate fatiche, quando il Bargello e i suoi birri, ingrossati di numero, da quelli raccolti in Recanati, giunsero all'albergo del Caval Marino e ne prendevano in custodia gli accessi.

Menicuccio che apriva allora il negozio, fu molto sorpreso della loro comparsa, e al Bargello che lo interrogava rispondeva, non esservi nella sua locanda, che due onesti viaggiatori, giunti il giorno innanzi.

Il Bargello salì alla camera superiore e trovatala aperta entrò pian piano. Ma invece di due viaggiatori ne trovò un solo: Paolo Salvati dormente nel suo letto. L'altro letto era disfatto.

Indispettito si gettò sul dormente e cercò di allacciarlo; ma il Salvati svegliato di sorpresa, riuscì a mettersi sulla difesa e impegnò una lotta accanita. Vedendosi sopraffatto, il bargello chiamò aiuto. Allora Salvati presi i suoi panni si gettò giù dalla finestra e prese a fuggire tentando di guadagnare la via dei campi. Ma fu presto raggiunto dai birri appostati e dal Bargello, che prontamente riavuto, non voleva lasciarsi scappare la preda.

Il manutengolo se n'era già andato prima, mentre Salvati dormiva, colla valigia, temendo di doverne ripartir il prodotto.

Paolo Salvati portava ad un dito un anello con brillante solitario, tolto al conte di Lavello e questa fu una prova schiacciante del delitto, la quale aggiunta alla testimonianza del cocchiere gli procurò una sentenza di impiccagione.

L'esecuzione fu una delle più famose che io abbia operate. Accorsero per assistervi una folla immensa da tutti i paesi delle Marche, non solo, ma anco da Roma, attratti dalla fama del brigante, dai particolari dell'audacissima grassazione e dal fatto che ne era stato vittima un Corriere del papa, il quale accompagnava un personaggio di qualità e d'importanza, come il conte di Lavello.

Esortato a pentirsi dei suoi misfatti e regolare i suoi conti colla eterna giustizia, Paolo Salvati rispose:

– Mi pento d'esser caduto nella tagliola come un leprotto.

E respinse confessore e confortatori.

Conducendolo al supplizio, la sua alta figura torreggiava sulla carretta. Giunto al palco, girò uno sguardo schernitore sulla folla, poi porse da sé il collo al capestro.

Lo squartamento mi riuscì bene, ma non ebbi a faticar poco: pareva ch'avesse muscoli d'acciaio.

Vent'otto giorni dopo dovetti recarmi in Amelia, per impiccarvi e squartarvi un altro grassatore. E fu il 20 maggio 1806. Pasquale Rostelli era il suo nome, le sue gesta comunissime. Volgarissimo ladro da strada, soleva aggredire carrettieri, contadini, gente insomma da pochissimo conto e sovente gli veniva fatto di ammazzare un uomo per togliergli pochi baiocchi.

Sorpreso dai birri, si gettò piangente ai loro piedi, invocando pietà; lui che non ne aveva mai avuta per nessuno! Ammanettato e legato colle mani dietro le reni, venne tradotto in Amelia e sottoposto a procedimento.

Confessò gli innumerevoli suoi delitti, e gli assassinii commessi spesso per un semplice tozzo di pane, che avrebbe potuto chiedere per carità.

Annunziatagli la sentenza di morte, cadde in una specie di letargo, per trarlo dal quale bisognò ricorrere ai più poderosi eccitanti e giunse al patibolo più morto che vivo. Morì ignobilmente, come ignobilmente aveva vissuto.

XXIII

L'ASSASSINIO DEL COMPARE

Il 9 giugno 1806 dovetti recarmi a Rieti, per eseguire una sentenza in persona di Bernardino Salvati pure condannato alla forca.

Non era costui un malfattore nel vero senso della parola, bensì un disgraziato che in un trasporto d'ira, causato dalla gelosia e giustificato dal fatto, aveva ucciso un suo compare.

Ecco com'era andata la cosa:

Salvati aveva una bella moglie e teneramente l'amava. Uscita incinta dopo parecchi anni di matrimonio, la gioia di Bernardino, che ardentemente desiderava di aver un figlio, non ebbe confini. Pareva diventato pazzo: tutte le sue preoccupazioni erano per il nascituro: fece spese enormi per il suo piccolo corredo e si preparò a celebrare la nascita con grandi feste.

– E se fosse una femmina? – gli domandava taluno.

– Sarà la ben venuta del pari. Eppoi una volta incominciato non c'è ragione di smettere. Checca mia saprebbe farmi poi anche il maschio.

Quando Dio volle il giorno auspicato venne e la moglie di Bernardino Salvati diede alla luce un amore di bimbo, che mandò in sollucchero il fortunato padre.

Gli apprestamenti già fatti gli parvero pochi e volle aumentarli. Il giorno del battesimo la casa dei Salvati pareva volesse gareggiare con casa Torlonia.

La sacra cerimonia venne celebrata con la massima pompa e quattro carrozze a due cavalli trasportavano al tempio il neonato, la levatrice, il compare e una folla di testimoni e d'invitati.

Il compare era un intimo amico di Bernardino.

Intanto a casa si era preparato un pranzo fastoso, come nessun altro mai.

La tavola era imbandita in un ampio locale, vicino alla camera da letto, affinché la puerpera, benché tuttora degente potesse partecipare al tripudio.

Bernardino correva innanzi, indietro dalla cucina alla sala da pranzo, da questa alla stanza di sua moglie, impartiva ordini, e provvedeva da sé medesimo a tutto ciò che gli pareva mancasse.

D'ogni parte gli rivolgevano complimenti, congratulazioni, augurii.

Il pranzo riuscì giocondo quanto copioso e ben servito. Il vino generoso aveva dato la stura all'allegria. Chi parlava, chi rideva, chi gridava. Di tratto in tratto qualche invitato si recava dalla puerpera per offrirle, o dolci, o vino, o frutti.

Bernardino ritornando dalla cucina, dove era andato per ordinare qualche cosa, volle vedere il suo marmocchio ed entrò nella camera nuziale, senza passare da quella da pranzo.

Appena v'ebbe messo piede si fermò stupefatto, intontito.

Il compare era vicino al letto di sua moglie, la quale gli aveva gettate le braccia al collo e baciandolo fervidamente, gli mormorava:

– Com'è bello tuo figlio, ti rassomiglia tanto, che sembra una mela spaccata con te, lo amerai non è vero?

Bernardino Salvati provò come uno schianto al cuore; il sangue gli affluì al cervello e fu un miracolo se non cadde fulminato.

Lo sostenne il terribile spettacolo della realtà che gli si affacciava, tornò in cucina barcollando. Vedeva tutto rosso intorno a sé. Aveva il delirio del sangue. Afferrò un marraccio e ripiombò nella camera da letto.

La Checca si teneva tuttora abbracciato il compare; né lei, né lui s'accorsero della venuta del marito. Questi si slanciò sull'amico traditore della sua fede, dell'onor suo e gli inferse per ben quattro volte il marraccio nelle reni, quindi fuggì a precipizio nella via, col coltello grondante di sangue caldo e fumante.

Il compare, trapassato a parte a parte fin dal primo colpo, non aveva profferito un accento; abbandonato dalle braccia della Checca, che lo avvincevano, cadde bocconi al suolo, sul quale si formò subito un'enorme pozza di sangue. La Checca mandò un acuto grido di suprema, disperata angoscia e svenne.

A questo grido accorsero gli invitati in massa e tosto fu chiarita la causa della tremenda scena.

– Potevasi prevedere, diceva una donna, Checca è sempre stata imprudente.

– Era cosa che si sapeva da tutti – mormorava un'altra, Bernardino ero forse il solo che la ignorasse.

Intanto i birri avevano arrestato il Salvati e portatolo innanzi al bargello, confessò tutto e diede le più ampie spiegazioni intorno al fatto.

Istituito il processo, Bernardino Salvati ripeté innanzi ai giudici le sue confessioni, non cercando minimamente di attenuare la propria responsabilità. Era in preda alla più completa apatia. Si vedeva in lui un uomo che non si curava più della vita; peggio, gli riusciva di peso e avrebbe voluto sbarazzarsene al più presto possibile.

Condannato alla forca, come dissi, fece le sue devozioni senza riluttanza e senza entusiasmo. Io l'appiccai la mattina del 12 luglio, senza che desse segno di alcuna emozione, né traversando la città stipata di gente sulle strade del percorso, né salendo il patibolo.

La moglie lo seguì poche ore dopo, essendo stata sorpresa da violentissima febbre puerperale.

XXIV

UN MASNADIERO DI BUON CUORE

Il giorno 13 agosto del medesimo anno 1806, dovetti trasferirmi a Terracina per giustiziare due grassatori, Giuseppe Pistillo detto Fatino, e Giuseppe Chiappa, condannati all'impiccagione e successivo squartamento.

Pistillo, godeva di una grande popolarità, perché era uno di que' tipi di masnadieri simpatici, dei quali si sono create le leggende. Egli non incrudeliva mai contro le persone; se non vi era costretto da necessità di difesa non faceva mai uso delle armi. È vero che possedeva una forza erculea e due mani più salde e più stringenti d'una morsa. Se afferrava uno per il collo, quel disgraziato era tanto sicuro di rimanervi, quanto fosse capitato nelle mie mani, per essere trasmesso all'altro mondo. Non molestava mai i poveri viandanti, né i carrettieri. Egli si riservava soltanto gli affari grossi. Aveva un debole per le carrozze da viaggio signorili e per le corriere di posta. Quando capitava in qualche casa, o capanna contadinesca e chiedeva ricovero o vitto, era sicuro d'essere servito come un principe, perché pagava lautamente, se non al momento, alla prima occasione che gli fosse data di ritornarvi, ben provveduto di quattrini.

Largheggiava anche in elemosine ai poveri. Si narrano di lui una quantità di aneddoti che fanno onore al suo cuore e tratteggiano magnificamente il suo carattere. Ne raccolgo uno dei più commoventi.

Pistillo soleva capitar di frequente in una tenuta principesca affittata ad un padre di numerosa famiglia, che ritraeva onesto guadagno lavorandolo e facendola lavorare dai coloni. Il suo arrivo alla tenuta era sempre salutato con gioia, perché portava regalucci alle donne ed ai bimbi e faceva compagnia al capo di casa ed agli uomini, ai quali porgeva altresì saggi consigli sulle coltivazioni e sul momento, più o meno opportuno, di procurarsi ciò di cui abbisognavano e di vendere i loro prodotti.

Assente da oltre un anno, perché le molestie dell'autorità lo avevano indotto a mutar paese, una notte Pistillo arriva alla tenuta e vi è come di consueto affabilmente accolto. Gli servono da cena e l'affittaiolo gli tiene compagnia, mentre gli altri tutti se ne vanno a dormire.

Pistillo s'accorge però che qualche cosa di straordinario e di non lieto dev'essere accaduto in quella casa. Per quanto si sforzi non riesce al padrone di mostrarsi ilare e contento. Beve, ma il vino gli resta nella strozza e depone il bicchiere vuoto solo a metà.

D'un tratto Pistillo si ferma con in pugno il coltello, col quale andava tagliando un pezzo di cacio, e guardando fissamente il campagnolo, gli dice in tono secco e severo.

– Paolone tu m'inganni.
– Mi credete capace? – risponde tosto il campagnolo evidentemente corrucciato.
– Tu non hai più confidenza in me – prosegue il masnadiero – tu mi celi qualche cosa.
– Che vi ho mai da nascondere? – chiede con un profondo sospiro Paolone.
– Non lo so; se lo sapessi non te lo chiederei. Qualche affanno, qualche segreto dispiacere ti ha mutato. Paolone, non facciamo ciarle inutili: che cosa t'affligge?
– Forse non ci vedremo più.
– Perché?
– Perché domani verranno gli uscieri a scacciarmi di qui. Sono rovinato. Non ho pagato l'affitto, perché l'annata è andata a male e l'amministratore del Principe mi ha intimato lo sfratto.

La fronte di Pistillo si corrugò. Le tempie gli martellavano. Le vene della fronte s'ingrossavano. I suoi occhi si iniettavano di sangue. Le sue labbra erano frementi. Ma non articolava parola. Finalmente mormorò, quasi discorresse con se stesso:

– Si sfratta un uomo colla sua famiglia perché non può pagare qualche migliaio di lire, lo si mette sulla strada, si strappa il pane di bocca a lui ed a' suoi figli!... È una indegnità. E chiamano me brigante!

Paolone udiva e non fiatava. L'ira che trasudava da tutti i pori del Pistillo lo commoveva.

– Non c'è modo di aggiustare le cose?
– Un solo, ha detto l'amministratore, dal quale mi sono recato ieri ad implorar pietà.
– Quale?
– Pagare. Capite? Pagare sei mila scudi, quando non ne ho cento in cassa; quando mancano le provviste per l'annata; quando si sono fatti tutti i sacrifici per tirare innanzi, sprovvedendosi di tutto il superfluo.
– Pagare eh? ha detto l'amministratore.
– Pagare o andarsene.
– Ebbene pagherai.
– Scherzate?

– Giuseppe Pistillo non ischerza mai, quando è in gioco la vita d'una famiglia. Pagherai.
– E chi mi darà i denari?
– Io, te li darò.
– Ma io ve li potrei rendere chissà poi quando. Ci vorranno almeno dieci anni buoni per risparmiare tal somma.
– Non curarti di questo. Ci penserò io compensarmi.
– La mia vita è vostra.
– No, è della tua famiglia. Per che ora ti servono i sei mila scudi?
– L'amministratore m'ha detto che verrà domani dopo pranzo cogli uscieri.
– Sta bene: andiamo a dormire.
Sul far dell'alba Giuseppe Pistillo lasciava la fattoria.
La povera famiglia di Paolone, passò una giornata in ambasce inenarrabili. Il campagnolo s'era chiuso in un impenetrabile silenzio. Solo di tratto in tratto domandava che ora fosse.
In punto a mezzogiorno fu annunziato l'arrivo di un cavallaro che chiedeva del padrone.
Paolone gli mosse incontro sfavillante di speranza e di gioia.
Pistillo aveva mantenuto la sua parola. Il cavallaro rimise al campagnolo un grosso involto, dicendogli:
– Da parte di chi sapete.
Quindi, voltato il cavallo, scomparve.
Paolone salì coll'involto nella sua camera e chiusosi dentro l'aperse.
C'erano tremila zecchini d'oro.
Il povero campagnolo, cadde ginocchioni e piangendo come un fanciullo, ringraziò la divina provvidenza.
Si trovava ancora in quello atteggiamento, quando venne bussato alla porta.
L'affittaiolo aperse e si trovò faccia a faccia colla moglie, che lagrimando gli annunziò la venuta dell'amministratore, di un usciere e due testimoni.
– Siamo perduti! Siamo perduti! esclamava la disgraziata donna – Poveri figli miei!
– Siamo salvi – disse Paolone – mostrandole l'oro, cacciando le mani nel quale trovò un biglietto manoscritto che diceva:
«Trattieni l'amministratore e i suoi quanto più ti è possibile.»
Paolone rinchiuse gli zecchini nel suo scrigno e discese colla moglie incontro ai nuovi venuti.
– Ebbene? – domandò con piglio sciolto e un po' motteggiatore l'amministratore, strizzando l'occhio – Come va?
– Come Dio vuole – rispose l'affittaiolo. Ma loro signori staranno non meglio di me, dopo sì lunga strada.

– Abbiamo il legno nella vostra rimessa, e i cavalli nella vostra stalla.
– Impartirò gli ordini opportuni, perché siano ben trattati. Quanto a loro spero, vorranno farci l'onore di pranzare in compagnia.
– Purché non ci facciate morir di fame; sogghignando rispose l'amministratore.
– Non siamo ancora a tale.

La massaia volò in cucina e in breve parecchi polli passarono dalla stia alle pentole ed alle casseruole, per ingrossare il pranzo.

Intanto venne imbandita la tavola e si servirono i principi. Il pasto fu abbondante, squisito e inaffiato di ottimo vino. L'amministratore e i suoi fecero onore, mangiando e bevendo senza risparmio.

– Peccato che non si possa pranzar da voi tutti i giorni! esclamò l'amministratore, sempre con piglio canzonatorio. Ma così mi spiego le difficoltà...
– Difficoltà – interruppe con piglio quasi altero Paolone possono presentarsi a tutti. L'abilità di un uomo è di saperle superare.
– Parlate come un libro stampato. E voi sareste di quegli uomini.
– A seconda dei casi. Che cosa desiderate ora, a cagione d'esempio?
– Oh! una cosa da nulla, una miseria, una bazzecola, che non valeva quasi la pena d'incomodarsi: sei mila scudi, somma rotonda.
– È appunto quella che vi ho preparata.
– Eh? Dite?
– Dico che i sei mila scudi sono a vostra disposizione.
– E dove li prenderete!
– Dalla mia cassa, con vostro permesso.
– Giusto, regolare, perfetto! Non c'è che dire.
– In tal caso, se permettete, farò venire qualche altra bottiglia.
– Ma padronissimo, sor Paolone. Già io l'ho sempre detto, pagherà, pagherà. Che diamine! È sempre stato puntuale. Non può mancare: Eh! si sa, la tenuta frutta bene: non volevate tirar fuori i vecchi risparmi. Vi compatisco. Stando io al vostro posto avrei forse fatto altrettanto... Ma al mio, dovevo fare il mio dovere. Alla vostra salute, Paolone!

Così concluse il suo discorso l'amministratore. L'affittaiolo andò a prendere gli zecchini e porgendoli all'amministratore, con un foglio di carta, la penna ed il calamaio, gli disse:
– Favorite rilasciarmi ricevuta di pieno saldo, controfirmata da questi signori, per maggior regolarità.
– Ben volentieri.

I denari furono riscontrati la ricevuta stesa e firmata.

Ma prima di lasciarli partire Paolone tirò fuori altre bottiglie, alle quali l'amministratore e i suoi fecero le migliori accoglienze.

Quando si risolsero ad andarsene incominciava ad imbrunire. Il sacco de' zecchini venne deposto nella cassetta sotto il sedile posteriore del legno, in cui entrarono l'amministratore, l'usciere ed uno de' testi; l'altro passò a guidare il cavallo. Poco dopo quei dell'interno dormivano saporitamente, il cocchiere improvvisato sonnecchiava e l'animale ne approfittava per allargare e allentare sempre più il trotto.

Furono destati di soprassalto dal Pistillo, che in compagnia di quattro amici, li attendeva al varco, e mise tosto loro le mani addosso per ridurli all'impotenza. L'amministratore tentò di salvare gli zecchini, offrendo tutto quello che aveva indosso. Ma gli aggressori erano troppo ben informati; e siccome, dopo tutto, non era roba loro, si lasciarono depredare senza troppa mala grazia.

Così il generoso masnadiero ricuperò i suoi tremila zecchini e all'indomani mandò a Paolone la ricevuta di saldo.

Ma ad onta delle sue buone opere Giuseppe Pistillo doveva finir male la sua carriera. Incalzato dalla forza pubblica si nascose con tre amici in una fattoria. Assaliti, resistettero e due caddero morti; Pistillo e Giuseppe Agnone furono dopo accanita lotta arrestati, condotti a Terracina, processati, condannati e giustiziati, come avvertii, il 13 agosto. Non vollero saperne di religiosi conforti e morirono come due stoici antichi, destando l'ammirazione della folla immensa che si accalcava sulla piazza per assistere al supplizio, convenutavi da tutti i paesi circonvicini, chiamata dalla grande notorietà del Pistillo.

XXV

L'ASSASSINIO DEL COGNATO

Tommaso Grassi, sensale di bestiame, aveva per cognato un macellaro di Trastevere assai facoltoso. Aveva costui sposato sua sorella, una delle più leggiadre *minenti* di quel rione, per amore, benché non avesse il becco d'un quattrino e la trattava come una principessa. Ma questo invece di far piacere al cognato, lo irritava perché era di animo perverso ed invido. Avrebbe forse voluto che il macellaro se lo pigliasse con sé, lo mettesse a parte dei suoi affari e ne dividesse gli utili. Ma così non l'intendeva l'altro.

Pur agevolando al cognato l'esercizio del suo mestiere di mediatore e rimunerandolo largamente delle sue prestazioni, l'accorto macellaro lo teneva a debita distanza e quindi ne suscitava le bizze.

Un giorno Tommaso Grassi si recò al negozio di sua sorella e trovatala sola, un po' colle buone, un po' colle minaccie le estorse duecento scudi.

Risaputolo il marito abbordò il Grassi e gli disse seriamente:

– Senti, Maso, quando hai bisogno di quattrini, rivolgiti a me e non a tua sorella. Non amo che le donne si impiccino in queste cose. I duecento scudi te li regalo. Fa di non chiedermene altri per un pezzo, se puoi.

– Io me ne infischio dei due duecento scudi, – rispose arrogantemente il Grassi.

– Perché li hai dunque domandati a prestito?

– Non li ho cercati a te. Credevo bene che mia sorella potesse disporre di tale miseria.

– Una miseria che t'ha fatto comodo però.

– Ora che so che sono tuoi, non appena avrò riscosso te li schiafferò in faccia.

– Maso, bada a misurar le parole, perché non sono avvezzo a tollerare né prepotenze, né insolenze.

Il tono di voce del macellaro non era tale da ammetter repliche e tanto meno provocazioni nuove.

Tommaso Grassi gli volse le spalle e se ne andò pe' fatti suoi, covando in cuore la vendetta.

Passò circa un mese.

Il macellaro non aveva più riveduto il cognato, né sua moglie il fratello, quando sul far del mezzogiorno del 2 aprile, Tommaso Grassi capitò nel negozio, come se nulla fosse accaduto.

– Guarda chi si vede – esclamò il macellaro, che era un buon diavolo ed aveva dimenticato l'alterco.

– Giungi in punto, Maso, per mangiare un boccone con noi.

– No, grazie: son venuto per affari – rispose il Grassi.

– Ne discorreremo pranzando.

– Non ho fame.

– E allora fa come vuoi.

– Ci sarebbero delle vaccine da vendere ad un cascinale fuori di porta Cavalleggeri, che dovrebbero fare per te.

– Possiamo vederle domani.

– Perché no, oggi? È un figlio di famiglia, al quale è morto il padre di fresco e ha bisogno di far quattrini. Se perdiamo tempo qualcun altro ci porterà via il dolce.

– Allora andiamoci stasera. Le hai vedute tu le bestie?

– Sì.

– Come sono?

– Bellissime. Roba di provenienza perugina.

– Non resta dunque che conchiudere il contratto.

– Se ti fidi di me...

– E perché non dovrei fidarmi. Forse sei diventato un forestiero?

– Allora siamo intesi. Verso le sei vengo qui con l'amico che mi ha proposto l'affare.

– Montiamo sul carrettino e ce ne andiamo, per tornare a cena. Stasera avrai fame, credo?

– Speriamolo.

Così pattuito, Tommaso Grassi se ne andò. La sorella, visto che il fratello non aveva nemmeno portato alle labbra, per compiacenza, il bicchiere di vino offertogli dal marito, ne fu impensierita, ebbe una specie di vago presagio sinistro, e gli disse:

– Non ci andare.

– Perché?

– Non so. Di notte ci son sempre dei pericoli.

– Siamo in tre e non c'è a temere.

La bella trasteverina tacque, ma la sera quando vide il marito salir nel carrettino col fratello e il suo compagno, provò una stretta al cuore. Così depose in giudizio.

Tommaso Grassi e l'amico occupavano i due lati del sedile, il macellaio nel mezzo guidava e chiacchierava allegramente.

Ma ad un tratto la voce gli morì nella strozza: due coltellate una in un fianco che gli entrò in cavità, l'altra terribile nel collo, che gli recise la carotide, l'avevano colpito.

Non ebbe il tempo di proferire una parola.

I due assassini lo accomodarono bene sul fondo del carrettino e gli legarono le guide del cavallo intorno al braccio destro, quindi rivoltatolo verso la città, con due frustate lo sospinsero a disperata corsa.

Il carrettino non fu fermato che a porta Cavalleggeri, dove si accorsero del delitto.

Tommaso Grassi e il suo complice si erano, impossessati del denaro che il macellaio aveva portato con sé per pagare le vaccine e speravano di poter uscire dallo Stato. Ma la pronta denunzia della moglie dell'ucciso, sventò i loro progetti e vennero arrestati in Roma stessa dove erano rientrati per altra porta.

Eretto il processo Tommaso Grassi confessò cinicamente il delitto, asserendo d'averlo commesso per vendetta. Il complice negò assolutamente d'aver partecipato e fu in questo sostenuto anco dal principale accusato. Disse che le coltellate le aveva date al macellaio il Grassi all'improvviso, e senza ch'egli potesse pensare a difenderlo; e per tal modo poté salvare la sua pelle, essendo stato condannato il Grassi all'impiccagione e lui a star sotto la forca durante l'esecuzione.

Eseguii la sentenza la mattina del 15 aprile 1807, sulla piazza di Ponte Sant'Angelo con enorme concorso di gente, perché l'atrocità del misfatto e la notorietà delle persone, avevano suscitata una impressione profonda in città.

Tommaso Grassi provvide alla salvezza dell'anima sua, confessandosi e parve negli ultimi momenti veramente pentito. Fu condotto in carretta insieme al suo complice, circondato da uno stuolo di confortatori.

Giunto al palco, scese prima il compagno, che fu assicurato con ferri allo sgabello dal quale doveva assistere alla impiccagione del Grassi.

Questi salì un po' vacillante e sorretto la scala, ma prima di essere lanciato nell'eternità, mentre aveva già il laccio al collo, disse addio al suo complice, il quale rimase impassibile, come se avesse assistito non ad una impiccagione, ma agli esercizi di qualche funambolo.

Era proprio uno spirito forte.

XXVI

GRASSATORI VILI – UN PATTO NEFANDO

Il 2 maggio 1807 ebbi ad impiccare e squartare a Campo Vaccino Cesare di Giulio e Bernardino Troiani due grassatori dei dintorni di Roma, che avevano dato molto da fare ai birri. Ma le loro gesta non meritano punto di essere rammentate, perché non uscirono mai dalla più ignobile volgarità. Purtroppo anche il delitto ha un'aristocrazia propria. Si rivelano in esso, come in tutte le cose, la maggior elevatezza dell'ingegno e del coraggio, il carattere più nobile del delinquente e la forza d'animo più intensa.

Questi due malfattori, che dopo aver fatto strage di poveri viandanti e dimostrata una efferatezza straordinaria contro gente infelice, al cospetto della morte tremavano come foglie – si raccomandavano alla pietà universale e piangevano come fanciulli, o come donne, – destavano un senso di ripulsione nella folla accorsa per assistere alla esecuzione, non molto densa però. Non appena furon staccati dalla forca gli spettatori si diradarono. Pareva che il pubblico non volesse conceder loro l'onore di vederli fare a pezzi.

I loro quarti restarono appesi al palco fino a notte, perché la compagnia di San Giovanni tardò a recarsi a prenderli per dar loro sepoltura. E quando lo fece si trovò che due quarti erano scomparsi, e corse la voce per Roma, che erano stati rubati per venderli. Pare cosa impossibile. Ma per quante indagini siano state fatte, non si giunse a sapere chi l'aveva portati via.

Molto più interessante riuscì, invece un'altra doppia esecuzione ch'ebbi a fare il 6 luglio a Gubbio, in persona di Giuseppe Brunelli e Agostino Paoletti.

Conviveva il primo da parecchi anni con Margherita Cruciani, formosissima donna, che aveva già avuto diversi amanti quando si diede al Brunelli. Alta e grossa della persona, densa di forme, rosea di volto, con begli occhi neri, folte sopracciglia e prolissa capigliatura della stesso colore, doveva necessariamente piacere e piacque a molti.

Il Brunelli se ne incapricciò a morte e tanto fece e tanto disse che la persuase a mettersi con lui. Ma le sue risorse erano scarse assai: esercitava la professione di sensale di bestiame a que' tempi non molto proficua. In breve, per mantenerla in uno stato d'agiatezza superiore alle sue forze economiche, egli diede fondo a tutti i suoi risparmi e si trovò a dover vivere col solo frutto delle sue mediazioni.

Il povero Brunelli si assoggettava ad ogni maniera di privazioni. Ma con tutto ciò non riusciva a mantener Margherita come per l'addietro, ed egli prevedeva che un giorno o l'altro ella lo avrebbe abbandonato.

Vivere senza di lei gli sarebbe tornato impossibile. L'amava troppo e ne era anche ricambiato con sufficiente intensità, perché robusto e forte nelle lotte genetiche. Un bel giorno, anzi un triste giorno, Margherita e Giuseppe si trovarono senza mangiare, alla lettera, senza mangiare.

Dopo aver a lungo meditato, tutto chiuso in se stesso, Brunelli trasse un profondo sospiro dal petto e accostandosi alla sua donna, le disse così:

– Senti, Margherita: io non ho core di farti più a lungo soffrire. Tu sei ancor giovane e bella e non ti mancheranno prontamente altri amanti, che provvederanno largamente ai tuoi bisogni.

– Vuoi dunque lasciarmi? – gli rispose la donna, mostrandosi un po' corrucciata.

– È necessario.

– Eppure mi hai detto e ripetuto le mille volte che non avresti saputo menare innanzi l'esistenza lontano da me.

– Ed è vero: strettamente vero, adesso come allora.

– Non ti comprendo più. Che cosa vuoi fare?

– Una cosa molto semplice: senza di te non posso vivere, con te non posso vivere. La vita mi è dunque impossibile in tutti i modi e ho deciso di ammazzarmi.

Margherita che conosceva benissimo il carattere del suo uomo e sapeva che non era tale da far ciarle inutili, gli gettò atterrita le braccia al collo e tirandosi la sua testa sul seno, lo baciò sulla bocca passionatamente, dicendogli:

– E credi tu che io resterei al mondo senza di te?

– Margherita è necessario; io non voglio, io non posso vederti soffrire. Vedi la miseria ci ha assaliti appunto perché le preoccupazioni mi tolgono dal dedicarmi con maggiore alacrità agli affari.

– Ebbene, lo vuoi? Moriamo insieme.

– Manco per sogno.

– Mi credi incapace? Piuttosto che perderti farei tutto.

– Tutto?

– Sì, tutto – replicò la donna con intenzione. – Come sono disposta a gettar la vita per te e con te, lo sarei a...

– Continua, – febbrilmente agitato le disse il Brunelli continua.

– Impossibile, se mi guardi con quegli occhi di fuoco: mi fai paura.

E tornò ad avvinghiarlo colle sue belle e rotonde braccia, dalle quali si era tolto, stringendoselo con forza maggiore, e inebbriandolo di baci e di carezze.

Nel delirio della passione Beppe perdette il senno della propria dignità, e avendo in parte indovinato ciò che Margherita voleva proporgli, le mormorò con fioca voce, quasiché non volesse che udissero le orecchie le parole pronunziate dal suo labbro:
– Prosegui, Margherita, t'ascolto. Ormai puoi tutto dire.
– Potrai sempre respingere la mia profferta, riprese la donna rinfrancata, e mi troverai sempre pronta a seguire il tuo esempio, uccidendomi.
– Parla.
– Se un altro si incaricasse delle nostre spese? – susurrò, più che non disse Margherita.
Beppe sentì un fiotto di sangue salirgli alla testa; un accesso di gelosia lo colse e tonò:
– Hai un altro amante, dunque?
– No. Te lo giuro – riprese prontamente la donna – altro amante non ho e non avrò mai, perché io sarò sempre per te, per te solo. Mi capisci?
– Sì e no. Spiegati.
– Non ho e non avrò mai un amante. Ma potrei, volendolo tu, avere un protettore, un uomo facoltoso che ci aiutasse.
– Possedendoti?
– Accordandogli ciò che posso concedergli, il corpo, null'altro.
Giuseppe Brunelli si passò la mano sulla fronte madida di sudore. Il sangue gli martellava le tempie. Una voce gli diceva: «Uccidi questa vipera che ti avvelena, che ti conduce all'infamia.» Ed era la voce della coscienza, la voce del dovere. E un'altra voce gli diceva: «Consenti: in fin de' conti, non è tua moglie; il tuo onore non ne soffre. Potrai sempre staccartene, se ti ispirerà disgusto.» Ed era la voce della passione brutale.
Margherita, con quella perspicacia profonda che è tutta della donna innamorata, comprese di primo acchito la lotta che si combatteva nell'animo di Beppe. E nuovamente abbracciandolo con tutto il trasporto, gli mormorò:
– Se non vuoi, moriamo. Moriamo subito.
Poi correggendosi:
– Subito no. Godiamo un'altra notte d'amore, prima.
La ragione di Brunelli vacillava in quegli amplessi. La coscienza perdeva ad ogni istante terreno: e la foia erotica lo guadagnava.
Perdere una donna che lo amava così? Rinunziare a quelle ineffabili ebbrezze? Affrontare l'ignoto? Perché? Per un pregiudizio. Che gli caleva, se un altr'uomo gioisse di lei, quando era certo che ella non ne avrebbe divisi i godimenti?
– Se acconsentissi, – mormorò – tu mi sprezzeresti?
– Ti adorerei, se è possibile, più di quanto ti adoro, perché il sacrificio che faresti, mi sarebbe una prova del tuo affetto.

— E quest'uomo?
— C'è.
— Ti sei già data a lui?
— Mai.
— Ti ha fatto delle proposte?
— Mille volte.
— E le hai respinte?
— Sempre.
— Giuralo per la memoria di tua madre, di tuo padre, per quanto hai di più sacro.
— Lo giuro.
— Ed è?
— Agostino Paoletti.
— Il macellaro?
— Lui per l'appunto.
— Un anziano.
— Ti duole? — domandò scherzando Margherita a Peppe baciandolo un'altra volta sulla bocca, con uno di quei baci, che danno le vertigini anco all'uomo di più freddo temperamento.
— Sia come vuoi.
— Grazie.
— Dunque lo desideravi?
— Per te.
— Io dovrò ignorar tutto?
— Al contrario; vuole il tuo pieno consenso, la tua formale adesione.
— Ma è un mercato adunque che vuol stringere?
— No: vuol essere sicuro del fatto suo: ha paura.
— Lo credo. Se vi avessi sorpresi sarebbe stata la morte per tutti.

Seguì al colloquio una notte, che fu per Margherita e Beppe, un'orgia d'amore.

XXVII

LA SCOPERTA DEL MACELLAIO

Agostino Paoletti era un uomo sulla cinquantina dalle larghe spalle, dall'ampio torace, dalla testa grossa, munito d'un naso formidabile e d'una larga bocca, le cui grosse labbra davano chiaro indizio di una sensualità molto pronunciata. Giovialone, amico del buon bicchiere e della pappatoria, come della femmina e delle sue dolcezze, s'installò con Giuseppe Brunelli e la Margherita, senza che la gente di Gubbio se ne formalizzasse troppo. Non aveva famiglia ed era quindi naturale che giunto sul declivio dell'età, ne cercasse un'altra nella quale potesse adagiarsi e trovar quelle cure e quelle attenzioni che sono indispensabili agli uomini anziani, vissuti sempre nel celibato.

Aveva nella casa del Brunelli una bella camera, ben arredata, e con un ampio letto, che gli permetteva di fare tutti i suoi comodi, senza violare quello del suo ospite. Mangiavano insieme, uscivano insieme, si divertivano insieme. Era insomma un vero matrimonio a tre, nell'intimità delle domestiche pareti, una relazione sulla quale non c'era nulla da dire nelle esteriorità.

Certamente non saranno mancate le male lingue, che, specialmente ricordando il passato di Margherita, avranno fatto delle supposizioni maligne. Ma chi si curava di loro?

Coll'appoggio del compare, così Beppe e Margherita solevano chiamare il macellaro, gli affari del Brunelli prosperavano. Da semplice sensale era salito al grado di mercante di bestiame. Aveva una stalla propria, e si assentava spesso per far degli acquisti nei paesi vicini, trattenendosi fuori anche più giorni. E così coi quattrini cresceva la sua rispettabilità. D'altra parte il contegno del Paoletti non poteva essere più riguardoso. Mai una parola, un atto, uno sguardo gli sfuggiva che potesse eccitare la suscettività del marito posticcio.

Il benessere, l'agiatezza, appesantivano però di molto il Brunelli e gli toglievano quegli ardori, che gli avevano procacciato l'amore di Margherita, la quale se ne risentiva e incominciava a concepire una certa repulsione per il suo Beppe. Sulle prime la manifestò, ma le accoglienze che ebbero le sue manifestazioni da parte d'ambo quegli uomini ai quali prodigava se stessa, la persuasero che quella non era una buona strada per lei. Cosa fatta capo ha, diceva Mosca Lamberti, e diceva bene. Non fu difficile a Margherita capacitarsene.

E pensò a procacciarsi d'altra parte quelle ebbrezze che non trovava più fra le braccia di Brunelli, e non aveva mai trovato in quelle del Paoletti.

Ritornando una notte da una delle solite sue escursioni, Beppe trovò il macellaro sul portone di casa.

– Ti aspettavo, gli disse Agostino. Ho da parlarti.

– Andiamo su, compare, e chiacchiereremo finché vi pare.

– No, di sopra, no. Son cose che dobbiamo sbrigarle fra noi: le donne non vanno poste di mezzo.

Parve strana la proposta del macellaro a Beppe; tanto più avendo notato nel suo accento una emozione che tentava indarno di dissimulare. Tuttavia non fece vista d'avvedersene e disse tranquillamente:

– Verrò domattina al negozio, se vi piace compare.

– Vieni a mezzodì. Andremo a mangiare un boccone in campagna. Dirai a Margherita che dobbiamo recarci fuori per affari.

– Come vi piace.

Si strinsero la mano e salirono insieme, senza dare a vedere la menoma preoccupazione.

All'indomani all'ora stabilita, Beppe si recava al negozio di Agostino. Questi aveva già socchiusa la bottega e stava ad aspettarlo. Quando lo vide comparire, serrò del tutto il negozio e disse:

– Andiamo, Beppe.

Traversarono la città in silenzio e giunti innanzi ad una osteria suburbana, il macellaro entrò, comandò il pranzo in una camera superiore, e vi condusse il compare.

Pranzarono non parlando che di cose insignificanti e con evidente imbarazzo d'entrambi. Beppe non sapeva spiegarsi, per quanto ruminasse in testa, la cagione di quel convegno, il soggetto del discorso che il compare doveva tenergli e che non gli teneva. Il Paoletti non sapeva come attaccare l'argomento disgustoso e spinoso.

Quand'ebbero mangiato, il Brunelli, comprendendo che le esitanze del compare dovevano derivare dal timore, risolse d'incoraggiarlo, prendendo lui la parola e gli disse:

– Beviamo sempre alla vostra salute!

– Grazie! E alla vostra.

– Grazie! a mia volta. Ma se, non abbiamo altre persone alle quali brindare, sarà bene che ci spicciamo. Margherita starà inquieta, forse.

– Hai fatto bene a dir «forse.»

– Non credete, compare, che possa esserlo?

Ormai la botta era partita, non c'era più da indietreggiare. Agostino Paoletti lo comprese e rispose:

— Credo che possa avere chi la conforti, quando è sola.

Beppe scattò in piedi, posò i pugni sulla tavola e calmo pur nell'ira che gli bolliva in petto, disse lentamente:

— Compare voi dite una cosa ben grave. Fose v'è sfuggita, senza rifletterci?

— Non ho l'abitudine di avventurar parole senza fondamento.

Una nube di sangue passò innanzi agli occhi del Brunelli. Due opposti sentimenti lottavano in lui. Per un lato, sentiva rinascere i furori gelosi dei primi giorni del suo amore con Margherita. Per l'altro, temeva che la sua condotta alienasse il Paoletti dal loro consorzio. Si era abituato a quella felicità grassa, ed a quella beatitudine materiale, e gli pareva di non potersene staccare, se non lasciandovi un brano della sua carne.

— Voi credete dunque fermamente che ci inganni? — domandò con voce cupa ad Agostino.

Era la prima volta che alludeva a quella promiscuità nei godimenti della donna che avevano stabilito. Ma il Paoletti non morse all'amo e replicò non senza sottolineare il pronome:

— Ho la certezza materiale, purtroppo, che Margherita ti tradisce.

Quel pronome così sottosegnato dalla voce del compare era una pugnalata per il cuore di Beppe. Lo riteneva come una offesa personale, perché Paoletti con ciò mostrava chiaramente di non desiderare la solidarietà della vergogna. Pure dissimulò, ricacciandosi in fondo all'anima l'amarezza che gli aveva prodotto. E assecondando il compare nel suo intendimento di voler sciogliere il vincolo morale che li legava, riprese:

— Vi ringrazio d'avermi posto sull'avviso.

— Era mio stretto dovere d'amico.

— Un dovere che raramente si compie.

— Non tutti coloro che lo dicono sono amici, come io di te, per la vita e per la morte.

— Che mi consigliate voi di fare?

— Prima coglierla sul fatto.

— Poi?

— Se hai bisogno d'una mano che ti aiuti, ecco qui la mia — così disse lanciando un lampo d'odio dagli occhi, e brandendo un coltello.

— Sarà fatto! — rispose Beppe Brunelli stendendo la destra al Paoletti, che fortemente gliela strinse.

— Bravo. Così parlano e così agiscono gli uomini.

— Ecco intanto una esistenza infranta, una felicità distrutta, una amicizia...

— Cementata, resa inscindibile, Beppe. Ricordati Beppe delle parole che ho pronunziato poc'anzi e che ora ti ripeto: per la vita e per la morte.

— Per la vita e per la morte — replicò il sensale stringendo fortemente la mano che per la seconda volta il macellaio gli porgeva.

– Ma è tempo ti narri come avvenne la scoperta – ripigliò il Paoletti. Perciò appunto qui ti condussi.

– Parlate. Vi ascolto.

– Una notte, mentre tu eri fuori, rientrando tardi nella mia camera udii del rumore nella tua. Supposi che tu fossi rientrato improvvisamente e mi avvicinai per aprirla; era chiusa. Udendo all'interno un bisbiglio, mi persuasi sempre più che Margherita era con te, certo sola non si trovava, bussai, e ribussai, ma nessuna risposta ottenni.

– Brutta conocchia! – esclamò Beppe.

– Allora ebbi un'idea, vaga, un sospetto quasi impercettibile, ma che andava prendendo man mano forma e colore. Ero ancora vestito: ridiscesi pian piano per non farmi udire; giunto alla porta, che avevo, trovata aperta entrando e aperta lasciata, la rinchiusi dietro di me, e andai a collocarmi nel vano della casa dirimpetto, donde potevo vedere, ma non essere veduto, perché protetto dall'ombra densa. Dopo pochi minuti vidi il lume attraverso la mezzaluna che sta sopra la porta, ma questa non s'aprì.

– Il maiale credeva di trovarla ancora aperta e aveva dovuto risalire per farsi dare la chiave. È evidente.

– Infatti, passati pochi momenti, rividi il lume attraverso la mezza luna, la porta si dischiuse e ne uscì un giovinastro. Ma dietro a lui v'era un'ombra bianca.

– La sgualdrina.

– Margherita, discinta, che prima di lasciarlo partire gli gettò le braccia ignude al collo, lo tirò a sé e lo baciò un'altra volta.

– Perché non ero ne' vostri panni? Li avrei ammazzati entrambi, come cani.

– Perché entrambi? Lui, lui solo doveva, deve morire.

– E lei, la prostituta? – domandò il Brunelli, al quale il racconto del compare aveva riacceso le furibonde ire gelose.

– Lei sarà abbastanza punita colla morte del ganzo. E le servirà di lezione per l'avvenire.

Queste parole del Paoletti produssero al sensale l'effetto di una doccia fredda. La febbre che lo aveva per un istante assalito, scomparve. Egli lesse, allora soltanto, chiaro nella mente del macellaro, le intenzioni di lui. Voleva ucciso l'amante, che turbava la sua domestica intimità, ma salvata la donna, agli amplessi della quale non sapeva, non voleva rinunziare. Per lui, Beppe, la vendetta non era completa. Gli bastava per quanto concerneva gli interessi, ma non appagava la sua gelosia, non lavava abbastanza l'affronto subito. Margherita gli aveva giurato che ogni suo affetto sarebbe riposto in lui. Poteva dare il suo corpo ad altri, senza cessare d'essere esclusivamente sua. Invece lo aveva soppiantato un altro. Egli non era più che un secondo compare, che divideva a perfetta metà col primo i godimenti mercenari di quella donna.

Uccidere l'amante le avrebbe cagionato dolore. Ma un dolore troppo tenue a confronto del suo. E poi se ne sarebbe consolata con un altro. Doveva tornar da capo? Anche se gli venisse fatto d'ammazzare impunemente tutti i drudi che Margherita si sarebbe dato, un dopo l'altro, non si sarebbe soddisfatto, perché in quel momento, risorgeva impetuosa e prepotente la passione che gli aveva ispirato. Ad onta di questa battaglia che si combatteva nell'animo suo, Beppe si mantenne esternamente impassibile. La sua decisione era presa: avrebbe ucciso l'amante ed eseguito poi contro la donna una vendetta lenta, lunga, inesorabile, inestinguibile, come il suo dolore.

Paoletti attribuiva il breve silenzio del Brunelli, ai calcoli che andasse facendo per compiere la decisa uccisione dell'amante di Margherita, e volle tosto informarlo dei particolari ulteriori della sua scoperta, affinché gli servissero di norma.

– Lasciai il tempo – riprese a dire il macellaro – a Margherita di risalire e di ricoricarsi, poi andai a letto anch'io. All'indomani mattina la rividi, ma né lei parlò a me della notte, né io ne feci cenno a lei. Per due o tre notti vigilai attentamente; ma l'amante non venne più.

– Si saran dato convegno fuori.

– È appunto quello che pensai. Mi posi sull'avviso e mi accorsi tosto che Margherita usciva di buonissim'ora e restava fuori per mezza giornata. L'altra mattina mi appostai e quando la vidi uscire la seguii non veduto alla lontana. Alla porta s'incontrò con l'amante, li seguii ancora e vennero qui.

– Qui? – chiese esterefatto per la sorpresa Beppe.

– Qui. Li lasciai entrare, quindi entrai io pure. Presi lingua dall'oste, che è un mio conoscente e seppi che i due colombi vengono qui ogni mattina a tubare per due o tre ore. Domandai all'amico che mi desse una camera vicina, d'onde potessi vedere senza esser veduto, e udire all'occorrenza, ed ebbi questa. Guarda un po' da quella porta.

Il sensale s'alzò e andò a guardare fra le commessure dell'uscio dirimpetto alla tavola sulla quale sedevano. Si vedeva il letto ancora disfatto.

– Dunque son venuti anco stamani? – gridò, sorpreso ancora da uno de' suoi accessi di gelosia.

– E verranno ancora domani, rispose il compare, marcando le parole con intenzione.

– Risparmieremo all'oste l'incomodo di rifare il letto.

Paoletti rise sinceramente di questo frizzo di mediocre gusto, quindi disse:

– Bisognerà che fingiamo di assentarci.

– No: sarebbe un errore. Certa di poterla fare impunemente sarebbe capace di riportarsi a casa il drudo. Partirò io solo: voi continuerete come di consueto.

– Ci troveremo fuori di porta all'alba.
– E così sia.
Il macellaro e il sensale discesero, pagarono il conto all'oste e tornarono in città, tranquilli e soddisfatti, come se avessero combinato una partita di piacere.

XXVIII

L'INESORABILE VENDETTA

Era una fresca mattina di primavera: il sole levante spargeva una luce blanda e quasi rosea sulla verzura della campagna; gli uccelletti gorgheggiavano sulle piante, dalle fronde tuttora irrorate di rugiada, il saluto al dì nascente. Una lieve brezza montana agitava i fiorellini sui loro gracili steli e saturava l'aere di aromi silvestri. C'era una pace d'amore nella natura che incantava e avrebbe reso poeta anche me, Giovanni Bugatti detto Mastro Titta, che in fatto di versi conosco solo il rantolo de' miei impiccati e i queruli lamenti dei giustiziandi paurosi.

Margherita e il suo drudo, levatisi sul far dell'alba, s'erano incontrati al solito luogo di convegno e si avviavano verso la porta della città, allegramente cianciando:

– Dunque il tuo uomo?...

– Se ne è andato ieri per certe compere di vaccine e starà fuori una settimana buona.

– E il vecchio?

– Il vecchio mi tiene il broncio. Da quella notte che venne a bussare e non gli aprii, non mi ha più importunato.

– Gli fosse nato qualche sospetto?

– Non c'è pericolo. D'altronde che vuol egli? Lo tollero, è anche troppo. Non ti pare?

– Altro che parere! Per parte mia vorrei che gli pigliasse un accidente dove si trova.

– A letto, poveraccio.

– Tanto meglio: così non avrebbe a soffrire.

– E chi ci farebbe poi le spese?

– Deve aver del denaro quel macellaro.

– Ne ha di certo. Ma ciò che è suo, non è mio.

– Dovrebbe però diventarlo.

– Così fosse.

– Che faresti?

– Prima di tutto manderei a farsi ammazzare Beppe.

– E se non volesse andare?
– Te ne incaricheresti tu?
Questa domanda lanciata così a bruciapelo dalla formosissima donna fece correre un brivido per fossa al giovane. Ma eran giunti in quel punto alla porta ed era naturale che il drudo non rispondesse.

Precedettero in silenzio per parecchi minuti, finché giunsero all'aperta campagna. La strada era deserta. Soltanto giù per i colli si vedeva qualche contadino intento ai lavori agrari.

– E poi? – chiese finalmente il giovinotto, nelle vene del quale ricominciava a fermentare il sangue.

– Poi? Sarei tua, tutta tua, esclusivamente tua.

Il giovane inebbriato da queste parole cinse col braccio sinistro la vita di Margherita e passatole il destro intorno al collo l'attirò dolcemente a sé e la baciò con fervore.

La donna corrispose con pari ardore al bacio ed all'amplesso.

E così continuarono per buon tratto di strada, folleggiando, cogliendo fiori, abbracciandosi e ripetendosi giuramenti d'amore e rincorrendosi l'un l'altro, come giovanetti innamorati.

– Oh! se potessimo passar la vita eternamente così – esclamò in un momento d'ebbrezza la donna, mentre l'amante presala improvvisamente fra le braccia a tergo le premeva, il turgido seno e la baciava sulla bocca, avendo ella rovesciata indietro la testa.

– Sempre così? dipende da te.
– Da me? E come mai? – domandò Margherita fermandosi di botto.
– Incomincia a sbarazzarti del vecchio.
– Vorresti?
– Perché no? Conosco una strega che compone filtri amorosi.
– Ebbene?
– Propinandogliene ogni giorno in dose abbondante...
– Mi annoierebbe anco più del solito – interruppe la donna, alzando le spalle, come se dalle parole dell'amante avesse tratta una delusione.

Il giovane si era fermato anche lui. La strada in quel punto faceva gomito e il fianco coperto d'arbusti, formava una specie di chiosco aperto sul davanti, chiuso dietro, con una banchina naturale nel mezzo.

– Vieni qui al mio fianco, ascoltami: – riprese l'amante andando a sedersi sulla banchina e traendosi dietro Margherita per una mano.

– Continua pure. Ma mi pare una grande pazzia quella che tu pensi.

– È il mezzo più sicuro per togliersi dai piedi un uomo innanzi negli anni, senza aver poi impicci. Il filtro amoroso agisce, tu l'assecondi con quanto maggior ardore ti è dato. Nel delirio della passione, fra un trasporto amoroso e l'altro, ottieni da lui tutto ciò che ti piace e in brevi giorni il vecchio, disfatto, se ne va.

– E tu vorresti?...

– Voglio averti mia, tutta mia, esclusivamente mia, come dicevi poc'anzi, mormorò il giovanotto cingendola di bel nuovo colle braccia, e suggellandole la bocca colle proprie labbra.

Ma in quel mentre s'udì un fruscio di fronde dietro il chiosco e i due amanti balzarono in piedi spaventati.

– Che c'è? – domandò Margherita sgomenta; e l'altro per chetarla, prontamente rispose:

– Nulla, qualche lepre, od altro selvatico...

Non terminò la frase, perché due uomini sbucati dietro la fratta si gettarono sopra di lui e lo buttarono a terra, prima che potesse rinvenire dalla sorpresa e porsi sulla difensiva.

Il più accanito era il più anziano. Non aveva quasi più aspetto umano, tanto l'odio che gli gonfiava il petto lo aveva trasfigurato.

Inginocchiato sopra il giovane lo teneva colla sinistra afferrato per il collo, e colla destra gli vibrava coltellate su coltellate. L'altro assalitore, pur ansioso di colpirlo, teneva il coltello sollevato sopra l'infelice e studiava il posto in cui ferirlo. La donna si cacciava disperata le mani nelle chiome, non sapendo decidersi, né a far cessare quella carneficina, né a fuggire.

Aveva riconosciuto Beppe e il macellaro e sopraffatta dallo spavento, pareva attendesse a sua volta la morte, conscia d'averla meritata.

I due assassini non tardarono molto a rialzarsi. Sfogata la libidine del sangue, saziata la sete di vendetta, essi compresero che dovevano provvedere alla loro salvezza.

Beppe le si avvicinò, e presala per una mano, mentre essa faceva con ambedue schermo alla vista, la trascinò innanzi al cadavere dell'ucciso amante, e gli disse:

– Bada bene! Questa fine faranno tutti gli amanti che arrischiassi di prendere. Quanto a te, ben altro ti aspetta, se osassi fiatare su quanto hai visto.

Il macellaro s'era frattanto recato il cadavere sulle spalle e disse a Beppe:

– Andiamo a seppellirlo.

– Vattene! – intimò il Brunelli a Margherita – e se qualcuno ti interrogasse, mozzati la lingua coi denti, piuttosto che parlare! Soffriresti meno.

Margherita si mosse automaticamente, quasi obbedisse a tutt'altra volontà che la sua. Pareva in istato di sonnambulismo. Pallida come una morta, cogli occhi spenti e cerchiati di nero, le labbra livide e cascanti agli angoli, rifece quella strada che pochi momenti prima aveva percorso, inebbriata d'amore, gaia, festosa, ansiosa di piaceri e di godimenti.

Brunelli smosse co' piedi la terra inzuppata di sangue e ne fece scomparire le traccie; quindi s'avviò dietro il Paoletti, che si era messo per una stradicciuola traversale. Camminarono per un quarto d'ora, Beppe aveva chiesto al macellaro:

– Volete che vi aiuti? Il fardello dev'essere pesante.

– Non occorre, aveagli risposto il Paoletti, lo porterei volentieri in capo al mondo: è un piccolo servigio che gli rendo.

La stradicciuola menava ad una spianata ov'erano parecchi pozzi di calce.

– Adesso dammi una mano, disse il macellaio.

Beppe si fece innanzi e prese per i piedi il cadavere, che l'altro aveva deposto a terra, il macellaio lo afferrò per le spalle e, dopo averlo bilanciato un po', lo gittarono nel pozzo più ampio.

– Terminato! esclamò, emettendo un sospiro di soddisfazione, Agostino Paoletti.

– Ed ora? domandò il Brunelli.

– Ora è meglio che tu te ne vada pe' tuoi affari e resti fuori per una settimana ancora, come avevi annunziato. Eccoti del denaro, se ti serve. E porse una borsa al sensale, il quale se la pose tranquillamente in tasca, dopo averla per un istante palleggiata in mano.

– Io, continuò il macellaro, torno a Gubbio. Non istare in pensieri. Se ci saranno novità te ne farò avvertito.

Così i due complici si lasciarono.

Rientrando in casa la sera il Paoletti, trovò Margherita seduta su di una scranna, silenziosa, immobile. Le si accostò e parve ch'ella non lo riconoscesse. La scosse con una mano e non mostrò avvertirlo.

Tutti gli sforzi fatti per richiamarla in sentore furono frustrati. Il macellaro pensò bene di andarsene a letto, sperando che durante la notte, o si sarebbe scossa da sé, o un'idea sarebbe venuta a lui. Ma all'indomani mattina, la trovò tuttora immobile, silenziosa e cogli occhi sbarrati sempre allo stesso posto.

Convenne chiamare un medico il quale la dichiarò alienata di mente e la fece trasportare all'Ospedale, non potendosi lasciarla abbandonata a se stessa.

Due giorni dopo venne trovato nel pozzo della calce il cadavere dell'assassinato: ad onta delle bruciature sofferte si riconobbero sul suo corpo le ferite infertegli dai coltelli di Paoletti e di Brunelli e tosto la voce pubblica accusò costui del delitto.

Il fiscale ne ordinò la ricerca e l'arresto che venne prontamente eseguito. Tradotto in Gubbio dai sbirri fu tosto posto a confronto della ganza; la quale alla sua vista fu assalita da una crisi nervosa, susseguita da un deliquio quasi mortale.

La prova era assai grave, ma non definitiva e il Brunelli negava ostinatamente, dicendo di non saperne nulla. Continuarono le indagini. Si trovò l'oste, dal quale Margherita si recava coll'amante, e questi abilmente interrogato finì per confessare che il macellaio era stato da lui e aveva voluto una camera vicino a quella in cui si trovavano i due amanti, che vi era pur tornato col sensale e che nella medesima camera avevano pranzato insieme.

Posto a confronto anche con costui, Beppe Brunelli negò tutto e trattò l'oste da pazzo. Intanto era stato arrestato anche Agostino Paoletti, perché dalle investigazioni fatte risultò che egli aveva una tresca con Margherita, della quale il Brunelli doveva essere informato e consenziente. Così l'istruttoria pervenne a ricostruire il dramma. Anche il macellaio fu condotto innanzi alla pazza e questa appena lo vide si rizzò a sedere sul letto, sul quale si trovava, e fulminandolo collo sguardo, che aveva ripreso in quel momento tutti i suoi bagliori, gridò:

– Assassino! Assassino!

Quindi ricadde riversa sul letto.

Ma le prove indiziarie per quanto schiaccianti non bastavano, né poteva valere l'asserzione di una demente.

Si dovette ricorrere ad uno stratagemma. Si fece credere al Brunelli che il macellaro aveva tutto confessato. E siccome l'istruzione aveva assodato i fatti, il colpo riuscì magistralmente. Beppe dopo lunghe tergiversazioni, finì per fare una confessione ampia del delitto, precisandone i particolari. E alla sua tenne dietro quella del Paoletti.

Fu un trionfo per i giudici che avevano condotto innanzi il processo. E la condanna alla forca per entrambi, non si fece aspettare. Io la eseguii, come dissi, la mattina del 6 luglio, con grandissimo concorso di gente, che restò ammirata dal contegno dei due delinquenti, i quali chiesero ed ebbero i religiosi conforti e morirono da buoni cristiani, senza spavalderia e senza viltà. L'eco del processo si ripercosse da un capo all'altro d'Italia.

XXIX

OMICIDIO BRUTALE

Il giorno 12 dicembre 1807 chiusi le mie operazioni di quell'anno impiccando a Narni Giuseppe Romiti, al quale toccò l'onore di iniziare il secondo centinaio delle mie esecuzioni di giustizia, nello Stato Pontificio.

Il delitto commesso dal Romiti è per i suoi particolari, uno dei più feroci, dei più barbari e dei più strani che nel lungo corso della mia esistenza io abbia avuto incarico di punire colla morte. Era Giuseppe Romiti un vignarolo dei dintorni di Narni. Avaro, egoista, crudele, egli era odiato, quanto temuto. Viveva solo come bestia, senza un amico, senza porsi mai nel consorzio dell'altra gente. Si assoggettava a privazioni di ogni maniera per accumular danaro. Aveva moglie, ma il suo matrimonio non era stato benedetto dalla prole. Convivevano con lui due sorelle e non aveva voluto maritarle mai, per non sborsare un soldo di dote. Aveva pure un fratello minore, che aveva condotta in sposa una onesta e laboriosa fanciulla, che lo aveva reso padre di due bambini, ma per questi pure non aveva un sorriso mai, sebbene fossero i soli in casa, ai quali usasse qualche riguardo e non limitasse il vitto. Egli avrebbe voluto educarli tristi, come lui e soleva dire che quando si sarebbero fatti grandicelli, li avrebbe tolti ai loro genitori, perché non crescessero disutili com'essi.

Fra tante cattiverie aveva solo un sentimento buono ed era quello di voler continuata e ricca la sua famiglia.

Da qualche tempo Giuseppe Romiti si era accorto che si commettevano dei piccoli furti agresti nel suo poderetto. Ma per quanta vigilanza esercitasse, non era mai riuscito a cogliere i ladri.

– Se mi vien fatto di pigliarli, ripeteva ad ogni tratto, giuro d'impiccarli colle mie mani.

Nel podere aveva un frutteto, coltivato con grande cura, ed amava i superbi alberi ai quali dedicava di giorno le sue fatiche, di notte i suoi pensieri. Fra questi alberi primeggiava un magnifico pero, carico di frutti, che il sole autunnale andava indorando e che formava la sua delizia e il suo orgoglio. Aveva calcolato, che raccogliendo i frutti ben maturi ne avrebbe ricavata una somma per lui non indifferente e il buon tempo lo faceva indugiare all'opera.

Un bel mattino levatosi più presto del consueto e recatosi ad esaminare il suo piccolo tesoro, lo trovò completamente spogliato. I ladri non avevano lasciate sulla pianta che le poche pere danneggiate ed immature.

La sua rabbia salì all'altezza del furor bianco. Non disse verbo tutto il giorno. Non chiese notizie a nessuno. L'ira gli dava una specie di chiaroveggenza. Gli era entrata nell'animo la persuasione che avrebbe colto i ladri e che avrebbe potuto finalmente vendicarsi di tutti i furti patiti.

Calata la sera, finse d'andarsene a letto e ci si buttò infatti, ma vestito. E quando il silenzio profondo che regnava nella casa lo avvertì che tutti erano andati a dormire, scese pian piano nell'orto e andò a rimpiattarsi in un vivaio d'alberi nani. Aspettò lunghe ore, senza fare un movimento. Aspettò colla certezza nel cuore che i ladri sarebbero venuti e con essi il momento di sfogare il livore che aveva nell'animo.

Incominciavano le stelle a impallidire e la tinta del cielo a farsi un po' più chiara, quando udì uno stormir di foglie, dal lato della siepe, che divideva il frutteto dalla strada. Tese l'orecchio e sentì il rumore di passi, benché lievissimi. Il rumore si avvicinava. Alzò la testa e vide un giovinetto a pochi passi da lui, con un canestro sotto il braccio, che si avvicinava ad un albero di pere, meno bello di quello spogliato, ma pur promettente.

Non si mosse. Volle che il furto avesse un principio d'esecuzione. Non attese molto: il giovane scalzo, abbracciato il tronco dell'albero, vi si arrampicava. Aveva già afferrato un grosso ramo e stava per prendere lo slancio e salirvi sopra, quando Giuseppe Romiti balzò fuori del suo nascondiglio.

Rizzarsi, afferrare il disgraziato ladro per le gambe, tirarlo a terra e montargli colle ginocchia sul petto, fu un affare di pochi secondi.

– Pietà, padron Beppe, pietà di me e della mia povera mamma – mormorava supplicando l'infelice.

Il Romiti non udiva, o almeno non rispondeva: stette un momento in forse, pensando qual morte dovesse fagli fare. Una truce idea gli balenò alla mente: lo denudò, quindi legatogli i polsi e i piedi, salì lesto, come uno scoiattolo, sopra l'albero, passò il capo della corda attraverso due grossi rami, le cui cime colla forza poderosa delle sue braccia riuscì a riunire: quindi sciolto il nodo che gli avvinceva le gambe, legò i due piedi ognuno ad uno dei capi dei rami. Questi abbandonati a se stessi si staccarono e il corpo dell'infelice fu spaccato come quello di un agnello, appeso ai ganci da un macellaro e tagliato a mezzo.

Compiuta l'orribile vendetta, Giuseppe Romiti, scese dall'albero. Passava in quel momento suo fratello che recavasi al lavoro; egli lo chiamò e gli offrì la vista di quel tremendo spettacolo.

Poche ore dopo si consegnava da se stesso al bargello di Narni. Eretto il processo fu condannato all'impiccagione per «barbaro omicidio», ed io la eseguii. Morì impenitente, coraggiosamente e soddisfatto dell'opera propria.

XXX

UN ASSASSINIO DI NOTTE

Dopo mesi di riposo, il 17 febbraio 1816 ebbi una doppia esecuzione a fare in piazza del Popolo, ma i delinquenti non avevano alcun rapporto fra loro, e senza alcuna relazione erano i reati pei quali subivano l'estremo supplizio.

Il primo fu Francesco Perelli romano, un giovane operaio condannato, per omicidio premeditato, alla forca semplice.

Era stato trovato dai gendarmi in via Florida, di notte vicino al portone di un palazzo dove era stato commesso un assassinio in persona di un cittadino. Aveva ancora in mano uno stilletto affilatissimo con breve impugnatura di ferro, intriso di sangue, e pur di sangue erano inzuppati i suoi abiti. Non oppose resistenza di sorta all'arresto. Condotto innanzi al bargello non seppe o non volle dir nulla. Pareva inebetito. Era orrore del misfatto commesso? Era timore delle conseguenze penali che lo aspettavano? Era una prostrazione d'animo cagionatagli dalla passione che gli aveva armata la mano? Nessuno avrebbe arrischiato di affermarlo sopra coscenza.

L'ucciso era un giovane di belle sembianze, vestito signorilmente, ed appartenente a nobile e ricca famiglia. I birri lo avevano trovato bocconi sul lastrico in un lago di sangue che gli usciva gorgogliando da una ferita alla gola e da un'altra al petto in direzione del cuore. Doveva essere stato colpito da pochi minuti. Lo sollevarono e l'adagiarono a sedere sul marciapiede, appoggiandogli le reni al muro; ma non si reggeva e non dava alcun segno di vita. Bussarono tosto al portone innanzi al quale era caduto. Accorse il portiere, aprì ed informato del fatto, uscì fuori con un lume e tosto riconobbe il morto, esclamando:

– Don Enrico!... Povero don Enrico!

Poi aggiunse:

– Ma già la doveva finire così. Benedette donne.

– Lo conoscete dunque? chiesero i birri.

– Altro che conoscerlo! È il figlio del padrone di casa.

– Credete che sia stato grassato?

– Ma che grassato, non vedete che porta gli anelli alle dita e la catena d'oro al panciotto?

Era infatti così.

Gli frugarono in tasca e gli trovarono la borsa, con molti zecchini e scudi dentro e un medaglione d'avorio colla miniatura d'una bellissima fanciulla, montato con gran lusso e fregiato di brillanti.

L'ucciso venne portato nel camerino del portinaio, con ordine di non toccarlo, prima che fossero giunti gli inquirenti. E i birri un po' tardi, se si vuole, ma pur sempre in tempo, si lanciarono fuori del palazzo per vedere se trovavano traccia dell'assassino.

Lo incontrarono infatti a via Florida a pochi passi soltanto del delitto, appoggiato ad una parete della strada e precisamente sotto un lampione, per cui dalle macchie di sangue che aveva sul vestito, dal pugnale che teneva fra mani lo riconobbero subito.

Per parecchi giorni si mantenne nel suo mutismo assoluto, e in quello stato di accasciamento nel quale era caduto subito dopo che fu commesso il delitto.

Né le lusinghe, né le minaccie avevano potuto nulla sopra di lui. Il giudice si disperava per non potere trovare un mezzo di scuoterlo.

Finalmente il quinto giorno, non appena se lo vide comparire innanzi gli disse:

– Francesco Perelli, voi non siete né un ladro, né un volgare assassino. Noi abbiamo in gran parte assodato il movente del vostro delitto. Questo ritratto che è stato scoperto in tasca alla vittima, ci servì di filo conduttore per le indagini.

Il delinquente pareva uscisse, man mano che il giudice parlava, da quello stato di semistupidità, in cui era da tanti giorni immerso: ascoltava con attenzione il suo interlocutore e negli occhi gli balenavano l'intelligenza e l'odio.

Il giudice gli porse il ritratto, dicendogli: – Guardate, un po', Perelli, se lo riconoscete?

L'accusato afferrò il ritratto, gli diede una occhiata rapida e proruppe in un grido:

– Mia sorella!... L'infame!

– Vostra sorella, precisamente – rispose il giudice assecondandolo. Quindi, provando ad indovinare, riprese:

– Don Enrico era il suo amante?

– Il suo seduttore, dite il suo iniquo seduttore; la causa del suo disonore e della mia rovina.

– Calmatevi e narratemi i particolari di questa seduzione. Badate d'essere sincero e leale; non vi lasciate acciecare dall'odio. La verità, la verità sola può salvarvi.

Francesco chinò la testa e due lagrime cocenti gli irrigarono le gote.

– Un uomo che piange è un uomo vinto – pensò il giudice – saprò subito la verità, tutta la verità.

E riprese l'interrogatorio.

XXXI

LA SEDUZIONE

Virginia Perelli era una bellissima ragazza di Trastevere sulla quale s'erano indarno fermati gli occhi cupidi di tutti i giovani del rione, perché quanto bella era virtuosa ed onesta.

Orfana di padre e di madre, abitava col fratello Francesco in una casuccia in via Vascellari. Occupavano una camera a terreno che serviva da cucina e due camerette superiori, alle quali si accedeva per una scaletta di legno, interna: nella prima dormiva Francesco, nell'altra Virginia.

Il fratello lavorava un po' di falegname, un po' di calafato a San Francesco a Ripa e, abile com'era, guadagnava discretamente. La sorella era una bravissima restauratrice di pizzi e merletti antichi, e i lavori di maggior importanza e di maggior difficoltà, venivano dai negozianti di piazza di Spagna mandati a lei e veniva ben pagata. Nella casa vivevano quindi in una discreta agiatezza; la camera di Virginia era civettuola, quella di Francesco linda. La fanciulla aveva un bel vezzo di corallo, delle scioccaie d'oro guarnite di perle come una sposa e tanti altri gioielli d'oro. Vestiva con semplicità elegante, da minente s'intende, ma senza sfarzi, chiarendo così la squisitezza del suo gusto. Quando la festa usciva col suo abito color di rosa, che gli disegnava la vita snella e dava risalto alle sporgenze esuberanti del seno e delle anche, collo scialle nero buttato incuratamente sulle spalle, fatte più ampie dai rigonfi delle mammelle, cogli scarpini scollati e le fettuccie incrociate sul collo del piede piccolo e arcuato, avente di sotto la gonna breve, guarnita di un piccolo falbalà, destava l'ammirazione universale. Le fanciulle e le mamme ne erano invidiose, i giovani innamorati. E questi si davano convegno alla chiesa di Santa Cecilia, dove soleva recarsi ad ascoltare la messa.

Né trascuravano di passare innanzi al portoncino della sua casa, ove ne' giorni feriali soleva trattenersi a lavorare, come le altre donne e ragazze della via, per meglio godere l'aria e la luce.

Sull'imbrunire di una calda ed afosa giornata estiva, Virginia rimarcò un giovanotto, dall'ardito portamento che passava e ripassava per via de' Vascellari, guardandola e riguardandola fissamente, e con aperta intenzione di richiamare la sua attenzione.

La sua persona alta e slanciata, il suo bel viso ovale e bruno pallido, sul quale spiccavano maggiormente il nero della barba morbida e gentile, e sopratutto il suo occhio a volta languido a volta fiammeggiante, non parevano nuovi alla Virginia. Le sembrava di averli veduti altrove; ma i ricordi le si confondevano nella memoria.

La fanciulla soleva in quell'ora andare incontro al fratello verso San Francesco a Ripa, da dove poi si recavano in qualcuna di quelle osterie adiacenti a fare un po' di cena ed a godersi il fresco.

Quella sera esitava. Aveva paura che il giovane imprudente la seguisse. Ma alla finfine si decise: si buttò sulle spalle lo scialletto nero, ed uscì chiudendo la porta dietro di sé. Si guardò intorno un momento e non vedendo il giovane, come temeva, svoltò il vicolo de' Salumi, affrettando il passo. Ma non appena giunta a piazza Romana se lo vide venire innanzi. Ne provò un certo sgomento non disgiunto da un'ombra di piacere, un'ombra.

– Perdonate Virginia, le disse il giovane con fare sciolto, se vi fermo per la strada. Ma ho bisogno di parlarvi.

– Non vi conosco – mormorò arrossendo la fanciulla.

– Appunto perciò: se non vi parlassi non mi conoscereste mai.

– Che avete a dirmi? Parlate, sto ad ascoltarvi. Ma spicciatevi, perché mio fratello mi aspetta.

– Il luogo non mi pare molto acconcio. Ma poiché lo volete sia così. Se permettete vi accompagnerò per un pezzetto di strada.

– No, no, io vado sempre sola.

– Né io intendo distogliervi dalle vostre abitudini. Ma per questa volta concedetemelo. In seguito poi combineremo diversamente.

– In seguito? – domandò Virginia trepidante, avviandosi col bel giovane allato.

– Sì, in seguito, Perché il nostro colloquio non sarà che il primo.

– Spiegatevi meglio.

– Nulla di più facile. Io vi amo, Virginia, e dovete esser mia.

– Ma io non voglio lasciar solo mio fratello, che mi ha levata sin da bambina, quando morirono il babbo e la mamma.

– Non c'è bisogno di lasciarlo, almeno per il momento. D'altronde chi vi dice che egli pure non si sacrifichi condannandosi al celibato per non lasciarvi? È un giovanotto e un amore l'avrà anche lui.

Questa riflessione che la fanciulla non aveva mai fatto, la scosse profondamente. Ella comprese subito la ragionevolezza della cosa e pensò: Perché non potremmo maritarci entrambi: la famiglia è dopo tutto lo scopo della vita. Da quel momento non fu più spiacente dell'incontro col giovinotto e gli prestò più facile orecchio.

– Se credete ne parlerò subito a vostro fratello.

– No, subito no. Lasciate che ci pensi io. Non avete fretta, suppongo? gli domandò piegando la vezzosa testolina sulle spalle e guardandolo con simpatia.

– Si ha sempre fretta, quando si tratta di farsi amare da una bella fanciulla, come voi, Virginia.

– Chi vi ha detto il mio nome?

– Lo so da un mese.

– Da un mese?

– Dal primo giorno che vi ho veduta, io ho deciso di farvi mia.

– Deciso? Siete molto sbrigativo. E il mio consenso?

– Sono qui per domandarvelo. Perché domandarvelo? Non me l'hanno già detto i tuoi occhi, che un po' di bene me lo vuoi pur tu?

– I miei occhi o non hanno detto nulla, o hanno detto bugia.

– Non lo credo. Sono incapaci. Tu non sei civettuola. Non hai mai avuto amanti. Ed è per me che il tuo cuore palpiterà per la prima volta.

– Ih! Ih! Come correte! Chi vi ha detto tutte queste belle cose?

– Lo so, e questo ti provi, come prima di abbandonarmi alla passione che mi hai inspirato, ho voluto assicurarmi che ne eri degna.

– Lasciamoci. Non vorrei che incontrassi mio fratello, mormorò la fanciulla, la quale incominciava a sentirsi meno forte di sé e aveva paura di lasciarsi sfuggire una confessione della quale non v'era d'uopo, perché il giovane aveva capito benissimo l'affetto che la sua persona, le sue parole avevano prodotto sull'animo ingenuo di Virginia.

– Come vuoi. Quando ci rivedremo?

– Quando vorrete..., balbettò arrossendo la fanciulla.

– Domani.

– All'ora ed al luogo stesso. Addio... Come vi chiamate?

– Enrico.

– Enrico? Un bel nome!

– Ti piace? Ebbene, allora dimmi: «Arrivederci Enrico mio.» e dammi la mano.

– Mio? Sarà poi vero?

– Te lo giuro.

Si scambiarono una stretta e per quella sera si lasciarono.

XXXII

ESTASI D'AMORE – RIVELAZIONE – FUGA

La relazione fra i due giovani continuò: Enrico era ardito, intraprendente e rotto a tutte le arti della seduzione. La fanciulla ingenua, ardente e innamorata. La vittoria non fu troppo a lungo disputata al bravo operaio, che aveva modi così distinti e adoperava un linguaggio così diverso dagli altri.

Talvolta Virginia gli diceva:

– Tu parli come un principe.
– E vorrei esserlo.
– Perché?
– Per farti la mia principessa.

Nei trasporti, nelle ebbrezze della passione, la fanciulla dimenticò tutto... il fratello, la promessa di matrimonio... l'avvenire. Viveva quasi in uno stato d'estasi amorosa permanente.

Ma venne il giorno in cui dovette accorgersi che portava in seno il frutto di quell'amore. E allora provò una stretta al cuore, quasi fosse già presaga di quello che doveva accadere.

Intanto rimandava da un giorno all'altro la confessione del suo stato ad Enrico. Temeva che questo avesse a dargli noia, ed allontanarlo da lei. Ma un bel giorno il giovinotto se ne accorse, e le disse:

– Virginia, tu sei incinta.

La fanciulla chinò vergognosa il capo sul seno accennando di sì.

– Perché non me n'hai avvertito?
– Avevo paura di recarti dispiacere.
– Certamente mi impiccia. Ma prima si sarebbe potuto rimediare.
– Come? – domandò Virginia sbigottita.

Enrico comprese d'essersi spinto troppo oltre e tentò riparare. Ma il suo spirito era troppo conturbato e cadeva di errore in errore.

– Non puoi restar qui, – le disse – fra breve tutti se ne accorgerebbero, e diventeresti la favola del quartiere.

– Mio fratello mi ucciderebbe – mormorò la fanciulla.
– Come uscirne?

– Sposami! – esclamò Virginia, trovando ad un tratto tutta la sua energia di trasteverina, con una di quelle insurrezioni dell'animo che sono proprie dei grandi caratteri.

– Sposarti, sta bene – rispose con poca franchezza il giovane, al quale aveva fatto grande impressione lo sguardo con cui l'aveva fulminato la fanciulla mentre emetteva quel grido: sposami! – Sposarti, certamente, lo farò, ma non adesso, non lì per lì.

– Vorresti dunque espormi alla vergogna certa ed alla morte probabile?

– No no. Manco per sogno.

– Come si fa dunque?

– Senti, io ho una villetta presso Albano.

– Tu possiedi una villetta? – esclamò più che mai turbata, Virginia, da quella rivelazione. – Dunque tu non sei un operaio, come mio fratello, come me? Dunque mi hai ingannata? Dunque mi hai sedotta per puro passatempo. Dunque hai fatto di me una donna perduta? Dunque non mi ami, non mi hai amata mai!

Riscaldandosi man mano che pronunziava queste parole, Virginia era diventata una fiera. Con quella meravigliosa intuizione che è tutta propria delle donne quando si trovano subitamente tratte in un grave pericolo, ella aveva perfettamente compresa la situazione. Per lei non c'era più salvezza possibile e non c'era più amore. Ma restava la vendetta, e questa voleva assaporarla.

Lesta come il fulmine si strappò dai capelli uno stiletto d'argento, col quale li teneva fermati alla sommità del capo, e si lanciò sul giovinotto per colpirlo; ma questi fu abbastanza pronto per scansare il colpo.

Ma non perciò si calmò la furia di Virginia. Col superbo mantello dei capelli neri sciolti lungo la persona, le gote avvampanti, gli occhi di bragie, il petto ansante, le braccia tese, divinamente bella e fascinante, tornò a farsi sopra Enrico e riuscì a sfiorargli il collo colla punta dello stilletto.

Un piccolo spruzzo di sangue caldo le soffuse il volto, e allora disperata di dolore ed ebbra di passione si diede a baciargli colle labbra, quasi cauterizzanti, la lieve ferita.

– Quanto sei bella! – mormorò Enrico stringendosela al seno. E fu un'orgia di amplessi frenetici.

Stanchi, spossati, non sazi, ristettero al fine e allora il giovine così parlò alla adorata fanciulla:

– Senti Virginia, ti ho ingannata è vero. Ma ti ho ingannata perché ti amavo, perché ti adoravo, come t'amo e come t'adoro adesso. Non sono un operaio; sono un gentiluomo, appartengo ad una famiglia forte di denaro e di influenze. Se ti sposassi contro il suo volere, ed al consenso non c'è manco a pensarci, mal ne incoglierebbe a me, a te e a tuo fratello. Col tempo, forse, morti i miei genitori, andandocene via dallo stato pontificio potrei. Ma a che cullarci in vane speranze? Io t'amo; io sono tuo per la vita e per la morte. Vuoi morire? Moriamo insieme. Io sono pronto, te lo giuro. Vuoi viver? Te l'ho detto; posseggo una villetta mia, che ho ereditato da una parente, presso Albano, con un piccolo podere annesso. Io te ne faccio donazione legale, *inter vivos*, come dicono i notai. Tu vi starai come una regina. Io verrò a trovarti ogni giorno. Vi rimarrò delle settimane, dei mesi e sarà per noi una oasi d'amore. Darai alla luce e alleverai il nostro bimbo, il quale sarà per noi un nodo più indissolubile di qualsiasi matrimonio. Molta e lunga felicità ancora ci aspetta, o Virginia, se tu vuoi.

– E mio fratello? – mormorò la fanciulla, che si sentiva dolcemente affascinata dalle parole di Enrico, che le suonavano all'orecchio come una musica soave.

– Non saprà egli perdonarci?

– Ah! Mai. Ci ucciderebbe entrambi, se riuscisse a scoprirci.

– Dunque? Moriamo o partiamo?

– Moriamo – disse risolutamente Virginia.

– Dove? Qui?

– Qui.

Enrico trasse una pistola a doppia canna riccamente damaschinata, di quelle che allora incominciavano a portarsi, la montò freddamente, assicurandosi che le pietre focaie avrebbero ben funzionato e se l'appuntò alla tempia destra dicendo:

– Addio Virginia: fa come me.

Ma la fanciulla ratta, come il baleno, gli afferrò il braccio e gli strappò l'arma micidiale, e baciandolo sulla bocca gli sussurrò:

– Partiamo.

XXXIII

LA VENDETTA DEL FRATELLO

Francesco Perelli tornò a casa quella sera agitatissimo. Non aveva veduto la sorella venirgli incontro, ed un sinistro presentimento gli diceva che doveva averla colta qualche disgrazia. Giunto alla porta la trovò socchiusa. Entrò ed era buio, accese un lume e salì per la scaletta di legno alle stanze superiori. Ma vi cercò indarno Virginia.

Guardò per ogni dove per vedere se trovava qualche traccia, dalla quale arguire dove fosse andata, che cosa fosse avvenuto, e finalmente trovò sul suo tavolino da notte un foglio piegato.

Lo aprì con mano tremante e lo lesse. Diceva:

«Fratello mio.

Una fatalità contro la quale avremmo cercato invano di lottare ci separa e forse per sempre. So il dolore che ti cagiono con queste parole e lo divido. Ma il tempo rimarginerà la tua ferita. Una moglie buona ed onesta occuperà il mio posto nel tuo cuore. Ma non dimenticarmi. Non dimenticare la tua Virginia, della quale tu fosti fratello e padre e mamma insieme, la tua Virginia che t'ama e t'amerà sempre, fino all'ultimo istante del viver suo e che fa voto a Dio di poterti un giorno rivedere e di apparirti innanzi detersa d'ogni colpa e ancor degna di te.

Virginia.»

Quella lettera misteriosa colpì profondamente lo spirito di Francesco. Egli intravide una parte della verità. La forza del suo carattere vinse lo strazio dell'animo.

All'indomani, uscendo annunziò che sua sorella era partita da Roma, per andare a trovare dei parenti in montagna. Ma dei sorrisi ironici accolsero le sue dichiarazioni e delle parole abbastanza maligne, specialmente da parte delle donne:

– Già si capisce! Ingrassava a vista d'occhio quella povera ragazza. Doveva avere qualche malattia segreta, nella pancia. L'aria di montagna le avrebbe fatto bene, fra cinque o sei mesi sarebbe tornata svelta come prima. Non c'era da formalizzarsene. Sono mali che toccano alle ragazze, quando hanno l'abitudine d'uscire a prender il fresco verso sera ed hanno paura d'andar sole.

Queste ed altre frasi congeneri erano frecciate al cuore di Francesco. Nondimeno ebbe la forza d'animo di dissimulare; rispose che Virginia non sarebbe forse più tornata, perché in montagna aveva un cugino che l'aveva chiesta in sposa.

– Meglio così, gli venne replicato. I cugini di montagna sono fatti apposta per questo. Se no, che ne avverrebbe delle povere ragazze di città abbandonate da loro amanti gran signori travestiti da operai?

Breve, di parola in parola, una qua, l'altra là, Francesco venne a saper tutto o quasi tutto. Virginia aveva un amante che vestiva da operaio, ma mostrava di non esserlo punto col suo portamento e le sue maniere. Non salutava nessuno, guardava la gente d'alto in basso. Aveva incominciato a ronzare intorno alla casa. Una sera aveva seguito la ragazza, le aveva parlato e s'erano evidentemente intesi, perché d'allora in poi, tutti i giorni l'accompagnava e prendevano le strade più lunghe e più deserte. Poi il bel giovane aveva incominciato ad entrare in casa: si tratteneva pochi momenti, sulle prime. Ma i pochi momenti erano diventati molti e lunghi. La frittata, dicevan le donnicciuole, ormai era fatta. Non c'era che d'andare in montagna.

Francesco represse il suo sdegno e consacrò tutte le sue indagini per ritrovar la sorella. Un suo amico, che amava Virginia, avrebbe voluto sposarla ed era stato da lei rifiutato, l'aveva veduta una sera coll'amante ed era certo di riconoscerlo sotto qualunque spoglia, s'unì a lui per far le ricerche. Ma tornarono vane per lungo tempo.

Un giorno che passeggiavano insieme a Villa Borghese, all'ora del Corso, l'amico strinse fortemente il braccio di Francesco e accennando un elegante giovanotto che guidava una superba pariglia disse:

– Eccolo, eccolo.
– Chi?
– L'amante di tua sorella..
– Quello.
– Sì.

Francesco non ascoltò altro: si lanciò dietro il legno e lo rincorse finché lo vide entrare nel palazzo di via Florida. Allora s'informò chi era e lo seppe.

All'indomani si presentò al palazzo chiedendo di don Enrico. Questi, di nulla sospettando, lo ricevette in presenza di sua madre. Francesco non seppe contenersi, e non appena si trovò in faccia a lui proruppe:

– Che ne hai fatto di mia sorella, assassino, seduttore vigliacco?

Enrico fece del suo meglio per contenersi senza irritarlo viemaggiormente. Ma fu fatica sprecata. Francesco lo investì con una sequela di vituperi e gli andò coi pugni sotto il naso.

La madre intervenne e lo fece mettere alla porta dai servitori. Questi eccedettero e ai suoi tentativi di ribellione, risposero a suon di bastonate. Francesco dovette tornarsene a casa assai malconcio.

Allora mutò tattica e si diede a spiare le abitudini del giovane col proposito di ucciderlo. Ma Enrico si era recato alla villetta d'Albano per assicurarsi che nessun pericolo minacciasse la sua Virginia, ch'egli amava più che mai, e stette assente parecchi giorni.

– È fuggito, il codardo! – bestemmiava Francesco.

Dopo pochi giorni Enrico tornò. Tornò raggiante di felicità perché aveva avute le più tenere prove d'amore dalla sua diletta Virginia, e s'era accertato che suo fratello non aveva scoperto il ricovero.

Alla sera, verso la mezzanotte, ritornava a casa, quando fu assalito da Francesco, che risaputo il suo ritorno, si era posto in agguato vicino al portone.

Non appena lo vide gli si slanciò sopra e gli diede una pugnalata alla gola, togliendogli la possibilità di parlare, poi una seconda al cuore che lo estinse!

Enrico era caduto al suolo fino dal primo colpo e Francesco si era rovesciato sopra di lui.

Quando si rialzò una nube di sangue gli aveva offuscata la ragione, stette come stupido, senza neppur pensare ad allontanarsi dal teatro del delitto. Se lo avesse fatto gli sarebbe stato agevolissimo di sottrarsi alle conseguenze del medesimo. Ma egli era quasi inconscio di sé. Quando i birri lo arrestarono, come avvertimmo, a pochi passi dal palazzo sotto il portone del quale aveva pugnalato Enrico, era già scorsa una buona mezz'ora.

XXXIV

ULTIME PAROLE DI UN CONDANNATO

Quando il giudice ebbe mostrato a Francesco Perelli il ritratto di Virginia e questi lo aveva riconosciuto, il compito dell'istruzione del processo divenne facilissimo. L'accusato narrò per filo e per segno la storia degli amori di sua sorella coll'assassinato, quale l'aveva risaputa dal vicinato. Virginia venne chiamata in testimonianza. Il suo incontro col fratello fu straziante.

Ella completò le deposizioni di Francesco, senza cercare di aggravarne la posizione, né di offendere la memoria dell'ucciso suo amante, del quale vantò l'affezione e la nobiltà del trattamento fattole, in espiazione della seduzione.

Francesco sbuffava d'ira, udendola parlare in favore della vittima e diede in escandescenze feroci, facendola segno di contumelie e vituperi ed imprecando alla sorte che non gli permetteva di uccidere pure lei, come il suo drudo.

Questo alienò all'accusato l'animo dei giudici e Francesco Perelli ad onta delle circostanze che attenuavano la parte del suo misfatto fu condannato a morte, mediante strangolamento. Udì imperterrito la sentenza, ed esortato a prepararsi ad una buona morte rispose che vi si era preparato fin dal momento in cui aveva deliberato l'uccidere il traditore della sua famiglia, il seduttore di sua sorella. Invitato a perdonare se voleva essere perdonato, replicò che avrebbe perdonato se avesse potuto uccidere anche la Virginia, perché così avrebbe cancellata l'onta di cui s'era coperta. Sollecitazioni, preghiere, minaccie a nulla valsero. Non volle saperne di confessarsi, respinse i confortatori e morì impenitente, movendo francamente dalla carretta ai gradini del patibolo. Mentre stavo per buttargli il laccio al collo, si scansò rapidamente e rivolgendosi alla folla gridò:

– Popolo impara come si vendica dei nobili e come ben si muore vendicati.

Pochi momenti dopo era lanciato nell'eternità.

XXXV

UNA ESECUZIONE DIFFICILE

Non appena la compagnia di San Giovanni ebbe staccato e trasportato il cadavere del Perelli alla sua chiesa, dovetti recarmi alle carceri di Tordinona per pigliarvi il grassatore Carlo Castri, che era stato condannato – per quel giorno stesso – alla forca ed allo squarto. Ci volle un po' di tempo, perché il reo aveva opposta la più energica resistenza, ai carcerieri, ai birri ed a me stesso prima di lasciarsi porre sulla carretta. Gridava come un ossesso e non voleva saperne di andare al supplizio. Aveva ammazzato barbaramente tante persone, uomini e donne, vecchi e giovani ed aveva una paura spaventevole della morte. Implorava grazia per tutti i Santi del Cielo, e urlava che il Santo Padre rappresentante di un Dio di bontà e di misericordia doveva perdonargli. Lo mandassero pure in galera, lo chiudessero nel più tetro carcere, ma gli lasciassero la vita.

Si dovette legarlo per forza e imbavagliarlo affinché s'azzittasse.

Quando giungemmo sulla piazza del Popolo, ch'era gremita d'una folla impaziente di assistere allo spettacolo di uno squartamento, si sprigionò da tutti i petti un sospiro di soddisfazione.

– Eccolo! Eccolo!

E siccome era già giunta la notizia delle resistenza che aveva fatto si aggiungeva:

– Ora è in mano di Mastro Titta, non c'è più pericolo che scappi: dalle sue mani non si sfugge.

Avvicinandomi al palco udii ancora distintamente parecchie grida di: viva Mastro Titta; e quando l'ebbi lanciato nel vuoto, col capestro ben annodato intorno al collo, scoppiarono anco degli applausi. Sicuro, mi battevano le mani, salvo a mettermi a pezzi, se fossi disgraziatamente caduto in loro potere in un momento buono. Per fortuna conoscevo bene gli umori della folla e non mi sono mai lasciato lusingare dalle cortesie, come non mi sono mai intimorito per le minaccie.

Ma non era stata agevole l'impiccagione di quell'indiavolato.

Non appena toltogli il bavaglio, ricominciò ad urlare, a chiedere grazia e ad invocare le celesti legioni perché discendessero a liberarlo. Non era svenuto come tanti altri, possedeva ancora tutte le sue forze; ma era mestieri trascinarlo e portarlo su a braccia mentre si dibatteva.

Col laccio al collo gridava ancora, fu proprio la corda che gli strozzò la parola in bocca. Impiccato, diventò paonazzo e quasi nero. Aveva gli occhi fuori dell'orbita, i capelli irti come chiodi, la lingua sporgente dalla bocca dura e irrigidita. Quando incominciai a spaccarlo, mi pareva che le sue fibre avessero ancora dei fremiti di vita. Certo non avevano perduto punto del loro calore naturale. La giornata era rigida; soffiava la tramontana e le sue viscere fumavano, come se fossero state tratte bollenti da una pentola. Al contatto dell'aria algida il fumo si condensava in grasso e deponendosi sulle mie mani, me le rendeva scivolose. Prima di tornare a casa mi ci volle una libbra di sapone per ripulirmele. Questo, commisto al sangue ed al grasso formava una spuma rossastra, che sarebbe bastata per far la barba a un reggimento di soldati.

Anche i quarti attaccati alle braccia del patibolo fumarono per parecchio tempo. Non mi era mai accaduto di vedere un fenomeno simile. Dovetti bruciare le travi della forca, perché non sarebbero state più servibili, e ardendo esalavano un puzzo orribile, che uscendo dalla porta di casa mia si diffuse per borgo Sant'Angelo, con non lieve incomodo per gli inquilini i quali mi domandarono se per avventura avevo fatto cuocere delle salsiccie d'impiccati.

XXXVI

L'OSTERIA DI CAMPAGNA – I DUE CACCIATORI

Carlo Castri era un vinaio che aveva una piccola osteria di cucina in campagna ai Monti Parioli poco sotto Ponte Molle. Quando era buon tempo, di primavera, d'estate e d'autunno la gente che veniva dalla città la frequentava, e guadagnava discretamente. Ma d'inverno e quando imperversava la pioggia, nella sua bottega per settimane e settimane non capitava anima viva, perché godeva di una pessima riputazione, e la gente dei dintorni si guardava bene dal recarvisi.

Era molto passionato per le donne, e quelle che capitavano nei pressi della sua osteria, per far cicoria o lumache, erano costrette a pagargli un tributo in natura. Forse non eran troppo malcontente, perché Carlo era un bell'uomo, alto, con un collo taurino, indizio di forza indomita, profilo del volto corretto, candido di pelle, con piccoli favoriti bruni e occhi sfavillanti. Se gli resistevano, dalle buone passava alle brusche, e si sussurrava, che più d'una, entrata incautamente nel suo negozio, era stata da lui trascinata nella grotta e non aveva più trovata l'uscita.

Allo scarso concorso di avventori il Carlo, suppliva appostandosi sulla strada di notte e spogliando i passeggeri che incontrava, dei quali era certo d'aver facilmente ragione. Ma s'era sempre condotto con tanta furberia, che ad onta delle voci pessime che correvano sul suo conto, non era mai caduto in fallo, né aveva avuto a soffrir molestie da parte dell'autorità.

Le pattuglie in perlustrazione si soffermavano anzi alla sua osteria, ed egli faceva loro le migliori accoglienze. Spillava per loro il vino delle botti che riservava per se stesso e per i cacciatori di qualità, che ignorando la sua triste fama, non isdegnavano di fare uno spuntino da lui. Vuolsi aggiungere che pochi cuochi sapevano cuocere al par di lui un pezzo di selvaggina allo spiedo, o preparare un piatto di fettuccine, o mettere un par di polli in padella e cucinarli lì per lì, dopo aver torto loro il collo.

Si seppe poi che la stessa destrezza aveva nello sbarazzarsi dei viaggiatori che aggrediva. Appoggiato all'aforismo che i morti generalmente non parlano, per non essere denunziato, aveva contratta la poco lodevole abitudine di scannare i suoi aggressi e di seppellirne gli avanzi nelle macchie. Era un metodo molto spiccio per assicurarsi l'impunità e insieme il libero esercizio della professione di bandito, che egli aggiungeva a quella d'oste e di sicario.

Sull'imbrunire di una giornata di gennaio capitarono all'osteria del Carlo due cacciatori stanchi e trafelati. Avevano corso tutta la giornata, e portavano i carnieri gonfi di starne e di beccacce. Uno era anziano, colla barba intera bianca, l'altro giovane senza un pelo sul volto, ma entrambi aitanti della persona, allegri e disinvolti nel portamento.

– Padron Carlo – disse il vecchio entrando – hai di che rifocillarci?

– Non roba degna delle signorie loro, ma qualche cosa c'è – rispose ossequiosamente il Castri, togliendosi il berretto di cotone bianco che portava.

– Sentiamo, che hai? – disse il giovinotto.

– M'ero messo a cuocere un'ora fa una gallina, che aveva perduta l'abitudine di farmi le uova.

– Non sarà troppo tenera – osservò sorridendo il vecchio.

– Ma ci fornirà una buona tazza di brodo – osservò il compagno.

– Hai ragione Gustavo.

– Ci butterò quattro capellini all'uovo che avevo preparato per la mia cena.

– Benissimo.

– Poi ammazzeremo un paio di polli e li faremo andare in padella.

– L'idea non è cattiva.

– Poi? – domandò di nuovo l'imberbe cacciatore, tormentato da una fame canina.

– Poi c'è del salame, del formaggio pecorino, ci sono delle uova.

– Tutto questo ci servirà d'antipasto non è vero zio? – disse il giovane.

– Sia come vuoi. Già ti mangeresti l'obelisco di San Giovanni. Dopo i polli, padron Carlo, ci potreste servire un paio di starne arrosto.

– Non ne ho, signori e mi duole. Saranno quindici giorni che non vedo un cacciatore.

– Ne hai due innanzi a te.

– È vero e il carniere mi pare ben fornito.

Il giovane tirò fuori due superbe starne e il vecchio due beccacce.

– Magnifiche, esclamò il Castri dopo averle palleggiate una per una in mano. Ma, se vogliono un mio umile consiglio, si attengano alle starne. Le beccacce per essere buone, bisogna siano frolle e queste mi sembrano fresche.

– Prese da mezz'ora. Sono stati gli ultimi colpi. Carlo ha ragione sono preferibili le starne.

E ne trasse altre due dal carniere riponendovi le beccacce.

Benché solo, l'oste in pochi momenti ebbe imbandita la tavola con crema al latte, salame, pane fresco, e un boccione di vino color del topazio. I due cacciatori se ne versarono due bicchieri e dopo averli tracannati, fecero scoppiettare la lingua, esclamando all'unisono

– Buono, eccellente.

L'oste che veniva in quello coi due polli tratti dalla stia e sgozzati:

– Vino delle vigne di Montemario. Più se ne beve e più vien sete.

Pochi minuti dopo, mentre l'antipasto svaniva, s'udiva in cucina il crepitare della fiammata, e insieme il leggero strepito del girarrosto.

Padron Carlo recava la zuppiera fumante dei capellini in brodo.

– Tu sei un taumaturgo – esclamò il vecchio cacciatore pregustandone il sapore.

E Gustavo, ghiotto non meno, forse più di suo zio: – Questo riscaldandoci lo stomaco ci porrà in vena di vuotarti la cantina.

L'oste s'inchinò sorridendo e ritornò col piatto dei polli in padella, esalante un odore buonissimo.

Il contenuto del piatto scomparve anch'esso nel ventre capace dei due cacciatori. E altrettanto accadde delle starne arrosto, per inaffiar le quali fecero venire un secondo boccione, essendo il primo ormai vuoto.

Saziate le esigenze della fame, zio e nipote intavolarono una conversazione, dalla quale, l'oste, che dalla propinqua cucina prestava orecchio, venne a capacitarsi che i due cacciatori erano ricchi signori e che portavano con loro una cospicua somma di danaro.

Avevano lasciata Roma già da tre giorni ed avevano cacciato continuamente riposandosi qua e là nelle osterie di campagna, perché s'era impegnata fra loro una scommessa di resistenza.

– Ti dai per vinto, Gustavo? – domandò l'anziano.

– Vinto veramente non potrei dire perché sono capace di continuare per un'altra settimana. Ma vincitore certamente voi siete zio mio, poiché avete oltrepassato il termine stabilito. Siete forte.

– Ti dispiace.

– Punto. Ed eccovi i cinquanta zecchini della scommessa.

Così dicendo il giovane trasse una borsa di seta, ne numerò i zecchini da darsi allo zio, e gli altri rimasti in buon numero si ripose in tasca. Il vecchio trasse a sua volta la propria borsa, del pari ben fornita di monete d'oro, vi lasciò cadere uno per uno i zecchini del nipote, e rimettendola in saccoccia, disse:

– Alla fine de' conti è roba che un giorno o l'altro ti deve appartenere.

– Più tardi che sia possibile.

– Grazie, nipote mio, dell'augurio, che lo tengo sincero. La mia cassa, del resto, ti è sempre aperta.

XXXVII

DOPPIO OMICIDIO – IL DELIRIO DEL TERRORE

In quel mentre riapparve l'oste, il quale aveva veduto lo scambio delle monete e calcolato quanto potevano contenere le due borse:
– Se i signori desiderassero riposarsi qui, disse umilmente il Castri, ho un buon letto, ci metterò della biancheria di bucato e io dormirò qui su di una panca.
Gustavo consultò lo zio con un'occhiata prima di rispondere. Il cacciatore anziano si accostò alla porta e vide che il cielo era terso e biancheggiante per la luna.
– No, grazie, padron Carlo. Vogliamo tornare a Roma questa sera. Il tempo è bello. Fa freddo, ma siamo ben coperti.
L'oste si inchinò.
– Il conto? domandò Gustavo.
– Oh! ben poca cosa. Facciano il piacer loro.
Il cacciatore anziano tirò fuori un'altra volta la borsa, ne trasse due zecchini e li buttò sopra un piatto rimasto sulla tavola.
– A voi, padron Carlo. Teneteci sempre riservato un bicchiere di vino, come quello che ci avete ammannito stasera. È veramente buono.
– E il signor Iddio li indirizzi spesso da queste parti, rispose l'oste, i cui occhi brillavano di cupidigia.
Sciolti i cani, i cacciatori uscirono colle carabine ad armacollo e si misero per un sentiero traversale che dopo aver serpeggiato per buon tratto, scende verso l'Arco Oscuro.
Ma avevano fatto non più di un centinaio di passi che uno dei cani emise un gemito acuto e cadde al suolo; l'altro non tardò a fare altrettanto.
– Che hanno queste bestie?, domandò colto da un vago sospetto l'anziano, e si chinò verso le due povere bestie che si erano trascinate verso un cespuglio e non davano più segni di vita.
D'un tratto rintronarono due colpi di fucile nella solitudine della notte e i due cacciatori cadevano esanimi accanto ai cani. Erano stati colpiti entrambi in pieno petto e quasi a bruciapelo, dal fucile di Carlo Castri, nascosto dietro una

siepe, alla quale era giunto prima di loro, per un sentieruccio scosceso.

Il brigante balzò fuori non appena li vide caduti e con due coltellate li finì. Poi caricatiseli un per uno sulle spalle, li trasportò nella macchia vicina, altrettanto fece dei cani, che aveva avvelenati prima dell'uscita dei cacciatori dalla sua osteria.

Scavò rapidamente una fossa e vi gettò i due cani ricolmandola tosto col terriccio; poi s'accinse a fare il medesimo coi due cadaveri, che aveva spogliati nudi, per non perder nulla di quanto era di loro proprietà.

Nella chiarezza del plenilunio la fisonomia dei due assassinati aveva assunto agli occhi dell'oste un carattere strano, minaccioso. Egli era invaso da un panico che non aveva mai provato in vita sua.

Cercava di forzare nella fossa non abbastanza profonda le due teste dei cacciatori, ma queste pareva che balzassero fuori, come mosse da un'interna susta.

La tramontana faceva stormire le fronde degli alberi e a Castri sembrava che quello fosse un suono di voci confuse avvicinantesi a lui. In breve fu in preda al delirio del terrore. Picchiava ferocemente colla zappa sulle teste dei due sepolti e non perveniva a farle scomparire. La luna ritornava ad illuminarle e a lui pareva sogghignassero.

Si alzò, raccolse gli indumenti loro e si mise a fuggire. Ma fatti pochi passi cadde in preda ad un deliquio.

Sull'albeggiare due contadini trovarono i cadaveri sepolti, coi capi che uscivano dal suolo e corsero a darne avviso, benché sgomenti, ai birri che incontrarono sulla via Flaminia. Questi rinfrancatili, si fecero condurre sul posto e rovistando intorno trovarono l'oste tutt'ora svenuto, col corpo del delitto, cioè la roba rubata fra le braccia.

Dovettero levarselo sulle braccia e trasportarlo all'Arco Oscuro, dove depostolo sopra un carretto, fortemente e solidamente legato, lo fecero trasportare alle carceri di Roma, seguito da un di loro. Gli altri operarono il diseppellimento dei due cacciatori.

Carlo Castri sempre in preda al delirio febbrile stette parecchi giorni fra morte e vita, ma le premurose cure dei carcerieri e dei medici addetti alle carceri lo salvarono e si poté istruire il processo a suo carico. Schiacciato dalle prove del suo delitto, non tentò di negare, confessò la grassazione dei due cacciatori, ed altre ancora, esortato dai giudici, i quali per istrappargli i segreti sino allora da lui così accortamente custoditi, gli facevano balenare la probabilità della grazia, in premio della sua sincerità. E ad ogni nuova confessione il suo trattamento carcerario migliorava.

Ma quando Carlo Castri, credette ormai di aver salvata la pelle, fu pronunziata la sentenza che lo condannava alla forca ed allo squartamento.

Abbiamo già veduto come l'accogliesse e come espiasse la pena de' suoi misfatti.

XXXVIII

CINQUE IMPICCATI E SQUARTATI IN UNA MATTINA A PIAZZA DEL POPOLO

Grandissimo rumore suscitò invece l'esecuzione che ebbi a compiere ai 18 del susseguente mese di marzo, nelle persone di cinque banditi, arrestati nella celebre macchia della Faiola, dalla quale avevano preso il nome; che dura proverbiale tuttora e durerà quanto il tempo lontano: *I briganti della Faiola*.

N'era capo Vincenzo Bellini; i compagni suoi Pietro Celestini, Domenico Pascucci, Francesco Formichetti, Michele Galletti.

Quando entrammo colla carretta, circondata dai birri e dai soldati, sulla piazza del Popolo, questa era gremita da migliaia e migliaia di persone, che si pigiavano come sardelle in un barile. Tutte le finestre prospicenti sulla piazza, e delle vie adiacenti donde si poteva vedere la piazza, erano affollate. Non un capitello, non un cornicione, non un cancello, non un albero, non una sporgenza che non fosse guarnita di gente. Era una stupenda giornata primaverile; il cielo azzurro irradiato di luce, il sole splendido, l'aere soavemente profumato dai giardini del Pincio e delle vicinanze. Pareva che la natura si fosse messa in festa, perché più solenne e memoranda riuscisse la tragedia legale.

Ci volle del bello e del buono per attraversare la piazza e giungere ai piedi del palco, sul quale coll'aiuto dei miei secondi avevamo rizzate le forche ed apprestati i ceppi per lo squartamento.

Tranne il capo, Vincenzo Bellini, s'erano tutti confessati e una dozzina di confortatori di vari colori circondavano i condannati, recitando preghiere e porgendo loro i crocifissi a baciare.

Giunti al palco, scesero prima i confortatori poi io con un aiutante, poi i suppliziandi, poi un altro aiutante, che avevo dovuto procurarmi.

Vincenzo Bellini doveva assistere alla esecuzione de' suoi compagni ed al relativo squarto, prima d'essere giustiziato. Era un bell'uomo dalle forme atletiche, dalla barba nera fluente, dagli occhi coruscanti. Vestiva alla ciociara, come gli altri, ma non senza qualche eleganza ed in volgendo dal palco uno sguardo sulla folla, vide parecchi artisti, ed alcune dilettanti inglesi, che sbozzavano la scena e i ritratti, colla matita sui loro *albums*.

L'esecuzione dei primi quattro fu rapida quanto più poteva esserlo. Nessun tentativo di resistenza avevano fatto. Quando ebbi impiccato l'ultimo di loro, incominciai lo squartamento. Il sangue colava a torrenti e innondava il palco; io ne ero tutto inzuppato e così il Bellini che assisteva imperterrito alla carneficina, senza battere ciglio, senza che si alterasse il colore del suo volto, dalla tinta bruna rossiccia, senza che il giuoco de' muscoli visuali tradisse in lui la più piccola emozione.

Non appena ebbi terminato di appendere alle travi del palco i quarti sanguinolenti degli appiccati, si udì un mormorio e un movimento nelle file più avanzate della folla e Vincenzo Bellini, strappati i legami che gli tenevano incrociate le mani, con uno sforzo sovrumano, tentò di buttarsi giù dal palco. Ma io fui pronto ad afferrarlo, mentre i soldati, appuntavano le baionette sopra di lui. Gli gettai al collo la piccola corda col nodo scorsoio ed afferrata per maggior sicurezza quella di soccorso, mentre il garzone lo sospingeva in su pei piedi lo portai sulla scala, donde lo lanciai nel vuoto.

In quel mentre s'udì nella folla, ancora nelle prime linee, un grido acuto, straziante, e si vedeva cento braccia, sollevare una giovane donna che pareva svenuta. Poco dopo si seppe che era morta per lo scoppio di un aneurisma.

XXXIX

I BRIGANTI DELLA FAIOLA

Come mai era avvenuto l'arresto di quella famosa banda di briganti, che avendo per base delle sue operazioni e il ricovero abituale, quasi inaccessibile, nella macchia della Faiola, aveva per tanto tempo desolati i dintorni di Roma e dei Castelli fino oltre Velletri, aggredendo viaggiatori, corriere pubbliche, diligenze, vetture private, operando sequestri di persone e ricatti d'ogni maniera?

Un terribile dramma, ch'ebbe il suo epilogo ai piedi del patibolo, la mattina del 18 maggio, può solo spiegarlo. Forse, senza esso, né Vincenzo Bellini, né i suoi avrebbero mai salito le forche pontificie.

Eccolo.

Il governo, scosso dalle continue lagnanze che gli giungevano dalle potenze estere per le pessime condizioni della sicurezza pubblica nei dintorni di Roma, che mettevano a repentaglio la vita e gli averi dei forestieri, come e più di quella dei cittadini, si era deciso ad intraprendere una campagna brigantesca, ed a condurla con la massima energia. Furono ordinate pattuglie di soldati, guidate da esperti agenti, cogniti dei luoghi e rotti a tutte le malizie dell'arte malandrinesca e fu dato come per obbiettivo principale il bosco della Faiola.

La macchia fu perlustrata palmo a palmo, senza alcun risultato, e già stavano le pattuglie per rientrare a Roma a dar conto della loro inutile spedizione, quando un giorno uno dei segugi che accompagnavano birri e soldati, guardando per terra casualmente, vide delle ossa di pollo rotte e spolpate.

– Brigadiere, diss'egli al comandante della pattuglia, o io non ho più naso, o qui sento odore della selvaggina che cerchiamo. Guardate.

E così dicendo mostrò gli ossicini che aveva raccolto, chiedendogli:

– Sapete che son queste?

– Hai voglia di burlarmi? Sono ossa di pollo.

– No.

– Che cosa sono dunque?

– Sono un indizio.

– Indizio che qualcuno ha mangiato. Non ci vuol molto a comprenderlo.

– Pazienza, brigadiere. Chi ha mangiato questo pollo? io mi domando.

– Ecco il quesito.

– Siamo almeno a quattro miglia dall'abitato e non è possibile che si mandino qui dai paesi circonvicini i resti di tavola.

– Si capisce.

– A questi chiari di luna non è supponibile che una comitiva allegra della città o dei castelli, sia venuta a fare una colazione sull'erba, nel folto del bosco della Faiola, con quel po' po' di paura che ispirano i supposti suoi abitatori.

– Dunque?

– Dunque codesti abitatori devono essere tutt'altro che supposti, devono essersi trovati a poca distanza di qui, non prima di questa mattina, poiché queste ossa sono fresche, odorano ancora, e devono essere state spolpate oggi stesso.

Il brigadiere che aveva ascoltato con grande attenzione il ragionamento del segugio ed aveva avuto da questo rischiarata la mente, proruppe in un grido:

– Bravo! E aggiunse: – Se troviamo i malandrini, giuro di regalarti a mie spese una dozzina di polli, per stuzzicarti i denti, e due pinte di quello buono per lavarti bene lo stomaco.

– Grazie, brigadiere. Ora che ci resta a fare?

– Darne avviso ai comandanti delle altre pattuglie, e stabilire con essi una nuova perlustrazione concentrica della selva.

– Brigadiere, perdonatemi, ma tale non è il mio avviso, permettetemi che vi manifesti una mia idea.

– Parla.

– Ecco qui: non è supponibile che i briganti siano venuti a mangiare nel bosco, all'aria aperta, né che abbiano seminate le ossa passando: esse devono essere state gettate fuori da qualche nascondiglio, una grotta, una caverna, uno speco, un luogo qualunque insomma, nel quale sogliono ricoverarsi. Bisogna cercarlo: esso deve essere non molto discosto di qui... Zitti!

– Che c'è?

– Mi pareva di aver udito come un vagito.

– Sarà uno strido di qualche uccello di rapina.

– Forse è così. Dicevamo dunque che bisogna cercare il covo.

– Cerchiamolo.

Gli uomini della pattuglia assecondati dall'accorta guida, si diedero a frugare la macchia nei pressi, esaminando ogni crepaccio, rimuovendo fronde morte, pruni e liane, tastando ad ogni tratto il suolo col calcio del fucile, per sentire se c'era del vuoto sotto.

XL

CUOR D'AMANTE E CUOR DI MADRE

Intanto in una grotta sotterranea accadeva una scena terribile.

Vincenzo Bellini, vi si trovava dentro solo colla sua ganza, una formosissima velletrana, dagli occhi incandescenti, dalle forme piene e tondeggianti, la quale porgeva il seno ad un poppante.

I compagni erano usciti fin dal giorno innanzi e non dovevano essere di ritorno che a notte inoltrata.

La bocca della grotta era chiusa e dissimulata da un'enorme pietra coperta di vellutello, sulla quale i malandrini ammucchiavano sterpi e foglie morte. Ma per un fenomeno acustico del quale non sarebbe agevole dare la spiegazione, all'interno del cavo si udiva perfettamente ciò che si diceva e faceva al di fuori e perfino il rumore dei passi.

Il capobrigante s'era subito accorto del passaggio dei soldati e non se ne era dato il menomo pensiero dapprima; ma udendoli fermarsi, incominciò a preoccuparsene, e la preoccupazione diventò spavento quando udì le parole della guida, che aveva scoperto le ossa.

– Maledetta! bestemmiò con voce soffocata, perché hai buttato là quelle ossa? Si direbbe che hai voluto perderci.

Intanto si sentiva rovistare intorno all'apertura della grotta e un colpo di calcio di fucile, fu pure battuto sulla pietra, ma il rumore fu attutito dal vellutello (musco). Ma le ansie del Bellini diventarono anco più atroci, quando il bimbo della sua druda, incominciò a piangere ed a vagire.

– Azzitta quel pupo! disse con urlo feroce.

Ma per quanto facesse la povera madre non c'era modo di farlo tacere. Piangeva, piangeva, e strillava sempre più acutamente.

– Azzitta quel pupo, ripetè il Bellini, se no lo ammazzo.

La povera donna si provò a coprirlo col proprio petto, immettendogli il capezzolo nella boccuccia..

E fu peggio.

Mezzo soffocato il bambino rovesciò indietro la testa e proruppe in un vagito straziante.

Fu allora che la guida della pattuglia lo avvertì. Udendo le sue parole il malandrino si lanciò come una belva sull'infelice creatura, ed afferratolo pei piedi, gli fracassò il cranio battendolo sul suolo. Orribile a dirsi! un pezzo di cervello spruzzò il volto della madre.

Un lampo d'odio terribile, brillò negli occhi della velletrana, ma non disse verbo.

In quel mentre la pattuglia, delusa nelle sue ricerche si allontanava.

Il giorno appresso, la ganza di Vincenzo Bellini usciva dalla grotta per recarsi a Velletri a far delle provviste. Non appena giunta in città, si diresse all'ufficio del bargello, denunziò la banda e porse tutte le indicazioni necessarie per prenderla.

La sera stessa Vincenzo Bellini e i suoi quattro compagni venivano catturati, dopo aver tentato invano di resistere, ferendo due dei più arditi birri che avevano voluto penetrare nella grotta, dopo aver rimosso l'enorme pietra che ne otturava l'apertura.

Non parve sazia ancora di vendetta e d'odio la velletrana. Volle assistere al supplizio del suo amante; ma dopo aver veduto quello de' suoi compagni, quando venne la volta del Bellini, fu presa da tale impeto di dolore che il cuore le si spaccò.

XLI

UN ORRENDO ROGO

Nove giorni dopo l'esecuzione dei cinque briganti della Faiola, dovetti trovarmi a Collevecchio per mazzolarvi e squartarvi Gioacchino De Simoni, l'uxoricida più singolare che sia passato per le mie mani.

Era un giovane contadino di non più di venticinque anni innamorato pazzamente di sua moglie Cencia, una donna della stessa sua età, di forme opulenti, leggiadra di volto, procace negli sguardi e negli atteggiamenti e spirante da tutti i pori una cert'aria di sensualità, non certamente fatta per tranquillare le angustie di un marito geloso.

Gioacchino lavorava assiduamente, giorno e notte per procurare alla sua Cencia tutti gli agi, tutti i conforti della vita, ch'erano compatibili con la loro posizione economica e col loro stato.

Egli non voleva che sua moglie accudisse ad altro che alla casa; le inibiva assolutamente le fatiche campestri, perché temeva che il sole avesse a sciupare la freschezza della sua pelle bianca e vellutata, a rendere dura la dolce linea delle sue spalle rotonde e delle sue braccia flessuose, di quelle braccia, i cui amplessi lo facevano delirare.

I migliori bocconi del pranzo e della cena erano per lei; pur vestendo il costume del paese i suoi abiti erano i più fini ed eleganti; la sua casa, per quanto villereccia, era pulita e fornita di tutto l'occorrente. Aveva un magnifico letto a spalliere di legno castano coi sacconi di foglie di panocchie di mais, materassi di buona lana e di finissima piuma, coltri morbide, lenzuoli di tela candida e una ricca coperta di broccato.

Era l'ara dove celebrava i suoi riti coniugali e aveva voluto che fosse degna della sua dea e delle ebbrezze che gli procurava.

Gioacchino De Simoni era aitante di persona e di simpatico aspetto. Prima di sposare la Cencia una diecina di fanciulle avevano sospirato per lui, e ammogliato invidiavano la fortuna toccata alla donna che l'aveva sposato.

Ma è raro il caso che marito innamorato non sia marito ingannato. I sacrifici che fate per una donna essa non li considera che come un tributo dovutole; essa aumenta il concetto di sé medesima e cresce per conseguenza le sue pretese in ragione dell'affetto che le portate.

Gioacchino non aveva minuto libero che non fosse a lei consacrato. Ma questi minuti erano scarsi, perché l'innamorato giovane lavorava sempre per far lieta e gioconda la vita della sua donna.

La Cencia dopo pochi mesi di matrimonio era stanca ed annoiata della solitudine in cui scorrevano le sue giornate e parte delle sue notti. Non essendo del paese, non aveva amiche, ma semplici conoscenze; non aveva parenti; spesso non sapeva come ammazzare il tempo, perché poco esperta nei lavori muliebri.

E intanto incominciavano a farsele intorno i giovani più scapati di Collevecchio. Quando la vedevano sul portoncino di casa le ronzavano attorno e cercavano di appiccar discorso con lei. Cencia rispondeva brevemente, perché temeva d'essere sorpresa da Gioacchino, ma incominciava a pregustare le delizie del frutto proibito..

Tra i molti che la corteggiavano si trovò uno, Menico Baldassini, che più degli altri le andava a versi. I colloqui sul portoncino diventarono più frequenti e più lunghi, finché un bel mattino, data un'occhiata intorno alla strada deserta ed assicuratisi che nessuno li vedeva, i due entrarono in casa.

Da quel dì, Menico tornava tutti i giorni dalla Cencia e vi rimaneva lunghe ore. La sua relazione si faceva sempre più intima; esordita come svago, era diventata una passione che assorbiva tutte le loro facoltà. Non vivevano che per amarsi e per godere.

E intanto Gioacchino lavorava, inaffiando di sudore le glebe ed irrorandone i teneri germogli.

Menico non entrava più dalla porta di strada, bensì da quella dell'orto, che immetteva nella stanza da letto nella quale entrava scavalcando una siepe. Ed erano abbracci, e carezze senza numero e senza fine.

Cencia divideva con lui il suo asciolvere, stendendo la bianca tovaglia sopra un tavolino della camera nuziale, proprio accanto al talamo contaminato. Mangiavano nello stesso piatto, bevevano nello stesso bicchiere, mischiando bocconi, sorsi e baci, tuffandosi in una ridda di voluttà perenne.

Gioacchino naturalmente nulla sapeva e nulla sospettava. La Cencia preferiva l'amante, ma non cessava di prodigarsi al marito come la consigliava la prudenza e forse la spingeva la sensualità.

Verso il meriggio di una tepida ed aulente giornata de' primi di maggio, Gioacchino inebbriato dagli olezzi agresti, dall'acuto profumo dei fieni mietuti, provando una immensa sete d'amore si diresse a casa, per abbracciare la sua Cencia. Giunto presso la porta della stanza da letto, verso l'orto, sentì un sommesso cicalio di voci umane e si fermò:

– M'ami? chiedeva Cencia a Menico.
– Più della vita. E tu?

– T'adoro, angiolo mio. Se tu non fossi, che vita orrenda sarebbe la mia!
– Gioacchino?
– Non me ne parlare, vorrei essere sempre tua, tutta tua, solamente tua.
E le parole dei due amanti morirono nello scambio di un bacio.

Il povero tradito fece un passo, si accostò alla porta e vide la sua donna seduta sulle ginocchia di Menico, in completo abbandono, col guarnello rimboccato sulle ginocchia, il seno prorompente dal busto, cinta la vita da un suo braccio, e con una mano ne' di lui capelli.

Una nube di sangue gli velò gli occhi, ma ebbe la forza di fuggire.

Errò pei campi tutto il giorno come un pazzo; soltanto la frescura della sera parve ridargli un po' di calma.

Un furor freddo sottentrò alle sue furie: rincasò tardi e trovò la moglie già coricata.

Aveva concepito l'idea di una terribile vendetta e s'accinse a compierla.

Riempì un immane braciere di carbone e l'attizzò, finché lo vide in perfetta combustione. Poi prese due cavalletti e li pose a distanza di cinque palmi all'incirca e li assicurò al suolo, perché potessero resistere a qualunque scossa.

– Che fai? – gridò la Cencia dalla stanza da letto, svegliata da quel martellare.

– Preparo la mia cena.

– Ti prepari una scorpacciata di chiodi arrugginiti – disse la donna ridendo, e voltatasi dall'altra parte si riaddormentò.

Gioacchino preparò quindi un piccolo bavaglio e delle funicelle sottili ma resistenti, e terminati i preparativi, passò nell'altra stanza e si accostò al letto.

Cencia, mezza insonnolita, gli porse la bocca aperta per un bacio: Gioacchino le ficcò il bavaglio fra le labbra e i denti, e, in un baleno le cinse i polsi e le caviglie colle funicelle, senza ch'ella potesse dare un grido.

Sollevatala di peso la portò in cucina; adagiatala sui cavalletti, l'assicurò ai medesimi per le braccia e per le gambe, strettamente legandola, le pose sotto le reni il braciere ardente e stette a vedere l'effetto della combustione, assaporando a goccia a goccia l'atroce vendetta.

Sulle prime il corpo della Cencia dava in sussulti frequenti e, ad onta del bavaglio, le uscivano dal profondo del petto cupi gemiti. Ma non durò molto a sopraggiungere l'immobilità.

L'orrendo supplizio durò più di un'ora, in capo alla quale le belle forme della sposa infedele erano completamente carbonizzate.

La puzza di bruciaticcio e il fumo uscivano dalla porta spalancata verso l'orto, ma s'infiltravano pure per le fessure di quella verso la strada, diffondendosi per le vie, e Gioacchino sentì dire da una comitiva di giovanotti che passava:

– De Simoni va cuocendo un quarto di capretto per la cena della Cencia e non sa che gliele mette tanto lunghe.

Un riso sinistro, diabolico, gli sfiorò la bocca smorta e contratta.
Sorta l'alba, chiuse diligentemente le due porte, uscì e andò dal bargello.
– Chi siete? – gli chiese questi.
– Gioacchino De Simoni.
– Che volete?
– Vengo a consegnarmi alla giustizia.
– Perché?
– Perché ho ammazzato mia moglie.
– La cagione?
– Mi tradiva.
– Per così poco avete uccisa una donna? Non sapete che se tutti i mariti si comportassero così, presto il mondo si spopolerebbe.

Gioacchino ebbe il coraggio di sorridere delle facezie del bargello, ma un sorriso che metteva terrore.

– Come l'avete ammazzata? – riprese il degno funzionario.
– L'ho abbruciata viva.
– Seguite le buone tradizioni della Santa Inquisizione dunque? Bravo! Questo vi procaccerà forse le buone grazie dei giudici.

Gioacchino fu ammanettato e, preceduto dal bargello, circondato dai birri, fu condotto a casa sua. La gente si affollava dietro al corteggio e quando fu aperta la porta della sua casa, vi irruppe.

L'orrendo spettacolo strappò grida di indignazione, e i birri non ebbero a faticar poco per sottrarre l'uxoricida al furore della folla.

Le donne erano le più infuriate, le più inasprite. Lo coprirono d'ingiurie e di vituperi e lo accompagnarono fino al carcere lanciandogli immondizie e sputi.

Gioacchino De Simoni procedeva impassibile, non dando alcun segno né di rabbia, né di dispiacere, né di dolore.

La vendetta consumata lo aveva talmente soddisfatto, che qualsiasi pena gli sarebbe parsa leggiera.

Il processo fu subito istruito e prestamente sbrigato, perché il reo era confesso e diede tutti i particolari dei quali i giudici vollero essere informati.

Ascoltò la sentenza che lo condannava alla mazzolatura ed allo squartamento senza batter palpebra. Esortato a confessarsi, disse di non aver nulla sulla coscienza a rimproverarsi; che il suo delitto era un castigo ispiratogli da Dio e respinse qualsiasi conforto.

Mosse al patibolo con fermezza e subì il supplizio, al quale s'era da lungo preparato, colla massima indifferenza e lasciando un'impressione indelebile nella folla accorsa ad assistervi.

XLII

LA BELLA CONTESSA – TENTAZIONE

L'anno 1817 lo inaugurai, il venti gennaio, decapitando per la prima volta in provincia colla ghigliottina, a Macerata, l'uxoricida Saverio Gattofoni. Da Pusolo, da Recanati, da Civitanova e da tutti i paesi circonvicini, era accorsa una folla immensa, per assistere al nuovo spettacolo, intorno al quale si erano diffuse le più strane dicerie. Si credeva che la ghigliottina agisse automaticamente per un interno congegno meccanico e non fu scarsa la sorpresa, quando mi videro giungere col condannato, salire con lui sul palco, legargli le mani dietro al dorso, spingerlo innanzi sulla piattaforma e premere il bottone per far cadere la mannaia. Quasi quasi pareva loro d'essere stati defraudati.

Saverio Gattofoni era un bel giovane di ventott'anni, cocchiere al servizio di una leggiadra e capricciosa signora, vedova da poco tempo d'un vecchio che l'aveva sposata per la sua straordinaria avvenenza, benché di umilissima condizione, appartenente cioè ad una famiglia del popolo minuto.

Saverio aveva per moglie una donna buona, lavoratrice, assidua ed economa, di non sgradevole aspetto e di discreto personale, di nome Giacinta Pozzuoli, la quale sentiva per lui, più che amore, una vera venerazione, e n'era da lui contracambiata, se non con pari intensità ed ardore, con sincero affetto. Ma il suo temperamento sensuale lo portava spesso in braccio d'altre donne, colle quali però non contraeva vincoli permanenti. Erano sfoghi, più che altro, della esuberante sua vitalità.

Del resto non aveva mai alzato gli occhi sulla contessa sua padrona, per la quale aveva la più grande soggezione benché sapesse che non era certo nata in un letto sormontato dalla corona comitale.

Una fredda sera di autunno Saverio, entrando a prendere gli ordini della sua signora, per l'indomani, prima di ritirarsi, la trovò sdraiata su una poltrona, innanzi al caminetto, coi piccoli piedi bianchi ed ignudi calzati da babuccie di velluto rosso ricamate in oro. Indossava una vestaglia di casimiro bianco soppannata di raso rosso, chiusa alla cintola da un cordone d'oro. Aveva la bruna capigliatura raccolta disordinatamente sulla sommità del capo tenuta ferma da uno spillone pure d'oro. Nessun'altro ornamento, né alle orecchie, né alle mani, né alle braccia che uscivano nude dalle ampie maniche della vestaglia, la quale aperta anche sul seno lasciava scorgere la candida gola, il principio di un seno torreggiante, coperto a mezzo dalla camicia di battista smerlettata, che colle sue trasparenze, rendeva più seducente.

Evidentemente la contessa aveva già fatta la sua toletta notturna e prima di coricarsi aveva voluto godersi le dolcezze di una fiammata crepitante nel caminetto, sormontato da un'alta specchiera lievemente inclinata, per modo da riflettere l'immagine della signora e la parte posteriore del salotto.

Non appena sollevata la portiera di stoffa, Saverio si fermò sull'ingresso, chiedendo indifferentemente:

– Ha ordini a darmi signora contessa?

Questa non rispose, ma si diede ad esaminare, guardando nello specchio, le sembianze del suo cocchiere. E pare che l'esame non gli riuscisse sfavorevole, perché le sue labbra voluttuose sbozzarono un sorriso.

– Signora contessa – ripetè Saverio, dopo aver atteso un poco, nella tema che la sua presenza non fosse stata avvertita dalla padrona.

La signora non rispose ancora. Si divertiva a vedere, sul riflesso della specchiera, il volto bello, ma corrucciato del cocchiere.

– Ha ordini a darmi? – ripetè un'altra volta Saverio.

– Hai fretta? – rispose finalmente con piglio canzonatorio la signora.

Saverio alzò il capo e i suoi occhi volgendosi a caso allo specchio incontrarono uno sguardo fiammeggiante della contessa riflesso dal medesimo.

Rimase attonito, comprendendo che i sensi di quella formosissima donna, dovevano trovarsi in quel momento di molto eccitati; ma neppure un pensiero gli traversò la mente, men che rispettoso per la sua padrona.

– Se ti lascio libero ora, dove te ne andrai? A gozzovigliare probabilmente.

– No, signora contessa, non ho questa abitudine. Me ne vado a casa da mia moglie.

– Ah! sì. Sei ammogliato. Me n'era scordata.

Così dicendo la signora fece un motto come di dispetto; poi soggiunse:

– Che mania è quella di ammogliarsi così giovani e di crearsi degli impicci.

– La famiglia – biascicò il cocchiere per dir qualche cosa e la contessa di rimando:

– La famiglia! La famiglia! se ne ha una quando si nasce, e si è sempre a tempo a formarsene un'altra prima di morire.

Scherzando coi fiocchi del cordone che le cingeva alla vita la vestaglia, ne aveva sciolto il nodo, e questa si apriva sempre più allo sparato, lasciando intravedere tesori, che incominciavano a ferire la fantasia facilmente accessibile del giovane cocchiere.

XLIII

AMORI SFRENATI – INCLINAZIONE AL DELITTO

– Da quanto tempo hai preso moglie? – riprese a domandare la contessa, col piglio indifferente di chi interroga più per distrarsi ed ammazzare il tempo che per curiosità.
– Da due anni.
– E non l'hai ancora tradita?
– Eh! qualche volta.
La vestaglia della contessa non più trattenuta dal cordone s'era aperta fino ai piedi. Ella ne raccolse i lembi per incrociarla sul petto; ma lo fece così lentamente che tutta la sua persona divinamente modellata e rosea, sotto le trasparenze della camicia e per riverbero della fodera di raso rosso, apparve riflessa dalla specchiera agli occhi avidi del cocchiere. Questa volta fu il di lui sguardo fiammeggiante che si incontrò col suo. Il momento psicologico si avvicinava.
– Hai dunque un amante? – chiese la signora poggiando la testa alla spalliera della poltrona, in un atteggiamento di completo abbandono.
In quell'istante un tizzo acceso, quasi mosso da una segreta influenza, cadde fuori del caminetto, vicino ai piedini della contessa. Saverio si precipitò per raccoglierlo e inginocchiandosi si appoggiò alla poltrona, sfiorando colla mano febbricitante la persona della signora, che si era rovesciata completamente sul dorso ed aveva chiusi gli occhi.
Saverio dissennato la cinse con ambe le braccia, incollò le proprie alle labbra di lei e l'ebbe.
Per tutta la notte Giacinta lo attese invano nel vedovo letto.
Da quella sera fatale la relazione fra la padrona e il cocchiere diventò sempre più intima, salda, tenace: la passione divampava terribile in entrambi e colla passione la gelosia della contessa per la moglie dell'amante. Non volle più che Saverio andasse a casa a dormire e giunse ad impedirgli per intere settimane di vedere Giacinta.
La povera donna era ancora lontana dallo spiegarsi la cagione di quel contegno del marito. Gli rimproverava la sua freddezza, e come al solito fanno tutte

le mogli disgraziate, a furia di querimonie, di scene, di seccature, gli si rese uggiosa, insopportabile.

D'altra parte l'amore della contessa diventava ogni giorno più esigente: ella avrebbe voluto assorbire in sé tutta la vitalità di Saverio. Una notte, in uno di quei momenti di delirio nei quali la ragione umana affoga, gli domandò a bruciapelo.

– Che te ne fai di Giacinta? Perché non te ne liberi?
– Le ho detto tante volte d'andarsene, che io la lascio libera della sua vita. Ma da quell'orecchio non ci sente.
– E quando pure se ne fosse andata, a che gioverebbe?
– A non aver seccature.
– Non basta, non basta! Io ti voglio, mio, tutto mio.
– Non lo sono forse?
– Voglio che tutti lo sappiano.
– Pochi l'ignorano ormai.
– Sanno che sei l'amante della padrona e forse ti disprezzano...
– Che me ne importa, se io sono felice, beato del tuo amore?
– Se non importa a te, importa a me.
– Ebbene?
– Devi essere mio marito.
– Sai che è impossibile.
– Impossibile? Sciocco.

Per quella notte la contessa non disse di più. Temeva di alienarsi l'animo di Saverio. Bisognava lasciargli il tempo di abituarsi all'idea di sbarazzarsi per sempre della moglie, di famigliarizzarsi, per così dire, col delitto, ch'ella gli suggeriva.

XLIV

L'ASSASSINIO

La sinistra idea era ormai penetrata nella testa di Saverio e gli mordeva il cervello. Si provava a discacciarla, ma essa tornava insistente, provocante, inesorabile.
Per parecchi giorni si provò a stordirsi colla crapula. Ma, in mezzo all'orgia, la figura della sventurata Giacinta gli si levava innanzi come uno spettro minaccioso. Ed egli sentiva il bisogno, sentiva una voglia irrefrenabile di sbarazzarsene.
Si trovava in preda ad una specie d'ossessione del delitto.
La contessa comprendeva la battaglia che si combatteva nell'animo del cocchiere e lasciava ch'essa avesse il suo completo svolgimento, senza una parola di incitamento.
Solo continuava ad inebbriarlo di amore, estenuando quasi la sua fortissima fibra.
Ma la resistenza durava troppo. Saverio, perfettamente deliberato ad uccidere la moglie, desideroso di finirla una buona volta, non sapeva decidersi a farlo, e rimetteva il delitto da un giorno all'altro, dalla sera alla mattina e viceversa.
La contessa pensò quindi di mutar sistema e d'indurlo all'esecuzione del misfatto, negandogli i suoi favori finché non l'avesse compiuto, poiché il prodigarglieli non aveva valso.
E così fece.
In capo ad una settimana Saverio era in preda al delirio erotico. La contessa lo provocava ad ogni istante e ostinatamente gli si rifiutava; ora con un pretesto ora con un altro, e finalmente una notte giunse a dirgli:
– Tu non mi piaci più. Tu mi annoi.
Saverio si levò dal letto, ove si trovava colla contessa, si vestì ed uscì, senza ch'ella gli rivolgesse una sola parola.
Andò a casa e penetrò senza farsi udire nella camera nuziale. La Giacinta dormiva; ma pareva in preda ad un incubo; aveva la respirazione affannosa; tutte le membra convulse; le labbra agitate da un tremito; la fronte madida di sudore.
Saverio vide tutto ciò al fioco lume della lampada notturna, posata sul tavolino accanto al letto, e si sentì invadere da un senso di pietà.
La persona di Giacinta, nell'avvoltolarsi ch'ella aveva fatto fra le coltri, era

rimasta tutta scoperta e le sue bellissime forme si offrivano allo sguardo del marito, caste pur nelle loro nudità. E al sentimento di pietà che lo aveva invaso, incominciavano ad aggiungersi le memorie dell'antico amore, che quella donna gli aveva ispirato e per il quale l'aveva fatta sua moglie.

Egli aveva nella mano destra il coltello affilatissimo che s'era procurato per perpetrare il delitto; ma, mentre cercava il punto dove doveva ferire, il suo sguardo divagava fra le dolcezze del petto squisitamente modellato e il candore del ventre, non ampio, lievemente tondeggiante e ombreggiato.

D'un tratto Giacinta si svegliò, si portò la mano al petto, come volesse farsi schermo, e aperti gli occhi riconobbe Saverio, che si protendeva sopra di lei col coltello tutt'ora imbrandito.

– Ah! Non è un sogno dunque? – esclamò e aggiunse con accento di amarezza e di disprezzo insieme: assassino!

Quell'insulto fu la sua sentenza di morte. Se non l'avesse pronunziato, forse Saverio le sarebbe caduto ai piedi, le avrebbe chiesto perdono, l'avrebbe baciata, abbracciata, amata come un tempo; si sarebbe inebbriato delle sue carezze; i suoi amplessi gli avrebbero fatto dimenticare quelli della contessa, fors'anco glieli avrebbero resi odiosi.

Quell'insulto gli fece salire il sangue al cervello, vide una nebbia rossa innanzi agli occhi e sentì uno zampillo di sangue rosso che gli bagnò la mano e il volto.

La sua destra, quasi inconsciamente, aveva trapassato coll'affilato coltello il cuore della povera donna.

Giacinta non proferì un verbo. Volse al marito uno sguardo pieno d'amore e di perdono e spirò.

Saverio fu preso dalle vertigini del terrore. Voleva fuggire e si sentiva come incatenato al letto. Un braccio del cadavere irrigidito era steso verso di lui ed egli si sentiva come afferrato da quel braccio: fece atto di svincolarsi e lo piegò verso il petto della morta, ma il braccio con moto anastaltico si protese nuovamente verso di lui.

XLV

IL PROCESSO – LA CONDANNA

Finalmente, con uno sforzo estremo gettò il coltello, che teneva ancora imbrandito e pervenne a togliersi di là. Uscì senza chiudere la porta dietro di sé; scese a precipizio le scale e giunto sulla strada si mise a correre come un disperato. Di tratto, in tratto si fermava un secondo, volgeva il capo a tergo e riprendeva la sua corsa più rapida, più forsennata di prima.

Credeva di vedere l'assassinata che lo inseguisse. Arrivato fuori di città si buttò ai campi, correndo, correndo sempre. E così continuò finché cadde spossato, affranto, svenuto. A giorno fatto alcuni contadini lo scossero e si chinarono per raccoglierlo, ma vedendolo intriso di sangue, lo supposero vittima d'un delitto e si recarono in città per darne avviso. Mezz'ora dopo i birri lo sollevavano, e spruzzandogli il volto d'acqua lo richiamarono ai sensi.

Non appena si riebbe e ripresa la conoscenza s'accorse d'essere in mano dei birri, proruppe in disperate grida:

– Sì, sì, sono stato io, l'ho uccisa, povera Giacinta, vedete vedete queste mani, sono lorde del suo sangue!

La sua esaltazione confondeva i birri, non sapevano se avevano a fare con un pazzo, o con un delinquente. Ma ad ogni buon conto lo ammanettarono e lo portarono verso le carceri.

In città s'era intanto diffusa la notizia del delitto, scoperto da un'amica della Giacinta, la quale essendosi recata a visitarla, e trovata la porta aperta era entrata!

Non appena lo videro a comparire in città incominciarono le grida:

– Eccolo! Eccolo, l'assassino!

I birri non comprendevano ancora di che si trattasse; ma tennero Saverio più strettamente.

– Ha ammazzato la moglie in letto con una coltellata al cuore! – Urlava la gente. E l'uxoricida assentiva del capo e rispondeva con voce rauca:

– È vero! È vero.

In breve la folla, che seguitava ad ingrossare diventò minacciosa. Dagli insulti orali era passata alla persona, gli si tiravano delle bastonate, dei colpi di pietra, dei torsi e lo si vilipendeva in tutti i modi.

I birri duravano fatica a difenderlo, e temevano di vederselo da un momento all'altro tolto di mano e fatto a pezzi.

Le donne erano le più inviperite delle altre. E a una vecchia megera riuscì di colpirlo alla testa con una pala da fuoco che gli produsse una ferita alla fronte, dalla quale colava copioso sangue.

Era orribile a vedersi, cogli abiti a brandelli, coperti di polvere e di fango, col volto stralunato, gli occhi fuori dell'orbita, coi denti che battevano, rabbrividente e grondante di sangue.

Quando Dio volle le porte del carcere gli si spalancarono innanzi, e si chiusero poi dietro di lui.

Interrogato subito dal bargello non potè rispondere. Convenne lasciarlo per tre giorni in riposo, evitandogli qualsiasi emozione, che, a detta del medico, poteva riuscirgli fatale.

Condotto finalmente innanzi al giudice diede sfogo al suo dolore, confessando tutti i particolari ed i moventi del delitto.

– Sapete di che siete incolpato? gli domandò il giudice inquirente.
– Lo suppongo.
– Avete uccisa vostra moglie?
– Sì.
– Con una coltellata al cuore?
– Sì.
– Vi trovavate a letto con lei?
– No.
– Avete forse litigato?
– No.
– Vi avverto che questo sistema di rispondere a monosillabi non mi va. Rispondete categoricamente spiegando i fatti. La sola sincerità può attenuare la pena che vi siete meritata. Non dormivate a casa vostra quella notte?
– Non vi dormivo da parecchi mesi.
– Perché?
– La contessa aveva voluto così.
– La contessa era la vostra padrona?
– La mia amante.
– Badate. Se cercate di coinvolgere nel delitto delle persone di alto bordo, per sgravarvi in parte della responsabilità, errate.
– Non dico che la verità.
– Voi dunque affermate d'aver avuto dei rapporti d'intimità colla vostra signora?
– Dormivo con lei ogni notte.

– Sono cose irragionevoli. Come mai avendo una moglie leggiadra e buona, vi siete lasciato condurre a disprezzarne l'affetto?

– Fu la contessa che mi trasse al precipizio. Mi si offerse e l'ebbi. Poi non volle più che io frequentassi mia moglie. Poi mi consigliò di sbarazzarmi di lei.

– In ogni caso vi avrà consigliato di allontanarla dal paese.

– Non mi ha detto di ammazzarla, ma mi fece comprendere che se la togliessi di mezzo mi avrebbe sposato.

– L'avrete frainteso. Come mai una signora poteva discendere fino a sposare un domestico?

– Non era di nascita nobile. Aveva sposato un conte, ma era rimasta qual'era.

– Dunque voi asserite che è stata la vostra signora che vi ha armato la mano.

– Armato la mano, no.

– Chi vi ha spinto al delitto.

– Neppur questo è preciso. Dopo avermi detto che mi avrebbe sposato, non mi accennò più la cosa.

– Forse sarà stata una celia, o un proposito vano, buttato là in un momento d'ebbrezza.

– Sarà, come ella pensa, signor giudice. Ma il fatto sta che dopo essermisi prodigata, vedendo che io non mi decidevo, mi negò i suoi favori, mi disse che non gli piacevo più, ch'era annoiata.

– E voi ve ne siete vendicato, uccidendo la vostra povera ed onesta moglie. Ascoltate un mio consiglio: non parlate più della contessa: gettereste inutilmente una luce sinistra sovra una casa rispettabile ed illustre. Tacendo ci guadagnerete la clemenza dei giudici.

Saverio Gattofoni tacque, e in guiderdone della sua discrezione, fu condannato al semplice taglio della testa e non allo squarto.

Il giudice aveva mantenuto la sua promessa. Ma non credo che il delinquente abbia di molto apprezzata l'indulgenza usatagli.

La mattina stessa dell'esecuzione la contessa, che non aveva voluto partir prima, per tema di suscitar dicerie e di tirarsi addosso dei sospetti, partiva da Macerata in una sedia da posta per Ancona, dove contava imbarcarsi, per un lungo viaggio marittimo.

Era fiera, rosea, sorridente. Ricevette colla maggior disinvoltura i complimenti di tutti i suoi amici e conoscenti della famiglia di suo marito. E se ne andò accompagnata solamente da un cameriere dalle forme atletiche, che pur usandole tutte le deferenze richieste dalla sua posizione, si chiariva padrone della situazione.

Evidentemente Saverio aveva già un sostituto.

XLVI

UN CAMERIERE ZELANTE

Trascorsero due mesi prima che dovessi esercitare di nuovo le mie funzioni; né, per dire la verità, me ne rammaricavo, perché nella stagione estiva il mestiere diventa più faticoso e più difficile, specie nelle impiccagioni e negli squartamenti.

Il 19 luglio mi fu commessa la decapitazione di Agostino Del Vescovo, che aveva assassinato proditoriamente il suo padrone, un prete abitante a San Pietro in Vincoli.

La faccenda era andata come mi faccio a narrare.

Agostino Del Vescovo era un giovinotto dedito ad ogni maniera di vizi; giocatore, ubriacone e maniaco per le donne, s'era sciupato i quattrini che aveva ereditato da suo padre, senza mai pensare a dedicarsi ad un'arte o ad una professione purchessia. Restato al verde visse, un po' di tempo contraendo debiti d'ogni parte. Ma venne il giorno in cui non trovò più credito e la sera si coricò senza aver rotto il digiuno. A ventre vuoto non si dorme bene e Agostino passò la notte insonne, ma non infruttuosa; non infruttuosa perché meditò profondamente ciò che gli tornasse conto di fare.

Alla mattina appena levatosi andò in una chiesa vicino al suo domicilio e trovò modo di aprire la cassetta per le elemosine, donde trasse di che vivere per parecchi giorni. Ma non per questo lasciò la chiesa. Con franchezza e sangue freddo ammirabili, vi si fermò ed ascoltò tre o quattro messe, inginocchiato colla maggior compunzione innanzi all'altar maggiore. All'indomani ritornò e così per una settimana di seguito, a capo della quale dovette ripetere la ripulitura della cassetta delle elemosine, perfettamente riuscitagli. Quel giorno si confessò e si accostò alla mensa eucaristica.

La sua devozione incominciò ad essere notata, ma neppure il più piccolo sospetto cadde sopra di lui. Allora domandò il permesso di servire la messa e in breve diventò il chierico più influente della parrocchia. Fra i celebranti c'era un buon prete che viveva solo ed aveva preso a simpatizzare col Del Vescovo.

– Che mestiere fai? – gli domandò questo prete.

– Non ne ho alcuno. Mio padre e mia madre sono morti da poco tempo e i parenti mi hanno mangiato tutto.
– Poveretto! E come vivi?
– Vivo prestando servizio a chi me ne chiede e facendo delle commissioni.
– È una vita non molto comoda, né lieta.
– Tristissima; ma d'altronde come si fa? Dio ha voluto così e mi rassegno alla sua santa volontà. Forse sarà per il bene dell'anima mia.
– Senti, se io ti procurassi il posto di... di cameriere, d'uomo di fiducia insomma, presso un signore solo, l'accetteresti?
– Se l'accetterei, don Asdrubale? Altro che accettarlo. Mi parrebbe una fortuna immeritata.
– Ebbene, se ti piace, ti prendo con me. Il domestico che avevo prima è tornato al suo paese, lo sostituirai.

Agostino afferrò la mano del prete e baciatala colla maggior emozione, se la portò al cuore ed esclamò:
– Don Asdrubale è la via del paradiso che voi mi aprite. Sarò poco esperto, ma ubbidiente e fido come un cane.

Il giorno dopo Del Vescovo non aveva più bisogno di aprire le cassette dell'elemosina per vivere. Era entrato al servizio di don Asdrubale; aveva una camera linda e pulita nella sua casa: venti scudi di anticipazione per far le spese della cucina, le chiavi della cantina e della dispensa del prete; vitto, alloggio e dieci scudi al mese di salario.

Don Asdrubale volle anche che si prendesse una serva per gli uffici più bassi, lavare i piatti, sprimacciare i letti, scopar le camere, attinger l'acqua e via via. A breve andare Agostino era diventato il maestro di casa, per non dire il padrone addirittura.

Don Asdrubale, amava la buona cucina e Agostino la faceva in modo insuperabile.

Don Asdrubale amava la buona bottiglia e Agostino sapeva scovare le migliori botti dei castelli; don Asdrubale non era insensibile alle grazie muliebri e Agostino gli portava sempre qualche nuova penitente giovane e leggiadra, qualche pecorella traviata da ricondurre sul retto sentiero.

Fra prete e cameriere avevan luogo dei dialoghi di questo genere:
– Agostino, non si è vista più quella tortorella che è venuta qui a confessarsi da me, due settimane fa.
– Non s'è più fatta viva.
– Perché mai?
– Don Asdrubale le avrà toccato il cuore e non avrà più peccati da emendare.
– Peccato. Era tanto carina.
– Se don Asdrubale permette, domani gliene presenterò un altra; una orfanel-

la di sedici anni, graziosa come un amore, che ha bisogno di una guida spirituale, per resistere ai seduttori che le vengano intorno da mane a sera.

– Bravo Agostino! Conducila qui che le daremo dei buoni consigli.

– Gli è che si trova in miseria e don Asdrubale sa come la miseria sia una cattiva consigliera, specie per le fanciulle leggiadre.

– Vedremo d'aiutarla, per quanto ci consentono le nostre forze, poi le faremo ottenere dei sussidi.

– La ringrazio anticipatamente in suo nome. Dio le renderà merito.

XLVII

LE DISTRAZIONI DI DON ASDRUBALE

La fama delle larghezze di don Asdrubale accompagnate a quelle dell'influenza di Agostino Del Vescovo, si diffondevano man mano per Roma e il bravo domestico era continuamente assediato di postulanti d'ogni genere, ma sempre di genere femminile.

– Sor Agostino – gli diceva umilmente una donna sulla quarantina – sono vedova con quattro figliuoli.

– Che volete che vi faccia. Se volete un piccolo sussidio di qualche lira posso arbitrarmi a darvela in nome di monsignore.

– Non è questo precisamente che mi serve.

– Che volete dunque?

– La maggiore de' miei figli ha quindici anni. È ingenua come l'acqua di fonte.

– Si smalizierà col tempo.

– Fresca come un bottoncino di rosa.

– Vorreste offrirla...

– Vorrei trovarle un appoggio.

– È ciò che può far di meglio una madre vedova.

– Don Asdrubale è tanto caritatevole.

– Se dovesse dar retta a tutte dovrebbe essere il gran Sultano, che a quanto dicono, ha delle casse piene di diamanti e di rubini.

– Colla vostra raccomandazione, sor Agostino... Si sa che don Asdrubale, segue tutti i vostri consigli... Ci ricorderemo anche di voi.

– Ebbene fatemela vedere.

– Devo condurla qui?

– No, ditemi la vostra abitazione. Verrò a farvi una visita e se sarà come voi la descrivete, ne parlerò con monsignore.

Il Del Vescovo soleva dare al prete questo titolo, benché non gli competesse, per accrescere importanza a se stesso.

– Favorite dirmi quando verrete, perché possa prepararla un poco. Sapete bene, le ragazze sono timide e scioccherelle.

– Verrò stasera, dove?
– Via della Lungara, la porta subito passato l'angolo a destra.
– Va bene.

Il solerte domestico non mancava al convegno; si assicurava in tutti i modi che la fanciulla fosse degna delle grazie di don Asdrubale e riconosciutala tale ne faceva un grato presente al prete e ne divideva le propine.

Talvolta era don Asdrubale che gli affidava qualche difficile missione. E in tal caso soleva sempre scegliere il *post prandium* per parlargliene.

– Agostino, dopo il caffè, portami una bottiglia di quel Genzano vecchio di dieci anni, che mi mandò monsignor Calotta.
– Lo servo subito.
– Bravo! Reca un bicchiere anco per te.
– Troppo onore, don Asdrubale.
– Sei un bravo conoscitore. Bevendo in due si gusta di più.
– Come le piace.

L'astuto cameriere, comprendeva a volo di che si trattava e nello scendere in cantina si stropicciava le mani, pensando ai vantaggi che avrebbe tratto dall'affare.

Agostino portava sopra una guantiera d'argento, finamente cesellata, due calici di cristallo di Venezia e una bottiglia, coperta di polvere e di ragnatele che ne attestavano la vetustà. Stappava questa con tutte le cautele, affinché il vino non avesse ad intorbidirsi, se per avventura aveva fatto un po' di deposito, e dopo averne versato due dita nel proprio bicchiere colmava quello del prete, il quale assisteva con compiacenza a quei preparativi e dilatando le nari, pregustava col profumo il nettare. Poi diceva:

– Riempi anche il tuo.

Agostino ubbidiva.

Dopo averne centellinato un mezzo calice, don Asdrubale chiedeva al fedel cameriere, che aveva pur bevuta la sua parte parsimoniosamente:

– Che te ne pare?
– Divino.
– Oh! oh! divino poi.
– Perdoni, volevo dire squisito.
– Furbacchiotto. Ti perdono perché sei tanto intelligente.
– Bontà sua.
– Dimmi dunque, che nuove abbiamo?
– Nessuna monsignore.
– Ma che monsignore! Sai che non lo sono.
– Perché non vuole.
– E non voglio, perché grazie al cielo, non ne ho bisogno. Ho quel che mi basta. A proposito hai dato i venti scudi a quella buona ragazza?

– Subito.
– E non è ancora tornata?
– Non tarderà molto.
– La rivedrò con piacere.
– La farò avvertire, se crede.
– No, no. Per ora ho altre idee. Versami ancora. Non hai fatto attenzione.
– A che, monsignore?
– A quella ragazzotta che sta sempre sul limitare del negozio qui accanto al nostro portone?
– È la moglie dell'orzarolo.
– Maritata? Per bacco non si direbbe; par tanto giovane.
– È sposa da otto giorni.
– Romana?
– Di Genzano.
– Non ne porta il costume?
– È di famiglia civile.
– Beviamo dunque un altro sorso di Genzano, perché non c'è da pensare ad altro.
– Perché, monsignore?
– E dalla col monsignore! Avrà già il suo confessore.
– Non credo. È giunta or ora dal paese.
– Mi piacerebbe conoscerla.
– Gliene posso parlare.
– Non vorrei dar luogo a delle supposizioni maligne.
– Conosce la mia prudenza.
– Oh! per questo non ho che a lodarmi di te. E se il marito fosse geloso?
– Sposo di fresco è probabile che lo sia. Ma questa non è una difficoltà.
– Lo credi.
– Le mogli di mariti gelosi, hanno sempre bisogno di buoni consigli per sapersi condurre.
– Volpone!

XLVIII

CARITÀ PELOSA

Dopo due o tre giorni, terminata la cena del prete, il cameriere gli chiedeva:
– Don Asdrubale, non vorrebbe risciacquarsi la bocca con un bicchiere di Est-Est.
– Perché no? Agostino tu sei un portento. Indovini i miei gusti. Stasera è proprio il nettare di Montefiascone che ci vuole. Portane un fiaschetto. Ne berrai anche tu.
– Così mi scioglierà la lingua.
– Hai qualche novità a comunicarmi?
– Importantissima novità.
– Affrettati. Non farmi morir d'impazienza.
Agostino aveva già preparato sulla dispensa il vino proposto e lo serviva tosto.
– Dicevi dunque?
– Ho parlato all'orzarola.
– Ebbene?
– È in cattivi rapporti col marito.
– Già? Come mai?
– È una storia lunga.
– Raccontala più brevemente che sai.
– I suoi genitori le avevano promesso due mila scudi di dote, dopo il matrimonio. L'orzarolo si è fidato della parola. Ma quando il matrimonio fu celebrato i due mila scudi non vennero.
– È una bricconata, non ti pare?
– Sì, e no.
– Come sì e no?
– Dal punto di vista dell'onestà, certamente è una bricconata, ma dal punto di vista dei nostri affari potrebbe essere molto utile.
– Non ti capisco, spiegati meglio.
– Ecco qui. Sbolliti i primi entusiasmi, l'orzarolo ha incominciato a molestar la sposa per la dote. La poveretta non ha più un momento di pace. – Non so che farei – mi diceva, per poterglieli buttare in faccia. – Eh a voi non sarebbe

difficile trovarli – le risposi – purché voleste. – Chi volete che me li dia? – domandò lei, ed io: Ci sono al mondo delle persone caritatevoli. – Gli uomini non danno mai nulla per nulla – mormorò l'orzarola, ed io di rimando – Si capisce! Ma in fin dei conti, quando si tratta di levarsi da un impiccio e di farsi ben volere dal marito...

Don Asdrubale seguiva attentamente il discorso d'Agostino ed avendo questi a tal punto fatta una pausa, domandò anelante:

– Ed ella?
– Ella sorrise.
– Buon segno! Ma due mila scudi, capperi, non sono un baiocco.
– Li vale.
– Pare anche a me.
– Una sposina fresca, fresca...
– È tutto quel che si può desiderare di meglio. Ma non li ho qui disponibili. Bisognerebbe che me li facessi mandare. Ne avrò in cassa un millecinquecento e mi servono per altre spese.

Parlando così, pareva che il prete ragionasse con se stesso: di quando in quando si interrompeva, come se il suo pensiero volasse altrove. Il cameriere seguiva cogli occhi ogni suo moto, ma non fiatava.

– Non avete aggiunto altro? – chiese improvvisamente il prete.
– Abbiamo continuato il discorso. L'orzarola mi disse: sono pazzie! Io non conosco persone in Roma – Per questo vi potrei aiutare, le risposi, c'è il mio padrone, sapete, don Asdrubale – Sì, lo conosco; dicono che è un santo uomo – E dicono il vero. Mi ha giusto parlato ieri di voi. – Di me? – Sì, di voi. Gli avete suscitato un desiderio vivissimo di parlarvi. Vorrebbe essere il vostro direttore spirituale – Giusto non mi sono ancora confessata dacché venni a Roma. E credete?... – Credo che se gli chiedeste i duemila scudi non ve li rifiuterebbe – Magari! È un uomo tanto simpatico.
– Simpatico m'ha chiamato?
– Signorsì, simpatico.
– E tu?
– Io gli ho dato parola di parlarvene.
– Dunque è disposta a venir da me?
– A confessarsi sì. Giovedì suo marito deve recarsi a Genzano donde non tornerà che sabato, ella ne approfitterebbe, chiuso il negozio, per venire senza impicci.
– Due mila scudi è un sacrificio un po' grosso: ma lo posso sopportare senza disagio. Me li faccio anticipare domani dal mio notaio, e dopodomani sera, se viene, se sarà buona e compiacente...
– Per questo, non può dubitare.

– Se sarà buona e compiacente glieli darò.
– Posso dunque parteciparle la lieta nuova.
– Partecipagliela pure. Sai che quando ho deciso, ho deciso.

Don Asdrubale se ne andò a letto e sognò la bella orzarola. Agostino fece altrettanto e sognò i duemila scudi.

XLIX

CONCUPISCENZA PUNITA

Sull'imbrunire del giorno stabilito Agostino dopo aver preparato tutto l'occorrente per una gustosa cenetta fredda nel salotto ed aver preso gli ordini di don Asdrubale per l'indomani, lasciava il prete solo in casa ad aspettare la bella orzarola, la quale aveva posto a condizione, che nessuno l'avesse a vedere né nell'entrata; né all'uscita, né durante la sua fermata.

La giornata era stata calda ed afosa, ma al dopo pranzo s'era levata una fresca brezza che ingalluzziva il bravo ecclesiastico, e gli metteva la foia nelle vene.

Egli passeggiava impazientemente per l'appartamento: or fermandosi a guardare il *buffet* preparato dal solerte cameriere, con eleganza e profusione di ghiottonerie, poi entrando nella camera da letto, che doveva essere il teatro delle mutue confidenze.

E ogni tratto tirava fuori la ripetizione d'oro per consultarla; gli pareva che le sfere fossero troppo pigre a compiere i loro giri. La sua ansia si faceva di minuto in minuto maggiore.

Dopo aver guardato un'altra volta l'oriuolo, vedendo che mancava ancora un'ora a quella fissata pel convegno, pensò di schiacciare un sonnellino se gli veniva fatto, e abbassato il lucignolo della lampada a sospensione del salotto, sormontato da un globo di cristallo opaco e da un moderalume di carta di seta della China color di rosa, traforato, si sdraiò in un ampia poltrona e volgendo la mente alle imminenti delizie che gli erano promesse si addormentò.

Il tintinnio argentino del campanello dolcemente suonato lo svegliò di soprassalto.

Balzò in piedi, accorse alla porta e l'aprì. Una superba figura di donna, avvolta in un ampio scialle, e col grande cappello coperto da un fitto velo, che le nascondeva pure il volto e si annodava intorno al collo, guizzò per entro l'anticamera, porgendogli la mano guantata. Don Asdrubale vi posò un bacio, col piglio disinvolto di un abatino della reggenza e le disse:

– Attendi un momento: chiudo la porta perché nessuno venga a disturbarci: anche le imposte delle finestre sono ermeticamente serrate al di fuori e nessuno potrà supporre che qui ci sia gente.

L'orzarola si inchinò lievemente in segno d'assenso, come avrebbe potuto farlo una gran dama.

– Capperi! – pensò il prete, mentre eseguiva ciò che aveva detto – sembra una signora di qualità. Fortunatamente Agostino ha fatto le cose per bene... e il sacchetto dei due mila scudi è pronto.

Quindi afferratale colla destra una mano e passatole il braccio manco intorno alla vita la condusse nel salotto, attraversando prima una camera buia.

– Ma tu vorrai sbarazzarti di questi impicci – le disse poi – tentando di toglierle lo scialle e di sollevarle il velo – andiamo nella mia stanza da letto.

La donna accennò del capo assentendo.

E così, dal salotto, scarsamente illuminato, passarono nella camera, anche più buia, perché il lucignolo della *veilleuse* pareva vicino a spegnersi.

Dopo aver dato alla sua formosa visitatrice un forte abbraccio, don Asdrubale si volse per ravvivare la fiamma della *veilleuse* deposta sul tavolino da notte. Ma mentre si chinava sovr'esso un terribile colpo di pugnale menatogli dall'incognita, gli trapassava il collo.

Il povero prete cadde bocconi, immerso nel sangue, senza poter proferire una parola.

L'incognita si piegò sopra di lui, lo rivoltò e con un secondo colpo, gli spaccò il cuore. Accertatosi che non dava più segno di vita l'omicida si diede a frugargli nei taschini del panciotto e gli tolse una chiavetta, colla quale aprì un mobile che si trovava a piedi del letto, chiamato dai francesi *secrétaire*. I suoi occhi fiammeggiarono nel buio, sotto il velo, trovando il sacchetto dal quale aperse la borsa, sciogliendo la funicella, e vedendoci i due mila scudi in tanti napoleoni d'oro, nuovi di zecca.

Prese il sacchetto, frugò negli altri cassetti del mobile e ne trasse altri rotoli di monete d'oro e d'argento e ne fece un involto in una pezzuola, annodandone solidamente i capi.

Con questo bel furto, serrò di nuovo il *secrétaire* e ripose nel taschino del prete ucciso, la chiave, avendo cura di non macchiarsi di sangue.

Ritornato nel salotto, alzò il lucignolo della lampada poi si tolse il cappello e lo scialle e lo posò sulla poltrona, dove don Asdrubale aveva schiacciato l'ultimo sonnellino: allora sotto le muliebri mentite spoglie, apparve Agostino Del Vescovo, il fido cameriere del povero prete, che aveva finto di ottenergli il favore dell'orzarola, per meglio depredarlo.

Agostino si assise tranquillamente a tavola e mangiò d'ottimo appetito le ghiottonerie preparate, avendo cura di sporcare i piatti e le posate dei due posti, per far credere che alla cena avessero partecipato in due, il prete e la supposta amante.

Dopo aver ben mangiato e bevuto l'assassino tornò nella camera da letto e la scompigliò in modo da far credere che avesse servito per una lotta genetica, vi sparse delle forcinelle, una giarrettiera, ed altri piccoli ninnoli donneschi; quindi, se ne andò pian piano chiudendo la porta dietro di sé e asportando l'involto del denaro rubato, senza che anima viva lo vedesse.

Di lento passo scese da San Pietro in Vincoli alla Suburra, e aperta la porticina d'una di quelle case equivoche v'entrò e scomparve.

L

LA SCOPERTA DEL DELITTO

Il mattino seguente Agostino Del Vescovo si recò come nulla fosse accaduto nella notte, alla casa del prete.

Incontrato un inquilino della medesima, questi gli disse:

– Siete ben mattiniero quest'oggi: già uscito e già tornato?

– Sono uscito ieri dopo pranzo; il padrone mi ha dato licenza, volendo restar solo.

– Non troppo solo, forse, ma ben accompagnato.

– Che dite mai? Don Asdrubale è un sant'uomo: è un prete modello.

– Sarà come dite voi, – rispose sogghignando l'inquilino e se ne andò.

Agostino salì, aprì la porta di casa, poi le imposte del salotto quindi si affacciò col volto spaventato e gridò:

– Aiuto! Aiuto! Hanno assassinato il mio povero padrone! Aiuto! Hanno ucciso don Asdrubale.

La gente accorse tosto a quella chiamata: in un momento la casa fu piena di persone e fra esse parecchi birri e agenti di polizia.

Agostino s'era buttato su di una poltrona, piangeva dirottamente e mandava gemiti strazianti.

Cionullameno venne arrestato e condotto innanzi a monsignor Fiscale il quale volle prendersi sopra di sé la cura di fare la luce su quell'assassinio.

La salma di don Asdrubale venne intanto trasportata al cimitero e l'appartamento sugellato.

Ma per quante indagini si facessero, per quanti interrogatori Agostino Del Vescovo subisse, la verità non poté venir in luce. Si stabilì che il prete aveva riscosso la mattina dell'assassinio duemila scudi in oro, e che questi erano scomparsi, insieme all'altro denaro che doveva avere in casa; si ammise la supposizione che don Asdrubale avesse passata la notte con una donna di malaffare, la quale doveva essere o autrice o complice del misfatto. Ma nulla più. E alla fin fine Agostino Del Vescovo dovette essere dimesso dal carcere.

Per rifarsi delle noie e delle pene subite; non riflettendo che la polizia avrebbe continuato a vigilarlo, si diede a menar vita allegra con una donna perduta della Suburra.

Una improvvisa perquisizione a costei condusse alla scoperta di una giarrettiera simile a quella abbandonata sul letto di don Asdrubale.

La meretrice venne arrestata e incolpata dell'assassinio del prete.

Sulle prime negò assolutamente, ma poi vedendo che le cose si mettevano male, temendo di dover essere tenuta responsabile del delitto, confessò tutto quello che sapeva; cioè che la notte dell'assassinio aveva prestato i suoi abiti al proprio amante Agostino Del Vescovo, e lo aveva vestito di propria mano da donna, avendole egli detto, che si trattava di una burla; che era ritornato da lei dopo la mezzanotte; e che da quel giorno lo vide sempre largamente fornito di monete d'oro.

Non appena avuta notizia dell'arresto della sua donna, Agostino aveva preso il largo, s'era recato ad Ancona, dove contava di prendere imbarco per il levante. Ma mentre stava per mandare ad effetto il suo proposito venne arrestato e condotto a Roma, dove l'abilità dell'inquirente lo condusse ad una completa confessione del misfatto.

Condannato alla decapitazione, non volle saperne di conforti religiosi e la subì cinicamente, gettando così quella maschera di devozione che aveva portato per tanto tempo.

LI

L'ASSASSINIO DI TRE FANCIULLI – VILTÀ DEL DELINQUENTE

A pochi passi da Gubbio v'era un'amena villetta, abitata da agiati possidenti, che vi conducevano vita tranquilla e beata. Il padre attendeva anche a qualche piccolo traffico e sovente si assentava per due o tre giorni da Gubbio. La famigliuola restava allora affidata alle cure della madre, la quale, casta ed esemplar signora, educava ed istruiva da sé i suoi figli, Evelina, una giovinetta di dodici in tredici anni, Paolo, un ragazzo decenne e Luigi un bambino di quattro anni.

Una mattina de' primi di agosto la signora Faustina, mentre suo marito era fuori, dovendo recarsi a Gubbio per qualche spesuccia, lasciò la casa affidata alla vecchia domestica Margherita e all'uomo di fatica Gaetano, raccomandando poi ad Evelina di vigilare i suoi fratellini.

Verso mezzodì mentre la Margherita erasi recata nell'orto per portare il desinare a Gaetano che vi lavorava con otto contadini, si presentò al cancello della villa un povero malconcio, il quale pareva volesse la carità.

– Entrate, entrate, buon uomo – gli disse Evelina – a momenti tornerà la fantesca e vi darà qualche cosa da mangiare.

Il supposto mendicante, entrò, e traversato il cortiletto, penetrò nella sala da pranzo a terreno della villa, seguito da Evelina, che si stupiva della sua audacia.

– Siete soli? – domandò imperiosamente ai fanciulli l'incognito.

– Soli, perché? – rispose Paolo insospettito di quel contegno, e si diresse verso la porta intenzionato di chiamare aiuto. Ma il mendicante gli attraversò la strada e tratto un coltello, di sotto la giacca glielo immerse nel collo.

Luigi a quella vista, si diede a gridare come un'aquila, e Evelina corse a lui per fargli scudo del proprio corpo. Ma il masnadiero non indugiò e col coltello medesimo, ancor fumante del sangue di Paolo, colpì la giovinetta e il bambino rovesciandoli al suolo uno sopra l'altro.

Lo spavento e il dolore ammutolirono i due ragazzi.

L'assassino passò risoluto nella camera vicina, salì al piano superiore, conoscendo evidentemente le disposizioni della casa e giunto alla camera da letto, facendo saltare col coltello insanguinato le serrature dei mobili, fece ricco bottino di roba e di danaro, quindi ridiscese e giunse a guadagnare il cancello della villa.

Mentre usciva s'imbatté con Margherita che ritornava. Questa insospettita affrettò il passo e giunta nella sala da pranzo vide l'orrendo macello.
– Il mendicante! Il mendicante, mormorò Evelina ferita.
Margherita pazza per il terrore si diede ad inseguire l'assassino che si era gettato attraverso i campi urlando:
– All'assassino! al ladro!
Richiamati da quelle grida accorsero Gaetano e gli altri contadini e datisi ad inseguire il fuggitivo, giunsero a colpirlo con una terribile bastonata al capo, sul limite della macchia, alla quale si avviava.

Caduto, tentò di rialzarsi, ma i contadini gli furono sopra e l'avrebbero fatto a pezzi, se non era Gaetano a trattenerli.

Lo trascinarono sino alla villa, dove appresero tutti i particolari dell'orribile suo misfatto, da Margherita, che andava fasciando le ferite di Luigi ed Evelina. Il povero Paolo era già morto. Il fratello e la sorella furono salvati dalle pronte cure del medico chiamato da uno de' villici.

Strettamente legato l'assassino fu condotto a Gubbio dal bargello e il 28 agosto, fui chiamato a Gubbio per eseguire sopra di lui la sentenza di decapitazione e squartamento, pronunziato dai giudici.

L'efferatezza del delitto, aveva talmente esasperata la popolazione di Gubbio, che si voleva ad ogni costo sottrarlo alla esecuzione della sentenza legale, quantunque gravissima, per martirizzarlo; convenne all'autorità mandare forte nerbo di truppa per proteggere il delinquente, mentre lo si avrebbe condotto dalle carceri al patibolo. Ma non appena la carretta uscì, si sollevò tale chiasso, che si dovette retrocedere e chiamare nuove truppe, le quali occuparono militarmente la piazza e tutti gli sbocchi delle strade che vi menavano, disperdendo la folla.

Allora soltanto si poté condurre al palco il delinquente, nominato Antonio Casagrande.

Eseguita la giustizia dovetti porre la testa in un canestro per andarla a piantare sulla porta della città, fuori della quale si trovava la villa, ove era stato commesso l'orribile delitto. Ma anche questo mi fu impossibile. Si dovette attendere la notte e il mattino raddoppiare le sentinelle perché non la staccassero.

L'esecuzione di Antonio Casagrande fu la prima operata da me, alla quale non assistesse altro pubblico che i birri, i gendarmi e i soldati. Gli urli della folla che stazionava innanzi agli sbocchi mettevano spavento al giustiziando, per modo che si dovette portarlo sul palco a braccia. Prima di porre la testa sotto la mannaia era completamente incanutito, segno del terrore dal quale era stato invaso.

Parmi d'aver già avvertito che gli autori degli assassini più feroci, si mostrano più vili innanzi al patibolo.

LII

GRASSAZIONI – OMICIDI – PARRICIDI

Tre settimane dopo eseguii un'altra decapitazione, al Popolo, in persona di Alessandro Papini, volgarissimo masnadiero, colto colle armi in pugno all'Acqua Traversa, dopo aver compiuto una grassazione, e il primo dicembre decapitavo pure sull'istessa piazza Domenico Gigli di Giacomo, appartenente a benestante famiglia romana, il quale in un impeto di bestiale furore trovandosi a caccia del cinghiale, ne' dintorni di Maccarese, aveva sparato il fucile contro un contadino, che gli aveva fatto mancare un buon colpo.

Preso in pieno petto il disgraziato era caduto estinto.

Il Gigli era andato tosto a consegnarsi, e confessò il suo delitto, cercando di scusarlo coll'acciecamento prodottogli dal vino. Ma questo non valse a salvarlo dalla severità dei giudici, i quali, inesorabili, pronunziarono contro di lui sentenza di morte da eseguirsi colla solita macchina francese.

L'anno successivo lo inaugurai il 13 gennaio ad Ancona impiccando un ebreo rinnegato, che il suo antico nome di Angelo Camerino aveva voltato in quello di Giuseppe Angiolo, il quale aveva ucciso in rissa un cristiano. Il giorno susseguente, 14 gennaio, mi recai alla vicina Loreto, per tagliar la testa a un grassatore, Ambrogio Piscini; un altro ne decapitai il 23 febbraio a Perugia, in persona del malandrino Antonio Galeotti. E finalmente il 13 aprile ripresi le mie esecuzioni in Roma, tagliando la testa ad Andrea Emili, parricida, sulla piazza del Popolo.

Era costui figlio di un agiato massaio di Rocca Priora, uomo robustissimo benché innanzi negli anni, di forme erculee e d'animo deliberato. Benché possessore di molte pertiche di terreno, lavorava pur egli col figliuolo alla campagna e faceva pure il boscaiolo. La moglie gli era morta da parecchio tempo, e padre e figlio vivevano soli, e senza donne la casa non poteva andar bene, perché le serve, prese lì per lì, nuocciono più che non giovino.

Antonio Emili, disse un giorno al figliuolo:

– Andrea, così non si va più avanti.

– Perché?

– Non vedi che manchiamo di tutto? Si viene a casa alla sera e non c'è mai

nulla di pronto per la cena, e bisogna andarsene all'osteria. A mezzogiorno lo stesso. La festa non si trova la biancheria allestita. Se per caso ci avessimo ad ammalare non avremmo un cane per curarci.
– Che ci posso fare io?
– Ci puoi far molto.
– Niente niente mi ho da mettere a fare il bucato ed a cuocere fagiuoli?
– Non dico questo...
– E che dunque?
– Prendi moglie. Ormai sei presso a venticinque anni; è tempo di decidersi.
– Dove la piglio?
– Sciocco! Bisognerà dunque che ti provveda io anche la ragazza.
– Non vi date questa pena.
– Ne parlerò al curato.
– Guardatevi bene dal farlo. Non voglio saperne di legarmi ad una donna.
– È tale la tua decisione?
– Tale.

Antonio Emili non era uomo di molte parole. Visto che il figliuolo non voleva prender moglie, sentendo il bisogno assoluto d'aver in casa una massaia e giudicandosi abbastanza forte in gambe per provvedervi da sé, si cercò una sposa e la rinvenne.

Una sera rientrando in casa disse al figliuolo:
– Ti avverto Andrea che mi sono trovato una moglie.
– Per me?
– Non per te, per me.
– Siete impazzito?

Antonio non era uomo di sopportare una ingiuria da chichessia, e tanto meno dal figliuolo. Batté i pugni sul tavolo e domandò all'Andrea:
– Con chi parli?
– Con voi, rispose l'altro audacemente.
– Se mai ci avessi a ridire, puoi andartene anche subito – tuonò il vecchio, frenandosi a stento.
– Sono in casa mia.
– Pidocchioso maledetto, sei in casa di tuo padre: ché tua madre buon'anima non ha avuto il becco d'un quattrino, e quanto posseggo è mio, assolutamente mio.
– Non camperete mica sempre, né ve la porterete mica all'altro mondo la roba vostra.
– Posso regalarla a chi mi pare.
– Apposta non voglio che prendiate un'altra moglie.
– Ah! tu non vuoi? esclamò sbuffando Antonio Emili. Aspetta.

Ed afferrato pel bavero della giacca il gracile Andrea, lo sollevò al di sopra della tavola, lo portò fino alla porta, apertala lo buttò fuori e richiusala tornò a sedere.

Di temperamento bilioso, sanguigno, l'Antonio Emili era di carattere estremamente impetuoso, ma buono di fondo.

Terminato di mangiare quel po' di cena che si erano preparata, prese il lume ed uscì fuori per andare in cerca del figliuolo, ma per quanto frugasse e rifrugasse nei dintorni, non gli venne fatto di rintracciarlo.

– Si sarà cacciato in qualche stalla, o in qualche bettola, concluse, e andò a dormire.

All'indomani mattina levatosi all'alba, andò nel bosco a lavorare. Ma dopo qualche ora sentendosi un po' stanco ed insonnolito si stese sul ciglio di una stradicciuola e si addormentò profondamente.

Andrea aveva gironzolato tutta la notte inviperito contro il padre, concependo mille progetti di vendetta ed abbandonandoli tosto, stante la salutar paura che gli infondeva la forza fisica e il coraggio.

Pure trascinato dal destino, sul far del giorno entrò anche egli nel bosco e incominciò ad aggirarsi, come una belva famelica per la macchia più folta. Visto finalmente il padre lo seguì, senza osare di accostarglisi, ma sempre pieno d'odio e di livore. Fu solo quando lo vide addormentato sulla strada che gli balenò l'orribile idea di ucciderlo per vendicarsi.

E temendo che il pentimento gli invadesse l'animo, prima di compiere il misfatto, o di lasciarsi vincere da un assalto di terrore, senza por tempo di mezzo, in un balzo gli fu accanto, afferrò l'accetta, che il vecchio s'era deposto accanto, e gli menò tale un terribile colpo al collo, che Antonio Emili ebbe la testa spiccata nettamente dal busto, quindi si diede a fuggire disperatamente, come un pazzo senza meta. Ogni tanto si volgeva indietro, perché gli pareva di udire il suono dei passi del padre che lo inseguisse. Aveva i capelli irti sul capo, gli occhi sbarrati, quasi uscenti dall'orbita, il volto bianco come quello di un morto, le labbra livide e tremanti. La gente che lo incontrava, atterrita si buttava di fianco per evitarlo. La sua corsa continuò parecchie ore finché cadde esausto di forze e di spirito nelle mani di una pattuglia in perlustrazione. Riuscito impossibile trargli di bocca una parola sensata e vedendolo macchiato alle mani ed ai vestiti di sangue, i birri lo legarono e lo condussero a Roma sopra una carretta.

Il carcere gli ridiede animo, tra quelle tetre mura gli sembrava di trovarsi al sicuro dalla vendetta di suo padre, unica cosa di cui temesse. L'orrore ispiratogli dallo stesso suo misfatto lo aveva quasi incretinito.

Interrogato, raccontò al giudice per filo e per segno la storia del litigio avuto con suo padre, la sua cacciata di casa, l'errare che aveva fatto la notte pei campi, l'incontro nel bosco e l'assassinio.

Fu condannato alla decapitazione e subì la pena più morto che vivo, apparentemente, più che di fatto, confortato dai preti.

Eseguita la sentenza, dovetti prendere la sua testa dal paniere e portarla a Rocca Priora per infiggerla sulla porta. Questo feci di notte per evitare inutili pericoli.

LIII

DUE OPPOSTI TEMPERAMENTI

Decapitato Andrea Emili *quondam* Giuseppe Dolfi il 2 agosto, un forzato che aveva ucciso, al Colosseo, un suo compagno di pena, mi capitò in mano per lo stesso ufficio Raffaele Vattani romano, il quale aveva uccisa sua moglie in condizioni singolarissime e meritevoli d'essere ricordate.

Raffaele Vattani aveva sposato poco più che ventenne Romilda Sangeni, una bionda ragazza sui diciotto, tutta poesia, sentimento, idealità. Appartenenti entrambi a ricche famiglie borghesi, avevano di che condurre una vita allegra e brillante. Si amavano entrambi; ma in un modo troppo dissimile, come portavano i due diversi caratteri, i due opposti temperamenti.

Romilda gracile, delicata preferiva tutto ciò che è gentile e geniale; abborriva gli scatti impetuosi, le improvvise bufere, la parte dirò così tragica della passione. Il suo affetto per Raffaele giungeva alla adorazione, ma un'adorazione muta, religiosa, scaturente più dagli atti che dalle parole. Aveva per lui delle tenerezze quasi infantili, delle finezze che non avrebbero potuto esser comprese, se non da un'anima mite e soave, come la sua. I suoi abbracci le lasciavano nelle fibre delle vibrazioni lunghe, deliziose e snervanti insieme.

Raffaele, per converso, era di un temperamento che lo portava ai trasporti più violenti. Quando la foia lo investiva, non era più un uomo, ma una belva, che ruggiva d'amore e trovava sempre troppo freddi gli amplessi della sua donna. Ne seguivano scene terribili, dalle quali Romilda usciva disfatta.

La sua salute si alterò. Fu assalita da una malattia di languore, che faceva continui ed allarmanti progressi. I medici rimproveravano a Raffaele le sue esuberanze ed egli parve chetarsi e mutar carattere tutto d'un tratto. Diventò buono, docile, paziente, teneramente affettuoso. Non voleva che altri all'infuori di lui prestasse le cure a Romilda. Ebbe per lei le finezze previdenti di una madre, le solerzie di una suora infermiera. Le era sempre accanto, giorno e notte; le porgeva le medicine e gli alimenti, la adagiava sul letto, sollevandola come una bimba colle proprie braccia; ne la toglieva per metterla sulla poltrona a sdraio dove passava gran parte della giornata. La vestiva, la svestiva, le acconciava i capelli, l'adornava con eleganti cuffiette da mattina, che le provvedeva egli stesso.

La povera malata ne era rapita; dimenticava tutto quanto le aveva fatto soffrire e lo attribuiva all'eccesso del suo amore: si sentiva presa ogni giorno più di lui; solo per lui, si rammaricava che la vita le venisse meno; avrebbe voluto guarire per lui, per pascersi delle sue ebbrezze, per farlo felice com'egli desiderava.

Si avvicinava l'autunno e già sull'epidermide di Romilda, resa giallastra, squamosa, arsiccia dalla febbre, correvano i primi brividi del freddo invernale. Uscendo, d'averla visitata, il medico aveva detto piano a Raffaele:

– Un mese ancora e non più.

– Un mese e non più! – ripeté colle labbra smunte e tremide l'ammalata, che aveva udito, poiché uno dei fenomeni della tisi è appunto lo straordinario acuimento dell'udito e dell'olfatto, e si contorceva le mani, in una muta disperazione.

– Ho sete! – mormorò poi, sentendo Raffaele che ritornava nella camera.

– Ti servo subito– rispose sollecito il pietoso infermiere e si diede a prepararle una limonata.

LIV

L'AVVELENAMENTO

Era appoggiato al tavolo dietro le spalle di Romilda; ma questa rivedeva le sue sembianze, riflesse dallo specchio appeso alla parete opposta della camera, nel quale si compiaceva di guardarlo, con intensità d'affetto indescrivibile.

D'un tratto le sue guancie si colorirono di viva fiamma e i suoi occhi lampeggiarono.

Aveva veduto il marito versare nel bicchiere il contenuto di una piccola cartolina, che aveva tratta dalla tasca della sottoveste, non senza turbamento e guardandosi attorno sospettoso.

Raffaele le si fece innanzi e le porse la limonea. Romilda lo guardò fissamente negli occhi. Egli non seppe dissimulare un fremito di terrore; ma vedendola tracannare tutta quanta la bibita si rinfrancò.

– Mi ami, Raffaele? gli chiese poi con voce affievolita, in fondo alla quale c'era una sottilissima punta d'ironia.

– Più della vita, angiolo mio – rispose con trasporto il giovane, afferrandole le mani e coprendole di baci.

– E mi hai sempre amata così?

– Così e così t'amerò.

– E quando non sarò più?

– Perché ti lasci cogliere da queste idee nere?

– Non sono idee nere, è l'intuito della verità! Un mese ancora e non più! – ripeté tristamente Romilda quasi favellasse a se stessa.

Raffaele si fece pallido come un cencio lavato. Aveva ella udito? O era realmente un presagio dell'animo suo?

– Che dici mai! – esclamò – e cintole la testolina colle braccia l'attirò a sé, le baciò le ciocche d'oro dei finissimi capelli, che uscivano dalla leggiadra cuffietta e davano alla sua testa un non so che di soave e d'infantile.

– Tu potresti abbreviare le mie sofferenze – gli mormorò Romilda all'orecchio. Raffaele sentì un brivido corrergli per le vene e per l'ossa. Ma pur pensò che era un effetto della paura, quello del senso arcano che egli attribuiva alle parole della malata.

– Lo farei mille volte se mi fosse dato. Sacrificherei dieci anni della mia vita, per alleviare, fosse per un giorno solo, i tuoi dolori.

– Lo credo! Lo credo – rispose la morente con voce secca, facendosi forza per allontanarlo da sé...

Il giorno susseguente la scena si ripeté in termini quasi identici. Se non che nella furia di versare la venefica cartolina nella limonata, Raffaele inavvertitamente ne lasciò cader un'altra per terra. Romilda se ne avvide e non appena l'ebbe mandato fuori di camera, col pretesto che voleva riposarsi, con uno sforzo supremo di volontà riuscì ad alzarsi e barcollando attaccandosi ai mobili, raccolse la cartolina misteriosa e la nascose in seno.

Il medico che aveva accordato all'inferma un altro mese di vita, non aveva calcolato sull'efficace sussidio che il suo male riceveva dalla polvere amministratale dall'amoroso marito.

Dopo due settimane, una mattina triste e piovosa, cupa, Romilda, dopo aver ricevuto gli estremi conforti religiosi, circondata dal marito, dai parenti, dal medico, si spense, ma mentre esalava l'ultimo spiro, fece atto di frugarsi in seno e ne uscì un piccolo piego sul quale era scritto a matita: «Al mio notaio: da leggersi subito dopo la mia morte.» Si credette fosse un codicillo alle sue disposizioni testamentarie e il notaro venne subito chiamato, inviandogli il piego.

Raffaele era ancora al letto della morta, immerso nella più tragica disperazione e dichiarava agli astanti di volerla seguire nella tomba, quando comparve il notaro, accompagnato da un incognito personaggio.

Egli entrò serio ed accigliato e additando il vedovo all'incognito, disse con voce solenne:

– Ecco l'avvelenatore. Impossessatevene. La giustizia avrà il pieno suo corso.

L'incognito s'avanzò, fra la sorpresa e l'esterefazione universale e afferrò per un braccio Raffaele, più pallido della sua vittima che giaceva sul letto, dicendogli:

– Siete in arresto.

Era il bargello.

All'indomani d'ordine dell'autorità giudiziaria si operò la sezione cadaverica di Romilda e nelle sue viscere si trovarono le traccie del sottile veleno, somministratole dal marito, pienamente corrispondente a quello di cui c'era un saggio nella cartolina da lui perduta e raccolta dalla malata e chiusa nel piego del notaro, alla quale andava unito un biglietto scritto da lei, a lapis, del seguente tenore:

«Muoio avvelenata da mio marito Raffaele Vattani, con una polvere eguale a quella dell'unita cartolina, cadutagli inavvertitamente di mano, mentre me ne versava un'altra in un bicchiere di limonata. Lo vidi co' miei occhi mentre lo faceva, riflesso nello specchio. E così continuò ogni giorno. Ormai perduta, ho lasciato che il misfatto si compiesse. Lo denunzio alla giustizia degli uomini, perché, adeguatamente punendolo, lo sottraggano alla vendetta divina.»

Schiacciato da siffatta rivelazione, Raffaele Vattani non tentò neppur di negare il delitto, con tanta freddezza perpetrato, per potersi liberare della moglie e sposare una ganza che s'era fatta, della quale era pazzamente innamorato, perché, come lui, fervida ed ardente.

Una folla enorme assisteva alla sua decapitazione in piazza del Popolo la mattina del 15 settembre, perché il misfatto aveva sollevato un grido d'orrore per tutta Roma, e accesi gli animi, segnatamente delle donne, di fierissimo sdegno.

Ce n'era più di un migliaio ne' dintorni del carcere, quando uscimmo colla carretta: birri e soldati ebbero a faticar di molto per difenderlo. Le imprecazioni salivano al cielo. La decapitazione pareva pena troppo esigua: avrebbero voluto vederlo mazzolato e squartato.

Nondimeno egli si conservò freddo ed imperterrito. Giunto al palco, scese dalla carretta, e circuito dai soldati, vi salì con franco passo.

Al rumore del colpo della mannaia, fece eco un urlo del popolo.

La vendetta umana era così soddisfatta.

LV

UN DOMESTICO E UN MAESTRO DI MUSICA

Eccomi al fatto che condusse il 23 agosto 1823 Giovanni Binzaglia alla ghigliottina, in Perugia.

Era costui un giovane aitante della persona, ma di volto punto simpatico. In mezzo alla faccia l'enorme naso sorgeva a foggia di promontorio e sotto esso si apriva una bocca ampia, carnosa, dalle labbra bestialmente sensuali e senz'ombra di pelo.

I suoi naturali istinti lo portavano alle lotte amorose, nelle quali era validissimo campione e a queste tutto sacrificava. Nella casa dei Facenni, ricchi borghesi, ritirati dal commercio, presso i quali si trovava, non aveva campo di abbandonarsi a' suoi consueti trasporti. Ma trovava egualmente di fuori gustosi compensi ed anco produttivi, perché molte donne erano attratte verso di lui da quell'insegna permanentemente esposta ch'era il suo naso.

La signora Facenni, vecchia bigotta, non si sarebbe certo sognata di avere alle sue dipendenze un don Giovanni d'anticamera.

Ma ad ogni modo non aveva a lagnarsi di lui, che mostravasi attivo e zelante nel servizio, e tollerava le sue frequenti assenze, specie notturne. Se glie ne moveva qualche volta rimprovero, Giovanni le rispondeva invariabilmente:

– Signora mia, voglia compatirmi, ho ventisette anni.

– Compatisco: ma mi pare che abbiate una età da potervi ammogliare. Perché non lo fate?

– Chi vuole che mi prenda, signora? Sono povero come Giobbe.

– Pure cogli assegni che avete da mio marito avreste potuto mettervi da parte qualche cosa.

– Lo vorrei ben fare, ma...

– Ma?...

– Mi si squagliano appunto nelle serate che passo fuori di casa.

– Così vi aggirate sempre in un circolo vizioso: non potete prender moglie, perché non risparmiate; non potete risparmiare perché non avete moglie.

– Proprio così, signora.

– Basta, pensate a metter giudizio, perché il tempo vola e quando vorreste farlo non sarete forse più a tempo.

Quest'era la solita conclusione dei loro dialoghi.

Giovanni se ne andava ridendo nel suo cuore. Effettivamente non prendeva moglie perché stava troppo bene senza.

I Facenni avevano una unica figliuoletta, bella come un amore e già magnificamente sviluppata, benché sedicenne appena, molto svegliata e un bel po' capricciosa, perché guastata dalla indulgenza soverchia dei suoi genitori.

Si chiamava Elsa ed aveva dell'eroina della leggenda tedesca, le chiome bionde prolisse, che le coprivano tutta quanta la persona, come un manto, quando le scioglieva e se le lasciava cader sulle spalle. Aveva pure l'alta e slanciata figura, i grandi occhi azzurri, il profilo del viso soavemente delicato e puro; la pelle candida e fine; le rose delle guancie incarnate; la bocca perfettamente disegnata, nella quale, fra il rosso quasi incandescente delle labbra, si celavano due filari di perle, piccole e quasi diafane.

Essa aveva ricevuto un'educazione un po' eccentrica, ma completa. Pingeva con gusto e maestria, cavalcava come un'amazzone e coltivava la musica con grande successo.

Il suo maestro di piano era un giovane di cinque lustri al più, dal volto bruno, pallido, dagli occhi a volta languidi a volta corruscanti, sempre sottocerchiati e natanti in un'onda di voluttà perenne.

Era stato presentato in casa Facenni da un vecchio professore, il quale aveva impartito ad Elsa la prima istruzione musicale, e da lui raccomandato, come colto, intelligentissimo e pieno d'avvenire. I suoi vestiti lasciavano molto a desiderare dal punto di vista della solidità e della qualità, ma rivelavano nel loro proprietario una certa inclinazione all'eleganza e molta cura nel tenerli puliti e nel prolungarne la durata.

Il suo redingote nero e chiuso fino al mento, i suoi pantaloni oscuri, collanti al piede, e il suo cravattone non meno bruno avevano sulle prime provocato le ilarità della capricciosa fanciulla. Ma quando lo ebbe udito toccare il piano con un magistero d'arte ed un sentimento più presto unico che raro, le apparve agli occhi come trasfigurato.

E dal primo giorno le lezioni andavano prolungandosi e moltiplicandosi sempre più, talché il signor Facenni, aveva giudicato dovere d'equità raddoppiargli gli emolumenti.

Corrado, «il maestro» aveva allora incominciato a migliorare la sua toletta, che si fece in breve accuratissima, di buon gusto, elegante e quasi ricercata, concorrendo così ad accrescergli le simpatie dell'allieva, la quale dallo studio del piano, volle passare a quello del canto.

Si alternavano così i pezzi a quattro mani e i pezzi di concerto a due voci, le ballate senza parole e le romanze, le arie e i duettini, nei quali maestro e scolara potevano scambiarsi una quantità di frasi amorose e di parole inebbrianti, senza venir meno ai più scrupolosi riguardi, alle convenienze sociali più strette.

LVI

LE LEZIONI DI PIANO E CANTO

La signora Facenni non era molto portata per la musica. Assistendo alle lezioni di sua figlia incominciava ad annoiarsi presto e finiva coll'addormentarsi profondamente.

Ora le mamme che dormono sembrano fatte apposta per le figlie che studiano la musica, specie sotto la guida di un maestro giovane.

Elsa e Corrado si toccavano spesso colla mano, scorrendo sugli avori e gli ebani della tastiera, involontariamente s'intende.

Ma ogni qualvolta si toccavano, pareva che una scintilla elettrica si sprigionasse dalle loro mani e ne investisse tutte le persone.

Ma presto le toccatine di mano non bastarono più e neppure le pressioni dei piedi sul pedale. Una sera, mentre Elsa inchinava leggermente la testa a destra, accompagnando con quel vezzoso moto il suono, Corrado le appioppò un bacio sul collo a sinistra.

La fanciulla arrossì fin nel bianco degli occhi, ma non disse verbo e continuò ad accompagnarsi coll'ondulazione del capo.

– Perdonatemi, signorina, mormorò il maestro all'orecchio della fanciulla, benché non ce ne fosse il più piccolo bisogno – perdonatemi.

Elsa lo guardò di sottocchio e sorrise – quasi a dirgli:

– Grullo! Se mi hai fatto piacere.

Corrado ne fu inebbriato; ma non ebbe il coraggio di procedere oltre.

Intanto l'esecuzione del «pezzo» continuava, accompagnata dal russare intenso della signora Facenni, la quale andava digerendo un certo fagiano con ripieno di tartufi bianchi, che, per far onore al suo cuoco, aveva quasi divorato completamente a pranzo.

Continuando il moto ondulatorio della testa, la fronte d'Elsa venne a trovarsi sotto le labbra del maestro; e questi, ormai sicuro del fatto suo, la sfiorò colle labbra.

Era il secondo bacio e fu l'ultimo per quella sera.

All'indomani si trattò di provare un duetto d'amore di un valente autore, che Elsa contava di eseguire, sempre col maestro, nel prossimo ricevimento serale della sua famiglia. La signora Facenni, sicura della virtù di sua figlia e della discrezione del musicista, credette di potersi assentare senza pericolo, dicendo che le prove l'annoiavano e le avrebbero messo in uggia il duetto, il quale le sarebbe tornato più gustoso ed aggradito udendolo per la prima volta, la sera del ricevimento.

Corrado stava al piano; Elsa in piedi alla sua manca: il maestro cantava e accompagnava; la fanciulla cantava e divorava cogli occhi il giovanotto. Il fascino di quella musica sensuale, afrodisiaca la vinceva, e quando Corrado dominato pur lui dalla passione le cinse con un braccio la vita, si chinò sopra di lui e rovesciatogli il capo indietro cacciandogli la bianca mano nei capelli, la baciò sulla bocca.

– Mi amate, signorina? – domandò il maestro balbettando per l'emozione.

– E me lo chiedete?

– Lo so. Ma è sì dolce sentirselo ripetere da una bocca come la vostra.

– Ebbene, sì t'amo; t'amo pazzamente, non vedo che pei tuoi occhi, non ho alito di vita che per te.

– Sei un angelo. Eppure questa confessione che dovrebbe farmi il più felice degli uomini, mi agghiaccia di spavento.

– Perché?

– Perché non potrà che esserci cagione di affanni, di dolori infiniti.

– Pazzo! Ci sarà cagione di ebbrezze ineffabili, se davvero tu pure m'ami, come io ti amo.

– Non riflettete, signorina, alla disparità delle nostre condizioni? – le domandò Corrado assumendo un fare riguardoso e con piglio quasi severo. La fanciulla ne fu scossa vivamente e sentì più ardente il desiderio dei baci. Pure sforzandosi di riporsi in tranquillità rispose con voce appena intelligibile:

– È da molto tempo che ci rifletto.

– E non avete riconosciuta l'impossibilità d'esser mia?

– No.

– Io non ho beni di fortuna.

– Che importa?

– Sono indispensabili per vivere.

– Ne ho io.

– I vostri genitori non consentiranno mai ad un'unione così disparata. Forse, se la fortuna mi sorregge, quando avrò dato alle scene la mia grande opera, e mi sarò fatto un nome e sarò sulla via di arricchirmi...

– E quanto tempo occorrerà per questo?

– Che ne so io? Forse due, tre, forse dieci anni.

Elsa alzò bruscamente le spalle, segno evidente di corruccio. Ma in quel

momento s'udì uno stropicciare alla porta, e maestro e allieva ripresero le prove.
Era tempo.
La signora Facenni ritornava in compagnia del suo signor consorte.

LVII

TRATTATIVE DI MATRIMONIO

La relazione amorosa dei due giovani incominciata sotto così felici auspici progredì rapidamente; ma non varcò troppo i limiti del lecito e dell'onesto. Corrado avrebbe potuto avere la fanciulla in sua piena balìa, solo che lo avesse voluto. Ma la sua passione non andava disgiunta da calcoli profondi ed eminentemente pratici.

Elsa era leggiadra, passionata, cara, ma la sua dote e le speranze dell'avvenire non mancavano di grandi attrattive. Possederla gli avrebbe procurato una soddisfazione deliziosa, ma passeggera. Condurla in isposa avrebbe invece assicurata, colla sua fortuna, una perenne felicità. Un'ereditiera milionaria, anche essendosi permessa di sfogare qualche capriccio, non avrebbe mancato di aspiranti alla sua mano. Bisognava diffidare dei suoi slanci, bisognava contenersi, bisognava trarla al punto di volerlo ad ogni costo per marito. I genitori l'amavano ed erano ricchi abbastanza per assicurare ad entrambi un'esistenza beata, una vita largamente signorile.

La riservatezza di Corrado irritava sempre più la fanciulla. Mille volte gli si era gettata nelle braccia e mille volte egli l'aveva dolcemente, ma coraggiosamente respinta.

– Io ti adoro come una santa – le diceva spesso – e per nulla al mondo verrei meno al rispetto che ti devo.

Che orribile seccatura è mai il rispetto degli uomini per una fanciulla – diceva a se stessa Elsa, e aggiungeva forte: – Io vorrei essere amata da te, un po' meno come santa, e un po' più come donna.

Corrado non rispondeva.

Un giorno finalmente l'allieva disse al maestro: – Perché non mi chiedi in isposa a mio padre?

– Perché non mi garberebbe di essere costretto a fare un salto dalla finestra.

– Forse non hai torto... Mio padre accorda un gran valore al danaro, perché dice di averlo guadagnato con sudore. Ma, se realmente mi ami, è un'alea che è necessario correre.

– Perché non gliene discorri tu?

– Per la ragione identica.
– Rivolgiti a tua madre.
– Conta assai la mamma!
– Pare ti porta molto affetto.
– Non lo nego, ma...
– Almeno ella potrà esplorare l'animo di tuo padre e predisporlo alla richiesta.
– Forse non hai torto... Gliene parlerò questa sera stessa.
E come disse fece.
La sera medesima, non appena levata la mensa della cena, essendosi il signor Facenni ritirato, Elsa abbordò la sua genitrice con una domanda a bruciapelo:
– Che te ne pare, mamma del maestro?
– Mi pare bravino assai.
– Non è questo che ti chiedo.
– Spiegati meglio allora.
– Che te ne sembra? Come uomo.
– È un bel giovane.
– Non è vero? Sarebbe fortuna per una donna pigliarlo per marito.
– Se avesse a darle da mangiare.
– Una posizione non gli può mancare: ha tanto ingegno. La sua opera deve essere un portento. Quando l'avranno messa in scena gli procurerà di punto in bianco la celebrità.
– Se non gli procurerà una raccolta di torsi di broccoli.
– Mamma, ti beffi di me?
– Di te? Perché mai, figlia mia?
– Perché l'amo, l'adoro, voglio sposarlo, sarò sua moglie, o andrò a chiudermi in un chiostro.
– Lo prevedevo! – esclamò la signora Facenni, tirando un profondo sospiro dal petto. Domani ti porterò a confessarti da padre Agostino. Penserà lui a levarti le ubbie dal capo.
– Lo voglio! Lo voglio! Non c'è padre Agostino che tenga! Lo voglio – gridò la fanciulla pestando i piedi. E se non me lo date mi ammazzerò.
Questa crudele minaccia atterrì la povera signora.
– Giusto Cielo! – esclamò. – Mi punisci di qualche colpa? L'affare è più grave di quanto pensavo.
– Dunque?
– Che vuoi che ti dica, Elsuccia mia, parlane tu stessa a tuo padre.
– Devi farlo tu.
– To!... Non mi lascierà finire. Lo conosco bene. Ti adora. Ma ha le sue idee di grandezza: vuol fare di te una principessa, una duchessa, una marchesa almeno. Su questo punto non transigerà mai.

– Non è la ricchezza che forma la felicità di due sposi.

– L'ho udito dire anche questo; ma ci credo poco. D'altra parte non è questione di ricchezza. Se ti fossi innamorata di un nobile, disperato come Giobbe, ma di grande casato, saresti certa di ottenere il suo consenso. Ha delle ambizioni tuo padre.

– Se non diventerò contessa, diventerò moglie di un maestro celebre, come Rossini, come Morzat.

– Non è pane pe' suoi denti.

– Insomma, mamma mia, se mi vuoi bene se desideri che io viva, fatti in pezzi per persuaderlo.

– Mi proverò; ma senza speranza.

LVIII

GLI EFFETTI DEL RIFIUTO – FUGA PROGETTATA

L'effetto della missione assuntasi dalla signora Facenni fu che il suo consorte uscì dai gangheri, la trattò da mezzana e peggio, licenziò il maestro e ordinò a Giovanni di buttarlo dalle scale, se avesse osato di ripresentarsi.

Quell'ordine fu per Binzaglia come una rivelazione. Egli aveva già notate le assiduità di Corrado, e le deferenze di Elsa per lui; ma non ci aveva dato soverchio peso. In quel momento gli ritornarono alla mente tutte le piccole intimità che aveva sorprese fra i due, si convinse che la loro relazione non doveva essere stata troppo innocente; diede ad essa una portata molto superiore al vero.

E la sua fantasia erotica si accese per modo da concepire per il maestro un odio accanito. Gli pareva di essere stato truffato da lui. Se c'era un frutto proibito da godere in quella casa, doveva essergli riservato.

Risolse per tanto di esercitare la più attiva vigilanza e di cogliere l'occasione, non appena gli si presentasse, per prendere la rivincita.

– Un bocconcino di quella fatta cadere in bocca di quell'allampanato – mormorava, in preda ad un eccesso di cordoglio. Oh! me la pagherà!.

Elsa non appena fu informata dalla madre dell'infelicissimo esito della missione assuntasi e del licenziamento del maestro, anziché perdersi in querimonie o dare in inutili smanie, deliberò di giungere, per qualsiasi strada, al conseguimento dei suoi desideri.

La sua tranquillità ingannò i di lei genitori, che la supposero più ragionevole di quanto era a sperarsi.

Elsa trovò modo di mettersi in corrispondenza con Corrado, per mezzo di una vecchia cameriera, mutata in messaggera d'amore. Ma Giovanni vigilava e presto fu informato di tutto.

– Tu t'affatichi troppo – disse un giorno alla vecchia per portare al maestro le lettere della signorina.

– Che ne sapete voi?

– So quanto basta, e siccome mi fai pena, mi incaricherò io della bisogna, per puro amor del prossimo, lasciandone a te i proventi.

La vecchia non amava di meglio e di grand'animo consentì alla proposta del domestico. Per tal modo il Binzaglia conosceva per filo e per segno i progetti dei due amanti, perché prima di consegnar le lettere si faceva un dovere di leggerle.

Elsa aveva proposto a Corrado di rapirla; ella porterebbe con sé le sue gioie e un migliaretto di scudi che aveva risparmiato sul suo spillatico. Questo avrebbe bastato a farli vivere, senza stenti, finché placata l'ira paterna, le nozze, diventate indispensabili per riparare l'errore commesso, sarebbero state consentite.

Il maestro sulle prime mostravasi riluttante: ma alla perfine aderì al progetto.

Approfittando della illimitata libertà che godeva in casa, Elsa fece tutti i suoi preparativi. Mandò all'amante le gioie, il denaro e tutto il corredo della sua biancheria e de' suoi vestiti.

E finalmente fu stabilito il giorno della fuga.

Doveva aver luogo sull'albeggiare. Elsa sarebbe uscita dal palazzo per una porticina di servizio, della quale si era procurata la chiave. Corrado doveva attenderla poco lontano, con una carrozza di posta, che li avrebbe condotti a Firenze.

La sera della vigilia affettuosamente più del consueto baciati ed abbracciati i suoi genitori si ritirò per attendere l'alba, con ansia indescrivibile.

LIX

IL DOLCE NIDO – DUBBIEZZE

Elsa si era ritirata nella sua camera da letto, un piccolo nido di colomba, nella quale la semplicità e l'eleganza si fondevano con felicissima armonia. Nel fondo il letto piccolo, quale conveniva ad una fanciulla, con cortinaggi di merletto, sormontati da altre tende di seta rosa tenuissima, quasi bianca, perfettamente simili ai panneggiamenti della porta e della finestra. Una toletta del secolo XVII, pure a cortinaggi bianchi, con servizio d'argento cesellato e porcellana *pompadour*. Un piccolo scrittoio di legno di rosa intarsiato, con madreperla. Un grande armadio a specchi, riccamente scolpito. Sedie e poltroncine coperte di velluto e di broccato, completavano l'arredo della stanza.

Elsa aveva licenziata la vecchia cameriera, ed avvolta in un accappatoio di finissima battista trasparente, s'era seduta allo scrittoio e andava tracciando sulla carta delle piccole zampe di mosca, colle quali intendeva partecipare ai suoi genitori i motivi che l'inducevano a lasciare il tetto paterno e quali erano le sue intenzioni per l'avvenire.

Ma convien dire che le parole non corrispondessero perfettamente al suo pensiero, perché aveva già incominciato parecchie volte la lettera, e giunta a mezzo se l'era ripetutamente fatta a brani.

Pareva agitata da sinistri presentimenti. Se suo padre indignato da quella fuga che troncava tutti i suoi sogni di ambizione non avesse voluto assolutamente saperne più di lei? Poteva ella fare assegnamento sull'affetto della madre, ma questa non aveva tempra d'animo energico e non avrebbe mai trovato in se stessa il coraggio necessario per contrariare gli ordini del marito. E d'altra parte chi la assicurava della lealtà di Corrado? Chissà se egli, sbolliti i primi entusiasmi, non trovando più in lei la ricca ereditiera, non l'avrebbe abbandonata? Che ne sarebbe avvenuto di lei, sola al mondo in terra straniera, lungi dalla sua casa, da tutte le cose e le persone che aveva fin dall'infanzia imparato ad amare?

Vinta da queste paure, ella si attaccò al cordone del campanello, per chiamare la cameriera.

La vecchia comparve sulla soglia della porta, pochi momenti dopo, già mezzo assonnolita e in una toletta notturna, che moveva al riso.

– Che vuole la signorina?
– Non lo so – disse essa sbadatamente, seguendo il filo de' suoi pensieri.
– Le occorre qualche cosa? Vuole che rimanga a tenerle compagnia, fino al momento della partenza?
Questa offerta, richiamò la fanciulla alla realtà della situazione.
– Credi tu che io faccia bene o male ad andarmene? – chiese francamente alla fantesca.
– Signorina, ella non mi ha mai rivolta prima d'ora una simile domanda.
– Ebbene?
– Io l'ho accontentata per quell'affetto che le ho posto fin da quando la ressi bambina sulle braccia. Se mi avesse domandato consiglio prima ne l'avrei forse dissuasa?
– Ed ora?
– Ed ora non saprei. Al punto cui sono giunte le cose sarebbe strano retrocedere. Ma dal momento che la signorina esita, vuol dire che non è più dominata da quella passione indomita, irremovibile, che la trasse all'audace proposito.
– È vero – mormorò essa. E quasi per riscaldarsi, per ravvivare la fiamma del suo amore, trasse da un tiretto dello scrittoio le ultime lettere inviatele dal maestro e si diede a rileggerle ansiosamente, dimenticando la cameriera, che stava ad aspettare e non osava né di interromperla, né di andarsene.
D'un tratto Elsa alzò gli occhi sopra di lei e vedendola in quell'atteggiamento, presa da' brividi, si alzò, andò alla vecchia e abbracciatala, le disse:
– Quello che è deciso, è deciso. Tu perorerai la mia causa, non è vero?
– Certamente, se non mi metteranno sulla strada.
– Non temere: ti scagionerò completamente. Va pure a coricarti.
La cameriera non se lo fece ripetere.
Elsa, tornò allo scrittoio, vergò la lettera a' suoi genitori, affettuosa, ma energica e perentoria nel frattempo. La piegò con mano sicura e la suggellò; quindi toltasi la vestaglia si avviò verso il letto per coricarvisi.

LX

L'INGRATA SORPRESA – IL DELITTO

Un capriccio troppo naturale in una donna, e pure in una fanciulla che stava per distaccarsi da' suoi e per andare a buttarsi fra le braccia dell'amante, la fece ritornare sui suoi passi.

Presa in una mano la lucerna la collocò innanzi allo specchio, per ammirarvi riflessa la propria immagine.

Era veramente leggiadra e affascinante colla elegante persona coperta dalla sottilissima batista della camicia, che l'avvolgeva, come candida spuma, delineandone le forme superbe; ignude le bellissime braccia, ignudo il seno torreggiante, dalle punte coralline rivolte all'insù, l'ampie curve delle anche poderose, le gambe snelle, nervose, come quelle di un cavallo di corsa, e la testa cinta dal nimbo d'oro de' capelli, che le scendevano in ricche anella sugli omeri.

Un sorriso di compiacenza le infiorò la bocca soave... dalla quale le sfuggì a quel momento un piccolo grido, vedendo disegnarsi sul fondo del quadro la figura di un uomo, pure riflessa dallo specchio. Grido di sorpresa e di angoscia insieme, a stento represso dalla paura di svegliare i parenti.

Elsa si volse rapidamente incrociando le braccia sul petto, per nascondere i tesori, e vide innanzi a sé il domestico Giovanni Binzaglia.

– Voi, Giovanni? – domandò sorpresa.

– Io, signorina.

– Che volete a quest'ora, in questo luogo? Chi vi ha permesso d'entrare?

– Pazienti un momento, signorina, e risponderò a tutte le sue questioni.

– Pazientare? Siete ubriaco forse? Chiamerò gente e sarete licenziato su due piedi.

Così dicendo Elsa stendeva la mano al cordone del campanello, facendo atto di prenderlo.

Giovanni non si mosse.

– Le osservo signorina, che chiamando gente, ella provocherà un inutile scandalo, certamente più nocevole a lei che a me.

– Impudente

– E ciò che è peggio, continuò imperterrito il domestico, manderà a monte

una fuga tanto bene architettata e preparata.
– Una fuga? – disse Elsa esterrefatta.
– Quel povero maestro, che l'attenderà sul far del giorno colla carrozza di posta per trasportarla a Firenze, ne sarebbe desolatissimo.
– Si potrebbe sapere, chi vi ha così bene informato – chiese la fanciulla fremendo d'ira e di sdegno.
– Mi sono informato da me. È da parecchio tempo, anzi da molto tempo che vigilavo la signorina.
– Fate un bel mestiere! E per conto di chi?
– Per conto mio.
Elsa si lasciò sfuggire un sospiro di soddisfazione; non trattandosi che di un servo, le cose sarebbero presto accomodate.
– Non credo che possiate avere l'intenzione di opporvi ai miei divisamenti.
– Tutt'altro! Anzi li favoreggerò, per quanto è da me, come li ho favoreggiati sin qui, risparmiando alla vecchia l'incomodo grave di portare le lettere della signorina e di riportarle quelle del signor Corrado.
– Voi dunque...
– Io mi sono assunto per amor vostro l'arduo compito.
– Avete diritto ad un compenso e l'avrete. Ma potevate ben scegliere un momento ed un modo diverso per reclamarlo.
– Riservandomi all'ultimo istante, ho stimato di mostrarmi più delicato e di non abusare della sua condiscendenza.
– Forse è vero! – disse Elsa, quasi rispondesse ad un suo intimo pensiero, e tosto aggiunse: Gli è che non essendo prevenuta mi sono privata del denaro di cui avrei potuto disporre.
Un sorriso satanico spuntò sulle labbra di Giovanni Binzaglia, il quale mosse un passo verso la fanciulla.
– Ma ora che ci penso, possiamo aggiustar benissimo le cose – riprese Elsa.
– Non desidero di meglio.
– Prendete questo anello: è un dono che mi ha fatto la mamma per la mia festa. Vale almeno cento scudi. Al mio ritorno me lo ridarete e io vi sborserò questa somma. Se non tornassi potreste sempre averla da mia madre.
Elsa s'era tolto l'anello dal dito e lo porgeva a Giovanni, senza più pensare a farsi schermo delle braccia alle nudità del seno. La sua mano sfiorò quella del domestico, che bruciava come un tizzo ardente. La fanciulla la ritrasse più che mai sorpresa e alzando gli occhi sopra di lui, fu presa da un brivido di terrore.
Il Binzaglia non era più un uomo, ma una belva umana nel parossismo della passione erotica.
– Non è l'anello, non è il denaro che io voglio, signorina.
– Che mai? – mormorò Elsa sbigottita, sentendosi divorata dagli sguardi del giovane.

– È un'ora del tuo amore, è un'ora di quelle ebbrezze che hai prodigate al maestro, che egli ancora attende e che fra breve riavrà. E così dicendo il mostro l'afferrava colle braccia poderose e se la stringeva al seno, coprendola di baci.

– Lasciami, scellerato! – singhiozzava la fanciulla – lasciami infame!

Ma la voce le restava nella strozza e sentiva venirle meno ogni forza di resistenza.

Con un conato supremo tentò svincolarsi e non essendo riuscita cadde in deliquio, offrendosi così facile preda alla foia di quel mandrillo, che trasportatala sul letto ne fece orrido strazio.

I rosei vapori dell'aurora incominciavano a diffondersi sull'orizzonte e penetrando la mitissima luce per la finestra della camera d'Elsa, disegnava le forme degli oggetti, quando questa ricuperò i sensi. L'accaduto di quella terribile notte le si affacciò alla mente, come un sogno. Ma la triste realtà le stava accanto nella persona del suo seduttore, il quale, supponendo svanite le sue collere, tentò di baciarla nuovamente e le disse:

– È ora d'andarsene, non è vero piccina?

Quella voce, che il Binzaglia si sforzava indarno di rendere tenera ed insinuante finì di scuotere i nervi della fanciulla disgraziata, la quale ricuperata tutta la sua energia, lo respinse, con voce soffocata dallo sdegno:

– Mostro! pagherai il fio del tuo delitto.

E stese la mano per afferrare il cordone del campanello. Giovanni ve la trattenne appena in tempo. Elsa volle allora chiamare aiuto e il domestico dovette chiuderle la bocca colla mano, per impedirle di gridare. Ma s'ebbe in breve a persuadere che non sarebbe riuscito a dominarla, perché si dibatteva disperatamente sotto le sue strette.

Un solo modo di salvarsi, restava ormai al Binzaglia: ucciderla. E a questo egli volse tosto la mente.

– O taci, o muori.

– Uccidimi, assassino, vigliacco! – volle più che non poté dire, Elsa, colla voce soffocata dalla mano del Binzaglia.

Questi afferrò i guanciali, le coprì il volto e montatole con un ginocchio sul petto, barbaramente la strozzò.

Accertatosi della sua morte, ascoltandole il cuore muto di battiti, la sollevò, le passò al collo il roseo cordone di seta del panneggiamento della finestra e così ne appiccò la salma; quindi le pose sotto i piedi una sedia rovesciata per far credere che si fosse suicidata e se ne andò pian piano dalla camera, accuratamente chiudendone la porta dietro di sé.

A giorno fatto la vecchia cameriera, entrò, come di consueto per smuovere ogni sospetto di complicità per parte sua nella fuga della padroncina.

Ma all'orribile spettacolo che si offerse alla sua vista, arretrò spaventata e proruppe in acutissime strida.

Accorsero i famigliari, il padre, la madre. Si mandò pel medico e per l'autorità. Il cadavere venne staccato e deposto sul letto; ma il sanitario non poté che constatare il decesso d'Elsa seguito già da parecchie ore.

Intanto si fecero delle indagini e si scoperse la lettera che la fanciulla aveva scritta ai suoi genitori. Interrogata la vecchia tremante, narrò tutti i particolari, non tacendo che la bisogna era stata condotta da Giovanni Binzaglia, del quale venne operato l'arresto immediatamente.

L'autopsia constatò le violenze subite dalla fanciulla, violenze che dovevano aver avuto luogo la notte stessa. Una cinghia trovata appiedi del letto e che si conobbe aver appartenuto al Binzaglia, aggravò singolarmente la posizione di costui. L'istruzione del processo, ricostituì il terribile dramma e a nulla valsero le ostinate negazioni dell'imputato, il quale dovette alla perfine arrendersi e confessare i particolari del delitto.

Giovanni Binzaglia cercò di attenuare la propria responsabilità, descrivendo l'amore ispiratogli dalla padroncina, la gelosia suscitatagli dalla progettata fuga col maestro. Disse che era entrato nella camera d'Elsa per dimandarla, che la vista della fanciulla semisvestita gli aveva tolta la ragione e che era stato costretto ad ucciderla per occultare il misfatto commesso in un momento di delirio erotico.

La sua difesa fu molto eloquente; si vedeva che gli premeva di salvare la testa. Ma non riuscì menomamente a commuovere i giudici, i quali lo condannarono alla decapitazione.

All'annunzio della sentenza diede in ismania feroce, disse di essere vittima della influenza esercitata dai genitori della vittima, respinse ogni conforto e il giorno dell'esecuzione bisognò portarlo a viva forza sul palco.

Per buona sorte la ghigliottina funzionò colla massima regolarità e la sua testa cadde con rapidità fulminea nel paniere, destinato a raccoglierla.

LXI

UN GRUPPO DI ESECUZIONI

Il 19 luglio 1825, decapitai in Ancona Casimiro Rainoni, il quale in un impeto di bestiale furore aveva ucciso con una pedata, nelle parti vitali, un suo garzone. E dopo quattro mesi di riposo decapitai al Popolo Leonida Montanari e Angiolo Targhini, due cospiratori contro il governo di Sua Santità, appartenenti alla setta dei Carbonari, i quali avevano gravemente ferito un loro compagno, tale Spontini, sospettando che li avesse traditi e denunziati all'autorità.

Di questa esecuzione si fecero di molti discorsi in Roma, perché la tenebrosa associazione alla quale appartenevano incuteva spavento alla popolazione di Roma, onesta, timorata e fedele al Papa. Ma benché si sussurrasse di tumulti ed insurrezioni preparate dai loro confratelli, per sottrarli al patibolo, la tranquillità, grazie alle saggie ed energiche disposizioni adottate dal governo, non fu menomamente turbata. Ecco come si svolsero i fatti.

Un affigliato, certo Angiolo Targhini, romano, fu incaricato dell'operazione. Era un popolano d'animo deliberato e di braccio sicuro.

Una sera Targhini passa dalla farmacia Peretti e vedendo lo Spontini sulla porta, l'invita a seguirlo, dicendo dovergli parlare di cosa grave. Spontini acconcende e lo segue.

Svoltano per il vicolo di Sant'Andrea buio e deserto: Targhini si guarda attorno un momento e, non vedendo nessuno, trae un pugnale dalla tasca in petto dell'abito e lo infigge in seno allo Spontini dalla parte del cuore. Spontini cade e Targhini si allontana con rapido passo con un altro che l'attendeva. Spontini non era morto.

Chiama aiuto; accorrono verso di lui due carabinieri pontifici che pattugliavano in quei pressi e lo trovarono seduto per terra, col capo appoggiato alla colonnetta, che stava sotto la cappelletta della Madonna, illuminata dalla lampada, sull'angolo del palazzo. Esaminatolo lo trovano ferito e vanno alla farmacia Peretti a chiedere se c'era qualche medico, per aiutare il malcapitato e giudicare se era trasportabile. Esce fuori il chirurgo Leonida Montanari di Cesena e s'avviano verso il ferito, sempre al medesimo posto. Montanari tira fuori la busta chirurgica, vi prende uno specillo, si mette a specillare la ferita e non la trova mortale. Ma uno dei carabinieri che osservava attentamente il Montanari, si accorge che collo specillo tentava di approfondire la ferita. Non gliene lascia il tempo; gli toglie lo specillo e gli lega i polsi con un buon paio di manette. Poi, chiamata man forte, condussero il Leonida Montanari alle carceri; Spontini alla Consolazione, ove lo guarirono della sua ferita. Fu eretto il processo contro il Targhini, del quale il ferito declinò il nome, accusandolo del fatto, e che venne tosto arrestato e contro il Montanari, che aveva tentato di compir l'opera, e, quantunque opponessero i più sfrontati dinieghi, furono condannati dalla Sacra Consulta alla decapitazione.

Si temeva che per l'esecuzione, gli altri settari volessero tentare qualche colpo audace, e furono prese tutte le disposizioni opportune. Quanto a me, sebbene avessi ricevuto una quantità di lettere anonime, che mi minacciavano di morte se avessi fatta l'esecuzione, ho compiuto il mio dovere senza esitanza.

Era uno spettacolo imponente. Piazza del Popolo era gremita di gente, come non la vidi mai. Quando vi arrivammo colla carretta i soldati stentarono ad aprirci il varco. Giunti sotto il palco, che avevo eretto durante la notte, col concorso del mio aiutante, Targhino prima e Montanari poi scesero colla maggior franchezza di questo mondo, e ne salirono i gradini circondati dai confortatori, saltellando quasi. Tutti i tentativi per indurli al pentimento ed alla confessione riuscirono vani. – Non abbiamo conto da rendere a nessuno: il nostro Dio sta in fondo alla nostra coscienza – rispondevano invariabilmente.

Avevo avuto ordine da Monsignor Fiscale di far presto e i confortatori, a quanto credo, lo stesso. Quindi non si perdette altro tempo. Li legai solidamente ai polsi, perché avevano rifiutato di lasciarsi bendare, poi spinsi innanzi Angelo Targhini, che porse il capo sorridendo alla ghigliottina e in un secondo fu spedito. Leonida Montanari mi salutò beffardamente dicendomi: «Addio collega.» e fece poi come il Targhini e come il Targhini lo spedii al Creatore.

Ci fu un subitaneo movimento nella folla; pareva volesse scoppiare un applauso. Ma la vista della forza armata la contenne e non si ebbe a deplorare il benché menomo incidente.

LXII

LA BELLA LORETANA

Quattro mesi e dieci giorni dopo, cioè il 16 settembre, eseguii un'altra decapitazione a Piazza del Popolo in persona di Giuseppe, *quondam* Biagio Macchia, un macellaro che aveva mazzolato la moglie. Dico mazzolato, perché veramente il mezzo adoperato da lui per ucciderla, somigliava precisamente alla mazzolatura. Su questo proposito posso dare il mio parere con una certa competenza.

Aveva il Macchia sposata una loretana formosissima che attraeva a sé, per la rotondità pastosa delle sue forme, l'attenzione di tutti i giovani de' Monti, ove egli teneva bottega. Ma nessuno aveva potuto ottener nulla da lei e la sua riputazione d'onesta donna s'era solidamente stabilita. Ingravidata quasi subito dopo le nozze, partorì in capo a dieci mesi una femminuccia, la quale morì quasi subito. La mammana le propose allora di entrare a far da balia in una casa principesca, profferendole emolumenti lautissimi. Rosa, la macellara, ne parlò al marito. Questi sulle prime esitò, ma poi si lasciò vincere dalla seduzione del denaro. Gli affari di bottega non gli andavano troppo bene: aveva dei debiti, i cui interessi gli assorbivano la maggior parte de' guadagni. La prospettiva di poterli pagare e d'essere così liberato da quell'onere lo indusse al sacrificio e lasciò che la moglie entrasse nella casa del principe, per dare il latte al piccolo principino.

Rosa fu tosto vestita sfarzosamente nel costume del paese. Le fecero un magnifico guarnello di casimiro celeste, con una larga banda di raso giallo oro al basso, breve per modo da lasciar scoperto, fin oltre la caviglia, il piede calzato con scarpine scollate, di copale, guarnite con un fiocco di seta dello stesso colore della banda; un busto di seta celeste, come la veste, colla fettuccia e gli ornamenti di seta gialla; la camiciuola a larghe maniche sbuffate di casimiro bianco e uno scialletto di crespo indiano pur giallo, che gettava degli sprazzi di luce aurata sul collo bianchissimo e molto scoperto di dietro e davanti; le adornarono la testa leggiadra di una larga fettuccia intrecciata di seta celeste, con frangie d'oro, trattenuta da un grosso spillone di filigrana pur d'oro.

Vedendola in quella toletta per la prima volta il povero Macchia fu preso da un capogiro: mai gli era apparsa tanto bella la sua sposa e mai aveva desiderato più ardentemente di possederla. Ma questo gli era impossibile, perché era stabilito per patti, che Rosa non avrebbe mai lasciato il palazzo principesco, durante l'allattamento. Giuseppe non poteva parlare con sua moglie che in presenza della cameriera e della governante.

Il macellaro se ne struggeva. E quasi non gli bastasse l'interno cruccio si aggiungevano i motteggi degli amici e dei conoscenti, i quali si vendicavano dell'austerità di Rosa, verso di loro, suscitando le gelosie del marito.

– Eh! Beppe da quanto tempo non abbracci tua moglie? gli diceva uno.

Un altro: – Te la lasciano almeno vedere?

Un terzo: – Forse prende il latte anche il principe? Dicono che le è sempre attorno. Dopo tutto non ha torto. Era il più bel pezzo di carne che avevi in negozio.

Macchia si schermiva alla meglio, ma nel suo interno fremeva e malediva l'ora e il momento in cui si era lasciato vincere dalla gola del denaro.

Finalmente prese il suo partito. Andò da Rosa e le spiattellò chiaro e tondo che intendeva tornasse a casa ed a bottega.

– Sei matto? – fu la risposta di Rosa.

– Matto, o non matto, voglio così. Svestiti ed andiamo.

Ne nacque una disputa gravissima. Ma il Macchia aveva dato il suo consenso per il baliatico, Rosa si diceva contentissima di rimanere in casa del principe e il macellaro fu cacciato dal palazzo, dai servitori.

Macchia ricorse a monsignor Fiscale, e monsignor Fiscale lo minacciò di metterlo in carcere, se si fosse recato ancora a disturbar sua moglie.

Per forza o per amore a Beppe convenne di starsene zitto, mordendo la catena ch'egli stesso si era fabbricata, accordando il consenso. Ma continuava a mulinare progetti di vendetta. L'aveva con tutto il mondo, colla moglie, col principe, coi domestici, col Fiscale, e credo pure col Papa.

Un giorno stava chiudendo la bottega, quando gli si presentò un giovane imberbe, che aveva tutta l'aria di un famiglio di casa signorile.

– Sor Beppe? – chiese costui timidamente.

– Sono io. Che volete?

– Sono un uomo di scuderia del principe, in casa del quale vostra moglie fa da balia.

– Ah! sì. Aspetta che t'acconcio io – urlò il macellaro – e corse in un canto per prendere il palo, con cui soleva sbarrare la porta posteriore del negozio.

– Che fate? – domandò sbigottito il famiglio.

– Niente, ti voglio soltanto accarezzare le spalle. E così potessi fare altrettanto col tuo padrone.

– Fareste meglio ad accarezzare quelle di chi vi fa cornuto, strillò il giovane, balzando fuori dal negozio con un salto e soffermandosi in mezzo alla via.

Il Macchia era diventato livido: il suo fegato secerneva tanta bile, che pareva volesse soffocarlo. Tuttavia riuscì a dominarsi: depose il palo e chiamò il famiglio così:

– Eh! giovinotto scusatemi un po'. Mi fanno e mi son lasciato trasportare. Ora chiudo, se volete andremo a farcene una foglietta, qui da Zi' Pippo.

– Meno male! Siete diventato ragionevole. Vengo per rendervi un servigio, e un poco ancora mi accoppate.

– Non lo sai che un uomo in furia diventa una bestia?

– Me ne sono accorto.

Giuseppe Macchia chiavò per bene la porta del negozio e infilato il suo sotto il braccio del famiglio, lo trascinò da Zi' Pippo.

LXIII

UNA VENDETTA

Il famiglio e il macellaro s'erano accantucciati innanzi ad un tavolino e andavano vuotando un boccale di frascatano, che avrebbe dovuto scioglier loro la lingua. Ma né l'uno né l'altro osavano entrare nell'argomento: questi desiderava e nel tempo stesso temeva di conoscerne la verità: quegli aveva paura che Beppe montasse un'altra volta in furia.

– Siamo qui da un quarto d'ora, disse finalmente il Macchia con voce sommessa e appena intelligibile, e ancora non abbiamo abbordato l'affare. Vi piacerebbe spiegarmi...
– Di gran cuore, se promettete d'essere uomo e di non abbandonarvi agli impeti del vostro carattere.
– Sta tranquillo, amico. Ormai sono preparato a tutto. Mi rendi un servizio e non sono uomo di mancar di riconoscenza. Mia moglie dunque...
– Vi tradisce.
– Ne sei certo, perché bada, non vorrei...
– Ne sono certo, come d'aver ricevuto il santo battesimo. L'ho veduta coi miei occhi.
– Svergognata! Dove!
– In scuderia. Nel camerino del cocchiere.
– Non è dunque il principe?
– Ma che principe! È innamorata morta del cocchiere.
– Baldracca!
– Ogni sera all'ora della tavola della servitù, abbandona il bambino nella sua culla, certa che nessuno l'andrà a cercare, scende al buio, giunge nella scuderia, dove l'amante l'aspetta.
– E vi si trattiene?
– Mezz'ora o tre quarti al più.
– Come lo sapesti?
– Il cocchiere mi licenziò per quell'ora: io risposi che ci avevo qualche affare a spicciare ed egli mi disse: «Se ti vedo in scuderia a quell'ora ti mando all'inferno.» Io non me lo feci ripetere. Ma volendo sapere che cosa succedeva, mi

nascosi una sera nella mangiatoia di due cavalli che ora sono stati mandati in campagna e vidi tutto. Allora ho pensato di avvertirvi.
— Ed hai fatto bene perdio! Beviamone un altro boccale.
Il boccale fu ordinato e mentre passava dal recipiente negli esofaghi dei due nuovi amici, Beppe prese a dire:
— I servizi non si vendono a metà.
— Son qui tutto per voi, purché non mi comprommettiate.
— Non aver paura.
— Che volete da me?
— Voglio che tu mi introduca nella scuderia, senza che altri mi veda; occuperò il posto d'osservazione che ha servito a te. Voglio vedere co' miei occhi.
— Non le farete mica del male a Rosa?
— Manco per sogno. Voglio soltanto confonderla. Poi la manderò al diavolo.
— Così sia. Venite sull'imbrunire. Il portone è aperto, a quell'ora il guardiaporta se ne sta a far quattro chiacchiere cogli amici. Entrate franco e venite alla scuderia, ch'è nella seconda corte a destra. Io ci sarò.

Poco dopo famiglio e macellaro si lasciarono. Il primo rientrò a palazzo, ben felice di aver trovato modo di vendicarsi del cocchiere, col quale l'aveva a morte; il secondo tornò a bottega e prese tutte le disposizioni per ciò che intendeva fare.

All'ora convenuta il Macchia si presentava alla scuderia, dove il garzone l'attendeva: questi fu un po' sorpreso di vederlo munito di quel palo, col quale lo aveva minacciato il mattino, ma Beppe lo rassicurò dicendogli, che soleva sempre portarlo con sé la notte, essendo minacciato da molti nemici. Il famiglio gli additò la greppia in cui doveva nascondersi, gli raccomandò la massima prudenza, e se ne andò per tema di venir sorpreso. Si diedero convegno per la sera stessa all'osteria di Zi' Pippo.

Non appena uscito il garzone, Macchia si accovacciò nella mangiatoia e attese.

La scuderia era illuminata da una lampada appesa alla volta nel mezzo, munita di un grande cappello a riverbero, che spandeva la luce nella parte dove stavano i cavalli. Il posto dove stava appiattato il macellaro era immerso nell'oscurità più profonda.

Macchia non aspettò di molto. La porta si aperse pian piano e il cocchiere entrò munito di una di quelle piccole lanterne ad occhio di bue che spandono un fascio di raggio innanzi a sé, lasciando nell'ombra la porta. Diede un'occhiata ai cavalli, quindi salì i pochi gradini che menavano al camerino di guardia e vi penetrò lasciando la porta socchiusa.

Passarono cinque minuti, che al marito oltraggiato parvero cinque secoli, si udì un lieve scricchiolìo alla porta e comparve Rosa nel suo provocante costume, più scollato del consueto. Non appena ebbe posto piede sul primo gradino, l'uscio del camerino s'aprì e la formosissima donna fu investita tutta quanta dalla luce dell'occhio di bue.

Impossibilitato a frenarsi più oltre Giuseppe Macchia balzò fuori dal suo nascondiglio armato del suo palo e menò un colpo terribile al capo della balia. Rosa cadde mandando un acutissimo grido e più non si mosse. Intanto il tradito si lanciava nel camerino del cocchiere, ma questi si era buttato giù dalla finestra, verso la corte, alta pochi metri dal suolo.

Il grido richiamò alla scuderia i domestici, il portiere ed altre persone di servizio, che trovarono la balia col capo fracassato e morente. Altri frattanto arrestavano il macellaro, che seguendo l'esempio del cocchiere era saltato dalla finestra nella corte.

Inutile descrivere lo scompiglio che seguì nel palazzo. Giuseppe Macchia fu consegnato alle guardie accorse e portato in carcere, Rosa venne trasportata alla camera mortuaria della vicina chiesa dopo che il medico ebbe constatato il suo decesso.

Nel suo interrogatorio innanzi ai giudici il macellaro confessò il delitto, ne disse il movente, senza declinare il nome del famiglio che lo aveva edotto di tutto. Ma questo fu tosto indovinato, sapendosi da tutti l'inimicizia che esisteva fra lui e il cocchiere.

Condannato alla decapitazione, Giuseppe Macchia domandò egli stesso i conforti religiosi e subì la pena con coraggio, ma senza ostentazione di baldanza.

LXIV

UNA CENA IN TRE

L'uxoricidio del quale ho testé discorso me ne chiama alla mente un altro, accaduto a Tolentino, alcuni anni dopo, del quale la memoria mi soccorre gli interessantissimi particolari.

Giuseppe Valeri, merciaio ambulante, aveva condotto in moglie una appetitosa forosetta dalle forme scultorie e dal viso capriccioso e furbo, dallo sguardo incandescente, la quale prima di impalmarsi al merciaio aveva commesse parecchie scarpette che avevano aumentato il contingente dei ricoverati al brefotrofio del suo paese.

Brutto come il peccato, secco, allampanato, con delle braccia e delle gambe lunghe, che quando s'aprivano parevano ali d'un molino a vento, più vicino ai quaranta che ai trentacinque, spilorcio, avido di denaro, taccagno, mal vestito e peggio costrutto, Domenico non poteva certo aspirare a nozze cospicue. Ma anche la venustà della fanciulla sulla quale aveva posti gli sguardi era una pretesa al disopra dei suoi meriti. Doveva dunque essere, necessariamente, molto corrivo per quanto concerneva il di lei passato e proporsi di chiudere un occhio anco per l'avvenire.

Ed è precisamente quello che egli aveva fatto.

Le sue frequenti assenze dal paese erano una fortuna, sulla quale Michelina, sposandolo, aveva fatto assegnamento.

I primi tempi del matrimonio passarono per entrambi tranquilli. La moglie vinceva coraggiosamente la ripugnanza che la bruttezza del marito le ispirava, e questi, per ripagarla dei godimenti che ne traeva, oltre al mostrarsi molto indulgente con lei, largheggiava nelle spese. Michelina approfittava generosamente d'una cosa e dell'altra. Si trattava con lautezza, per quanto concerne il vitto, vestiva con relativo lusso, non faceva mai nulla di nulla, e si era procurata una folla di cugini, che le allietavano gli ozi.

In breve Domenico si ebbe conquistata la fama d'essere il più grande, fortunato e contento marito cornuto dell'umanità.

Ma l'appetito vien mangiando, come si suol dire, e presto il trattamento del marito parve a Michelina troppo scarso. Pensò che gli amanti di cuore se le fruttavano molte gioie fisiche, non gliene procuravano punto di morali, e cominciò a trar profitto della sua libera vita.

Una sera, ritornando prematuramente a casa da uno de' suoi consueti viaggi, trovò Domenico la sua diletta sposa a cena con un grasso e grosso curato. La tavola era fornita d'ogni ben di Dio. Bottiglie coperte dall'onoranda polvere del tempo, fiaschi dalla pancia tumefatta contenente topazi e rubini sciolti; un magnifico cappone fumante sulla scansia ed altri bipedi alati ed implumi, sulla credenza. I più deliziosi aromi impregnavano l'ambiente e vellicavano le nari del reduce merciaio, anco più deliziosamente di quelle dei due convivi.

All'improvvisa comparsa di Domenico Valeri, il curato fece atto di alzarsi e le sue gote già rubizze, diventarono color di fiamma, ma Michelina lo trattenne con un delizioso moto della bianca manina ed un quasi impercettibile alzar di spalle.

– Buon Menico, – disse poi – Sei tornato a tempo, il signor curato sarà ben felice di averti per commensale.

– Certamente! Certamente! – borbottò il prete, benché temesse di non trovarsi completamente a suo agio.

– Vieni qui – ripigliò Michelina – un'ala di questo cappone ti rifocillerà lo stomaco e ti preparerà a mangiare il resto di buon appetito.

– Permette proprio, signor Curato? – domandò Domenico, con emozione, e prendendo la mano del reverendo e baciandola con gran rispetto.

– Figuratevi.

Man mano che la cena procedeva il curato smetteva il broncio e vista la compiacenza del marito, lo affogava di bere e mangiare. E intanto andava mulinando come avrebbe potuto liberarsi da quell'impiccio, rompendo il programma della sua serata.

Michelina aveva messe lenzuola di bucato, acutamente profumate colla spazzetta, nel talamo nuziale, aveva mutate le fodere de' guanciali e sarebbe stata una così bella occasione di passare una gioconda nottata.

Il prete interrogava la capricciosa moglie del merciaio sul delicato argomento, cogli occhi e coi piedi. Questa comprese a volo e rispose con un sorrisetto pieno di malizia.

Ma Domenico Valeri non era un grullo. Da quella cena comprese tutto ciò che poteva sperare per l'avvenire, mostrandosi condiscendente e indovinando i desideri e le intenzioni del curato, uscì fuori con una esclamazione che scese fin nei più nascosti recessi dell'anima del prete:

– Che peccato che io non possa trattenermi più a lungo in sì grata compagnia.

– Perché? – domandò prestamente il degno ecclesiastico.

– Bisogna che riparta subito. Ho un contratto da stipulare e non sono venuto che per prendere certi denari dei quali ho bisogno.

– Partirai domattina – disse la pudibonda sposa – se te ne vai così, il signor curato se n'avrà a male.

– Certamente! – biascicò il prete.

– Il signor curato è tanto buono che vorrà perdonarmi. Gli affari prima di tutto, non è vero?

– Sicuro – scappò detto all'anfitrione in sottana nera.

– Almeno trattienti un'altro pochetto, tanto da accompagnare a casa don Gaspare – miagolò Michelina, che si divertiva a tener sulle spine il prete.

– Oh! per questo non c'è bisogno, ribattè costui.

– Dunque me ne vado.

E vuotato un ultimo calice d'aleatico, Domenico si alzò, finse di andar a prender qualche cosa nel canterano e rimessosi sulle spalle il ferraiolo, se ne andò accompagnato dagli auguri e dalle raccomandazioni della moglie.

LXV

AURI SACRA FAMES

La relazione col curato, così felicemente continuò, con molta soddisfazione dei tre contraenti. Da quel momento la casa di Domenico Valeri era sempre fornita d'ogni ben di Dio e il bravo marito si dimenticava sempre più frequentemente di dare a Michelina il denaro per le spese di casa. Questa d'altra parte aumentava il lusso de' suoi vestiti e la ricchezza de' suoi ornamenti. Il prete era ricco e generoso, la donna ambiziosa, il marito avido.

Non poteva quindi accadere diversamente.

Ma la cupidigia del merciaio aumentava continuamente e godeva nell'ammirare i gioielli, gli oggetti d'oro di cui sua moglie faceva pompa ma avrebbe però voluto pigliarsene una larga parte.

Una sera rientrando, dopo l'assenza di parecchi giorni, in casa, trovò Michelina a mensa, assisa davanti un desco, sul quale erano i resti della succolenta cena che ella aveva, come di consueto, fatto col curato. Ma il bravo prete se ne era andato perché alla mattina seguente doveva officiare prestissimo.

Il merciaiolo sedè allegramente a fianco di Michelina, e dopo averle dato un abbraccio, con tutto quel tanto di galanteria che teneva a sua disposizione, disse:

– Vediamo un po' che cos'è rimasto di buono. Del pollo, del prosciutto, dei tartufi di Norcia, pizza di Civitavecchia ecc. bene, benone, benissimo.

E incominciò a mangiare a quattro ganasce, suscitando l'ilarità della sua sposa, che avendo alzato un po' il gomito col curato, si sentiva in vena di tenerezze.

– Bevi, allocco – esclamava versandogli del vino; questo è di Grottaferrata asciutto, che aiuta la digestione. Poi c'è lì del moscato di Gradoli, che par...

– Piscio d'angioli?

– L'hai detto tu, sozzone.

Quando Domenico si fu ben bene rimpinzato di cibo e di vino, stimò giunto il momento di tenere alla sua pudica metà un certo discorso, che andava mulinando in testa da parecchi giorni.

– Dimmi un po' Michelina, incominciò – il curato è generoso non è vero?

– Generosissimo.

– Non ti rifiuta mai nulla?

– Non ho bisogno neanche di chiedere, suppone che abbia un desiderio, non me lo lascia manifestare, lo previene.
– Brava persona! Prete modello! Curato eccellente! Dunque se gli domandassi qualche cosa, non te lo negherebbe?
– Che dovrei domandargli?
– Che so io? De' quattrini.
– Me ne ha già dati di molti.
– Ah si? Quanti press'a poco?
– Guarda!

In così dire Michelina si alzò, andò al canterano, ne trasse fuori una cassetta fatta a mò di stipo antico, coperta di velluto, con ornamenti e borchie di metallo, si frugò nel colmo seno, e tirata fuori una piccola chiave, aprì il cassetto.

Il merciaiolo sbarrò gli occhi stupefatti e gridò:
– Ma qui ci saranno almeno tremila scudi.
– Lo credo bene.

E frattanto Michelina si divertiva a tuffare le mani bianche e grassottelle nelle monete d'oro: provava una specie di voluttà al contatto di quel prezioso metallo.

Domenico era diventato più pallido del consueto. La vista dell'oro gli cagionava delle vertigini, e più volte in pochi secondi aveva portato gli sguardi dalla cassetta alla punta di un coltello, che aveva servito per tagliar la pizza e giaceva ancora sulla tavola.

– È pericoloso tenersi in casa tutto questo denaro – disse d'un tratto.
– Perché?
– Perché si potrebbe sapere, sospettare e un bel giorno od una bella notte venirci a sgozzare in letto per derubarci.
– Sei impazzito?
– D'altronde il denaro ne' cassoni non frutta niente, invece impiegandolo saviamente, si può ricavarne interessi.
– No, no! Esclamò Michelina, la quale non voleva saperne di distaccarsi dal suo tesoro.
– C'è un bel podere da vendere presso Macerata.
– Che ne sappiamo noi di coltivazioni?
– Si potrebbe comperarlo e subaffittarlo.
– No, preferisco tenermi il mio denaro.
– Ebbene, se ti piace aver del denaro da maneggiare, mettiamo un bel negozio da mercante: io smetterò di andar per le fiere e potremo fare una vita comodissima e da buoni borghesi.
– Neppur questo mi va. Finché c'è il curato di quattrini non me ne mancheranno: dopo ci penseremo.

Il Valeri tentò con altre proposte di rimuoverla dal proposito di tenere i suoi cespiti morti, chiusi nel canterano. Ad ogni nuova insistenza Michelina diventava più inflessibile e mostravasi per giunta seccata dei discorsi del marito. Questi dovette quindi persuadersi che per il momento non c'era a far nulla, propose di coricarsi e Michelina consentì.

Il letto era come di consueto, quando il curato cenava in casa dell'amante, preparato con grande cura, colla biancheria pulita e più fina, e ben sprimacciato. La donna satura di voluttà vi entrò e Domenico dietro di lei, ma troppo turbato per pensare a sovvenire ai bisogni fisici della moglie, la quale dopo aver atteso invano qualche carezza almeno, profondamente si addormentò.

Il merciaiolo invece non poteva chiuder occhio: aveva sempre dinanzi a sé la cassetta e la mano di Michelina, che rimuginava le monete d'oro.

Passarono così lunghe ore. La testa di Domenico s'era mutata in un vulcano, gli martellavano le tempie, aveva la bocca e la gola arse dalla sete; pareva in preda ad un violento attacco di febbre. Ma a forza di volontà riuscì a dominare sé stesso, a riacquistare una tranquillità relativa ed a riordinare le sue idee.

– Colle buone, pensava, io non riuscirò mai ad ottenere nulla da questa baldracca. Essa continuerà a spillar quattrini al prete e ad accumularli. Ma chi mi assicura che non verrà il giorno in cui, presa da una passione imperiosa per qualche giovane mascalzone, non si faccia mangiar tutto da lui? Chi mi assicura che quando si sarà fatta un capitale sufficiente a vivere in una comoda agiatezza, non mi mandi all'inferno, e se ne vada a vivere da sé? Così dovrei sopportare il danno e le beffe. No, bisogna sopprimerla. Tremila scudi di patrimonio li ha, un altro migliaio di scudi almeno valgono i suoi gioielli. Con questa somma un uomo solo può vivere senza affaticarsi, e godere. Aspettare più oltre sarebbe una pazzia.

Entrato in tal ordine di considerazioni, il merciaiolo non si fermò. Formò un piano di guerra, confuso sulle prime, ma che andò man mano precisando ne' più minuti particolari, colla riflessione.

LXVI

L'ASSASSINIO E L'ESPIAZIONE

Sull'albeggiare la moglie si svegliò: si sentiva la testa pesante e indolenzita, pei fumi alcoolici. Lo disse al marito e questi le propose d'alzarsi e di andare a fare una passeggiata in montagna. L'aria fresca del mattino le avrebbe giovato. Conosceva un bugigattolo dove si vendeva dell'ottimo vino e avrebbero potuto fare un piccolo spuntino. Michelina aderì di grand'animo; balzò fuori dalle coltri e si vestì in fretta e furia. Domenico fece altrettanto e mezz'ora dopo, mentre Tolentino era ancora immersa nel sonno e non si vedeva per le strade anima viva, i due coniugi uscivano dalla città e si avviavano per la campagna ad un sentiero montano.

Man mano che salivano il sentiero si faceva sempre più ripido ed aspro, il paese fitto d'alberi, d'arbusti e di inestricabili liane. Usciti finalmente dalla macchia si videro aprirsi, innanzi uno stupendo panorama. Il sole ormai alto indorava una successione di colli digradanti verso la pianura per un lato. Sotto i piedi avevano un burrone profondo e nero; alle spalle l'erta scoscesa.

– Guarda – disse Domenico alla moglie – che bella vista.

– Stupenda! – esclamò Michelina, realmente ammirata.

In quell'istante si sentì afferrata per la vita. Credette ad un trasporto di voluttà del marito e gli si abbandonò volenterosa, benché sorpresa dal fatto inusitato.

Il merciaiolo, con uno sforzo prodigioso, la sollevò sulle braccia e la lanciò giù per il burrone.

S'udirono due gridi contemporanei e nulla più. Il corpo bellissimo della donna appariva denudato, essendosele rimboccate le vesti nella caduta e precipitando sobbalzato di picco in picco, di sterpo in sterpo si tingeva di sangue, finché giacque esamine e disfatto sul fondo del burrone.

– Ecco fatto – mormorò tranquillamente il merciaiolo che aveva voluto veder gli effetti del suo colpo; quindi rifacendo la via percorsa s'avviò a casa, pensando con gioia al piacere che avrebbe fra pochi momenti provato, ficcando pur lui le mani nell'oro del bauletto, del quale aveva avuto cura di strappare la chiave alla vittima, mentre la scaraventava nel vuoto.

Egli aveva fatto i suoi calcoli con matematica precisione. La Michelina era ben nota per la sua vita avventurosa. Nessuno l'aveva veduto tornare la sera, e nessuno uscire la mattina. Egli avrebbe potuto mostrarsi ignaro di ciò che era avvenuto e mettere intanto in salvo i suoi valori. Forse lo avrebbero arrestato: ma non si sarebbe trovata né una prova, né una testimonianza ed avrebbero dovuto rilasciarlo, dichiarandolo innocente e attribuendo il delitto a qualche amante geloso e vendicativo.

In base a questi calcoli, rientrato nel proprio domicilio, si impossessò della preziosa cassetta, vi chiuse i gioielli che la moglie aveva lasciati nel canterano e avvoltala, a mo' de' soliti involti di merce che soleva portare da un paese all'altro, chiuse la porta di casa ed uscì.

Giunto sulla via si vide venire incontro un personaggio che lo fece rabbrividire. Era il bargello, al quale s'unirono tosto due gendarmi, che lo ammanettarono e lo trassero in carcere coll'involto.

Aveva creduto d'aver compiuto il misfatto senza testimoni ed era stato invece veduto da un giovane contadino, il quale s'era affrettato a portar l'avviso alla polizia.

Domenico Valeri tentò di adottare il sistema di difesa preventivamente architettato. Ma contro di lui stava la testimonianza del contadino e il corpo del delitto. Abilmente interrogato dal giudice finì per confessare, attribuendo alla infedeltà di sua moglie il movente del delitto, e così credette di poter salvare la testa. Ma il piano non gli riuscì.

Condannato nel capo dopo sei mesi di prigionia, il 15 febbraio 1830 io fui chiamato ad eseguire la sentenza. Benché munito dei conforti religiosi, morì vilmente, portato di viva forza sul palco fatale da me e dal mio aiutante.

LXVII

L'ATTENTATO AL CARDINALE RIVAROLA – QUATTRO IMPICCATI

I movimenti rivoluzionari di Napoli e del Piemonte avevano esagitati anche gli Stati di Sua Santità e segnatamente le Legazioni. I carbonari, fierissima setta politica che si era proposta di rovesciare tutti i troni, compreso quello del Sommo Pontefice, ordivano continue congiure, aiutandosi vicendevolmente, da una provincia all'altra, da un capo all'altro d'Italia.

Per meglio riuscire all'intento, combinarono di sollevare le Romagne, custodite da scarso numero di truppe e di far di quelle il punto d'appoggio delle ulteriori insurrezioni, che andavano preparando e che dietro un primo successo dei ribelli, non avrebbero mancato di scoppiare.

Il governo pontificio era informato in parte delle loro mene e stava sull'avviso; ma gli tornava impossibile di raccogliere notizie precise, per poter colpire i capi ed i promotori, stante il terribile ordinamento della setta, la quale colpiva di morte inesorabilmente traditori veri o supposti, come s'era già veduto in Roma, nel processo di Leonida Montanari ed Angiolo Targhini, da me giustiziati al Popolo il 23 novembre 1825.

Erano trascorsi d'allora tre anni, e la carboneria, disfatta dai rovesci di Lombardia, del Piemonte e di Napoli, s'andava ogni giorno più estendendo e rinvigorendo. Anche coloro che non v'erano propriamente ascritti l'aiutavano, per paura di peggio, o almeno non ne denunziavano le opere, delle quali fossero venuti in cognizione. Ravenna doveva essere il punto di partenza del progettato movimento.

Stava allora in quella città l'eminentissimo cardinal Rivarola, uno dei membri più austeri e più acuti del sacro collegio. I cospiratori formarono l'audace progetto di impossessarsi della sua persona, per averlo come ostaggio e di ricorrere quindi alle armi per abbattere il governo del papa e sostituirvi un governo rivoluzionario, al quale avrebbero fatto capo gli altri dei paesi insorti costituendosi in lega.

L'eminentissimo Rivarola aveva l'abitudine di recarsi ogni giorno a diporto in carrozza fino alla spiaggia del mare, costeggiando la famosa Pineta, ed inoltrarsi in questa anche per breve tratto, onde godersi la soave frescura e l'aria saluberrima, pregna delle esalazioni delle piante resinose, tanto giovevoli ai polmoni.

Sull'imbrunire di una giornata dei primi di maggio 1828, il cardinale ritornava dalla consueta passeggiata, e stava per uscire dalla pineta, quando sei individui vestiti alla cacciatora e muniti di moschetti, balzarono fuori da una delle macchie più fitte: due si portarono ai lati dei cavalli gridando al cocchiere:

– Ferma, o sei morto.

Il cocchiere intimidito fermò le bestie, benché il domestico che aveva a lato, lo esortasse a spronarli per giungere sulla strada maestra.

Contemporaneamente gli altri quattro si avvicinarono alle portiere, e quello fra essi che funzionava da capo, disse, levandosi con una mano il cappello, coll'altra brandendo il fucile:

– Scenda, eminentissimo: non vogliamo farle alcun male.

– È inutile – rispose il cardinale – prendetevi pure tutto ciò che abbiamo e non versate inutilmente sangue.

– Non è la sua roba che ci preme – replicò il capobanda – non siamo ladri, siamo patrioti e vogliamo soltanto impossessarci della sua persona, che tratterremo in ostaggio.

E siccome il cardinale pareva esitante, aperta la portiera lo afferrarono per le braccia onde trarlo fuori.

Intanto il domestico era balzato in terra da cassetta ed aveva scaricato addosso ai banditi le pistole di cui era munito, disgraziatamente senza colpirli. Uno dei cospiratori che tenevano i cavalli, trasse pur lui una pistola che portava alla cintola e scaricandogliela nella testa, lo freddò.

Il rumore degli spari fece accorrere immantinente una pattuglia di gendarmi, che perlustrava la pineta.

Si impegnò tosto un conflitto a colpi di moschetto; due dei gendarmi caddero gravemente feriti. Una palla sfiorò la fronte del segretario che accompagnava il cardinale ed altre fischiarono alle orecchie di Sua Eminenza.

Ma la forza ebbe in breve ragione degli aggressori, dei quali due soli, il capo e un suo luogotenente riuscirono a fuggire; gli altri quattro vennero solidamente legati e portati a Ravenna, dietro la carrozza del cardinale, che un'ora dopo rientrava trionfante a palazzo.

La cittadinanza fu estremamente commossa dall'iniquo attentato: venne decretato lo stato d'assedio. Cionullameno gli altri cospiratori indiziati e conosciuti dalla polizia, riuscirono a sottrarsi nella notte alle sue indagini.

Si eresse il procedimento per omicidio ed attentato omicidio, contro i quattro arrestati: Luigi Zanoli, Angiolo Ortolani, Gaetano Montanari e Gaetano Rambelli. Ma per quanto si facesse per trar loro di bocca i nomi dei complici e i particolari del delitto, non venne fatto. Legati dal giuramento alla setta, rifiutarono ostinatamente di rispondere alle interrogazioni dei giudici, né valsero a rimoverli dal loro proposito, blandizie e minaccie; disprezzarono le une e le altre, e condannati tutti quanti alla forca, risposero unanimemente

> *Chi per la patria muore*
> *Ha già vissuto assai.*

L'esecuzione ebbe luogo il 13 maggio sulla gran piazza di Ravenna, occupata militarmente, per modo che non potessero accostarsi ai patiboli eretti, altro che i personaggi addetti alla curia, i soldati, e i penitenzieri.

Le finestre e le porte e le botteghe della città erano tutte chiuse e molte erano addobbate a lutto. Non una persona si vedeva per le strade. Ravenna pareva mutata in una necropoli.

Tutti i tentativi fatti per convertirli erano stati energicamente respinti dai condannati, i quali non ne vollero sapere né di confessarsi, né di confortatori religiosi e protestavano contro l'accompagno di due frati, ordinato dal cardinale.

La carretta traversò le vie deserte e silenziose, tutta circondata da soldati a piedi ed a cavallo al gran trotto.

Giunta ai piedi del patibolo, i giustiziandi scesero con un fermo passo, intrepidamente salirono uno ad uno sulle scale delle forche, e prima che il capestro stringesse loro il collo gridarono, con voce robusta, e priva di qualsiasi emozione:

– Viva l'Italia! Abbasso il papato!

L'esecuzione fu rapidamente compiuta. E io partii col mio aiutante la notte sotto buona scorta, perché era corsa voce che i carbonari volessero farci la pelle.

LXVIII

UNA FOROSETTA ECCENTRICA

Geltrude Pellegrini era la perla di Monteguidone, la perla e la stella insieme, perché alla virtù più scrupolosa accoppiava una bellezza incomparabile. Persona superba dalle forme slanciate e dense ad un tempo, capelli neri, morbidi, lucidi e lunghi per modo che quando li scioglieva sulle spalle, pareva avvolta in un peplo greco; occhi morati, pieni di languori misteriosi e di iridescenze abbaglianti; un profilo meraviglioso di purezza e di attraenza insieme; bocca sanguigna, denti bianchissimi, con lievi interstizi fra l'uno e l'altro, labbra tumidette e sensuali, pelle fine e vellutata, di quel bruno dorato pallido, che forma la disperazione dei pittori, incapaci a ritrarlo.

Appartenente ad una agiata famiglia di massai, vestiva con semplice eleganza e gusto squisito. Quando la festa si recava in chiesa, gli angioli se ne innamoravano, diceva una leggenda; ma se non gli angioli, certamente tutti i giovanotti, i quali facevano ala al suo passaggio, all'entrata ed alla uscita, indirizzandole sguardi da incendiare i pagliai e sospiri da muovere le ali di un mulino a vento.

Geltrude passava e sorrideva, senza ostentazione di una esagerata modestia e senza alterigia. Tutti quanti le volevano bene; tutti, anche le ragazze sue coetanee, forse perché non temevano in lei una rivale, avendo ella mille volte dichiarato che non si sarebbe mai maritata, perché non voleva distaccarsi dai suoi genitori, che amava, teneramente riamata.

– Geltrude – le diceva spesso la vecchia madre, – è tempo che tu pensi ad accasarti.

– Non me ne parlate nemmeno, io voglio godere della mia libertà, – rispondeva prontamente la fanciulla.

E il padre: – Pazzarella, dici così, perché non sai ancora che cosa sia il matrimonio.

– Nessun altro stato potrebbe essere per me più felice di quello che godo. Io voglio sempre stare colla mia famiglia.

– Si potrebbero accomodar le cose. Cerchiamo un marito che venga a star con noi.

– No, no, non voglio padroni, non voglio chi abbia diritto di comandarmi, di impormi la sua volontà, all'infuori di voi.

– E l'avvenire? – insisteva la vecchia – Non siamo mica eterni, noi. Un giorno o l'altro il Signore ci chiamerà a sé e tu resterai sola al mondo, in mezzo a molti pericoli.

– Non parliamo di malinconie, mamma; lasciatemi godere le gioie dell'oggi; quando arriverà domani ci penseremo.

E così si chiudevano sempre le discussioni sull'argomento fra Geltrude e i suoi genitori.

Bisogna però avvertire che la leggiadra fanciulla era un po' romanzesca: le avevano dato una educazione cittadina, sapeva ricamare, scrivere, far di conti, leggere. E leggeva assai.

La sua occupazione più favorita, quando aveva sbrigate le sue faccenduole, era la lettura. L'inverno, di sera, mentre la famiglia era adunata nel tinello e gli altri chiacchieravano o si occupavano delle cose domestiche, leggeva. E spesso se ne andava a letto portandosi un libro e continuava a leggere per parecchie ore. Nella buona stagione se ne andava a diporto per la campagna, s'internava nella macchia e trovato qualche posto, ove poteva starsene a proprio agio, si adagiava sui tappeti erbosi, o su qualche masso coperto di muschio, e leggeva.

Alle amiche che la rimproveravano della sua selvatichezza, rispondeva invariabilmente, ch'ella amava più di vivere in compagnia de' personaggi ideali de' suoi libri, che in quelli della gente di questo mondo. Pure qualche volta si acconciava a raccontar loro le storie dei romanzi che aveva divorati, e allora favellava d'amore, come avrebbe potuto farlo una fanciulla innamorata, suscitando così il sospetto, che covasse qualche passioncella segreta. Ma poi dovevano persuadersi che non era vero, e il loro stupore cresceva.

LXIX

I MISTERI ROMANTICI DELLA MACCHIA

Sullo scorcio di una giornata d'agosto Geltrude che aveva passato tutto il dopopranzo nella macchia, leggendo, s'avviava a casa, quando sentì uno scricchiolìo di fronde calpestate poco distante da lei. Si volse e si trovò faccia a faccia con un giovinotto alto e biondo vestito da cacciatore. Portava un abito di fustagno verde, alte uose di cuoio, un cappello a cencio, e il fucile attraverso le spalle.

– Scusate, bella ragazza – le disse, l'incognito – mi sono sperduto nella macchia, vorreste essere tanto gentile da insegnarmi ad uscirne?

Geltrude arrossì fin nel bianco degli occhi, vinta da un'emozione nuova.

Il cacciatore aveva degli occhi cilestrini, una voce insinuante e dei portamenti non volgari.

– Non siete né del paese, né dei dintorni? – si arrischiò a domandargli la fanciulla.

– No. Sono romano e poco pratico di questa plaga; mi hanno detto che abbonda la selvaggina in queste macchie e ci sono venuto. Disgraziatamente il mio cane si è azzoppato per un pruno che gli è entrato in una zampa e ho dovuto lasciarlo all'osteria.

– Scendendo per la macchia tre tratti di fucile, troverete a manca un sentiero traversale che conduce alla strada maestra.

– Grazie mille. Ma voi, perdonate, non seguite la stessa strada?

– No, io sono di Monteguidone, che si trova a un quarto d'ora dalla macchia e devo risalirla per giungervi.

– Peccato. Avrei fatto tanto volentieri la strada in vostra compagnia.

– Vi allontanereste di troppo dalla vostra meta e non vi converrebbe perché si approssima la sera... Le strade sono malsicure, specie pei forastieri.

– Val bene la pena di scomodarsi un poco per intrattenersi con una bella fanciulla, come voi, ed anco di correre qualche rischio.

Geltrude a tali parole si sentì ancora più calde le vampe al volto e volendo troncarla rispose:

– Addio, signor cacciatore.

E affrettando il passo si allontanò. Ma non seppe resistere alla tentazione di volgersi indietro, per vedere se l'incognito seguiva le sue indicazioni. Egli era invece sempre là, fermo al posto dove l'aveva lasciato, colle braccia incrociate sul petto e l'occhio intento a lei.

I loro sguardi si rincontrarono.

Quella sera Geltrude, si mise innanzi il libro come di consueto ma poco o punto lesse e non appena coricata spense il lume.

La sua avventura del giorno le preoccupava la mente: ella si rivedeva innanzi il biondo giovinotto e parevale d'udirne la voce armoniosa. Che più? Non le sembrava ch'egli fosse nuovo per lei. Doveva averlo incontrato altrove, forse nelle pagine di qualche romanzo.

Geltrude si alzò all'indomani mattina, che non aveva chiuso occhio. La sua fisonomia aveva in sé qualche cosa di insolito, di affaticato, di languente.

– Ti senti male. Geltrude? – le domandò premurosamente la madre.

– Punto.

– Se sei giù di cera?

– Ho dormito poco. Faceva tanto caldo.

– Perché non torni a riposarti?

– No, no. È meglio che mi goda un po' d'aria fresca.

La madre non insistette più oltre e Geltrude attese come di consueto alle bisogna di casa, affrettando con voti il pomeriggio per recarsi a passeggiare e a leggere nel bosco. Sentiva come un vago presagio che l'attendeva qualche cosa di inusato. Forse sperava di incontrarvi di nuovo il cacciatore.

I presagi di una fanciulla si avverano sempre, segnatamente quando sono ispirati dal cuore.

Giunta poco lungi dal posto dove aveva passato il dopopranzo il giorno innanzi, vide un'ombra, la quale prese tosto consistenza e forme precise: quelle del cacciatore dagli occhi cerulei. Sostò un momento perplessa, ma si decise tosto e continuò la strada; quando fu innanzi all'incognito, gli volse per prima la parola.

– Ancora qui, signore? Avete dunque fatto buona caccia, ieri?

– Non quale la desideravo – rispose l'incognito. – Vi aspettavo.

– Aspettavate me? Eppure, a quest'ora, avreste dovuto conoscer bene la via.

– Sedete, Geltrude – disse l'incognito, facendole posto sul masso colla maggiore naturalezza del mondo e come si fosse trattato di una vecchia conoscenza.

Sedotta da quelle maniere disinvolte, senza soverchia affettazione, Geltrude accettò l'invito e sedette.

– Come conoscete il mio nome?

– Me lo hanno detto in paese.

– Vi siete dunque occupato di me?

– Sì, perché vi amo.

La fanciulla si levò di scatto: quella parola buttata là così, senza circonlocuzioni, l'aveva offesa. Con chi credeva d'avere a che fare quel cacciatore ardito?

– Sedete, – ripeté l'incognito – e non vi offendete. So che siete una fanciulla virtuosa, che non avete mai avuto amanti, che non volete saperne di matrimonio. Se vi confesso candidamente il sentimento che mi avete ispirato, credo di mostrarmi onesto e leale. Temete forse di me?

– No – rispose francamente Geltrude.

– Riprendete dunque il vostro posto. Non ho nulla a dirvi che possa appannare la vostra virtù. Vi amo. Ebbene che male c'è?

La fanciulla non rispose; ma si lasciò convincere dalla voce insinuante del cacciatore e gli sedette di nuovo a fianco.

– Anch'io m'ero proposto di non ammogliarmi: e non ho amato mai. Voi siete la prima fanciulla che mi ha fatto deviare dal mio proposito. Forse non ci rivedremo più. Ma permettete che vi manifesti l'animo mio.

– Ebbene? – mormorò Geltrude chinando gli occhi.

– Sarei tanto fortunato d'avervi ispirato un briciolo di simpatia? È una domanda indiscreta, lo so, e vi autorizzo a non rispondere né ad essa, né a quelle che per avventura mi sfuggissero. Io non ho dormito la scorsa notte, e voi?

– Neppur io – sussurrò la fanciulla.

– La vostra immagine mi è sempre stata innanzi agli occhi. Per quanto mi vi sforzassi non sono riuscito a fugarla.

– Mi è accaduto altrettanto.

– Sarei infelice se non dovessi più rivedervi, se non dovessi più parlarvi, se non dovessi più ascoltarvi. E voi?

– Forse anch'io.

– Voi non volete maritarvi pei vostri genitori, io non posso...

– Perché?

– A che servirebbe il dirvelo? Forse per una causa simile. Ma non potrebbe continuare questo mutuo scambio di confidenze e di affetti?

Geltrude sollevò la testa che teneva china al suolo e guardò negli occhi del cacciatore. Era più che una risposta, era più che una confessione. Era un assenso.

LXX

UN'ORGIA D'AMORE

I convegni fra Geltrude ed Enrico – tale il nome del cacciatore, – continuarono ogni giorno e finirono a diventare sempre più intimi. Mutavano il luogo, ma di volta in volta si internavano sempre più nella macchia.

– Noi intessiamo un romanzo – diceva il giovanotto alla fanciulla.

– E ciò val meglio di leggerlo – rispondeva Geltrude sorridendo.

– E non arriveremo mai all'epilogo?

– Sarebbe finito e non si potrebbe ripigliar da capo.

Un dopo pranzo, un improvviso temporale li sorprese, mentre passeggiavano nella macchia. Grossi goccioloni incominciavano a cadere, forieri di un terribile acquazzone. Infervorati nel discorso non se n'erano avveduti in tempo e fu ventura per loro di trovarsi vicino ad una grotta naturale, da Geltrude ben conosciuta, dove poterono ripararsi.

In breve la pioggia diventò diluvio. Soffiava una raffica terribile che pareva volesse schiantare tutti gli alberi della selva. Le scariche elettriche si succedevano con rapidità spaventosa; talché v'erano dei momenti in cui il bosco pareva in fiamme.

Accoccolati uno vicino all'altro sopra un pezzo di roccia, staccata dalla volta della grotta, dalla quale pendevano le stallatiti, bizzarre nella forma elegante, guardavano fuori l'imperversare del tempo senza sgomento; si sarebbe detto che assistessero ad uno spettacolo. E di tratto in tratto, si comunicavano le loro impressioni. Geltrude si sentiva invasa da un senso arcano, che le faceva scorrer dei brividi acuti e deliziosi nelle vene. Talvolta il bruno dorato della sua pelle acquistava dei toni caldi e i suoi occhi sfolgoreggiavano, come i lampi. L'aria satura di elettricità influiva sui suoi nervi.

Enrico lo comprendeva, ma non tentava di approffittarne. Aveva preso sul serio quella relazione tutta spirituale e non voleva mutarle il carattere, o prolungandola acuiva maggiormente la passione fisica?

Quando Dio volle l'infuriare del temporale cessò; la pioggia rallentò, tacque il vento e un iride superba stese il suo arco settemplice sulla volta celeste.

– È passato – disse Geltrude sospirando e togliendosi a malincuore dal fianco del biondo cacciatore. Enrico non cercò di trattenerla, si alzò pur lui ed entrambi si affacciarono all'imboccatura della grotta. Allora uno spettacolo nuovo si offerse loro. Innanzi alla grotta scorreva impetuoso e rumoreggiante un torrente d'acqua giallastra e limacciosa, travolgendo con sé rami d'alberi, massi di pietre ed animali.

Si trattava di una inondazione in piena regola. Un corso d'acqua superiore gonfiato dalla pioggia aveva straripato e scendendo giù per la selva, aveva formato nella parte avallata quella specie di fiume improvvisato.

Per riguadagnare la parte alta del bosco e la strada, era mestieri attraversare quel torrente; e non c'era tempo da perdere, perché le acque ingrossavano sempre più e il tramonto si avvicinava.

– Bisogna uscire ad ogni costo – disse Enrico, non senza inquietudine.

– Usciamo – rispose sospirando Geltrude, tentando di mettere il piedino fuori della soglia della grotta.

Il cacciatore la trattenne appena in tempo.

– Siete pazza esclamò – l'acqua arriverà già a quest'ora sopra le mie ginocchia, e la furia con cui scende vi travolgerebbe.

– Non possiamo passar qui la notte – rispose gaiamente la fanciulla, inconscia del pericolo. Come fare?

– Concedete che io vi trasporti sulle braccia attraverso il torrente.

Per tutta risposta Geltrude con ingenuo abbandono passò il manco braccio attraverso al collo del cacciatore e appoggiò all'omero di lui la bellissima testa. Enrico la sollevò come una bimba e mosse i primi passi nel torrente. Ma il fondo era sdrucciolevole; l'acqua rapida e saliva molto più che egli non credesse. In breve sentì che non avrebbe potuto resistere alla furia e dovette ritornare indietro e posare sulla soglia della grotta il prezioso fardello.

– Impossibile! – esclamò.

Ma oltre all'emozione prodottagli dalla situazione, Enrico si sentiva invaso da un'altro trasporto. Quelle morbide forme che egli aveva cullato nelle sue braccia poderose per alcuni istanti, l'alito soave di Geltrude che si era confuso col suo, il contatto dei loro capelli, lo avevano reso pazzo di amore, sentiva che lo trascinavano...

E Geltrude rideva, rideva sempre.

– Ma non sai, disgraziata, – gridò riaccostandosele e protendendole di nuovo le braccia, che siamo perduti?

– Che importa se mi ami? – rispose collo stesso tono eccitato la fanciulla, in preda pur essa al fascino della passione. Un istante di felicità, non vale una vita stupida e noiosa?

Enrico afferrò di nuovo Geltrude fra le braccia e stringendola disperatamente al seno le diede un bacio, sulle labbra, lungo, intenso, snervante. E fu quello il punto che li vinse.

Fu un'orgia di amplessi frenetici, quella a cui i due giovani inebbriati si abbandonarono; un'orgia, nella quale la passione toccò lo zenit. Si credevano votati a morte sicura e volevano giungervi per un'agonia deliziosa.

Un ultimo raggio di sole occiduo, traversando fra le fronde degli alberi penetrò nella grotta a svegliare i due innamorati dal loro delirio; si sciolsero simultaneamente dall'ultimo gagliardo amplesso e tornarono sul limitare del loro ricovero.

L'imperverso torrente aveva smessa la furia della sua corsa, le acque erano discese a un bassissimo livello e fu agevole al cacciatore di attraversarlo, e di riguadagnare la strada della macchia, portando in salvo la fanciulla che aveva ripresa sulle sue braccia tuttora fremebonde.

LXXI

MATRIMONIO PER RIPIEGO

Da quel dì fatale Geltrude subì una trasformazione. Alla giocondità consueta, successe in lei una malinconia dolce e soave. Amava il consorzio de' suoi genitori come per l'addietro, ma passava delle intere giornate sola nella sua camera. Le sue assenze si facevano più frequenti e più lunghe.

Ella s'era data pienamente in balìa della passione che l'aveva travolta, e i suoi amori con Enrico continuavano più ardenti che mai. Ma l'inverno si avvicinava. I convegni nella macchia diventavano impossibili, e per lo meno ingiustificabili. E già più d'una volta i due amanti favellando avevano dovuto trattare lo spinoso argomento della separazione, senza nulla concludere.

– Enrico, disse finalmente la fanciulla, al cacciatore, tu mi hai detto che non potevi pensare al matrimonio, vorresti confessarmene il perché, francamente, schiettamente? Io non ho alcun rimprovero a farti. Mi sono data a te senza patti, senza condizioni, perché così la sorte ha voluto. Parla, sono pronta a tutto.

– Perché rammaricarci?

– Parla Enrico. Ho abbastanza forza per udire la verità e coraggio per sopportarla. Forse sei...

– Lo vuoi assolutamente sapere?

– Lo voglio.

– Ebbene, sì, sono...

– Dillo.

– Sono ammogliato.

Geltrude chinò il capo sul seno e stette per alcuni istanti assorta in meditazione. Enrico non osava distoglierla. Quando ebbe a lungo riflesso e parve aver presa una determinazione; si alzò e tendendo la mano all'amante, gli disse con ferma voce:

– Tutto è finito. Enrico addio. Dimenticami, se puoi; io non ti dimenticherò mai.

Il cacciatore le strinse la mano portagli, la baciò e ribaciò, la rigò di lagrime, ma non disse verbo.

E così si lasciarono.

Tre mesi dopo gli abitanti di Monteguidone erano sorpresi da una grande notizia. Geltrude Pellegrini si faceva sposa di un ricco bottegaio romano sulla quarantina.

Le nozze si celebrarono con grande pompa e solennità. Dodici ragazze del paese, in bianchi vestiti, l'accompagnarono all'ara. Dalla casa alla chiesa fu una processione. Le finestre delle case per le quali passava il corteo erano addobbate e piovevano sovr'esso freschi fiori; le campane suonavano a festa. La gente si affollava sul passaggio. Vi fu distribuzione larga di denari e di derrate ai poveri. Nella casa del vecchio massaio ebbe luogo un sontuoso banchetto e levate le mense si ballò.

La sposa appariva palliduccia, ma pur sempre bella. Lo sposo era raggiante di felicità. E di quegli sponsali rimase la tradizione nel paese.

Compiuto il viaggio di nozze Geltrude Pellegrini e suo marito si stabilirono in Roma e la loro vita consuetudinaria incominciò e continuò tranquilla e serena. Toto era innamorato di sua moglie, e le riservatezze di questa non facevano che alimentare la sua passione, la quale si traduceva in gentilezze, cure e prodigalità infinite.

Non tardarono i vagheggini a farsi intorno all'avvenentissima donna, come già si erano fatti intorno alla leggiadra fanciulla, ma inutilmente, Geltrude si mostrò insensibile a qualsiasi seduzione e seppe frenare le audacie dei più intraprendenti, senza suscitar scandali e senza compromettere il marito o le faccende del negozio, nelle quali in breve diede mostra di accorgimento e di un tatto non comune.

Così si acquistò le simpatie universali e colle simpatie il rispetto e l'ammirazione. Avevano creduto di aver a che fare con una mezza contadina e si trovavano invece innanzi una persona non solo civile, ma dal portamento e dall'educazione quasi signorile.

– Guarda un po' com'è fortunato quel Toto – dicevano i suoi compagni – è già sulla quarantina e si è pescato un boccone da principe, onesta e virtuosa, quanto bella, ed esperta negli affari del negozio, come se ci fosse nata.

Toto gioiva de' trionfi di sua moglie e sentiva farsi sempre maggiore l'adorazione per lei. Un solo dispiacere provava, ed era quella di non aver figli. Attribuiva ciò alla ritrosia di Geltrude, ma si confortava dicendo: «Quel che non è venuto verrà.» E agli amici che per beffarlo gli domandavano se aveva bisogno d'aiuto, per assicurarsi un successore, rispondeva:

– Provatevi pure, se ci riuscite.

Tanta e tale era la fiducia che riponeva nella incontestata virtù di sua moglie.

Aveva veramente dimenticato Geltrude il suo primo ed unico amore? Si era completamente atrofizzato il suo cuore? Si era spento quell'ardore del suo sangue, che l'aveva tratta a darsi così completamente ad Enrico?

Lo vedremo.

LXXII

INCONTRO INASPETTATO

Benché stabilito anche lui in Roma, la romantica innamorata del biondo cacciatore di Monteguidone, non l'aveva mai riveduto. E questo contribuiva alla sua tranquillità.

Una mattina Geltrude se ne stava seduta nel fondo del negozio, quando la sua attenzione fu richiamata da un lontano salmodiare di voci, che si andava avvicinando e nel contempo vide la gente di fuori accalcarsi sui marciapiedi. Doveva essere un trasporto funebre di qualche importanza. Spinta dalla curiosità si affacciò anch'essa, per assistere dalla soglia della bottega allo sfilare del funebre corteggio.

– È una zitella, poveretta – diceva una donnicciuola. Vedete che ha il panno bianco, sul feretro.

– No, rispondeva un'altra.

– E chi è, dunque?

– Una signora morta di parto.

– Poverina, lascia dei figliuoli?

– No. Era il primo, dopo parecchi anni di matrimonio.

– Guarda un po' che disgrazia.

Il convoglio intanto si avvicinava preceduto e seguito da una quantità di frati dei vari ordini e da una folla di persone per bene, munite di grossi ceri, che alternavano le preci e i canti funebri. E il chiacchierio degli spettatori e delle spettatrici continuava.

Chi ne sapeva qualche cosa, lo diceva, per mostrarsi ben informato. Chi non sapeva nulla, o inventava delle fole, o chiedeva notizie ai vicini.

– Vedete – disse d'un tratto quella che pareva meglio al giorno delle cose – il marito, segue la cassa, col padre e coi fratelli.

– Qual è il marito? – si richiese d'ogni parte.

– Quello là biondo, nel mezzo, tutto vestito di nero.

– È un bel giovanotto, troverà presto da consolarsi.

– Povero sor Enrico!

All'udire questo nome Geltrude, colta da uno strano presentimento, uscì dal negozio e mischiandosi alla folla, volse lo sguardo dalla parte indicata dalla donnicciuola.

Impallidì subitamente, si appoggiò alla parete, ma sarebbe indubbiamente caduta al suolo, se gli astanti non se ne fossero accorti e non l'avessero sorretta.

– Sora Geltrude vien meno, bisogna portarla nel negozio disse una bottegaia sua vicina.

– Poveretta! È tanto buona. Non ha potuto resistere all'emozione.

– Quando non si ha più coraggio di una gallina, si dovrebbe starsene a casa.

Così si diceva intorno, mentre un forte giovinotto levandosela sulle braccia la trasportava in negozio.

Lo svenimento di Geltrude portò un po' di scompiglio nel corteggio e fu avvertito da coloro che lo formavano e segnatamente dal giovinotto biondo, che era stato designato per il vedovo marito, il quale parve assai commosso da quell'incidente e pur continuando a seguire il feretro dell'estinta, volgeva frequentemente il capo verso la bottega di Geltrude, finché gli fu dato di vederla.

– È un conforto per chi soffre, veder diviso il proprio dolore sentenziò un rigido signore, rispondendo all'osservazione di taluno, cui sembrava strano quel contegno.

Quando Toto tornò a casa, trovò la sua cara sposa adagiata sul letto, e circondata dai garzoni e dalle donne del vicinato, perché lo svenimento di Geltrude aveva quasi avuto le proporzioni di un deliquio. E le sue smanie non cessarono se non quando la vide pienamente ristabilita.

Ma convien dire che l'impressione della donna fosse stata ben terribile, perché le lasciò in fondo una tristezza, che indarno cercava di vincere.

LXXIII

L'APPUNTAMENTO – DA CAPO

Passò così una settimana.
Sull'imbrunire di un sabato Geltrude se ne stava sulla soglia della bottega, guardando la folla della gente che andava e veniva per un verso e per l'altro, quando i suoi occhi si fissarono sopra un uomo che fermo sull'angolo della via dirimpetto guardava intensamente il suo negozio.
Non tardò a riconoscere in lui, Enrico, il biondo cacciatore di Monteguidone, lo sconsolato vedovo che aveva veduto sette giorni innanzi seguire il feretro della moglie. Una subita emozione si impossessò di lei; con un breve chinar del capo, accennò affermativamente alla muta interrogazione che sembrava farle.
Enrico mosse alcuni passi giù per la via, quindi tornò indietro e passando rasente il negozio di Toto, porse a Geltrude un pezzo di carta arrotolata, che teneva fra le dita, senza soffermarsi, e senza salutarla.
Geltrude, si cacciò in tasca il biglietto e rientrò prontamente in bottega: i garzoni avevano accesi i lumi ed ella potè leggerlo Diceva semplicemente: «Domenica alla 10 a San Pietro». Si alzò, fece il biglietto in piccolissimi pezzi e recatasi sul limitare del negozio, li sparse nella strada.
Aveva deciso di vincere quella tentazione, di resistere all'inclinazione che la trasportava, di rifiutare l'appuntamento e di conservarsi fedele ed intemerata moglie.
Ma le memorie del passato ripresero il sopravvento durante la notte, che scorse per lei agitatissima. Verso il mattino credette d'aver vinta la battaglia e che la palma fosse rimasta al dovere, e si addormentò, proponendosi irremissibilmente di non recarsi al convegno, di tagliare alle radici, quella passione che accennava a risorgere. Dormì fino alle otto del mattino cullata da rosei sogni di larve gentili e carezzevoli. Quando si svegliò la vittoria era rimasta in pugno ad Amore.
Toto era uscito, senza destarla, e aveva lasciato detto che sarebbe tornato soltanto a sera, perché doveva andare a Frascati per un certo suo affare.
Geltrude si vestì colla consueta eleganza, ma senza sfarzo di ninnoli e di gioie, uscì e si trovò, quasi senza saperlo, forse senza volerlo, sulla gradinata di San Pietro. Sulla porta del tempio Enrico l'attendeva. Che si dissero?

Una sola cosa. Enrico era libero di sposarla. Geltrude non era più tale. Apparteneva ad un altro uomo. Enrico l'amava sempre disperatamente, come il primo giorno che l'aveva veduta. Geltrude non lo amava meno, ma non aveva avuto il coraggio d'attendere. L'ostacolo insormontabile alla loro felicità l'aveva creato lei. Avrebbero continuato una relazione clandestina? Perché allora l'avevano interrotta, spezzata anzi violentemente a Monteguidone?

Usciti dal tempio erano saliti a Monte Mario e Roma cominciava già ad avvolgersi nei vapori del tramonto quando si decisero di scendere. Enrico accompagnò la bella, ormai decisa al peccato, fino a Ponte Sant'Angelo, e Geltrude rientrò in casa pochi minuti prima di suo marito.

– Sei uscita oggi? – le domandò.

– Ho passata la giornata a Monte Mario: avevo bisogno di prendere un po' d'aria.

– Hai fatto bene. Ora ti senti meglio?

– Sto benissimo.

Cenarono allegramente e coricatisi presto, fu Gertrude prodiga di sé al marito più assai, e più intensamente del consueto. Ma a chi volava il suo pensiero?

Toto ne fu felice e beato. Tanto è vero che la felicità è relativa.

I convegni fra i due amanti si moltiplicarono; ma furono condotti colla massima cautela. Geltrude chiedeva spesso ad Enrico:

– Se fossi libera?

– Ti sposerei.

– Lasceresti Roma?

– Con te verrei anche in capo al mondo.

LXXIV

L'ULTIMA NOTTE DEL MARITO

Toto, sollecitato da Geltrude, aveva ceduto il proprio negozio, perché intendeva ritirarsi dagli affari. Era abbastanza ricco per poterlo fare e non gli pareva vero di poter dedicare tutta la sua vita alla moglie, i cui trasporti erotici erano da parecchio tempo diventati inebbrianti. Egli non sapeva spiegarsi quella metamorfosi strana, ma ne accettava i benefici, senza indagarne la causa. Forse nella vanità che è innata nell'animo umano, la attribuiva all'ardenza del suo amore, alla gagliardia dei suoi amplessi.

Geltrude era in preda ad una straordinaria sovreccitazione erotica. I suoi ritrovi coll'amante non bastavano a saziarla: se ne ripagava col marito. Poi quando l'effervescenza della passione era calmata, questi le destava una ripugnanza invincibile. Ma era abbastanza destra, e già abbastanza corrotta per dissimularla. Il pensiero però che rinunziando al negozio ed agli affari si sarebbe trovata in piena balìa di quell'uomo, che se lo avrebbe avuto sempre al fianco, che non le verrebbe più fatto di incontrarsi col suo idolo, l'atterriva e la raffermava nel feroce proposito già formato di sbarazzarsi di lui. Quella notte doveva essere l'ultima del suo supplizio. Bisognava uscire ad ogni costo da una situazione insostenibile.

Aveva in casa un lungo ed affilato coltello, che pareva fatto con un pezzo di lama di spada, foggiato a pugnale. Mentre, estenuato dalla lotta amorosa s'era assopito, Geltrude scese pian piano dal letto e andò a munirsi di quel micidiale strumento. Ritornando si accorse che il marito aveva aperti gli occhi e si affrettò a nascondere l'arma sotto il guanciale. L'uomo si svegliò di fatto e le domandò:

– Che hai, Geltrude?
– Nulla, amor mio, rispose la perfida.
– Perché non dormi?
– Sono tutt'ora in preda all'ineffabile piacere che mi hai arrecato.
– Sei un angelo!

Per tutta replica Geltrude gli cinse un'altra volta il collo colle bianche braccia, squisitamente modellate e cacciandogli la mano dalle dita rosee e affusolate nei capelli, l'attirò a sé e lo baciò sulla bocca.

Fu una nuova giostra, lunga, terribile, snervante, in capo alla quale il povero marito giacque completamente spossato, rifinito di forze, impossibilitato a muovere un braccio a sua difesa. Geltrude stette per lunga pezza sorridente a vederlo ed egli, l'incauto, si addormentò tranquillamente, accarezzato da quello sguardo, che credeva pieno d'amore e di riconoscenza.

Quando si fu assicurata che il marito era immerso in un sonno duro e profondo, Geltrude balzò dal letto seminuda come era e afferrato il pugnale, con un terribile colpo glielo immerse nel petto spaccandogli il cuore.

Il disgraziato non mandò un lamento, spalancò gli occhi e tosto li richiuse, quasi non volesse conoscere la persona che lo aveva colpito. Dopo brevi momenti era morto e irrigidito nel letto. Geltrude gli coprì il capo colle coltri, lasciandogli infisso il pugnale nella ferita; quindi si accinse a vestirsi tranquillamente, senza un'ombra di terrore o di rimorso. Il primo ostacolo alla sua felicità lo aveva rimosso la sorte, facendo morir di parto la moglie del suo amante. Giudicava pertanto naturale ch'essa avesse a togler di mezzo l'altro. Quell'uomo, anziano, brutto, avea goduto anche troppo di lei. Non poteva dire di averla pagata troppo cara.

Tali i pensieri dell'assassina, mentre compiva i preparativi della partenza.

Raccolti tutti i suoi effetti preziosi, i denari che il marito aveva ritratti dalla vendita del negozio già effettuata, e i valori che possedeva, e messili in una valigia, che richiuse co' suoi indumenti necessari e colla biancheria, mise il resto dei suoi effetti in un'altra valigia, e pian piano uscì, serrando la porta accuratamente.

LXXV

GLI ULTIMI AMPLESSI COLL'AMANTE DOPO L'ASSASSINIO

Cominciava appena a far giorno, quando giunse a casa dell'amante, affaticata, stanca, anelante, ma sempre ebbra d'amore e smaniosa di gettarsi nelle braccia di lui.

Sentendo bussare leggermente alla porta, Enrico si tolse dal letto e andò ad aprire, non sapendo ideare chi potesse a quell'ora cercarlo. Ma appena la vide, esclamò sorpreso e trasognato:

– Geltrude!
– Io.
– Tu qui? A quest'ora? Come mai?
– Lasciami portar dentro le valigie e lo saprai.
– Le valigie?
– Sì, ti sorprende?

Il giovinotto aderì alla richiesta di Geltrude, perché non poteva crudelmente lasciarla sulla porta di casa. Ma quel carico che gli cascava improvvisamente sulle spalle non gli garbava di soverchio: lo preoccupava assai. Come tutti gli amanti, nel trasporto della passione aveva risposto affermativamente a tutte le domande della sua innamorata, benché gli sembrassero molto strane ed arrischiate; ma era ben lontano dal credere che quei propositi, scaturiti dall'ebbrezza, fra un bacio e l'altro, avessero a tradursi in fatto, e sopratutto a tradursi in fatto così sollecitamente.

Come ebbero trasportate in casa le due valigie, Enrico infreddolito si ricacciò tra le coltri.

– Che fai? gli disse Geltrude stupita.

– Non vedi? Mi corico. Fa un freddo birbone. Non vorrei prendere una costipazione. Si fa presto ad andarsene all'altro mondo e sarebbe troppo comodo a tuo marito.

Geltrude a quell'uscita sorrise sinistramente; i suoi occhi mandarono un bagliore di fiamma. Benché sorpresa da quella accoglienza non proferì verbo; e attribuendo all'amante il desiderio di gioire di lei, incominciò a spogliarsi.

– Vieni a letto anche tu? le chiese Enrico.
– Poiché ci sei tu...
– È il meglio che ci resta a fare.
– Bisogna però pensare a partire.
– A partire?
– Certamente. Non vorrai credo, che io resti qui. Lo scandalo sarebbe troppo grosso e collo scandalo il pericolo.

Le preoccupazioni d'Enrico crescevano di momento in momento. Egli non era per nulla disposto a mettersi nella briga di un'unione clandestina, con una donna fuggita dalla casa maritale. Le sue supposizioni non andavano oltre. Al primo risveglio della passione, incontrando Geltrude, gli era parso possibile tutto. Ma sbolliti i primi entusiasmi, gli era rinata la riflessione. Ed era giunto già a tale da reputare come un grave impiccio per lui quell'amore troppo fervente e troppo esclusivo.

Geltrude dal canto suo s'era accorta che Enrico non aveva capito quello che era accaduto fra lei e suo marito e non si sentiva il coraggio di confessarlo.

Quando si fu completamente spogliata ed ebbe preso posto nel letto, pensò che la confessione gli verrebbe più spontanea, fra i deliri degli amplessi. Ma anche questi deliri non vennero punto. Tutto assorto nel pensiero delle conseguenze della fuga di Geltrude, Enrico fu quella mattina un pessimo amatore; gli mancava, se non la lena e la vigoria, l'entusiasmo. Geltrude ne provò una delusione crudele; ma sperò ancora.

– Ora è mestieri che ci alziamo – disse.
– Alzati pure.
– E tu?
– Io resto.
– Ma disgraziato! noi non possiamo rimaner qui, esclamò, esterefatta da quel contegno del suo amante, Geltrude. – Bisogna andarsene, se no saremo sorpresi.
– Ascolta Geltrude – le rispose Enrico, oramai deciso a disingannare quella donna ed a farla tornare da suo marito – le pazzie, sono sempre pazzie: si fa presto a dirle, quando la testa riscaldata non sta a segno; ma prima di commetterle, bisogna pensarci e ripensarci bene.
– Non è più tempo: ormai è fatto.
– Si è sempre in tempo per rimediare ad un errore, a un fallo, o ad una colpa:

Geltrude volle sorridere ancora; ma il suo non fu neppure un sogghigno amaro, fu una contrazione spasmodica della bocca.

Fortunatamente l'amante non la vide; gli avrebbe destato orrore. Enrico continuò:

– Ritorna da tuo marito, raccontagli una bubbola purchessia, e ti crederà. Che cosa non credono i mariti, quando si tratta di non perdere una bella moglietta come sei tu?

Queste blandizie, invece di lusingare Geltrude, la fecero impallidire, come una morta. La freddezza dell'amante, era una doccia su la passione che l'aveva condotta fino all'assassinio del marito. Lo spettro dell'ucciso, si levava in quell'istante innanzi ai suoi occhi, terribile e minaccioso. Ella incominciava a sentirsi perduta, irremissibilmente perduta, e ne era sgomenta.

– Impossibile! – mormorò rabbrividendo.

– Perché impossibile?

– Impossibile, ti dico.

– Fole. Vattene in un albergo, colle tue valigie. Scrivigli una lettera, dicendogli che hai lasciato la sua casa, perché... perché...

– Perché ho un amante? – chiese Geltrude con accento tragicamente ironico.

– Non è il caso. Ma non saresti la prima, come non saresti la prima perdonata da un marito tradito.

– Enrico, tu mi hai perduta!

– No, ti ho trovata.

– Celii? E non ricordi che mi giurasti di non vivere che per me, che di me, quando fosse rimosso l'ostacolo che ci divideva?

– Sta bene. Ma l'ostacolo esiste, e per ora almeno, non è possibile toglierlo di mezzo. Né urge. Noi siamo felici anche così? Non possiamo continuare ad esserlo egualmente?

– Felici? Ho creduto di poterlo essere ancora, ad onta...

– Ad onta di che?

– Ad onta di tutto. Ma la glaciale freddezza con cui mi accogli, con cui rispondi a colei, che ha tutto sacrificato per te... mi ha completamente delusa.

– Parole! Parole! Benedette donne, se non chiacchierate, se non declamate, se non piangete...

– Piangere io? Ascolta. Non ho pianto il giorno in cui seppi d'essermi data ad un uomo che non poteva sposarmi, non ho pianto stanotte quando mi decisi...

– A fuggire da tuo marito. Sarebbe stato meglio che avessi versato quattro lagrime e ti fossi rappattumata con lui.

– Vile! Codardo! Infame! – urlò Geltrude che era scesa dal letto e si andava rivestendo, movendo co' pugni stretti verso Enrico, tuttora giacente. E forse se avesse avuto fra le mano il pugnale, con cui aveva nella notte trafitto il cuore del marito, avrebbe fatto altrettanto coll'amante.

Enrico tentò di rappacificarla.

– Via, che parolacce son queste Geltrude? Non le ho udite mai sulle tue labbra. Perché vuoi contaminarle ora?

Il giovane aveva messo tutta la tenerezza, tutta la dolcezza di cui era capace, in questo rimprovero: la sua voce suonò all'orecchio di Geltrude soavissima.

LXXVI

AMORE E RIBREZZO

Si dileguarono in un baleno le truci memorie e i truci propositi. Si chinò sopra l'amante lo baciò, ribaciata, con tutta l'effusione dell'anima e gli mormorò all'orecchio:
– Se sapessi quanto t'amo.
– Lo so, ti credo e non ti amo meno.
– Eppure mi discacci.
– Non ti discaccio punto. Ti impedisco di commettere una pazzia, che sarebbe la tua rovina.
– Fuggiamo, Enrico. Qui non posso più stare, e andarmene non voglio senza di te.
– E dàlli con questa ubbia.
– Ubbia la chiami?
– Sì, se ubbia significa ancora una cosa irrealizzabile.
– Ma non capisci che non posso ritornare alla casa di mio marito, che ho abbandonata per sempre, portando via tutto, tutto; la roba mia e la sua?... Vedi in quelle valigie sono tutti gli averi di mio marito. Il ricavo della vendita del negozio, i denari, le gioie, i valori.
Enrico a, quella rivelazione si rizzò a sedere sul letto, in preda ad un orrore, che non tentava neppure di dissimulare.
– Ma questa è un'infamia! Tu vuoi farmi passare per tuo complice, vuoi disonorarmi! Prima ti pregavo di ritornare da tuo marito, ora te lo impongo.
– Me lo imponi?
– Certamente. Come ti impongo di riportargli quella roba. Mi par di sentirmi bruciare le mani, soltanto per aver toccate quelle valigie. Se si potesse sapere, se si potesse credere...
– Non si saprà nulla, non si crederà nulla, accertatene.
– Io potrei bene sfidare il giusto sdegno e l'ira di tuo marito, per avergli portata via la moglie; ma morrei di vergogna se avesse ragione di sospettare che...
– Non temere egli non sospetterà nulla.
– Dovrà pur accorgersi...

– Non si accorgerà di nulla.
– Geltrude spiegati. Quali arcani mi nascondi?
– Nessuno arcano. Mio marito era l'ostacolo che ci separava; tu mi hai detto che se fosse stato tolto, mi avresti sposata, e saremmo stati liberamente uniti per tutta la vita.
– Ebbene?
– Ebbene, questo ostacolo non esiste più.
– Come?
– È soppresso.
– Finiscila colle ambiguità, in nome di Dio, non istraziarmi. Parla.
– Vuoi saper tutto?
– Tutto.
– L'ho ucciso questa notte, sul far del giorno, un quarto d'ora prima di giunger qui, con questa mano stessa che lui ha tante e tante volte baciate, l'ho ucciso per te, per amor tuo, l'ho ucciso per diventar tua moglie.
– Orribile! Orribile! – esclamo Enrico comprimendosi con ambo le mani la testa, per contenere il tumulto de' pensieri. – E questo mostro, questa assassina, mi ha prodigate le sue carezze, colle mani ancor lorde di sangue!
Enrico accompagnò queste parole con un atto di disgusto, di nausea, di ribrezzo tale, che Geltrude ne fu colpita nell'imo del cuore. Comprese che tutto era finito per lei, e, senza più, raccolte un'altra volta le due valigie, si precipitò fuori della porta, senza profferire una parola, e senza che l'amante tentasse di trattenerla.
Non appena la vide uscita, Enrico balzò dal letto, corse a chiudere la porta, e la sbarrò guardandosi attorno, pauroso di rivederla ancora.

LXXVII

LA CONFESSIONE E LA PUNIZIONE

Uscendo dalla casa dell'amante, Geltrude incontrò una vettura, chiamato il cocchiere, si fece caricar su le due valigie e gli ordinò di condurla da Monsignor Fiscale. Era estremamente pallida, aveva i capelli irti sulla fronte, gli occhi infossati, le labbra tremanti: aveva la febbre. Ma la fresca aura del mattino la calmò e giunse innanzi a monsignore in condizioni di poter essere ricevuta senza allarmare gli usceri e le guardie. Il severo magistrato non appena la vide, sempre bella, anzi resa forse più attraente dal pallore del volto e dalla fisionomia accasciata, sorse, e le mosse cortesemente incontro, e la invitò a sedere nella miglior poltrona del suo gabinetto: quindi passatole a lato un'altra scranna, come avrebbe potuto fare con una signora di qualità, le domandò:

– Che posso fare per voi? Assicuratevi anticipatamente di tutta la mia deferenza.

Geltrude mandò un profondo sospiro.

– Qualche segreto affanno, certamente vi conduce – Apritevi liberamente con me. Nell'esercizio delle mie funzioni io sono una tomba vivente e queste pareti non hanno né occhi, né orecchie continuò il fiscale.

– Ho una terribile rivelazione a farle, monsignore, mormorò Geltrude fissandolo negli occhi.

– V'ascolto e sarò felice di potervi giovare.

– Per me non v'ha lenimento possibile, malgrado la vostra buona volontà.

– Siete sotto un'impressione sinistra, tranquillizzatevi: c'è rimedio per tutto, fuorché per la morte.

– Monsignore l'ha detto.

– Una grande sventura vi ha colpita; dunque? Siete forse vittima.....

– Sì, vittima di una passione terribile, funesta, che mi ha tratto al delitto.

– Al delitto? – domandò lentamente il fiscale, levandosi gli occhiali, ripulendone le lenti, e figgendo poi acutamente lo sguardo negli occhi di Geltrude.

– Sì, monsignore, al delitto.

– Una schietta confessione, diminuisce la gravità della pena e vi accaparra la grazia divina. Spiegatevi.

– Ho ucciso mio marito.
– Per gelosia forse?
– No, per amore.
– D'un altro?
– Per l'appunto.
– Complice quest'altro?
– Ignaro di tutto.
– Si può credere ad una donna, innamorata al punto di uccidere il marito...
– Per toglierlo di mezzo e sposar l'amante? Parrebbe di no. Eppure è così.
– Vedremo.
– Lo vedete fin da questo momento.
– Come?
– Egli mi ha respinta, mi ha scacciata. Forse mi denunzierà.

Giunta a questo punto Geltrude Pellegrini narrò al fiscale tutti i particolari del delitto e della scena che era seguita fra lei ed Enrico, nella casa di costui; ma non volle saperne assolutamente di declinare il suo nome o di dare qualche indagine sul suo conto. La segretezza più scrupolosa aveva sempre regnato ne' loro rapporti e nessuna indagine avrebbe potuto scoprirlo. Ad onta della tremenda delusione patita, ad onta dell'oltraggio da lui ricevuto tale ella riteneva il disprezzo, che le aveva dimostrato, voleva risparmargli il dolore di coinvolgerlo nel processo. E fu irremovibile ed accorta.

Il colloquio fra Geltrude e il fiscale, terminò coll'arresto della colpevole e col sequestro delle due valigie, che aveva portato seco.

L'istruzione della causa durò parecchio tempo, perché il giudice inquirente volle esaurire tutte le pratiche per rintracciare l'amante e per udirlo, quantunque apparisse evidente che non poteva aver avuto complicità alcuna colla Geltrude.

Pronunziata sentenza di morte, la Pellegrini domandò i conforti religiosi e si chiarì contrita e devota, si mostrò rassegnata, ma coraggiosa e convinta d'aver meritata la pena inflittale.

La mattina del 9 gennaio 1838, in cui ebbe luogo l'esecuzione, una emozione vivissima dominava in tutti gli animi di Roma. Il processo aveva destato un interesse grande, immenso; la fama della bellezza di Geltrude v'aggiungeva esca. La folla s'addensava compatta innanzi al carcere, e per tutte le vie, donde il sinistro corteo doveva passare, e sul teatro dell'esecuzione. Le finestre delle case erano gremite di curiosi, come le strade e d'ogni parte si appuntavano sulla carretta sguardi e cannocchiali.

Giunta innanzi al palco, scese dal veicolo con fermo passo, in modesto, ma non avvilito atteggiamento. La bruna veste che aveva indosso, scendendo a larghe pieghe lungo la persona, dava risalto maggiore alle sue forme scultorie e aggiungeva una cert'aria di sentimentalità alla sua bellissima fisionomia. Era pallida, non abbattuta. Salì sicuramente i gradini del patibolo e dopo aver baciato il crocifisso, che le porgeva il confessore, mentre gli altri confortatori si ritiravano, porse il capo alla mannaia. Non appena fu caduto sotto il colpo della ghigliottina, afferrai per i capelli il capo della bellissima donna e sollevandolo lo mostrai alla folla attonita e commossa come non mi era mai accaduto di vedere.

LXXVIII

LE PRIME ARMI IN GALANTERIA

Pietro Tagliacozzo di Olevano, figlio unico di un agiato proprietario, avendo perduto il padre in giovanissima età, era stato allevato dalla madre, la quale ebbe il torto di volerne fare un pezzo grosso. Prima tentò di avviarlo alla carriera ecclesiastica. Le sorrideva l'idea di diventare un giorno la madre di un vescovo, di un prelato, di un cardinale, chissà? fors'anco d'un papa. Se Sisto V aveva potuto ascendere sulla cattedra di San Pietro, dopo aver custodito i porci, perché non avrebbe potuto fare altrettanto suo figlio, che in fin de' conti discendeva da famiglia campagnola, ma ricca e universalmente stimata?

Pietro però la dissuase da questo proposito mostrandosi inclinato a tutto, fuorché a fare il pastor d'anime.

Pensò allora la buona donna di farne un grande scienziato, un medico famoso, un insigne avvocato, od un ingegnere architetto, da oscurare la fama del Bernini, che riedificò mezza l'*urbs* moderna e lo mandò all'università di Roma.

Pietro Tagliacozzo ne approfittò tosto per entrare in rapporti d'amicizia co' più celebrati scavezzacolli della città eterna, coi più consumati crapuloni; e in breve tempo si acquistò fama di primo fra i primi. Conseguentemente alla Sapienza i professori lo conoscevano di nome, perché si era iscritto ai corsi, ne conoscevano anche le gesta, perché spesso se ne parlava, ma nessuno lo conosceva di persona.

Presto però i giocondi simposi, le partite di piacere ai castelli, le tropee e gli svaghi consueti gli vennero a noia. Desiderava qualche cosa di più piccante, e la trovò. Un amico, di quelli che si era fatto frequentando le sale dei bigliardi, i caffè e i ristoratori, gli propose di condurlo in una casa, ove c'erano delle leggiadre donnine allegre, dove si faceva all'amore, si cenava e si giocava; sopratutto si giocava. Pietro Tagliacozzo accettò di grand'animo e in breve diventò uno fra i più assidui frequentatori di quella casa.

Giocava e perdeva con molta distinzione, cioè senza disperarsi; giocava e vinceva con molto garbo, sciupando i quattrini delle vincite cogli amici e segnatamente colle signorine che rallegravano la casa della loro gradita presenza.

Di queste, una delle più avvenenti e distinte era Lalla, una francese stabilita a

Roma da poco tempo, che aveva cambiato in questo nomignolo, dirò così, di guerra, il suo nome di Mélanie. Essa aveva delle parigine la grazietta gentile, le piccole furberie, ed anche le grosse, e un'avidità insaziabile, abilmente mascherata. Aveva della romana la magnificenza delle forme, il bagliore degli occhi neri fiammeggianti e lascivi ad un tempo, i bellissimi capelli neri e l'abbandono sapiente.

Accortasi delle simpatie di Pietro, Lalla, da quella calcolatrice che era, si mostrò con lui fredda e ritrosa oltre i confini del ragionevole. Cercava di evitare a bello studio i contatti da sola a sola con lui, mentre lo investiva e lo avvolgeva co' suoi sguardi, quando si trovavano in compagnia, e non c'era pericolo, ch'egli potesse spingere i suoi attacchi oltre i limiti della convenienza.

Una bella sera Pietro riuscì a trarla in un canto del salone da giuoco, nella strombatura di una finestra, coperta dai cortinaggi, e l'afferrò per le mani.

– Questa volta non mi fuggirete – le disse.
– Che volete da me?...
– Desidero una spiegazione.
– Ed è perciò che mi usate violenza?
– Lungi da me quest'idea.
– Parlate allora.
– Voi mi detestate?
– Bella pretesa.
– Come bella pretesa?
– Detestarvi sarebbe una distinzione dagli altri ed io non voglio.
– Neppure detestarmi?
– No. Si comincia col detestare e si finisce coll'amare.
– Detestatemi allora, ve ne scongiuro.
– Per far capo all'altro termine.
– All'amore.
– All'amore? È precisamente ciò che non voglio.
– La vostra virtù è dunque incrollabile.
– Credete voi a quella goffaggine che si chiama la virtù?
– La domanda è imbarazzante. Lasciate che io ci pensi. Vi risponderò questa sera, dopo cena se vi degnate di cenare con me.
– Dove? qui?
– No: da Lepri.
– E sia.

Due ore dopo Lalla e Pietro Tagliacozzo cenavano in un elegante salottino del celebre ristorante romano e i suoi intingoli facevano prodigi.

Smessa la selvatichezza fino allora con arte soprana adoperata per meglio invischiare il merlotto, Lalla era diventata dolce, chiacchierina, espansiva. Pietro era

raggiante di felicità, ma di una felicità relativa. Improvvisamente l'affascinante fanciulla passò un braccio intorno alla vita del poco studioso studente e accostando il proprio viso al viso di lui, quasi esortando a baciarla, gli domandò:
– Mi sei debitore di una risposta: credi dunque alla virtù?
Pietro le cinse il collo col braccio sinistro e attraendola dolcemente a sé incollò le labbra ardenti sulle labbra di lei, non meno frementi di voluttà. E fu un bacio lungo, intenso, ineffabile, nel quale pareva che le anime di quelle due giovani persone volessero fondersi in una.

LXXIX

UN COLPO A FONDO

All'indomani mattina quando Pietro ebbe lasciata quell'alcova deliziosa, ove aveva spremuta tanta felicità, in una piena notte d'amore, con Lalla, questa si stese mollemente sul letto, ributtandone le coltri e pensando alla promessa del suo novello amante si addormentò, mormorando:
— Verrà quel citrullo? Se non venisse proverebbe di non esserlo. Ma verrà, oh sì verrà. E un sorriso cinicamente beffardo le si disegnò sulle labbruzze coralline e roride, mai sazie di baci.
Che cosa aspettava Lalla?...
Una cosa semplicissima. Duemila scudi che le occorrevano per pagare la sua sarta, la quale le aveva fatto l'ingiuria di pignorarle il mobilio. Senza quei duemila scudi la povera Mélanie, avrebbe dovuto abbandonare il suo quartierino di via del Babuino, quel dolcissimo nido, dove Pietro aveva gustate gioie del cielo; avrebbe dovuto andare in camere ammobiliate, o all'albergo, dove non sarebbe stata concessa loro alcuna libertà; avrebbe dovuto fors'anco tornarsene a Parigi e dire per sempre addio alla bella Italia, alla superba Roma ed al suo amante novellino. Che erano alla fine dei conti duemila scudi? Una vera miseria. Più volte le avevano offerto dei monili che valevano molto di più, per avere un suo bacio, ed ella s'era rifiutata.
Naturalmente queste cose le aveva dette a Pietro, fra un'amplesso e l'altro, fra un sorriso e una lagrimuccia, fra un piccolo bacio e un piccolo morso.
E Pietro si affrettò a prometterle i duemila scudi; ma non li possedeva; per iscrivere a sua madre e farseli mandare, occorreva troppo tempo e per di più un pretesto molto ben colorito. Conosceva però un Giudìo, che prestava all'onesta tassa del 200 per cento, al quale non aveva mai ricorso prima di allora, ma di cui conosceva appuntino le abitudini. Uscendo da Lalla si recò diffilato da lui. Il Giudìo lo accolse, come se lo aspettasse da lungo, cordialmente, affabilmente, rispettosamente. Ma quando Pietro incominciò a toccare il tasto de' quattrini, insorsero le mille difficoltà. Prima di tutto già non li aveva. Avrebbe dovuto ricorrere ad altri per trovarli e forse li avrebbe trovati; ma si sarebbe accontentato della semplice firma del Tagliacozzo? Lui avrebbe risposto per lui; ma quello

là non prestava senza garanzia scritta. Egli il suo nome sulla carta non l'avrebbe posto per tutto l'oro del mondo.

Pietro si impazientiva; ma il Giudìo implacabile continuava nella esposizione delle difficoltà.

Intanto Lalla s'era svegliata dal lungo sonno, che aveva riparato le sue forze fisiche, estenuate dall'orgia della notte e si stirava le bellissime membra, come una giovane pantera che sente i primi impulsi dell'amore. Col capo circondato dalle candide braccia che gli facevano cornice, mentre lo sorreggevano, il turgido seno scoperto ed eretto, fra le finissime guarnizioni della camicia, le linee dense e morbide della persona guizzanti, pei suoi moti ferini, aspettava Pietro, sorpresa del suo ritardo.

Erano già le due pomeridiane, quando il giovane Tagliacozzo comparve. Aveva dato una grande battaglia e l'aveva vinta. Il Giudìo si era arreso alle sue istanze e gli aveva procurati duemila scudi. Ma a quale prezzo?

Lalla lo accolse col più carezzevole de' suoi sorrisi. Gli disse che non aveva voluto accettar prima la sua corte, perché sentiva che lo avrebbe amato troppo, ed ella non voleva amare, perché amando soffriva. Ma ormai era fatto. Ed aveva già provato il primo dolore, per il suo ritardo. Temeva di non rivederlo più; temeva di aver distrutta ogni poesia, con quella prosaica domanda che gli aveva fatta. Era stata una stupidità. Avrebbe potuto farne a meno. Quand'anco le avessero venduto il mobilio, non sarebbe mancato loro un rifugio. Il sole del loro amore, avrebbe allietata anche una spelonca.

Ascoltandola Pietro era inebriato. Avrebbe firmato non una cambiale, ma una risma intera di cambiali, per far piacere a quella celeste creatura, così leggiadra, così amorosa e così disinteressata.

LXXX

SI CONTINUA A TUTTO VAPORE.

La tresca dell'olevanese colla capricciosa parigina continuò; le cambiali si moltiplicarono e le richieste di denaro alla mamma del pari. Vennero la scadenze e Pietro non potendole pagare fu costretto a rinnovarle, accumulando interessi sopra interessi. Quando la somma toccò una cifra enorme, il Giudìo pensò bene di fare gli atti al suo giovane cliente e ottenne un sequestro sui beni di sua proprietà, dei quali era usufruttuaria la madre. L'indignazione della povera donna per tale disastro fu terribile. Energica com'era, ricorse al sussidio di un esperto avvocato e colla minaccia di un processo penale per usura, riuscì a pagare i debiti di suo figlio, spogliati dagli enormi interessi che li avevano fatti crescere a dismisura. Quindi gli assegnò una pensione mensile, avvertendolo che all'infuori di quello non gli avrebbe dato un soldo di più. E quasi non bastasse chiese ed ottenne di farlo riporre sotto tutela, per modo che qualunque debito contraesse, fosse nullo. Così intendeva di assicurargli il patrimonio.

Pietro non si accasciò di soverchio per tutte queste cose. Egli si sapeva amato da Lalla, o almeno ci credeva, e questo bastava a confortarlo delle privazioni alle quali avrebbe dovuto per qualche tempo assoggettarsi. Ma dubitava che Lalla si sarebbe del pari sottoposta ad una falcidazione delle spese che gli aveva accollate.

Lieto quindi di essersi tolto dagli impicci, che lo avevano per parecchio tempo assediato, tornò a Roma, munito di un discreto gruzzolo di quattrini, strappati a sua madre col pretesto di metter casa del proprio per economizzare.

Grandi accoglienze ebbe dalla sua tenera amica, la quale coi suoi bianchi dentini da sorcetto lo aiutò a sgretolare il peculio portato da Olevano. In breve si ritrovò colle mani vuote e dopo aver esaurita la condiscendenza di qualche amico, dovette rifare la strada che menava dal vecchio giudìo.

Questi non appena lo vide montò su tutte le furie possibili,
Lo trattò da straccione, da ladro, da assassino. Gli disse che gli aveva usurpato il frutto de' suoi sudori e delle sue fatiche. Inviò sopra di lui i fulmini del Dio d'Israele e lo invitò ad andarsene per la porta, prima che gli venisse meno il lume della ragione e fosse tratto a buttarlo dalla finestra.

Pietro, che ormai vi aveva fatto il callo alle scenate del giudìo, ascoltò pazientemente fino alla fine le sue contumelie e non si risolse a rispondergli che dietro l'intimazione di andarsene.

– Proprio vero che a voler trattare da galantuomo coi furfanti è tempo sprecato – esclamò movendo un passo verso l'uscio.

– Come sarebbe a dire? Chi è il furfante e chi il galantuomo? Spiegatevi – urlò il giudìo.

– Il galantuomo, a rigor di termine, sono io, il furfante lascio alla vostra persona d'indovinare chi sia.

– Bel galantuomo! Dopo essersi mangiati i frutti sacrosanti del mio denaro.

– Vi faccio osservare che io non ho mangiato niente più di quanto mi avete sborsato.

– Egli interessi? gli interessi?

– Non sono stato io che ve li ho tolti.

– E chi dunque.

– L'avvocato di mia madre.

– Un altro galantuomo come...

– Come chi?

– Come voi?

– Non siete in vena di complimenti stamattina. Eppure per mostrarvi che sono qual mi vanto, era venuto per proporvi di cautelare questi frutti, che vi furono arbitrariamente tagliati dall'avvocato.

– Portate quattrini? tirateli fuori e proclamerò che siete la perla, la fenice dei galantuomini.

– Ecco veramente i quattrini non li ho; ma...

– Se non ne avete è colpa vostra, dovevate pagare a tempo.

– Vostra. Dovevate aspettare un po' ancora.

– Sapete che i sovventori non volevano più oltre indugiare.

– E così hanno danneggiato i loro affari e i miei. Ma siamo in tempo di riparare.

– Come.

– Vi rilascerò una cambiale per i frutti.

– Una cambiale senza la vostra firma, vale il prezzo del bollo, sottoscritta da voi non vale più neanche quello.

– Non siete molto gentile.

– Siete interdetto.

– No, interdetto, riposto sotto la tutela di mia madre.

– Se non è zuppa è pan bagnato.

– Questa tutela cesserà.

– Finché vive vostra madre ci ho dei dubbi forti.

– La mia non è una madre eterna.
– Iehowa non aveva moglie, infatti.
– Una cambiale senza scadenza fissa.
– Per potersene valere, dato che non voleste farla impugnare, bisognerebbe che fosse in bianco anche per la data d'emissione.
– La farò come vorrete.
– Meglio poco che niente.
– Mi restituite la vostra fiducia?
– Riconosco in voi delle buone disposizioni, ma quanto alla fiducia aspetteremo alla scadenza.

Il giudìo tirò fuori una cambiale e la porse a Pietro dicendogli:
– Ecco qui, mettete la somma e firmate.
– Per la somma non ci siamo ancora intesi.
– Ah! Ho capito, mi chiedete quanto dovete aggiungere per gli interessi del tempo che dovrò aspettare. Voglio mostrarmi generoso, e non vi farò pagar nulla per questo.
– Grazie. Ma non siamo ancora arrivati al *busillis*.
– E sarebbe?
– Mi occorre un migliaretto di scudi. Datemeli e faremo la somma rotonda.
– Siete impazzito? Mille scudi a voi? Sarebbe come buttarli dalla finestra.
– Sia per non detto. Me ne vado.
– E la cambiale?
– Se la mia firma neppure in bianco non vale mille scudi è meglio che risparmi di insozzare la cambiale.
– Eh! È questo il vostro galantomismo?
– Mi occorrono mille scudi.

Il dibattito continuò a lungo. La conclusione fu che il giudìo, tirò fuori quattrocento scudi e Pietro gli rilasciò la cambiale per mille, oltre l'importo degli antichi interessi.

Disgraziatamente pareva che l'appetito di Lalla crescesse in ragione inversa dei fondi del suo amante.

Ogni giorno erano nuovi capricci de' più costosi. In capo ad otto giorni i quattrocento scudi del giudìo erano sfumati.

LXXXI

A QUAL PUNTO PORTA LA DISSOLUTEZZA

Tagliacozzo tornò dallo strozzino, ma per quanto battesse e ribattesse il chiodo non gli venne fatto di cavargli un soldo.
– Non c'è proprio nessun modo di trovar quattrini colla mia firma? chiese alla perfine il giovane dissoluto.
– Colla vostra firma no.
– Se trovassi quella di qualche amico?
– Peggio che andar di notte. I vostri amici sono più indebitati di voi e non hanno neppure la speranza di uscir un giorno o l'altro dagli impicci.
– Che firma vorreste dunque.
– Quella di vostra madre.
– La firma di mia madre? Impossibile; quando mai mi darebbe i denari.
– Andate dunque a chiederglieli.
– Mi farebbe chiudere in un manicomio.
– Inutile perdere il tempo in altri discorsi.
– Portandovi la firma di mia madre.
– Aspetterò fino alla scadenza della cambiale, per verificarla.
– Ah! Ma è orribile ciò che mi proponete.
– Io non vi propongo nulla.
Pietro, aveva compreso ciò che voleva il giudìo, avere in mano un documento che costringesse la vecchia a pagare per salvare il suo onore. Ma per quanto corrotto l'idea di commettere un falso gli ripugnava.
Tornò da Lalla a mani vuote. S'era messo a stare con lei e in tutti i modi bisognava provvederle. Tirò innanzi per alcuni giorni a furia di spedienti. Ma la sua dolce amica, ne fu presto stufa e gli disse chiaro e tondo che le si levasse dai piedi. Di un amante pitocco non sapeva che farsene.
All'indomani mattina Pietro Tagliacozzo portava al giudìo una cambiale di diecimila lire colla firma della madre, naturalmente fatta da lui. Il giudìo sogghignò e gli sborsò settemila lire. Lalla gli ridonò subito il suo affetto. Un mese dopo la scena si ripeté, e così il successivo. Così giunse la scadenza della prima cambiale falsa. Prima che fosse presentata Pietro si recò ad Olevano.

La madre che nulla ancor sapeva fu lieta di rivedere il suo figliuolo e gli prodigò tutte le più festose accoglienze. Cenarono insieme, e quando ebbero finito la madre disse di esporle la ragione che l'aveva condotto al paese.

Pietro esitava. Avrebbe voluto chiederle i denari per pagar lui la cambiale e lasciar ignorare la perfidia commessa, ma non se ne sentiva il coraggio. Finalmente buttò fuori l'audace parola:

– Mamma, mi servono duemila scudi.

La vecchia balzò sulla sedia, come se fosse colta da un moto sussultorio, e diede in escandescenza.

– Mamma, mi sono indispensabili. Ci va del mio onore.

– Ma che onore, che onore! Scavezzacollo impenitente, urlò la vecchia.

Pietro era diventato pallido come un morto, pregò, supplicò la madre, in ginocchio colle lagrime agli occhi, singhiozzando.

Non riuscì a niente, e il disgraziato si trovò costretto a rivelarle il fatale segreto delle firme falsificate. L'indignazione della vecchia a tale notizia non ebbe più limiti. Vomitò contro il figlio ogni sorta di vituperi e concluse che l'avrebbe denunziato ella stessa alla giustizia. Preferiva saperlo chiuso in galera, che libero a commettere nuovi delitti.

– Salvami, mamma! – scongiurava l'infelice, madido di freddo sudore.

– No, no, no. Mille volte no. Quando bene mi fossi ridotta sulla paglia per salvarti, torneresti da capo, e falsificheresti altre firme, o commetteresti qualche altro delitto. In galera, infame, in galera! Ci sei predestinato.

Pietro pazzo di furore a questa terribile invocazione, balzò addosso alla inesorabile vecchia e stringendole con ambo le mani il collo, la rovesciò al suolo.

– Assassino! – mormorò la madre colla voce soffocata – Matricida!

E più non disse, perché le mani di Pietro Tagliacozzo s'erano mutate in una morsa, e stringevano, stringevano sempre, stringevano convulsamente.

Quando il giovane ricuperò un barlume di ragione e lasciò il collo della sua vittima, la povera vecchia era morta e irrigidita.

Accortosene, Pietro Tagliacozzo fuggì inorridito dal teatro del suo delitto ed errò tutta la notte, come un pazzo per la campagna dei dintorni di Olevano. Fu raccolto sul far dell'alba, da una pattuglia in perlustrazione, in preda al delirio e confessò subito l'orribile misfatto. Furono costretti a mettergli la camicia di forza, perché tentò reiteratamente di suicidarsi.

Il pentimento di Pietro Tagliacozzo, fu pari all'enormità del crimine. Condannato all'estremo supplizio, dichiarò solennemente d'averlo meritato, ringraziò i giudici e li pregò di sollecitare l'esecuzione.

Questa seguì, per mia mano, il 19 gennaio 1842, a Roma, ove era stato trasferito, in via de' Cerchi. La sua compunzione, lo strazio dell'animo del quale evidentemente soffriva e il coraggio con cui mosse nondimeno al patibolo, accompagnato dal confessore e dai frati confortatori, destarono un senso di commiserazione profonda.

Lalla ebbe l'impudenza di assistervi da una finestra, ma riconosciuta da taluno e additata dalla folla, ne suscitò l'indignazione, che si tradusse in imprecazioni e minaccie; per le quali dovette ritirarsi e nascondersi. All'indomani un decreto del fiscale la espelleva da Roma.

LXXXII

UN TRISTE DON GIOVANNI

Cesare Abbo aveva portato dalla natura un temperamento estremamente lussurioso. Appartenente a famiglia ricca e di ottime origini, che godeva di gran credito nella migliore società, egli si era abbandonato giovanissimo a tutti gli eccessi, ed aveva sciupato il proprio patrimonio nel giuoco, nella crapula, negli stravizi di ogni genere, seminando il sentiero della sua vita di vittime infelici della sua foia.

Non una donna poteva passargli vicino senza ch'egli tentasse di farla sua colla violenza o colla seduzione, sorprendendola e assoggettandola per forza alle sue voglie, se gli veniva fatto, ingannandola con mentite proteste d'amore, o guadagnandola coll'oro, che spargeva a piene mani, se non gli era stato concesso di possederla altrimenti. Egli non conosceva ostacoli, in una parola. Quando incontrava delle difficoltà i suoi desideri si acuivano e diventavano irresistibili, e per appagarli non rifuggiva da qualsiasi mezzo.

Alto e ben proporzionato della persona, dotato di un vigore erculeo, coll'ampio torace eretto, lo sguardo ardito e provocante, la bocca estremamente sensuale, Cesare Abbo spirava ed aspirava voluttà per tutti i pori e incontrava spesso le simpatie muliebri. Ma nessuna passione durava a lungo in lui. Spossato dai godimenti di una notte, era capace di abbandonare e di respingere il giorno dopo l'incauta donna, per la quale aveva commesse le più grandi pazzie alla vigilia.

Le sue avventure correvano su tutte le bocche, ne' crocchi della gente poco scrupolosa, ed erano argomento di perenni facezie di incitamenti erotici. Si parlava di lui come di un Don Giovanni della peggiore specie.

Si narrava che una notte in un albergo aveva sorpreso una signora sola, penetrando dalla propria nella camera di lei dopo averne forzata la porta. La signora aveva tentato di chiamare aiuto, ma egli le aveva posto un bavaglio alla bocca e non potendo trarla per amore a soddisfare il suo capriccio, l'ebbe colla violenza e dopo averne oscenamente abusato fino al mattino, non sapendo come sottrarsi alle conseguenze del suo misfatto, la legò sul letto per le gambe e per le braccia con delle salviette, quindi, indossati gli abiti della signora, se ne fuggì, dopo essersi calato sul volto il fitto velo del cappellino che ella portava, lasciandola in quella terribile posizione.

Quando i camerieri entrarono nella camera della disgraziata e la liberarono, Cesare Abbo aveva già lasciato la città e non ci fu verso di rintracciarlo.

In un'altra occasione, incaricato da un amico di portare sue notizie alla propria moglie, si reca da lei per eseguire la commissione avuta e viene dalla signora accolto colle migliori cortesie.

Ma le grazie soavissime di quella donna giovane e bella lo incantano, lo abbagliano, gli danno le vertigini. D'un tratto interrompe bruscamente il discorso e, afferrandole la candida mano, le dice con accento inesprimibile:

– Sofia!

La signora stupefatta, cerca di ritirare la mano, ma Cesare la trattiene e continua ad investirla.

– Sofia, io ti amo.

– Signore – risponde indignata la signora, voi dimenticate dove vi trovate e con chi parlate.

– Mi trovo accanto ad un angelo e parlo colla più cara, la più avvenente, la più vezzosa delle donne.

– Queste parole che io dovrei respingere in qualunque momento le pronunziaste, sono ora un insulto per me. Ricordate che siete qui presentato da una carta di mio marito, di un vostro amico, che si è affidato alla vostra lealtà.

– Parole, parole, Sofia, inutili parole. L'amore è una fiamma che divampa improvvisa, o non è.

– Io respingo questo amore, che voglio ritenere per un'aberrazione istantanea.

– Aberrazione sarebbe per noi non aprofittare delle gioie che ci promette questo involontario incontro. Forse tuo marito in questo momento medesimo, fa con un'altra, ciò che io desidero fare con te. Amiamoci Sofia. Val più un'ora d'oblio e d'ebbrezza che vent'anni di felicità calcolata, autorizzata, legittimata da quella scempiaggine che è il matrimonio.

Atterrita da questo impudente linguaggio, la signora resta perplessa. Vorrebbe evitare lo scandalo e cerca di persuadere colle buone l'audace a desistere dai suoi insani progetti.

– Io non giungo a spiegarmi – gli dice – questa follia, dalla quale siete assalito. È una sventura per me, l'avervi destato dei sentimenti che non posso dividere, non debbo assecondare.

– Perché?

– Dimenticate dunque la mia condizione? S'anco una lontana simpatia mi rendesse meno insensibile alle vostre dichiarazioni, io sarei costretta a combatterle dal vostro singolare ardimento.

– Sciocchezze. Puerilità indegne di una bellezza divina qual sei.

– Vi scongiuro, signore, di mutar tono. Un gentiluomo deroga mancando alle convenienze.

– Ma io t'amo, Sofia. T'amo come non ho amato mai. Per un tuo solo bacio darei non una, dieci volte, la vita. Ingiuriami, calpestami, disprezzami poi, ma sii mia.

In così dire Cesare Abbo si lancia sulla signora le cinge con un braccio la vita e rovesciandole coll'altra la testa, la bacia furiosamente sulla bocca, sulla gola e tenta di usarle l'estrema violenza.

Di fronte ad un tale attacco la signora, che si vede ormai perduta, fingendo per un secondo di abbandonarsi all'assalitore, ottiene che rallenti la foga del suo amplesso, si svincola da lui e riesce ad attaccarsi al cordone di un campanello, cui dà una terribile strappata.

Due servi in livrea accorrono tosto dall'anticamera.

– Allontanate questo signore e ricordatevi ch'egli non deve aver più accesso in questa casa.

I due domestici si fanno addosso a Cesare, ma questi tenta di ribellarsi loro. Ma ha da fare con due robustissimi giovanotti, i quali dopo breve colluttazione riescono a metterlo fuori.

LXXXIII

UN DRAMMA D'AMORE IN CARROZZA

L'oltraggio patito non fece che aumentare la passione suscitata da Sofia in Cesare Abbo. Egli giurò a se stesso di avere quella donna, dovesse costargli la vita e tenne il giuramento.

Una notte di aprile, ritornando da una serata, Sofia ordinò al cocchiere che aveva preso da pochi giorni al suo servizio di fare una corsa fuori di Porta San Giovanni. Era nervosa più del consueto e affaticata. Voleva godersi le fresche e profumate aure primaverili. Il ballo aveva alquanto eccitato i suoi sensi e sperava con quella gita di ricuperare la calma.

Abbandonata sui cuscini della vettura elegante, s'era tolta il piccolo mantello di casimiro bianco, a ricami d'oro, soppannati di seta celestina e colle opulenti spalle le pur bellissime braccia ignude, gustava i lievi brividi che l'aria notturna, penetrando da una delle portiere il cui cristallo era calato, le procurava. La sua fantasia immersa nei ricordi della serata, spaziava: sognava ad occhi aperti. Ma il freddo fattosi più pungente, la consigliò di far alzare il cristallo. Chiamò il cocchiere e gli disse:

– Ho freddo, scendi, chiudi bene la portiera e ritorniamo.

Il cocchiere discese, aprì lo sportello, vide l'affascinante spettacolo, di quella donna così poco vestita di trine e di seta e acceso di subito fervore amoroso, stese le braccia, e l'attirò a sé.

Sofia cercò di svincolarsi e di respingerlo. Ma la stretta era troppo vigorosa.

– Questa volta non mi farai cacciare dai tuoi servi, come sei mesi fa – disse sghignazzando l'assalitore.

– Che, voi? – esclamò più sorpresa che sdegnata, la formosissima donna.

– Io stesso, Cesare Abbo. Sfuggimi se puoi. Sarai ben mia.

Le resistenze di Sofia, furono deboli, per non dir nulle. Le condizioni patologiche della donna erano favorevoli a quell'avventura arrischiatissima. Se è vero che tutte le donne hanno dei momenti nei quali sono di chi le piglia, doveva essere quello uno dei suoi momenti. I baci di Sofia non furono meno numerosi, né meno ardenti di quelli dell'audace assalitore, trasformatosi in cocchiere, corrompendo il vero cocchiere della signora, per raggiungere il proprio intento.

Gioiva Sofia d'esser vittima di un innamorato della propria classe e non nella brutalità di un servo. La passione che aveva ispirato, solleticava inoltre il suo amor proprio. La forza amatoria dell'Abbo, compì il miracolo. Rientrando al suo palazzo era pazzamente presa dell'intraprendente suo amante; si pentiva della sua fierezza che le aveva rapito sei mesi di godimenti e si prometteva di ripagarsene ad usura.

Giunto al convegno stabilito, Cesare Abbo rimise al vero cocchiere il cappello gallonato e il grande pastrano di livrea e si accomiatò da Sofia. All'indomani costei l'attendeva impazientemente nel suo gabinetto. Ma Cesare Abbo non vi si recò, né più mai si fece vedere. Il suo capriccio era esaurito.

Quando una passione non ha potuto avere il suo svolgimento nei sensi di una donna questa ne soffre orribilmente, il suo carattere si altera e di leggieri si dà in balìa agli eccessi più mostruosi.

Così accadde a Sofia, la quale perduto il cocchiere finto si abbandonò al vero, che gli richiamava quella notte di piacere acre, ma delizioso. Man mano discese per tutti i gradi della depravazione e giunse a recarsi incognita ne' pubblici lupanari, come Messalina, per godere dell'improvviso e dell'ignoto.

Quivi si incontrò di nuovo con Cesare Abbo e dopo aver passato una notte con lui in quella casa infame, tornata a casa, si uccise con un colpo di pistola al cuore.

LXXXIV

IL DISSOLUTO SI FA PRETE

Compromesso da una serie di fatti turpi Cesare Abbo, per non incorrere in guai maggiori, dovette lasciar Roma e lo stato pontificio. Dopo aver passato qualche anno soggiornando in varie città d'Italia, passò all'estero e finì collo stabilirsi a Parigi, dove, dato fondo fino agli ultimi resti della sua fortuna, aveva dovuto, per vivere, ricorrere alla sua cultura e trar profitto dalle sue cognizioni. Ammesso in una casa signorile in qualità di precettore diventò l'amante della madre, una donna sulla quarantina, tuttor fresca e piacente ed ebbe da lei dovizia di mezzi. Avrebbe potuto vivere tranquillo e felice, ma la sua sete insaziabile di godimenti sempre nuovi lo trasse a rovina. Insegnava italiano e musica alla figlia quindicenne della sua amante, leggiadrissima creatura, rosea e bionda come un cherubino e se ne invaghì. Non potendo sperare di sedurla le propinò una bevanda inebbriante, mentre la conduceva in villa e la violò. La fanciulla ne uscì gravida e Cesare Abbo dovette lasciar la casa, non solo, ma ben anco Parigi.

Riparato a Liegi ebbe un posto di professore in un collegio cattolico e corruppe una quantità di fanciulli affidati alla sua cura, suscitando uno scandalo gravissimo e facendosi istruire un processo, dal quale non sarebbe uscito incolume, senza l'aiuto della famiglia la quale riuscì ad assopire la cosa.

Era stato in quel mezzo investito della sacra porpora un suo nepote in linea femminile e questi spiegò tutta la sua influenza a favor dello zio. Erano passati di molti anni e la memoria dei fatti di Cesare Abbo era impallidita a Roma. Il cardinale, fatte le debite diligenze pensò di richiamarlo a sé, e gliene fece la proposta per lettera.

L'offerta non poteva essere più lusinghiera e vantaggiosa per il lussurioso e randagio buontempone. Egli vide aprirsi innanzi un nuovo orizzonte e si promise di approfittare largamente di tutte le gioconde prospettive che esso gli presentava. Chiese ed ottenne di entrare negli ordini e sorvolando per volere del nipote a tutte le difficoltà, vincendo tutti gli ostacoli, fu fatto prete in breve volger di tempo, mutando il suo nome di Cesare troppo compromesso in quello di Domenico, che pur si trovava nella lunga filatessa di nomi impostigli al fonte battesimale.

Don Domenico, ormai bisogna chiamarlo così, fece il suo solenne ingresso nella sua città natia in abito talare, accuratamente sbarbato, corretto nel portamento, talché difficilmente si sarebbe riconosciuto in lui l'antico libertino, che aveva dato tanta materia alla cronaca scandalosa dei paesi da lui visitati. Era ancor nel fiore dell'età; toccava la quarantina, ma dimostrava quindici anni di meno, tant'era robusto e fresco e pieno di vigoria.

Il cardinale fu molto sorpreso di trovarsi avanti uno zio che pareva meno anziano di lui, quantunque foss'egli il più giovane dei membri del sacro collegio; investito della porpora cardinalizia da Sua Santità Gregorio XVI per la grandissima dottrina ond'era fornito. Tuttavia sedotto dai modi squisitamente signorili del neoprete, giudicò che sarebbe tornato di lustro alla sua corte e gli fece pertanto le migliori accoglienze.

– Don Domenico, sono ben lieto di vedervi. Desideravo da molto tempo di conoscervi e mi spiace solo di dover questa fortuna a circostanze sulle quali, voglio sorpassare in questo momento, certo che saprete onorare l'abito e il carattere che avete assunto.

– Cardinale, nipote mio dilettissimo, il dente della calunnia mi ha morso spesso, ma sotto l'egida della vostra porpora, spero vorrà d'ora in poi lasciarmi in pace. Voi avete fatto opera degna della vostra e della mia famiglia, associate negli interessi e negli affetti dai matrimoni, richiamandomi a Roma.

– Voi farete parte della mia casa. Vi nomino mio segretario onorario ed eserciterete le funzioni di cerimoniere, per le quali mi sembri tagliato apposta.

– L'ufficio mi garba e lusinga il mio amor proprio e lo accetto. Tuttavia siccome intendo di esercitare seriamente il mio ministero di sacerdote, per il quale mi son sempre sentito inclinato, desidererei aver cura d'anime.

– Il vostro passato... veramente...

– Ma ho fatto una pratica eccezionale delle vicende umane.

– Lo credo. Però vi esporreste a nuove tentazioni, dalle quali parmi opportuno tenervi lontano.

– Cardinale, abbiate pazienza, vi sono gratissimo delle vostre buone disposizioni a mio riguardo e tuttociò che avete fatto per me, ma poiché sono diventato prete, non voglio esserlo di pura mostra.

L'ostinazione dello zio irritava un po' l'illustre Principe della Chiesa. Egli subodorava delle seconde intenzioni nel tenace proposito di Don Domenico, ed ebbe una punta di resipiscenza per averlo richiamato. Ma comprendendo che non sarebbe stato agevole persuaderlo a rinunziare alle sue aspirazioni gli fu giocoforza di assentire. Dopo tutto la cura delle anime che reclamava, lo avrebbe allontanato da pericoli maggiori e salvaguardato il decoro della sua Corte.

– Volete dunque assolutamente esercitare il sacerdozio in tutte le sue più gelose cure – domandò.

– Lo desidero, Eminenza.
– E sia. Avrete la confessione, per ora.
– Mi basta.
– In seguito vedremo, se convenga farvi titolare di qualche parrocchia.
– Non spingo tant'oltre le mie aspirazioni.
– Resta convenuto che risiederete a palazzo e farete parte della famiglia. Vi sarà facile prendere conoscenza e pratica del cerimoniale. *Errare humanum est*: voi avete, se la fama non mente, errato la vostra parte. Guardatevi bene dal ripigliar da capo e di offrir l'occasione a quel dente della calunnia, di cui dite d'aver provato i morsi, di nuovamente attaccarvi. Siate cauto, almeno...
– Se non casto. Questo va da sé.
Zio e nipote dopo questo colloquio, si lasciarono ne' migliori termini.
Il giorno stesso don Domenico prendeva possesso del suo piccolo ed elegante appartamento nel palazzo del Cardinale, e stropicciandosi allegramente le mani, esclamava:
– Ho ritrovato il paese della cuccagna. Attenti a non farsi esiliare.

LXXXV

LE GESTA DEL PRETE

Domenico Abbo conservò per parecchio tempo un contegno castigatissimo ed una condotta irreprensibile. Il cardinale suo nipote ne era edificato e non cessava di lodarsi della determinazione presa. L'affabilità de' suoi modi e la giocondità del suo spirito gli accaparravano tutte le simpatie. Mai le anticamere del prelato erano state così affollate di clienti delle migliori società. Le signore erano in prevalenza e si intrattenevano con maggior compiacimento col cerimoniere, che col cardinale. Quel bel prete, dall'aspetto di granatiere, per l'imponenza della persona, dall'occhio nero e coruscante, dalla bocca larga e sensuale, tuttora adorna dei suoi denti candidi e forti le attraeva. E dal palazzo del Cardinale passavano volentieri alla chiesa, dove don Domenico officiava, per accostarsi al tribunale di penitenza da lui presieduto.

In breve Abbo era diventato il direttore spirituale di una quantità di famiglie patrizie e vi era accolto con straordinarie feste, ogni qualvolta si degnava di accettare un invito a pranzo o a qualche ricevimento.

La giovialità del suo carattere faceva di lui un prezioso commensale, e un consigliere molto competente per tuttociò che concerneva la vita mondana, non meno che per riguardo della vita celeste.

Il cardinale nepote non era geloso dei successi di suo zio, che si riverberavano sopra di lui, e si fece premura di presentarlo al papa, non appena, essendogliene giunta notizia, manifestogli il desiderio di conoscerlo.

Papa Gregorio XVI, tolto dalla gravità delle preoccupazioni del governo della Chiesa e dello Stato, tolto dalle afflizioni che gli cagionavano i cospiratori e i rivoluzionari, sempre intesi a nuove mene per sovvertire l'ordine politico e sociale, era d'umore giocondo e sollazzevole, amava la bottiglia e le storielle amene. Si narrano di lui un'infinità di aneddoti.

Ne ricordo due, che calzano meravigliosamente per spiegare la deferenza che esso mostrò poi a don Domenico Abbo.

Aveva il Ganganelli preso di fresco un nuovo segretario particolare, il quale dormiva nella stanza attigua alla camera da letto del papa per essere pronto ad ogni sua richiesta.

Una notte gli parve di sentire il papa parlare. Scese dal letto e si accostò alla porta per distinguer meglio la voce di Sua Santità. Ad un tratto intese papa Gregorio XVI che diceva:

– Biondina mia, dammi un bacetto.

Il segretario fu altamente sorpreso, se non scandalizzato. Donde mai era passata quella biondina che letificava le ore notturne di Sua Santità? Quale mistero si nascondeva sotto quella intimità così confidenziale?

Il giorno seguente il curioso segretario fece del suo meglio per scoprir terreno, ma non gli venne fatto di saper nulla. La notte origliò di nuovo alla porta della camera cubiculare del pontefice e l'udì ad un certo punto, ripetere l'invocazione:

– Biondina mia, dammi un bacetto.

Così continuò per molte notti, senza che la curiosità sempre più eccitata del Segretario, potesse appagarsi. Soltanto le domande di bacetti si facevano sempre più frequenti nel corso della notte medesima.

Finalmente una notte che il papa aveva domandati più baci del consueto alla sua biondina, il segretario udì un tonfo ammortito dal tappeto. Allora giudicò necessario di intervenire, e passò benché non chiesto nella stanza del papa.

Uno strano spettacolo si offerse agli avidi suoi sguardi.

Gregorio XVI se ne stava accoccolato a fianco del letto in camicia, con una bottiglia di ambrato vin santo in mano, e non riusciva a rialzarsi, per quanti conati facesse. Altre bottiglie giacevano al suolo abbandonate.

La notizia dai segreti penetrali del Vaticano, si diffuse per tutta Roma, suscitando l'universale ilarità e il Segretario curioso e chiacchierone venne rimandato.

L'altro aneddoto è il seguente.

Un dopo pranzo parecchi cardinali erano adunati intorno a Sua Santità e favellavano sopra diversi argomenti.

Un cardinale meno prudente e meno accorto essendo il discorso su papa Gregorio I, si mise a tessere l'elogio delle sue vere e supposte virtù, esaltandole oltre ogni dire, e concluse che meritamente era passato nella storia col titolo di Gregorio Magno.

Ganganelli, cui quelle sperticate laudi tornavano un po' ostiche, chiamò il cameriere e gli ordinò di recargli una bottiglia di *lacryma christi* e versatosene un calice colmo, lo tracannò d'un fiato, poi uscì con questa sentenza:

– Gregorio I passò nella storia col titolo di Gregorio Magno, Gregorio XVI vi passerà con quello di Gregorio Bevo.

Don Domenico Abbo fu affabilmente ricevuto dal Sommo Pontefice, col quale seppe mostrarsi scaltramente allegro, senza uscir dai limiti del conveniente riserbo e questo lo rimise nelle grazie di Sua Santità.

LXXXVI

UN'ORGIA NEL PALAZZO DEL CARDINALE NEPOTE

I favori di Gregorio XVI uniti a quelli del cardinale nipote nocquero all'antico libertino. Imbaldanzito, egli non avea più veruna cura ad occultare i suoi intrighi colle belle penitenti. I sontuosi pranzi, le luculliane cene incitavano sempre più i suoi sensi e le lascivie succedevano alle lascivie degeneranti in oscenità indescrivibili. Le spose e le zitelle non bastavano più alla sua foia invereconda e andava ripescando nella storia della prostituzione greca, assira, babilonese i più infami riti per soddisfare le luride sue cupidigie. Appositi provveditori gli procuravano teneri garzoncelli, ai quali imprimeva il marchio della sua libidine, escogitando sempre nuovi adescamenti, per ravvivare la sua sensibilità ed acuirla, quando sembravagli intorpidita.

Egli rinnovava nel palazzo stesso del cardinale le neroniane orgie di Capri e di Baia, giungendo ad infiggere degli spilli nelle carni de' giovinetti pazienti, che si assoggettavano alle sue lubriche voglie, per trar godimento più intenso dai sussulti che cagionavan loro gli spasimi delle atroci punture.

Le notizie di tali dissolutezze si diffondevano intanto per Roma ed eccitavano gli sdegni dei cittadini. Nelle sfere superiori si era più corrivi e tolleranti. Ma a lungo andare lo scandalo, facendosi sempre più grave, si dovette richiamare sovr'esso l'attenzione del cardinale, perché provvedesse a farlo cessare, e questi ripetutamente ammonì lo zio, affinché tornasse a vita morigerata e tranquilla, almeno nelle apparenze.

Sulle prime don Domenico Abbo si scusò, si disse vittima di bel nuovo della calunnia de' suoi invidi, e promise di non offrir loro altri pretesti. Ma poi, sempre più imbaldanzito dai suoi successi, rispose al nipote arrogantemente, gli ricordò le turpitudini medicee e farnesi, e conchiuse che la Santa Chiesa, se sopportava l'onta di un cardinale eunuco, come lui, aveva ben diritto di essere compensato da uno zio del cardinale, capace di surrogarlo nelle sue deficienze.

Il cardinale giudicò ormai necessario di liberarsi da quel sozzo prete, che disonorava così ignominiosamente il suo carattere e la casa che lo ospitava e decise di coglierlo in fallo, per giustificare le severe misure che aveva ideato di prendere contro di lui.

Avvertito una notte che nell'appartamento dello zio doveva aver luogo una delle solite orgie, deliberò di assistervi e di piombare su Domenico Abbo, al momento opportuno, per cacciarlo dal palazzo, come nostro signor Gesù Cristo cacciò i mercatanti dal tempio.

Se ne stava il sibarita cenando allegramente in compagnia di due baldracche ed era mezz'ebbro, quando il cardinale comparve sulla porta del salotto.

– Benvenuto, nipote mio! – sorse a dire l'Abbo non appena lo vide, senza punto scomporsi: ce n'è anche per voi. Abbiamo dei tartufi del Perigord, capaci di ridar vigore a un morto. Questo vino spremuto dai grappoli, indorati dal sole della Sciampagna, vi infonderà spirito allegro e frizzante. Queste due Maddalene, non per anco convertite e che spero avranno il buon gusto di non convertirsi mai, avrebbero domato le ribellioni delle carni dell'anacoreta Sant'Antonio. Io metto tutto ciò a vostra disposizione, eminentissimo, perché vogliate farmi l'onore di sedere alla mia mensa, come io siedo quotidianamente alla vostra. Venite, venite, cardinal nipote. So che godete fama di illibato, ma questo non vi nuocerà. Si è sempre a tempo a peccare, come a far atto di contrizione.

Il cardinale rimase esterefatto da tanta audacia. Egli avrebbe voluto ritirarsi, per evitare una scena disgustosa. Ma ormai non era più a tempo. Pensò convenirgli mostrarsi mite per il momento e disse:

– Don Domenico avrei bisogno di parlarvi.

– Subito, eminenza. Favorite.

– Devo intrattenervi sopra argomenti che non richiedono la presenza di testimoni.

– Come vi piace.

– Rimandate quelle... signore.

– Ben volentieri. Sono ben educato. Vedrete.

E così dicendo buttò una borsa di scudi alle due donne, le quali si levarono prontamente da tavola, ricomposero i loro vestimenti discinti, e buttati sulle spalle i mantelli presero la via della porta.

– Giacomo, Giacomo! – gridò il prete, e tosto un servo giovane ed imberbe, che fungeva da di lui cinedo comparve.

– Accompagna queste signore – disse – e non tornar. Per questa notte hai licenza.

Non appena donne e garzone se ne furono andati, l'Abbo si alzò, mosse incontro al cardinale e prendendolo per mano lo costrinse a farsi presso alla tavola tuttora imbandita, gli disse con piglio ironico:

– Eccoci soli, eminenza, ora non avrete più a temere che il vostro pudore ne soffra detrimento. Sedete.

Il cardinale severo, ma non accigliato, poiché si era proposto di evitare qualsiasi chiasso, dopo avere aderito all'invito, disse lentamente:

– Vi pare don Domenico, che queste scene cui mi fate assistere, sieno tollerabili, nel palazzo di un principe della Chiesa?
– Se ne son viste di peggiori.
– Altri tempi, altri costumi.
– Tutti i tempi sono buoni per giocondarsi l'esistenza; è tanto breve.
– Vi ho già tante volte richiamato all'esercizio de' vostri doveri.
– Dove mai ho mancato, eminenza?
– E osate chiederlo?
– Certamente che l'oso, dal momento che so di aver sempre e col maggiore scrupolo adempito alle mansioni affidatemi.
– Non si tratta di ciò.
– E di che dunque.
– Del vostro carattere di sacerdote, per dio!
– Eminenza siete male informato sul conto mio. Il mio confessionale è il più frequentato e le più belle dame di Roma, e più cospicue per censo e per nascita, fanno a gara, per avermi a direttore spirituale, a guida sullo spinoso sentiero della vita.
– *Non miscere sacra profanis!* – sentenziò il porporato per evitare una risposta diretta.
– Quando io diffondo dal pergamo la parola di Dio, la gente affolla il tempio. Sono chiamato in tutte le case, ove s'ha bisogno di spargere i balsami della consolazione. Spesso sono costretto a disertare la vostra tavola, per accorrere a quella d'altri principi della Chiesa. Che più? Sua Santità mi vede di buon occhio.
– Tanto di buon occhio, che è appunto da lui che fui esortato a liberarmi di voi.
– A liberarmi di me?
– Precisamente.
– Ah! Papa ubbriacone, così corrispondi alle mie piacevolezze. Oh! ma mi sentirà.
– Voi vi guarderete bene d'andare da Sua Santità.
– Ci andrò sicuro. Ogni suddito ha diritto di ricorrere al suo legittimo sovrano.
– Non v'andrete, perché sareste arrestato *ipso facto*.
– Non sarebbe la prima volta veramente.
– Ho piacere che lo ricordiate.
– Anch'io, perché mi rammenta la vostra bontà eminenza.
Ingannato da queste parole, che parevano sincere, il Cardinale credete di poter proceder oltre con tutta coscienza e riprese:
– Voi lascerete domani questo palazzo.
– Siete il padrone, vi obbedirò.
– E vi ritirerete nel convento dei Domenicani, per passarvi sei mesi d'espiazione.
– Questo poi no.

– Tali sono gli ordini di Sua Santità.

Don Domenico Abbo, si versò un calice di vino sciampagna spumeggiante e lo bevve centellinandolo: quindi, forbendosi le labbra, esclamò:

– Squisito! Scommetto che se papa Gregorio XVI fosse qui, non ne rifiuterebbe un bicchiere, come fate voi, troppo rigido nipote.

– Pensereste di farmi testimonio delle vostre orgie?

– Nepote mio, scusate, ma io non vi ho chiamato, e avrei proprio fatto di meno della vostra compagnia, perché ne avevo altra, come avete veduto, se non più interessante, più dolce.

– Vergognatevi!

– Di che? di seguire le leggi della natura? Giammai! Si vergogni chi pretende contraddirle.

– Non sono qui per impegnare delle discussioni vane ed oziose, bensì per porgervi gli ordini del sommo pontefice.

– Me ne infischio di lui e de' suoi messi. Ditegli che gli esercizi spirituali e corporali li faccio in casa mia.

– Questa non è casa vostra, lo dimenticate?

– No, e domani all'alba me ne andrò, e pianterò le mie tende, ove non vi saranno degli indiscreti, che abusando del loro grado, vengono a disturbare le mie distrazioni, i miei sollazzi.

LXXXVII

L'ULTIMO MISFATTO – LA PUNIZIONE

Il cardinale a questa uscita del lussurioso suo zio, fu preso da violenta collera. Don Domenico aveva realmente esaurita la sua longanimità.
– Voi non uscirete più di qui – tonò con voce cupa e solenne.
– Perché di grazia?
– Non ne uscirete che accompagnato dai birri, i quali vi porteranno alle carceri per essere giudicato e punito di tutte le nequizie che avete commesse, antiche e recenti.
– Sarebbe troppo lungo. Verrebbe la fine del mondo, prima che il processo fosse esaurito.
– Il vostro cinismo vale le vostre azioni.
– Si possono quotare alla borsa.
– Credete che si ignorino le vostre turpitudini, le vostre seduzioni, le vostre corruzioni di minori, i vostri stupri.
– Oh delizie! Non rammentatele eminenza perché mi fate correre l'acquolina in bocca.
– Turpissima e sozza creatura, indegna d'anima d'uomo; così si parla in presenza di un porporato, di un membro del sacro collegio, di un principe della Chiesa?
– Un principe della Chiesa... un porporato... un cardinale...! Oh la bella splendida idea che mi viene. Fra i molti capricci che mi son levato, questo mancava. L'occasione non potrebbe essere migliore.
Il cardinale lo ascoltava, senza comprendere il senso delle parole... e incominciava a ritenerlo in preda ad un delirio alcoolico, e stava riflettendo ciò che gli convenisse di fare, quando si sentì afferrato a mezza vita dalle braccia poderose del prete osceno e buttato a bocca sotto, sopra un divano del fondo del salotto. Supponendo che volesse ucciderlo e preso da irresistibile terrore, mormorò con voce soffocata:
– La vita! La vita, lasciatemi la vita.
– Voglio ben altro che la vita da te, nipote mio. Non capita tutti i giorni d'assaggiar carne di cardinale.

E senza più s'accinse ad infliggergli l'estremo oltraggio.

Tentò di ribellarsi l'infelice. Ma l'Abbo tenendolo colle ginocchia serrato, lo afferrò con ambo le mani alla gola, né lo lasciò che quand'ebbe compiuto il nefando misfatto.

Il corpo del cardinale cadde allora bocconi al suolo. Era morto per soffocazione.

Rinvenuto in sé, dinanzi al cadavere del nipote, Domenico Abbo fu preso da terribile sgomento. Egli misurò d'un tratto la situazione. Comprese che la salvezza per lui era impossibile e per sottrarsi all'immancabile forca che l'aspettava, decise di buttarsi a fiume. Lasciò il salotto maledetto, e si diede a fuggire come un pazzo giù per le scale del palazzo. Alcuni servi lo seguirono, altri salirono nel di lui appartamento e trovata la salma dell'assassinato cardinale, sparsero per ogni dove l'allarme.

Mentre il prete dissoluto giunto al ponte Sant'Angelo, rincorso dai servi, tentava di salire sul parapetto per lanciarsi nell'acqua, fu afferrato da alcuni soldati e trattenuto.

Intanto giungevano i primi ed i secondi servi informati del delitto. Domenico Abbo venne portato a Castel Sant'Angelo e chiuso nelle prigioni di quello.

Il processo ebbe luogo segretamente, e fu prontamente spicciato, perché premeva all'autorità di evitare l'enorme scandalo. Intanto si era fatto corer voce che il cardinale era morto per improvvisa sincope e fu severamente ingiunto ai domestici di parlare del fatto. Ma di molte ciarle erano già state fatte e la verità trapelava nel pubblico.

La notte del 3 al 4 ottobre 1849 fui chiamato nel forte di Castel Sant'Angelo e quivi sull'albeggiare mozzai la testa al prete dissoluto. Domenico Abbo aveva svestiti gli abiti sacerdotali e gli erano stati raschiati i polpastrelli delle dita, colle quali aveva tante volte amministrata la sacra particola, e la tonsura per sconsacrarlo. Egli si era cinicamente confessato di tutte le sue oscenità, menandone vanto, ed entrando ne' più minuti particolari. Esortato a far atto di contrizione, per meritarsi la grazia celeste, rispose beffandosene:

– Ho goduto un cardinale, spero di aver buona fortuna anco col diavolo, lasciate che me ne vada all'inferno.

Chiese ed ottenne di non essere né bendato, né legato. Camminò imperterrito e con saldo passo dalla carcere al posto ove era stato eretto il patibolo, guardò sorridente il patibolo e porse la testa alla mannaia dopo aver esclamato:

– Tutto è finito.

LXXXVIII

GRASSATORI PENTITI E IMPENITENTI – UN BELL'INCONTRO

Il 25 settembre 1852 decapitai sulla piazza di Spoleto Pietro Giammarese, detto Cascotta di Terni, domiciliato a San Gemini distretto di Terni, delegazione di Spoleto, reo di parecchie grassazioni ed omicidi; il 20 agosto 1853, mozzai la testa sulla piazza del ponte di Rieti a Sebastiano Proietti d'anni 25, pure condannato all'estremo supplizio per grassazione e ladrocinio. La sua morte fu edificantissima. Fece una sincera confessione de' suoi misfatti e se ne mostrò pentito. Volle assistere alla santa messa e ricevere il cibo eucaristico prima di muovere al supplizio. Lungo il tragitto dalle carceri alla piazza continuò a pregare ad alta voce, coi confortatori. Salì sul patibolo cantando le litanie lauretane e morì come un santo.

Una doppia esecuzione ebbi a fare il dieci settembre dell'anno medesimo in piazza della Madonna dei Cerchi, nelle persone di Giacomo Biacetti, fu Carlo, romano, d'anni 26, gramiciaro, e Andrea Leveri del vivente Antonio, romano, d'anni 28, vaccinaro, rei ambedue di grassazione, furto qualificato ed omicidi. Mossero entrambi al supplizio, gioiosi e cantarellanti, quasi andassero a nozze. Giunti innanzi alla ghigliottina la guardarono sorridenti. Severi disse:
– Presto, mastro Titta, fammi la pelle, che poi penserà mio padre a conciarla.
– Raccomandagli anche la mia – aggiunse Biacetti.

La loro indifferenza per la morte suscitò l'ammirazione di tutti i facinorosi che assistendo all'esecuzione dicevano: «Così muoiono i veri romani».

L'8 ottobre, manco un mese dopo, mi dovetti trovare a Viterbo per una triplice esecuzione: due uomini, Vincenzo Iancoli di Ronciglione e Francesco Valentini di Letera, e una donna, Francesca Levante, vedova Ferruccini, che avevano combinato con molto accorgimento un omicidio a scopo di furto.

La Ferruccini era una bellissima donna, che aveva viaggiato il mondo e fatto un po' di tutti i mestieri, segnatamente la danzatrice di teatro. Innamoratasi del Valentini lo aveva seguito a Viterbo, e quivi vivevano, come potevano. Ma presto le privazioni vennero a noia ad entrambi e la Francesca pensò a trar profitto dalla sua bellezza, col consenso dell'amante, che divideva il ricavo della di lei prostituzione.

Ne' dintorni di Viterbo era venuto a stabilirsi, in una elegante casina, un signore francese, ex ufficiale dell'esercito, il quale pare avesse avuti dei gravi dispiaceri per causa di donne al suo paese, e si era recato colà, per godervi un po' di pace e tranquillità, for'anche per sottrarsi a qualche possibile vendetta. Egli conosceva il paese, per esservi stato di guarnigione mentre era sotto le armi, e gli parve che nessun ritiro, gli potesse convenire meglio di quello.

Veduta un giorno a Viterbo Francesca, ch'egli aveva conosciuta, mentre esercitava il suo mestiere di ballerina, le si accostò e l'abbordò così:

– Voi qui? Come mai? Mi pare d'avervi veduta sul teatro.

– Ci fui infatti.

– E vi siete ritirata?

– Son qui col mio uomo. – Così dicendo Francesca saettò con uno sguardo il giovane forastiero, che si chinò al suo orecchio e le susurrò una misteriosa parola.

– Perché no? – rispose la Levante.

– Quando?

– Stasera stessa.

– Sei libera?

– Perfettamente.

– Il tuo uomo?

– Chi si preoccupa di lui?

– Allora t'aspetto.

– Verrò. Preparatemi una buona cena e dello Champagne. Amo lo Champagne, sapete?

LXXXIX

IL COMPLOTTO – CAPRICCIO EROTICO

La sera stessa, come aveva promesso la ballerina, si trovava nell'elegante salotto della palazzina del francese. Avevano cenato superbamente e lo Champagne era stato servito a profusione. Gli spiriti erano molto riscaldati e l'orgia d'amore fu completa. Solo un capriccio non volle Francesca soddisfare, e fu di ballare uno dei suoi passi, per lui solo.
 Pregata si schermiva, dicendo:
 – Son fuori d'esercizio da troppo tempo, non sono più buona a nulla.
 Il forestiere insisteva facendole le proposte più generose, ma la Levante persisteva nel suo rifiuto.
 All'indomani mattina, prima di accomiatarla, il forestiere condusse Francesca innanzi ad un forziere e la regalò splendidamente, quindi le disse:
 – Vedi, se tu accondiscendi al mio capriccio, ti darò quanto di quest'oro tu vorrai.
 Francesca l'investì con uno di quei suoi sguardi, pieni di misteriosa voluttà, e uno di quei sorrisi lascivi che parevano morsi al midollo spinale.
 – Ebbene ti compiacerò un'altra volta.
 – Subito?
 – No, subito no.
 – Domani?
 – È troppo presto. Posdomani.
 Il forestiero l'abbracciò in segno di assenso e la congedò. La mariuola aveva avuto il suo scopo, procrastinando il soddisfacimento del capriccio del francese. Innanzi tutto bramava lasciargli il tempo di rinfrancarsi le fibre, perché sensuale com'era voleva che le nuove giostre d'amore si compissero in tutte quelle condizioni di vigoria fisica che la sua insaziabile natura richiedeva. Poi perché la vista di quell'oro le avea dato il barbaglio e fatto concepire il desiderio di impossessarsene. Per quanto glie ne avesse a dare il francese, le pareva non dovesse bastarle: lo voleva tutto.
 Tornata dal suo amante, Valentini, mostrandogli l'oro avuto, gli disse:
 – Vedi, questo non è che la millesima parte di quello che potremmo avere se...

– È adunque molto ricco il tuo francese?
– Mi ha mostrato un forziere pieno di rotoli di napoleoni d'oro.
– Troppo pochi gliene hai cavati, allora.
– C'è tempo.
– Devi tornare da lui?
– Posdomani.
– Converrà che tu coltivi bene la relazione.
– Sarebbe meglio fare un colpo.
– Ti comprendo. Ma come?
– Non ha che un domestico, il quale quando ha preparato il pranzo se ne va desiderando il suo padrone di restar solo.
– Ebbene?
– Potresti venire: io ti aprirei la porta.
– Solo?
– Avendo un compagno sarebbe più sicuro.
– Ho il fatto mio.

Il giorno stabilito, Francesca si recò alla palazzina del francese e fu accolta con grande entusiasmo dal giovinotto dissoluto, il quale per godere di tutte le più ampie libertà aveva già licenziato il domestico.

Francesco Valentini, accompagnato dal suo amico Vincenzo Iancoli, del quale poteva fare completo assegnamento si appostarono nei pressi.

Terminata la cena fredda Francesca si spogliò dei suoi vestiti di città e indossato un costume di baiadera che aveva portato con sé, molto semplice, poiché non constava che di una sottile e trasparente veste di velo che lasciava scorgere tutta l'opulenza delle sue magnifiche forme, incominciò una danza bizzarra, nella quale Francesca andava sempre più accentuando le movenze procaci e lascive.

Il francese, steso su di una ottomana la seguiva cogli occhi avidi, saturi di desiderio, anelante di stringersi la formosissima donna fra le braccia. E così continuò buona parte della serata, finché estenuato di forze il forestiero si abbandonò ad un sonno profondo ma affannoso.

XC

IL MISFATTO – LA SCOPERTA – LA CIVETTERIA DELLA MORTE

Vincenzo Iancoli e Francesco Valentini erano stati introdotti dalla Levante nell'appartamento e già si accingevano a scassare il forziere, cogli arnesi che avevano portato con sé, quando il francese, il cui sonno, come avvertii, era agitato, aperse gli occhi. Stette un secondo in forse, ma la percezione del vero subito lo colse e si levò a sedere, per lanciarsi contro i ladri. Non ne ebbe il tempo. Francesca seguendo le istruzioni avute, gli immerse nella gola la larga lama di un coltello, di cui era munita.

Il francese proruppe in un grido: i due grassatori tosto accorsero a lei e tolto di mano alla Francesca il coltello fumante di sangue lo crivellarono di ferite.

Compiuto il misfatto e rubato tutto il denaro dal forziere, del quale avevano ritrovato la chiave sul francese, se n'andarono tranquillamente.

Il mattino vegnente il domestico del francese, che aveva una chiave propria per entrare nella palazzina, trovando il padrone assassinato, andò alla polizia a denunziare l'orribile fatto.

La polizia si recò sopra il luogo per le indagini, e trovò l'abito di baiadera, che Francesca si era dimenticata di portar via, nella furia dell'andarsene, dopo commesso il delitto. Assunte informazioni, seppe della notte passata tre giorni prima dall'ex ballerina alla palazzina e si decise ad arrestarla. Operata una perquisizione in sua casa trovarono tutto il denaro rubato. Mentre la perquisizione si eseguiva, capitò a casa del Valentini e della Levante il Vincenzo Iancoli, e fu arrestato anche lui.

Il processo non andò per le lunghe: le risultanze erano troppo positive e gli imputati dopo aver riluttato un po', confessarono. Solo Francesca tenne duro: ammise di aver passato la notte col francese; ma disse d'esser stata sorpresa dal Valentini il quale ne era geloso; che lui insieme al compagno avevano assassinato il giovanotto, quindi, scassato il forziere e portata via la roba, minacciandola di morte se avesse parlato. Ma il suo sistema di difesa non approdò e venne condannata co' suoi complici al taglio della testa.

Venuto l'8 ottobre, giorno dell'esecuzione, Iancoli e Valentini si confessarono ed invocarono i conforti religiosi. Erano disfatti dalla paura e furono portati sul palco più morti che vivi; la sola Francesca Levante, vedova Ferruccini, si mostrò, coraggiosa. Aveva voluto indossare i suoi abiti più belli, come se avesse dovuto recarsi ad una festa e non alla morte. Si acconciò la testa con grande cura e mi raccomandò che presentandola alla folla, quando glie l'avrei recisa, facessi in modo di non deturparla. Vedendola salire imperterrita sui gradini del patibolo, col capo alto, il petto torreggiante, lo sguardo superbo, il passo sicuro, le anche lievemente ondeggianti, sfuggirono al pubblico grida di ammirazione.

– Quanto è bella! – dicevasi da una parte.
– Che peccato ammazzarla! – si aggiungeva dall'altra.

Francesca udiva ed evidentemente se ne compiaceva. Non volle essere legata. E mentre porgeva la testa allo strumento mortifero, s'acconciava le pieghe delle veste.

XCI

UN MATRIMONIO MAL ASSORTITO

Serafino Benfatti era un uomo aitante della persona, forte come un toro e violentissimo. A queste sue qualità aggiungeva quella di essere un dissipatore di primo ordine, un famoso gozzovigliatore e un dissoluto di prima forza, per il quale il maltalento era legge.

Aveva condotto in moglie una leggiadra e soavissima giovinetta Perugina, da lui conosciuta ad Ancona, ove si era recata colla famiglia per le bagnature. Capo di una casa commerciale di molto credito, che teneva in mare parecchie navi, non aveva incontrato soverchie difficoltà per ottenerla in isposa.

Sulle prime Serafino pareva pazzamente innamorato della sua Cesarina, e questa corrispondeva alla sua passione con tutto il fervore di cui era capace. Ma il suo carattere riservato e il suo temperamento delicato non le consentivano quei trasporti, quegli slanci, quelle pazzie che il marito avrebbe desiderato.

Incominciò quindi il Benfatti a raffreddarsi e in breve volgere di tempo la moglie gli venne in uggia. Allora tornò alla vita di dissipazione che aveva incominciata, alla morte di suo padre, quando gli era succeduto nelle ragioni della ditta. Amoreggiò con donne di ogni qualità, spendendo molto più che non gli permettessero i suoi redditi; per rifarsene si diede a giocare sfrenatamente e perdette somme enormi. Ridotto al verde, cercò di intascare il patrimonio della moglie, ma questa, nauseata della sua condotta, si oppose con una energia della quale non la si sarebbe supposta suscettibile.

Di qui, scene violente, terribili, minaccie e percosse.

Cesarina, stanca di quella vita di continui strazi, ricorse alla sua famiglia, la quale rafforzata dall'appoggio di un esperto avvocato, fece chiedere ed ottenere una separazione.

Serafino Benfatti ne parve soddisfatto e non si oppose menomamente, che sua moglie ritornasse a Perugia, per vivere co' suoi parenti.

A questa acquiescenza c'era però una ragione: il traviato aveva stretto una relazione amorosa con Maria Rossetti, giovane donna di temperamento sanguigno, che meglio si confaceva al carattere di lui. Erano due esuberanze fisiche che si equilibravano e compenetravano.

Maria non era al suo primo amore, forse non era più neanche al secondo; ma, pur abbandonandosi completamente al Benfatti, senza ritegni e senza riguardi, non voleva saperne di mettersi con lui, e di vivere pubblicamente in concubinaggio, com'egli pretendeva.

– Vieni a star con me – le diceva spesso in mezzo ai suoi trasporti amorosi – fammi felice del tutto: io ho bisogno di averti a fianco ad ogni ora del giorno e della notte.

– Impossibile.

– Perché, impossibile?

– Lo sai pure.

– Dillo.

– Tu non sei libero. Hai una moglie...

– Che ha voluto separarsi da me.

– Non cessa per questo d'esserti moglie.

– E lo credi giusto?

– Non sarà giusto, ma è così. Io posso compatirti, compiangerti, anche amarti, come realmente t'amo, prodigarti la mia persona, come te la prodigo, ma non posso usurpare il posto che appartiene ad un'altra donna.

– Chi te lo vieta?

– La società innanzitutto.

– Poi?

– La mia coscienza. Io la detesto quella donna, tanto che potrei ucciderla; ma non surrogarla mentre vive.

Queste parole si figgevano nel cerebro di Serafino Benfatti e gli tornavano spesso alla mente; gli sembrava di udirne il suono, e cercava in essa un consiglio, un'esortazione, un incitamento a liberarsi di Cesarina.

Intanto i suoi affari andavano alla peggio. Perdette in un anno due bastimenti col carico e la sua rovina fu completa.

Non gli restava che liquidare il poco che gli era rimasto e prendere imbarco su qualche naviglio mercantile.

Ed è appunto ciò che egli decise di fare.

XCII

COLPO FALLITO E COLPO RIUSCITO

Una sera Maria Rossetti si vide comparire innanzi Serafino Benfatti in abito da marinaio.
– Che strana fantasia ti ha preso? – gli domandò aprendogli le braccia e stringendolo poi fortemente al seno.
– Non è una fantasia, è un fatto, rispose il marinaio.
– Spiegati, non ti comprendo.
– Sono rovinato.
– Non è da oggi che me lo dici.
– Quando te lo dicevo, la rovina era semplicemente in prospettiva; ora è compiuta. Ho liquidato i miei conti: ora non sono più armatore, non sono più commerciante. Non mi rimane più che la mia intelligenza, sorretta dalle braccia e da qualche migliaio di lire.
– Ebbene?
– Sono venuto per dirti addio. Mi imbarco: andrò al nuovo mondo, per tentare la sorte. Se mi arride tornerò; se mi continua avversa non ci rivedremo più.
A queste parole, presa da un subitaneo slancio d'affetto, Maria gli gettò le braccia al collo, e, sciogliendosi in lagrime, proruppe in un grido d'angoscia straziante:
– Impossibile! Impossibile! Ne morrei.
– Seguimi allora.
– Seguirti? Ma come?
– Io prendo imbarco in qualità di nostromo: tu puoi prenderlo come passeggiera, pagando il trasporto. Giunti in America, a Buenos-Ayres ci stabiliamo. Ciò che mi è rimasto di denaro è più che sufficiente per iniziare un piccolo corso d'affari. In breve mi rifarò una fortuna e...
– E allora?
– Saremo sempre uniti e felici.
– Questo non basta, lo sai, Serafino. C'è un ostacolo insormontabile: tua moglie, Cesarina...
– Non ricordarmela, Maria, perché nella mia testa corrono da tempo delle idee nere in proposito.

La Rossetti, invece di staccarsi da lui, gli si accostò più e se lo strinse di nuovo fra le braccia, sussurrandogli all'orecchio:
– Quali idee?
– Non chiedermelo.
– Hai dei segreti per me? Non mi ami.
– T'amo, fino a concepire il progetto di un delitto.
– È così che voglio essere amata.
L'incitamento non poteva essere più diretto e più preciso. Ma Serafino Benfatti esitava ancora, aveva paura di comprender male: temeva di destar orrore a quella donna adorata manifestandole il suo truce proposito.
– Dunque? – chiese Maria.
– Quando un ostacolo è insormontabile, invincibile bisogna...
– Sopprimerlo.
– L'hai detto. Parto per Perugia questa notte medesima.
– Ti seguo.
– Che? – esclamò atterrito il marinaio – tu seguirmi?
– Se c'è un pericolo, voglio dividerlo con te.
– Se mi mancasse il coraggio all'ultimo momento?
– Colpirei io stessa.
E suggellarono con un bacio il patto infame, che doveva legarli per tutta la vita. Mortifero bacio.

Cesarina era uscita a diporto, quando suo marito si recò da lei. Imbruniva, ed egli era penetrato nel giardino d'onde intendeva scivolare nell'appartamento della moglie non appena questa fosse rientrata, e di nascondersi per perpetrare nella notte il delitto.

Maria Rossetti l'attendeva di fuori; avrebbe voluto entrar pur essa nel giardino e nella casa; ma Serafino si era opposto, temendo avesse a riuscirle più d'impaccio che di aiuto.

Cesarina, non tardò guari a ritornare e ritornò sola. Entrò per la porticina del cancello del giardino e passò oltre nella prima camera del suo appartamento terreno, che su quello si apriva.

Serafino Benfatti la seguì. Il momento non poteva essere più opportuno: tutto sembrava concorrere al buon esito della scellerata impresa.

Ma mentre il marito entrava dietro di lei, Cesarina che era già penetrata nella seconda stanza ne uscì e si trovò a fronte di Serafino, il quale, alzato il coltello, di cui era armato, le lasciò piombare un colpo nel petto dalla parte del cuore.

La disgraziata mandò un grido:
– Assassino!
E cadde riversa al suolo.

Serafino Benfatti, invaso da un terrore invincibile, fuggì verso il giardino, sempre brandendo il coltello insanguinato.

Quivi si imbatté con Maria che aveva attraversato il cancello. In quel mentre si vide rizzarsi, sulla porta di ingresso dell'appartamento, Cesarina, la quale, ferita soltanto leggermente, perché le stecche del busto avevano fatto deviare la lama del coltello, si era levata e teneva dietro al marito, che aveva riconosciuto.

Maria Rossetti, misurò la situazione e vide che era mestieri sostituirsi a Serafino. In un baleno strappò l'arma al Benfatti, che le muoveva incontro pazzo di terrore, e fattasi sulla moglie del suo amante la crivellava di ferite, al volto, alla gola, dove le veniva fatto di colpirla.

L'odore del sangue le dava una specie di ebbrezza. Né lasciò la sua vittima che quando sentì le grida di Serafino e dei parenti che rientravano in tempo per assistere all'orrendo spettacolo.

Maria Rossetti e Serafino Benfatti, furono immediatamente arrestati. L'uomo confessò il delitto in tutti i suoi particolari, cercando di rigettare la maggior parte di responsabilità sulla sua amante, dalla quale si disse incitato a commettere il misfatto.

Condannati entrambi alla decapitazione, subirono il supplizio in ben diverso modo.

Serafino Benfatti si mostrò pentito e contrito del delitto commesso, si confessò e si comunicò esemplarmente e mosse al patibolo confortato dai frati, invocando il perdono di Dio e degli uomini.

Maria Rossetti, per converso, si conservò impenitente. Accolse la sentenza con un sogghigno. Rifiutò perentoriamente le religiose consolazioni e i sacramenti.

L'uomo arrivò sul patibolo disfatto dalla paura e senza manco potersi reggere. La donna impenitente pose, per la prima, come ne avea diritto, la testa sotto il ferro, dopo aver rivolto al suo complice uno sguardo di supremo disprezzo.

L'emozione destata nel pubblico che assisteva al supplizio, fu immensa, indescrivibile. Molte donne ed anco parecchi uomini piangevano. Altri imprecavano. Ma la giustizia ebbe il suo corso preciso ed esatto, com'era di ragione.

XCIII

BUONA OCCASIONE DI MATRIMONIO

Luigi Finocchi di Corneto possedeva una bellissima moglie della quale era estremamente geloso. E veramente la sua Geltrude non pareva tale da lasciarsi sfuggire le occasioni.

Alla naturale leggiadria accoppiava uno spirito poco comune. Appartenente a buona famiglia vestiva con singolare eleganza ed aveva un gusto deciso per tutte le cose fini ed aggraziate.

Questo suo carattere contrastava con quello del marito rozzo; superbo e refrattario a tutte quelle gentilezze della quale la sua Tuta non sapeva fare a meno.

Come mai si era unita una coppia così poco felicemente assortita?

La solita storia o quasi.

Tuta co' suoi capriccetti si era procurata delle conseguenze, che avevano sortite le forme di un piccolo feto nelle sue giovani viscere. La madre avvertita in tempo si diede attorno per trovare un marito alla sua figliuola, il quale riparasse al momentaneo errore da lei commesso e legittimasse col matrimonio il nascituro.

Ma la condotta di Geltrude aveva già suscitato delle dicerie e non era tanto facile tenerle occulte in un piccolo paese, dove per la gente che non ha nulla a fare, una mosca che vola sul naso di un personaggio eminente assume l'importanza di un avvenimento.

Occorreva un uomo il quale non avesse l'abitudine di frequentare i suoi simili e di ascoltare i loro cicalecci. Quale miglior uomo di Luigi Finocchi, rozzo, ma denaroso, una specie di orso, che non se la faceva con nessuno?

La buona genitrice di Tuta essendo stata informata che egli aveva delle intenzioni coniugali e che la sua figliuola gli dava nel genio, si mise subito a giocar la partita.

Innanzi tutto si trattò di persuadere Geltrude. E non sarebbe stato agevole compito, senza quel piccolo essere che incominciava già a dar segni di vita nell'alvo materno.

Tuta si mostrò ragionevole e l'affare fu tosto per questo lato reso possibile.

Rimaneva l'altra parte. E anche con quella non fu disagevole cosa il combinarlo.

Un'amica di Tuta si incaricò della bisogna. Conosceva il Finocchi ed aveva avuto de' rapporti con lui. Con un pretesto qualunque andò a trovarlo e attaccato discorso, del più e del meno favellando, uscì a dirgli:

– Eh! Sor Giggi. Voi continuate a vivere come un orso, sempre solo?

– Meglio solo che male accompagnato – rispose il Finocchi.

– Si sa; ma un uomo prudente come voi trova presto modo di accompagnarsi bene, se vuole. Perché non prendete moglie?

– È un brutto affare, non si può prevedere dove si cascherà.

– Dunque non siete contrario in massima al matrimonio?

– Non ci ho mai pensato.

– Una bella e buona moglie è un dolce conforto, una compagnia utile e cara.

– Il difficile è appunto di trovarla bella e buona, due qualità che generalmente si escludono l'una l'altra.

– È difficile sicuro, ma non impossibile. Io per esempio mi impegnerei di trovarla.

– Voi?

– Perché no? Se non si è capaci di rendere un servizio ad un amico si è inutili a questo mondo. Conoscete le Montini?

– Quella vedova che ha una bella figliuola?

– Per l'appunto.

– Le conosco di lontana vista. Ma la ragazza mi pare una superba creatura.

– Buona e bella.

– Bella certamente; quanto al buona...

– Me ne faccio io mallevadrice: è una perla, una colombella, un giglio di purità e di candore.

– Chissà quali idee le frulleranno per il capo!

– Idee savie e positive.

– Lo credete?

– Altro che crederlo! Lo so per certa scienza. È stata educata da una madre, che, non faccio per dirlo, è come me: severa, rigida, intransigente. Oh! non ha frasche per la testa, Tuta.

– Si chiama Geltrude, lo so.

– Compare! O m'inganno o le avete messo già gli occhi addosso.

– Non posso dir questo. Ma la mi andrebbe.....

– A fagiolo, non è vero? Lasciate fare a me; se vi piace me ne incarico io.

– Sarà un buco nell'acqua. Una ragazza come quella vorrà un bellimbusto, un giovanotto elegante, per marito.

– Se v'accerto di no. Voi siete un uomo nel fiore dell'età, robusto, gagliardo.

– Sotto questi rapporti non temo rivali.
– Avete de' quattrini molti.
– Grazie a Dio e la mia attività ho di che farmi lume sulla strada della vita.
– Non avrete delle esigenze impossibili.
– Per esempio?
– Geltrude è stata allevata civilmente; le dorrebbe di dover mutar vestiti.
– E chi glielo dice? Mi piace com'è. Perché dovrebbe mutarsi? Non sono gli scudi che mi mancano e vorrei coprirla d'oro e di gemme.
– Oh! Non esigerà tanto perché il padre ha lasciato poco e questo poco è andato squagliandosi. Dote non ne ha.
– Non ne cerco.
– Quanto alla madre...
– Se non le basta quello che le è rimasto, son pronto a farle un assegno.
– Non chiederà molto.
– In casa mia però non la voglio. Mio padre buon'anima sua, mi ha sempre detto: guardati dalle suocere.
– La madre di Tuta è una donna ammodo...
– No, no. Vade retro Satana! Non voglio suocere.
– Lasciatemi finire, compar Giggi.
– Finite pure, ma suocere in casa non ne prenderei per tutto l'oro del mondo.
– Dicevo che la Montini è una donna a modo e che per il bene della sua figliuola acconsentirà a staccarsi da lei.
– Alla buon'ora! Su questo terreno ci ritroviamo.
– Ne parlerò oggi stesso alla madre di Tuta.
– Vorrei che esploraste prima il sentimento della ragazza.
– Ci penso io non dubitate.

Il Finocchi si cacciò le mani nella tasca del panciotto, ne trasse due napoleoni d'oro e li fece scivolare nelle mani della compiacente comare dicendole:

– Queste per le prime spese. Il giorno delle nozze ne darò un paio di dozzine.
– Grazie compare. È affare fatto.

XCIV

LA DENUNZIA – LA CONFESSIONE – CONSEGUENZE

Le nozze ebbero luogo con grande pompa. Luigi Finocchi pareva avesse deposta tutta la sua selvatichezza ed aveva usate alla sua promessa delle finezze squisite.

È un fenomeno che si verifica spesso: il sole dell'amore rischiara le menti più ottenebrate e suscita negli animi apparentemente più insensibili e rozzi, sentimenti di delicatezza incomparabili.

Giggi amava già passionatamente Geltrude e nessun sacrificio gli sarebbe sembrato troppo grave per esserne corrisposto. Ma la trovava troppo al di sopra di lui. Le si sentiva inferiore talmente, che disperava di giungere alla sua altezza e avrebbe salutato con piacere qualunque fatto, per quanto doloroso, che avesse diminuita la ipotetica distanza che li separava.

Il Finocchi aveva voluto, con delicato pensiero, che le feste nuziali avessero luogo in casa della Montini, benché sopperisse del proprio alle spese. Terminato il ballo, che aveva seguito la sontuosa cena, gli invitati se ne andarono. E gli sposi si avviarono alle loro abitazioni, accompagnati fin sulla soglia dalla madre di Tuta e da altri parenti. Accomiatatisi si trovarono finalmente soli.

Il momento psicologico si avvicinava: Giggi condusse la sua diletta fino alla porta della camera da letto, che aveva fatto allestire con ricchezza e buon gusto, e si ritirò un momento, per lasciarle compire in libertà la toletta notturna.

In quel mentre un famiglio gli recò una lettera dicendogli:

– Sor padrone, hanno portato questo foglio fin da stamattina, dicendo di consegnarvelo subito. Ma io non ho voluto disturbarvi.

– Hai fatto bene.

Il famiglio se ne andò, e Finocchi si pose in tasca la lettera, rimandandone la lettura all'indomani. Ma poi per ammazzare il tempo e vincere l'impazienza, la tirò fuori, e guardò la soprascritta:

Signor Luigi Finocchi, Corneto. Urgentissima.

Uomo d'affari anzitutto, quell'urgentissima colpì il destinatario, l'aperse, la lesse, impallidì e dovete appoggiarsi ad un mobile per non cadere.

Entrò nella camera nuziale, dopo aver fatto uno sforzo disperato per vincere la emozione e porse la lettera alla sposa dicendole:

– Leggi.

Avvolta in un bianco e sottile accappatoio, che le scendeva in fitte pieghe lungo la persona, superbamente bella, disegnandone le forme dense ed aggraziate ad un tempo, colle carni rosee e palpitanti delle rotonde spalle, dal seno eretto e dalle magnifiche braccia sotto le trasparenze del diafano tessuto, Geltrude era divina a vedersi ed avrebbe tentato anche un santo. Ma Luigi Finocchi aveva la testa in fiamme, una vampa sanguigna gli saliva agli occhi e non scorgeva che un immane quadro rosso innanzi a sé.

Geltrude lesse la lettera, tranquillamente, serenamente, come se si trattasse di cose che non la riguardassero e quando ebbe finito pronunziò una sola parola, ma con tale accento di supremo disprezzo, che scosse tutte le fibre del suo sposo:

– Vigliacco!

– Dunque è vero? – chiese Finocchi con una inflessione di voce che pareva un rantolo.

– Sì – rispose con accento fermo, pieno di muta disperazione Geltrude.

– Ebbene? – domandolle ansante il marito.

– Vi ho ingannato, sono indegna di voi, cacciatemi; siete nel vostro diritto.

– Perché ingannarmi? – disse con accento straziante Luigi.

– Per salvare il mio onore; porto nelle viscere il frutto della mia colpa, se è colpa per una fanciulla inconsapevole l'essersi lasciata sedurre da un vile.

Quella confessione schietta, piena di rammarico e di rassegnazione, colpì profondamente il disgraziato e fu come un refrigerio per lui. Riprese la calma, e considerò la situazione freddamente.

Era stato ingannato; ma lo scopo se non giustificava, scusava l'inganno. Quella fanciulla era caduta sotto le arti di un malfattore: era una vittima più da compiangersi che da condannarsi. Poteva egli d'altronde supporre che tanto tesoro di leggiadria, fosse creato per lui, rozzo, villano, ineducato? Aveva desiderato che la distanza che lo separava da Geltrude fosse dimezzata: ecco il fatto che lo assecondava. Se la fanciulla non amava il suo seduttore, egli l'avrebbe perdonata, le avrebbe conservato tutto il suo amore, tutta la sua adorazione. Era stata sincera fino a quel momento, perché avrebbe cessato d'esserlo? Guardò negli occhi di Geltrude e gli apparve come una visione angelica, celeste. La sua mente non era mai arrivata a concepire tanta beltà. Le prese una mano candida e un fremito gli agitò tutte le fibre.

– Geltrude! – le disse con tale accento di tenerezza che pareva una contraddizione col suo fisico – l'ami quell'uomo?

– L'odio, lo detesto, vorrei immergergli un pugnale nel cuore colle mie mani.

Così favellando la fanciulla mandava lampi dai corruscanti occhi neri, le sue labbra rosse erano agitate da un tremito, la sua fronte aveva formata una piega

profonda, le martellavano le vene gonfie delle tempia, nella sua voce c'era tutta l'impronta della verità.
– È noto il tuo errore ad altrui?
– A mia madre sola.
– È egli di Corneto?
– No, è un viaggiatore di commercio, che capita qui due o tre volte al mese e non si trattiene mai più di quarant'otto ore.
– Quando verrà?
– Dev'esser qui... poiché v'ha scritto: è di suo pugno questa lettera infame, che vi ha rivelato la mia colpa.
– Se l'uccidessi?...
– Ti adorerei come un Dio! esclamò Geltrude, con uno slancio di passione, cingendogli il collo colle braccia ignude che uscivano dalle ampie maniche della vestaglia.
Luigi a quel contatto si sentì inebbriato fino al delirio, strinse la bellissima donna poderosamente al petto e rovesciandole indietro la testa, le diede un lungo bacio sulla bocca.
Quelle quattro labbra ardevano come braci.
Poi repentinamente si svincolò dalla stretta, che Geltrude gli aveva corrisposto, dicendo risolutamente:
– No: prima la vendetta.
– Voglio assistervi.
– Assisterai.

XCV

PROPOSITI DI VENDETTA FRA MOGLIE E MARITO

– Dove vi incontravate? domandava all'indomani mattina Luigi Finocchi, a Geltrude, entrando nella camera da letto, ove l'aveva lasciata sola la notte, per mantenere il suo fiero proposito.
– Ad una piccola casina lungo il mare, a pochi passi dalla città. È proprietà di una vecchia sorda, che gliel'affittava.
– Prendi penna, carta e calamaio e scrivigli.
– Perché?
– Per dargli un convegno.
– Ho capito, va bene. Eccomi pronta.
Finocchi si fece a dettare, mentre Geltrude scriveva:

«Arturo.
«La tua denunzia è stata una viltà: l'attribuisco alla gelosia e la perdono. Lui è partito stanotte. Né so che ne avverrà. Ho bisogno di vederti. Scrivimi, se ti potrò trovare al posto consueto, per il latore.»

«Tuta.»

Finita la lettera e fatto l'indirizzo, Giggi la prese ed uscì, affidandola ad un de' suoi più fidi famigli, per il recapito. Quando ritornò da Geltrude aveva la risposta. Diceva:

«Angelo mio,
«Perdonami! Hai indovinato il sentimento che mi ha spinto. Vieni ti attendo stasera. Duolmi d'aver una vita sola per espiare l'infamia che ho commessa. È poco, ma è tutta tua.»

«Arturo.»

– Una vita sola basta! – disse Finocchi dopo averla udita leggere da Geltrude.
– Non è vero?
– Sì, purché taccia per sempre.

Erano le undici di sera quando Tuta bussava alla porta della casina dell'antico suo amante. La notte era buia e temporalesca. Il cielo coperto di dense nubi nere, rotte di quando in quando dal bagliore dei lampi. Non si vedeva intorno anima viva.

La vecchia sorda affittuaria non abitava nella casina, la quale non era che un *pied-à-terre* da cacciatori e si componeva di un ambiente a terreno, che serviva di cucina e di tinello ad un tempo, e di una camera superiore, ove si trovavano i letti per riposarsi e dormire. Da questa camera, tirando una sottile catena si alzava il saliscendi che chiudeva la porta della casina.

Non appena ebbe Tuta bussato, il saliscendi si alzò e la porta si dischiuse. Geltrude entrò lasciandola aperta. Quasi contemporaneamente un uomo usciva dall'ombra e penetrava dietro di lei nella casina.

Era Luigi Finocchi.

– Geltrude, non sali? – disse una voce dalla camera superiore.

– Non ho lume, rispose la donna.

– Ah! scusami. Scendo.

Quasi contemporaneamente si vide un lume a capo della scala di legno, che dal tinello conduceva al piano superiore e comparve l'elegante figura di Arturo, ancor vestito di tutto punto.

Scese lentamente il giovinotto, sempre credendo che Geltrude gli salisse incontro. Ma con sua grande sorpresa la vide immobile appiè della scala.

– Sei dunque sdegnata? – le disse il leggiadro, quando si trovò nel tinello, afferrandole una mano e tentando di attirarla a sé.

Ma in quel momento un terribile colpo al collo, lo faceva stramazzare al suolo. La lama del pugnale di Luigi Finocchi, gli aveva orribilmente squarciata la gola e troncata colla jugulare la vita. Il lume che egli portava gli era sfuggito di mano, si era spento. Giggi lo raccolse e lo riaccese. Quindi si chinò sopra l'assassinato per accertarsi che era morto. Geltrude lo guardava impassibile, senza che un muscolo del suo volto tradisse la benché menoma emozione, senza che il colorito del suo bel viso ovale e delicato si alterasse di un punto.

– Bisogna sbarazzarsi di questo cadavere, che potrebbe procurare delle noie alla giustizia e pur anco a noi.

– Diamo il fuoco alla casina, il cadavere brucierà con essa e si crederà ad un fortuito accidente.

– No: sarebbe pericoloso. La notte è temporalesca, soffia un vento indiavolato, l'incendio potrebbe dilatarsi e recar danni gravi, se non accorrono in tempo ad estinguerlo: se se ne accorgono prontamente e riescono a domarlo, si troverà il cadavere combusto, si cercherà il movente del delitto, si faranno delle indagini e forse delle scoperte.

– Dunque?

– È mestieri buttarlo a mare: è assai mosso e lo porterà chissà dove.

Senza più, Luigi Finocchi si recò sulle spalle il cadavere di Arturo e uscì dalla porta; Geltrude spense il lume e lo seguì sbattendola leggermente, affinché il salicendi avesse ad alzarsi e rinchiuderla.

Giunti al mare Finocchi si trasse dalle spalle l'assassinato, lo frugò, gli tolse la lettera che Geltrude gli aveva scritto il mattino, quindi lo sollevò sulle braccia e dopo averlo un po' bilanciato per dar maggior vigore e più forte impulso al colpo, lo gettò nell'acqua. La donna, sempre imperterrita, dietro di lui, assisteva alla scena, resa più terribile dall'oscurità della notte.

XCVI

MUTUE CONFIDENZE ED ESPANSIONI

Arturo non si era recato a Corneto per affari, ma solamente chiamatovi dalla notizia del matrimonio di Geltrude e non aveva quindi con sé che una piccola valigia di oggetti personali. La vecchia sorda non fu sorpresa della sua insalutata scomparsa. Le dolse di non ricevere alla scadenza, come di consueto, il prezzo della pigione, e di non più vederlo, ma non ne parlò ad alcuno. Il mare, inghiottita la sua preda, l'aveva trasportata chissà dove, nessuna traccia era quindi rimasta del delitto, il quale rimase occulto, permettendo così al Finocchi ed a Geltrude di godere le delizie di una luna di miele, rosseggiante di sangue, ma non meno gustosa.

È un fenomeno avvertito da molti fisiologi, che il sangue versato per causa d'amore accresce la passione e il diletto fra i complici. Quella geniale, soave creatura di Geltrude, aveva preso ad amare freneticamente il rozzo marito, vedendolo compiere per causa sua l'assassinio del giovane che l'aveva sedotta. Dal canto suo Luigi Finocchi era così soddisfatto della sua vendetta e delle ebbrezze ritratte dal matrimonio, che sarebbe tornato da capo se l'occasione gli si fosse presentata.

– Mi ami? – diceva spesso alla sua donna nel delirio degli amplessi.

– Io ti adoro. Per possederti mi par poco di avere ucciso un uomo.

– Lasciamo questi ricordi – rispondeva flebilmente Geltrude, senza esprimere veruna ripugnanza, anzi ricostruendo nella mente il tremendo dramma al quale aveva assistito e cooperato e ritraendo nuovo eccitamento ai sensi, da siffatta ricostruzione.

– Ti fanno male? A me no – ripigliava Luigi – Rammentando, gioisco viemmaggiormente.

– Pur io.

– Se qualcuno tentasse di togliersi a me, mi sentirei capace di qualunque strage, di tutto, fuorché di lasciarti.

Questi morbosi eccitamenti e queste ripetute dichiarazioni del marito, finirono col ridestare l'umor capriccioso della moglie e col farle nascere il desiderio acre di voluttà nuove e peccaminose.

Quantunque fino a quel momento la sua condotta coniugale fosse stata irreprensibile, ed avesse fatto dimenticare la mobilità del suo carattere di zitella, non mancavano di svolazzarle intorno dei calabroni, che avrebbero voluto suggere dalle sue roride labbra il miele de' baci. Ma Geltrude opponeva loro la più estrema indifferenza.

Luigi Finocchi aveva da qualche tempo dei rapporti misteriosi col di fuori.

Un'insurrezione era scoppiata in Sicilia. Garibaldi, partito da Genova con mille volontari, aveva operato uno sbarco in Sicilia, una quantità di insorti unitisi a lui, e date battaglie sanguinose ai soldati del Borbone, si erano impossessati di tutta l'isola, abbattendovi il legittimo governo. La rivoluzione tendeva ad estendersi e cercava aderenti anche negli Stati di Sua Santità, per mezzo di emissari che spandevano denari a piene mani. L'avidità di Finocchi, cresciuta per le ingenti spese, che gli cagionava la moglie, ne fu sedotto: egli si gettò a corpo perduto nella cospirazione.

Pareva che si volesse operare uno sbarco sulla costa pontificia del Tirreno e a questo intento lavoravano Finocchi e i suoi nuovi amici. Le sue assenze da casa erano frequenti, tanto la notte che il giorno, e talvolta si prolungavano perfino di una settimana. Diceva che andava a Grosseto, nello Stato del granduca di Toscana, cacciato anche lui dal trono l'anno antecedente. E realmente vi si recava, ma sempre con segreti scopi politici.

Una notte ritornò a casa in compagnia di un giovanotto. I famigli erano già coricati e Giggi chiamò Geltrude, già ritirata nella sua camera da letto, ma tuttora in piedi, perché preparasse qualche cosa da mangiare per lui e per l'incognito suo compagno.

– Vuoi che svegli la fantesca?

– No: il forestiero non deve essere veduto da nessuno.

– Io non vi posso servire che della roba fredda.

– Non importa. Basterà la tua presenza a rallegrare il mio compagno e i cibi offertigli da te gli parranno più saporiti.

Sorrise la donna del complimento di suo marito e discese nel tinello, ove l'incognito s'era fermato. Giggi le aveva già parlato delle sue imprese e de' suoi cooperatori. Credeva quindi d'avervi a trovare innanzi un brigante barbuto, col cappello a pan di zucchero, i calzoni di pelle di capra e le ciocie ai piedi. Fu quindi assai meravigliata di vedere invece un gentiluomo elegante e gentile, che non appena la scorse si alzò, le mosse incontro, e le disse:

– Sono desolato, signora, di recarvi disturbo: non avrei acconsentito a farlo, senza la cortese insistenza del mio amico Luigi.

– Gli amici di mio marito – rispose Geltrude gratamente sorpresa e desiderosa di mostrarsi non meno gentile e finamente educata – sono sempre benvenuti, e la nostra povera casa è a loro disposizione.

– Così parlano le leggiadre donne d'Italia – esclamò con enfasi il forestiero e aggiunse con un piglio mezzo da predicatore e mezzo da apostolo:
– Quando avremo liberata la Patria dalle Alpi al mare, distrutte le tirannidi e abbattuto il governo de' preti, sarà ambito premio per quelli che non avranno lasciata la vita nell'ardua impresa, d'aver il guiderdone dalle loro belle mani. Le Clelie, le Virginie, le Cornelie di Roma insegneranno ai nostri figli la via del sacrifizio e della gloria.
Questo linguaggio che avrebbe forse fatto sorridere un'altra donna, impressionò Geltrude, sempre inclinata per lo straordinario ed il trascendentale. Si inchinò sorridendo, senza rispondere per tema di non sapersi mostrare all'altezza del suo interlocutore e andò in cucina a preparare la cena.

XCVII

IL FUOCO VICINO AL PAGLIAIO

Il pasto fu frugale, composto di vivande fredde, ma inaffiato di vino generoso, allegro e vivace. Il forestiero smessa la prima aria cattedratica, assunta per darsi del tono, si era chiarito buon commensale, spiritoso, giocondo. Raccontò brillantemente i fatti della campagna di Sicilia ai quali aveva partecipato ed espose gli intendimenti di Garibaldi, il quale voleva far l'Italia una. Ma non si sbottonò per quanto concerneva la sua missione, né i suoi rapporti col Finocchi.

Geltrude si sentiva rapita dal linguaggio insinuante del cospiratore, che non si lasciava sfuggire occasione alcuna, per frammischiare al proprio discorso, dei complimenti al di lei indirizzo, e le lanciava delle occhiate piene di sottintesi, alle quali ella corrispondeva sulle prime un po' timidamente, poi man mano, con maggiore franchezza ed ardimento.

La capricciosa non poteva far a meno di istituire un confronto fra il marito grossolano e brutale, della persona come delle maniere, e l'incognito educato a tutte le squisitezze della vita cittadina, avvenente, elegante, colto e bel parlatore. Prima del levar della mensa il tradimento coniugale era per parte sua spiritualmente compiuto.

Al forestiero venne assegnata una cameretta, comunicante colla stanza da letto dei padroni di casa, che serviva di gabinetto di toletta per Geltrude. Aiutata dal marito, la moglie, già virtualmente infedele, la trasformò in un piccolo Eden, confortato da tutti gli agi, con un soffice letto, le cui candide lenzuola e i morbidi guanciali odoravano di lavanda e di gaggiolo.

Entrandovi il forestiero ne fu dolcemente sorpreso, si profuse in ringraziamenti, diede una robusta stretta di mano all'inglese al Finocchi, toccò colle punta delle dita quella di Geltrude, che corrispose all'eloquente pressione con pari intensità.

I cospiratori sono tutti così: trovano ospitalità in una casa e la prima cosa che fanno, se appar loro innanzi una graziosa figura di donna, è quella di violarla, approfittando del prestigio che esercitano sui deboli animi muliebri il mistero ed il pericolo.

All'indomani giunse, al commissario di Corneto, avviso dalla polizia di Roma, che doveva giungere colà un famoso cospiratore. Lo si esortava a vigilarlo per conoscere le persone colle quali si sarebbe messo in rapporto e ad arrestarlo quando fosse per partire.

Quando si tratta di affari politici, generalmente parlando, le polizie sono sempre informate ventiquattr'ore dopo il fatto.

Il commissario di polizia si affrettò a partecipare la nuova ai suoi intimi, per cui, in men che non si dica tutta Corneto fu edotta della cosa, e Luigi Finocchi per il primo. Si convenne pertanto che il forestiero non sarebbe uscito dal suo nascondiglio. Geltrude avrebbe pensato a provvederlo di tutto l'occorrente, finché esauriti i primi slanci di zelo, la polizia si sarebbe acchetata, e sarebbe stato possibile farlo partire, di notte, su qualche barca di cabotaggio, per la vicina Toscana.

La volontaria prigionia del cospiratore non durò che tre giorni: Luigi era sempre fuori di casa, per scrutare il terreno ed aver notizie. Sua moglie ed il bel giovane ebbero quindi tutto il tempo per intessere il loro piccolo, ma piccante romanzo amoroso. Dodici ore dopo il forestiero, se non aveva per anco intrapresa la conquista dello Stato Pontificio, aveva già compiuta quella della sposa del suo ospite.

Tutto era ormai disposto per la partenza del cospiratore, quando Luigi Finocchi, tornò inaspettato a casa, e mosse verso la camera di Geltrude.

Il rumore di un bacio dato e ricambiato lo fermò impietrito dietro la porta della stanza precedente. Fulminato da un sospetto geloso si chinò e guardò per la toppa della serratura.

Il forestiero usciva dalla camera da letto e sua moglie in bianca vestaglia lo accompagnava cingendolo colle sue braccia. Si scambiavano baci e tenerezze. Si facevano gli ultimi saluti.

– Dunque non ti vedrò più amore mio? chiedeva con voce semispenta Geltrude.

– Ci rivedremo non appena le sorti della patria me lo consentano. Ma se dovrò morire su un campo di battaglia, sarà col tuo ritratto sul cuore e il tuo nome sulle labbra.

Il povero marito ingannato vedendo ed udendo, si morse disperatamente le mani e pianse di rabbia.

Avrebbe voluto aprire la porta, lanciarsi sui perfidi e strozzarli entrambi colle proprie mani. Ma pronto gli sopravvenne un altro pensiero: denunziare il traditore e vendicarsi della moglie.

Si allontanò rapidamente, ma senza usare le debite cautele. Il rumore dei suoi passi avvertì Geltrude. Si affacciò alla finestra prospiciente sulla strada, e vide Giggi uscir dal portone, senza cappello, correndo, come un pazzo.

– Siamo scoperti: fuggi, – gridò al forestiero. Mio marito ci ha veduti abbracciati.
– Fuggiamo.
– Impossibile, io resto. Affronterò sola l'ira sua e lo placherò, aggiunse con un sorriso indefinibile.

XCVIII

PATRIA E SENSO

Il cospiratore non si perdette in discussioni; gli premeva anzitutto di salvare la propria pelle. Seguì Geltrude che lo accompagnò fino al giardino, dietro la casa e gli insegnò la via della fuga, saltando un piccolo muro di cinta allo scopo di arrivare per altra strada alla marina.

Intanto Luigi Finocchi giungeva alla polizia. Ma prima di varcarne la soglia, rifletté un istante e questo bastò per ritoglierlo dall'infame proposito.

Ritornò sui suoi passi: aveva mutato decisione. Avrebbe ucciso il violatore della ospitalità accordatagli in sua casa come aveva ucciso il seduttore di Geltrude e l'avrebbe al par di lui buttato a mare. Dopo tutto la colpa era sua, poiché aveva messo il fuoco accanto al pagliaio. Egli non voleva perdere la moglie, rinunziare ai suoi amplessi. La morte dell'amante sarebbe stata sufficiente punizione per lei. Glielo aveva detto tante volte: chiunque tenti rubarmi le tue carezze morrà.

Ritornò a casa: si munì del coltello col quale aveva sgozzato Arturo e andò direttamente alla camera da letto: ivi trovò Geltrude, semisvenuta sopra una sedia. L'afferrò per un braccio e le disse:

– Vieni a vedere, come si puniscono i colpevoli, i traditori.

E la trascinò violentemente nel gabinetto, dove credeva si trovasse ancora il forestiero. Ma quando lo vide vuoto si sentì assalito da un eccesso di furore.

– Dov'è? – gridò alla moglie con voce soffocata – dov'è, boiaccia, il tuo amante?

– È partito, mormorò Geltrude, più morta che viva.

– Partito, fuggito, per opera tua?

– Sì.

– Ebbene, paga tu per lui!

E pronunciando queste parole l'afferrò pei capelli, la trascinò al letticciuolo e colla formidabile lama del suo coltello, le recise la testa.

Quindi si affacciò alla finestra, urlando come un pazzo:

– Eccola! Eccola!

Mostrava, sempre tenendolo per i capelli, il capo troncato di Geltrude, dal cui collo pioveva ancora a fiotti il sangue.

Quel terribile spettacolo fece volgere in fuga i pochi passanti. Ma in breve altri ne sopraggiunsero, e si addensò la folla...

Finocchi continuava ad agitare la testa di sua moglie gridando:

– Eccola! Eccola!

Giunse finalmente la polizia, che non senza stento giunse ad impossessarsi del forsennato, prima che avesse a farle del male, col coltello che ancora brandiva.

Portato alle carceri dovettero mettergli la camicia di forza, perché non avesse ad attentare alla propria vita.

Se non che ricercando il movente del delitto in casa dell'uxoricida, la polizia trovò delle carte, che rivelavano le sue aderenze coi rivoluzionari e a furia di indagini venne a sapere della venuta del cospiratore e della sua fuga. L'istruzione ricostruì il dramma, ma la ragione vacillante del reo, non permise di giungere a chiarire i fatti.

Luigi Finocchi venne condannato all'estremo supplizio e in capo a cinque giorni fui chiamato ad eseguirne la sentenza.

La voce delle condizioni mentali infelici del giustiziando si era diffusa per ogni dove, e si parlava di un movimento che i rivoluzionari intendevano di tentare per sottrarlo al patibolo.

Fu quindi fatto venire da Roma buon nerbo di truppa, per evitare qualsiasi inconveniente.

La mattina del 21 luglio, Corneto pareva militarmente occupata.

Uscendo dalle carceri, la carretta sulla quale con me e col paziente stavano due frati incaricati di confortarlo, benché non avesse alcuna conoscenza di sé, fu circondata dai carabinieri.

Giunti ai piedi del palco, lo tirammo giù, e lo portammo su pei gradini di peso, perché non poteva reggersi.

– Giustiziano un morto! – gridò una voce.

– Assassini, ripeté un'altra.

In un momento il subbuglio diventò generale. I fischi intronarono le orecchie. Ma il palco era troppo ben custodito, perché si avesse a temere.

Mentre io compivo l'esecuzione, i tamburi rullavano a più non posso. Venne eseguito qualche arresto e la calma fu ristabilita.

Ma dovetti essere riaccompagnato alle carceri, col mio aiutante, dalla stessa scorta, e partimmo di notte di soppiatto, per evitar dispiaceri.

XCIX

L'AVVENTURA DI ANGELO ISOLA

Timoteo Castroni era un giovane studente dell'università romana, molto stimato per il suo fervido ingegno e per la facilità con cui apriva la sua borsa, agli amici, sempre ben fornita, poiché apparteneva a ricca famiglia della provincia.

Frequentava la buona società ed era assai ben accolto, per la squisitezza delle sue maniere, per il brio della sua parola, colta, fluente, simpatica e per le sue doti fisiche non comuni. Alto e slanciato della persona, col bel viso ovale, di quel colore leggermente olivastro pallido, che esercita tanta influenza sull'animo del bel sesso, illuminato da due grandi occhi neri morati, pieni di sentimento, di passione e di dolcezze, con una bocca carnosa, sensuale, ombreggiata da due baffetti neri, lucidi, fini, come la ricca capigliatura ricciuta, era realmente un bel giovane, nel senso più assoluto della parola. Il suo istintivo riserbo aumentava il fascino che esercitava.

Le signore lo attribuivano ad una punta di orgoglio suscitatogli da precoci fortune amorose, e si incapricciavano facilmente di lui, smaniose di vincere quel disdegno che credevano ostentasse e che realmente era ben lontano da lui.

C'era fra l'altre sue conoscenze, conoscenze da salotto, ben inteso, una leggiadra francese, romanizzata che godeva una fama un po' piccante, la quale si era presa di Timoteo, perdutamente, e mal sapeva tollerare la indifferenza da lui dimostratale.

Invece di indifferenza era timore ch'ella gli ispirava. Innanzi a quella superba bellezza, il giovane studente si sentiva piccino, piccino, non osava innalzare gli sguardi fino a lei, gli pareva che fosse stata messa al mondo solo «per miracol mostrare.» Il desiderio l'avrebbe attratto verso di lei, ma combatteva strenuamente, negli imi suoi penetrali, siffatto desiderio, giudicandolo, non solo temerario, ma insensato addirittura.

Quando l'immagine di quella donna gli appariva ne' sogni, ne risentiva uno spossamento fisico inconcepibile, e cercava di cacciarla, come un succubo tentatore.

I sorrisi che l'avvenente creatura gli prodigava li considerava come beffe, come scherni atroci e invece di sentirsene incoraggiato la fuggiva.

Una sera ad un gran ballo dato ad un'ambasciata, al quale Timoteo era stato invitato, vide entrare la formosissima signora, in un'ardita toilette, che metteva in evidenza tutte le grazie incomparabili della sua persona.

Vestiva in abito bianco, molto scollato, dalla breve vita del quale sorgevano le superbe spalle divinamente modellate, il seno torreggiante fra i finissimi merletti spumeggianti. Intorno al collo un vezzo di perle nere di rara bellezza, che aggiungevano splendore alla tinta calda della rasata epidermide.

La sua comparsa aveva suscitato d'ogni intorno mormorii d'ammirazione, i più cospicui personaggi e i giovanotti più eleganti della romana aristocrazia le si affollavano vicino, per contendersi un sorriso, un lieve cenno del capo, un saluto.

Blanche – tale il suo nome – trascorreva oltre con un incesso da dea, incurante quasi degli omaggi. D'un tratto scorse in fondo alla sala il giovane studente, che la guardava esterefatto e sembrava assorto in estasi. Ella volle godere del suo trionfo e si fermò a pochi passi da lui, conversando gaiamente con un brillante ufficiale del suo paese natio.

Timoteo si trovava, come assediato, da quella coppia, che attirava sopra di sé tutti gli sguardi. Non avrebbe potuto togliersi dal suo posto, senza dimandar loro licenza e gli pareva grottesco il farlo; più grottesco ancora rimanere, indiscreto testimonio.

La signora, mentre discorreva coll'ufficiale lo guardava di sottecchi e sembrava compiacersi del suo imbarazzo. Ma quando lo vide impallidire, a segno da parer prossimo a svenire, licenziò l'ufficiale con un piglio da regina, e mentre questi le si inchinava innanzi, si volse rapidamente e passò il suo braccio, meraviglioso, sotto quello di Timoteo, dicendogli:

– Portatemi a fare un giro per le sale. Qui fa troppo caldo; si soffoca.

E lo trascinò seco in un gabinetto, lontano, dove appena giungevano le note della musica, che metteva in effervescenza le coppie danzanti della sala da ballo; dove la luce di una grande *carcel*, soavemente moderata da rosei paralumi, dava all'ambiente un carattere dolcemente misterioso; dove pareva che le dichiarazioni di amore e i baci aliassero nella tepida atmosfera.

Blanche si abbandonò sopra un piccolo divano di raso rosso, i cui riflessi rendevano fiammeggianti le sue rotonde spalle ignude e le sue braccia anelanti d'amplessi, come il suo bel viso, acceso dalla passione intensa e dalla brama irrefrenata di voluttà, e trasse seco il giovane trasognato, chiedendogli, con un accento riboccante di promesse.

– M'ami?

Timoteo volle inginocchiarsele innanzi. Non aveva fibra che tenesse ferma: aveva un tremito nelle labbra, nella voce, nella persona.

– Vi adoro, come una santa sull'altare.

– Fanciullo! – esclamò l'inebbriata signora e gli chiuse la bocca colla sua.
Da quella sera lo studente diventò il suo amante e non ebbe più vita che per lei.
Era venuta la state e dopo la bagnatura Blanche era stata condotta dal marito ad un suo castello, che s'ergeva sull'Appennino abruzzese. Timoteo la seguì ed ogni notte, per una segreta porticina, della quale aveva la chiave, penetrava nella sua camera da letto.

Il marito non tardò ad accorgersene. Conosceva le abitudini di Bianca. Prima di sposarla era stato suo amante ed aveva ingannato il marito di lei, come ora Timoteo ingannava lui. Non erano scorsi che tre anni, e il primo consorte della leggiadra signora era morto, dicevasi in un accidente di caccia. Ma la sorte era stata aiutata dalla mano dell'uomo. E quest'uomo era il bandito Angelo Isola.

Risoluto a liberarsi dell'amante, come si era liberato del primo marito, andò in traccia dell'antico suo complice e lo rinvenne in una bettola di Rocca Secca, dove soleva riparare fra l'una e l'altra delle sue brigantesche imprese.

Era una stanzuccia scavata si può dire nella montagna e che s'internava sotto, come una grotta nella medesima, divisa in due da un semplice assito. Nella parte prospiciente sulla strada stavano gli avventori che capitavano a bere; nella parte posteriore facevano la cucina, tenevano il vino, e si ricoveravano i più intimi amici del padrone, il quale non è escluso che cooperasse alle frequenti grassazioni segnalate ad ogni tratto in quei dintorni.

Non appena il marito ingannato entrò, il bettoliere si levò il berretto, ed ossequiandolo umilmente, gli domandò:

– In che posso servirla, signor Conte?

– C'è Angelo? – mormorò a voce sommessa l'interpellato.

Il bettoliere, per tutta risposta, lo accompagnò nel secondo scompartimento dell'osteria, dove il conte vide e riconobbe tosto il suo uomo.

– Angelo, gli disse sedendogli famigliarmente accanto, su di un barile capovolto, c'è da guadagnare un centinaio di scudi. Ti servono?

– Pofferbacco, signor Conte, a questi lumi di luna, per cento scudi darei la scalata al cielo.

– Si tratta di più agevole impresa.

– Tanto meglio.

– Invece di salire, bisogna far discendere qualcuno pel burrone del diavolo.

– Non sarà il primo! – osservò sogghignando il bandito. Si tratta ancora di un marito?

– No, si tratta d'un amante.

– Allora si sono invertite le parti.

– Precisamente. Verso la mezzanotte, un giovinotto sui venti anni, abbigliato da *touriste*, passa da quella parte, colla sua brava borsetta ad armacollo e l'*alpenstock* fra' mani.

– Glie lo faremo deporre, perché non l'aiuti a risalire. L'ora del resto è buona.
– No. È meglio aspettarlo al ritorno, verso l'alba. Chi lo attende la notte, non vedendolo comparire, potrebbe concepire qualche sospetto.
– Precauzione utilissima l'evitarlo.
– Eccoti dieci napoleoni in acconto: il resto ad affare compiuto.

Così dicendo il conte porse al bandito un pizzico di monete d'oro, che egli fece saltare nel cavo della mano.

– Conchiuso! – esclamò il bandito – e il marito oltraggiato se ne andò.

All'indomani, al primo luccicar del giorno Angelo Isola era appostato al burrone del diavolo, per dove Timoteo doveva passare. Il tempo imperversava; spessi lampi rosseggiavano nel cielo coperto di nubi, pioveva a diluvio. Il povero studente, inconscio dell'agguato che lo attendeva, e tuttora ebbro di baci e di carezze, affrettava il passo, di ritorno al villaggio, dove aveva preso stanza, per trovarsi vicino al castello di Blanche, quando due robuste braccia lo afferrano a tergo, e sollevatolo di peso, lo lanciano di piombo nel burrone. Il terreno ove andò a cadere, a metà del dirupo, era molle della pioggia e Timoteo poté rialzarsi ed aggrappandosi alle sporgenze della rupe, tentare la salita. Ma mentre stava afferrando uno sterpo, uscì un terribile avvoltoio da uno speco, che il medesimo occultava, e temendo un assalto al suo nido, si fece sopra di lui.

Un terribile colpo di rostro, accompagnato da un non meno formidabile colpo d'ala, fece cadere in fondo al dirupo, sfracellato contro i massi sporgenti, il disgraziato giovane.

Angelo Isola, che aveva assistito alla scena, levò un sospiro di soddisfazione ed esclamò:

– Il diavolo protegge i suoi.

Il cadavere dello studente venne trovato e raccolto all'indomani. Blanche indovinò il truce dramma, che si era svolto in quella tempestosa mattinata, ma non pensò a vendicare il suo amante.

Angelo Isola continuò il suo mestiere di sicario e di bandito, e quando Dio volle la giustizia umana poté colpirlo. Arrestato, processato e condannato, gli fu da me reciso il capo, a Subiaco l'11 giugno 1864.

Con quest'ultima esecuzione Giovanni Battista Bugatti fu collocato a riposo, su proposta di Monsignor Fiscale il quale nella sua relazione lo qualifica per l'illustre Bugatti. Il Consiglio de' Ministri avanzò la proposta a Sua Santità.

Pio IX l'approvò il 28 febbraio dello stesso anno concedendogli la pensione mensile di scudi 30 «in vista della di lui senile età e dei lunghissimi servigi» con decorrenza dal primo novembre, nel qual giorno gli succede Vincenzo Balducci, suo aiutante fin dal 1850. Le esecuzioni di Balducci furono poche (la più famosa quella avvenuta il 24 novembre 1868 nella quale furono giustiziati i patrioti Monti e Tognetti alla presenza anche di Mastro Titta) perché sopraggiunse la Breccia di Porta Pia ad interrompere la sua carriera.

A Giovanni Battista Bugatti non fu dato di assistere a quell'avvenimento in quanto quindici mesi e due giorni prima, ed esattamente il 18 giugno 1869, egli moriva. Il suo decesso è registrato a pagina 89 del libro IX della Parrocchia di S. Maria Traspontina.

APPENDICE

LE GIUSTIZIE A ROMA

I

L'AMICO E SEGRETARIO DI MASTRO TITTA

La solitudine in cui Mastro Titta era costretto a vivere lo annoiava alquanto e tendeva a distruggere la giovialità del suo carattere, e la sua espansività.

Egli anelava di avere un amico, col quale potere liberamente intrattenersi e conversare, parlare del presente e del passato, ritrarre il conforto di mutui servigi e di scambievoli cortesie.

Frequentando le bettole egli aveva avuto più volte l'occasione di stringere delle relazioni, con persone che ignoravano l'esser suo. Ma ciò non gli bastava. Egli sapeva benissimo, che non appena risapevano il suo nome e il suo mestiere, rallentavano e man mano cessavano d'aver rapporti con lui.

Un giorno, mentre se ne stava cogitabondo nel giardino di una osteria alla Lungara guardando il corso del vecchio fiume e pareva chiedesse alle bionde sue acque i segreti della storia, sentì toccarsi da una mano sulla spalla e una voce toneggiante che gli diceva:

– Mastro Titta, che nuove abbiamo? È un bel po' che non si lavora... Ci annoiamo, non è vero? C'è ben di che.

Il Bugatti si volse al verboso interlocutore, sorpreso dalla famigliarità benevola che usava con lui, e gli domandò a sua volta:

– Mi conoscete dunque?

– Perfettamente. Vi ho veduto lavorare e vi so dire che a buon dritto vi compete il titolo di maestro. Ma che andiamo chiacchierando a bocca asciutta? Ho l'ugola secca. Mastro Titta vogliamo «farcene» una foglietta insieme?

– Benvolentieri, rispose il boia, traendo dal suo petto un sospiro di soddisfazione.

– Vedo che vi fa piacere e ne son lieto. Eh! Toto, portacene un boccale di frascatano. – È limpido, dolce e color del sole che ha scaldato i grappoli con cui è fatto – continuò poi, tornando a volgersi a Mastro Titta.

– Amate molto il vino, per quanto mi pare? – gli disse sorridendo il Bugatti.

– Credo bene! Amore e vino, il vecchio Lieo e le giovani Camene confortavano i tardi giorni di Anacreonte.

Questo linguaggio, poco comprensibile per lui, sorprendeva non poco Mastro

Titta e si volse ad osservare il parlatore.

Pareva un operaio, poiché aveva le maniche della camicia rimboccate al disopra de' gomiti, e portava dinanzi un grembiale turchino, sollevato a metà, per un de' lembi infisso nella cintura. Lo sparato della camicia aperta lasciava scorgere l'ampio petto velloso, donde usciva la maschia voce che abbiamo notato.

– Vi sorprende il mio linguaggio?
– Ve lo confesso. Parlate come un dottore.
– E vesto come un artiere: completo il vostro pensiero?
– Precisamente.
– Gli è che sono un po' poeta? Vi sorprende?
– Non vi offendo rispondendo affermativamente?
– Manco per sogno.
– Beviamoci sopra.

Il gigante tracannò due o tre bicchieri del frascatano, recato dal garzone dell'oste, dopo aver brindato col carnefice, il quale era rimasto al primo. Poi asciugatasi la bocca col dorso della mano disse:

– Mastro Titta, io vi offro la mia amicizia e vi chiedo la vostra: sono Giuseppe Marocco d'Imola, poeta e tornitore.

Il boia si ricordò allora d'averne udito il nome, pronunziato con quella riverenza che dovevano ispirare il suo carattere franco ed aperto e il suo braccio terribile.

– Ben felice d'avervi incontrato – disse il Bugatti. Per quel che valga potete contare su di me, se non vi desta ripugnanza il mio mestiere.

– Non ho pregiudizi, io. So che siete un galantuomo. E questo mi basta. Sono i birbanti che hanno paura della giustizia, de' suoi ministri e de' suoi esecutori.

Si strinsero le destre, stettero a lungo a chiacchierare in quel giardino, e si lasciarono promettendo di rivedersi ogni giorno all'osteria.

– La mia casa vi è aperta ad ogni ora – concluse il Marocco – vi troverete sempre un cuore leale e un fiasco di Vin Santo d'Imola, che non ha paura del nettare che bevevano gli antichi iddii.

Da quel giorno la relazione fra il Bugatti ed il Marocco divenne sempre più intima e durò perenne. Il tornitore-poeta diventò il consigliere ed il segretario del carnefice, al quale infuse il desiderio di conoscere la storia dell'arte sua e di lasciare alla posterità quella delle «Operazioni» che andava eseguendo.

II

VARIAZIONI INTORNO ALLA GIUSTIZIA PAPALE

Mastro Titta, colla scorta del Marocco iniziò i suoi studi storici sulle esecuzioni di giustizia in Roma e potè così erudirsi nella materia, che doveva fornirgli argomento delle sue future elucubrazioni.

Non potendo seguirlo per filo e per segno nelle sue indagini, noi ne riferiremo sommariamente i risultati, come ce lo impone il compito che ci siamo prefissi ponendo mano a quest'opera, di metter cioè in chiara luce, come sia stata in quei tempi efferata e terribile la così detta giustizia dei Papi, valendoci all'uopo delle sapienti note del non mai abbastanza encomiato Ademollo.

Nel medio evo campo di giustizia era sempre la Rupe Tarpea. Presso un leone di basalto, i delinquenti udivano la lettura della sentenza che li condannava, e quanto ai malfattori di bassa condizione solevasi porli a cavalcione di quel leone con una mitra in testa e con la faccia impiastricciata di miele. Non si dice qual fosse il modo dello *spaccio* finale, ma è lecito credere la decapitazione almeno per i condannati, colpevoli o no, di condizione non plebea. Si trova infatti fino al 1354 un esempio illustre. Nel dì 29 agosto di quell'anno, fra' Monreale veniva decapitato sulla piattaforma del Campidoglio nel luogo ove oggi è la statua di Marco Aurelio, ma la decapitazione si eseguiva con lo spadone del carnefice al quale il chirurgo del gran venturiero indicò la giuntura dove doveva colpire. La testa che fra' Monreale, lieto di morire a quel modo poiché si aspettava di peggio, aveva adagiata sul ceppo con la miglior grazia possibile, sbalzò al primo colpo; fortuna che non toccava a tutti.

Nel 1488 venne designato per luogo di giustizia un recinto davanti al Ponte S. Angelo, nelle cui adiacenze era il vicolo denominato *del Boja*. Anche Campo di Fiore serviva all'oggetto in casi straordinari, specie di supplizi preceduti da gogna, onde prendeva nome, in prossimità della piazza, la *via della Berlina* oggi trasformata in via del Paradiso. Ma tutti i luoghi erano buoni per ammazzare gente con legalità. Nel 27 maggio 1500, in pieno Anno Santo, i pellegrini a S. Pietro ebbero la dolce sorpresa di passare il Ponte fra due file d'impiccati; erano diciotto, nove per parte. Brillavano, fra costoro, un medico dello Spedale di S. Giovanni che soleva di gran mattina andare armato di balestra a caccia di romei, ammazzandone e derubandone quanti più poteva, ed un confessore dello Spedale stesso che indicava al medico i pellegrini infermi provvisti di danaro onde li spacciasse col veleno per poi spartirsene fra loro il gruzzolo. Gli altri sedici erano volgari assassini di strada e vanno compianti per la mala compagnia che ebbero negli ultimi momenti di vita.

III

IL SUPPLIZIO DEI CARAFISTI

Intorno al supplizio di Carafa, uno de' nipoti di Paolo IV, da questi prima in ogni modo favorito scandalosamente, poi privato dei benefici impartiti e condannato da Pio IV (Medici) suo acerrimo nemico, riproduciamo la seguente importantissima relazione di Francesco Thonnina al Duca di Mantova, suo signore, «Data da *Roma, li viijs de Marzo 1559*» pescata nell'Archivio Gonzaga, del chiarissimo cav. Antonio Bartolotti.

«È finalmente finita quella tragedia carafesca mercore alle cinque hore di notte ando il baricello Gasparino (come egli stesso ha narrato di bocca), primieramente al Cardinale Caraffa quale dormeua supino et benché già gli era stato nuntiata la morte, come per la precedente mia scrissi a V.E. non di meno non poteva pur crederlo et così entrato in camera gli disse quello che era venuto a fare il che era per far esseguire quel tanto ch'era in mente di N. S. in farlo morire. Al che ei dice che detto Cardinale rispose per dieci volte «Io morire! Adunque il Papa vuole che io muoia?». E finalmente chiarito che questa era l'ultima hora el che se non attendeva a confessarsi et accomodare li casi suoi fra quel poco tempo che ad esso bargello era stato statuito per far l'esercitio, né egli senz'altro aspettare haueria fatto eseguire la commissione sua, ancorché più volte replicasse: «Io che non ho confessato cosa alcuna morire!» si dispose poi a confessarsi; il che fatto chiamò tutti gli astanti et li disse: siate testimoni come io perdono al Papa, al Re di Spagna et al Governatore et Fiscale et altri nemici miei; poi postolo a sedere sopra una scragna gli pose il carnefice il capestro al collo et dopo hauerlo fatto molto stentare lo finì pur all'ultimo di strangolarlo. Andorno poi al Duca di Palliano qual condussero in Torre di Nona e nel descender dalla prigione di Castel Sant'Angelo dimandò dove lo conduceuano, et allhora il Bargello non gli volse dire che lo conducessero a far morire, ma solo gli disse che lo conduceua in Torre di Nona et più altro non sapea sino a quel hora, al ché detto Duca rispose che ben sapea che lo conduceuano alla morte, che Christo glielo aueua rivelato et che di gratia gli lasciassero scriuere una lettera al figlio; così ridottosi nella Camera doue sta prigione con sigurtà di non far fuga Gioanni da Nepi, interessato anch'egli in questo negotio esso Duca dettò due lettere l'una al figlio l'altra alla sorella, le quali sono ueramente christiane. Poi fu condotto a Torre di Nona doue a lui et al Conte di Aliffe et Don Leonardo di Cardine fu troncata la testa. Morì il Duca dispotissimo eccetto che nell'istesso voler porre il capo sotto il ceppo o tagliuola cominciò a dire aiutatemi de gratia *tentatione obrenuntio Satano* et finalmente fu ispedito. Il Conte di Aliffe si dice che ragionaua anch'egli alcune parole christiane pure era fuori di sé – Don Leonardo di Cardine morì finalmente disposto. Delli corpi loro seguì questo: il cardinale fu portato nella chiesa Transpertina, il Duca, et il Conte d'Aliffe et Don Leonardo, furono portati lo mattino per tempo in Ponte. Il Duca in un cadeletto piccolo ed assai miserabile, oue giaceua con una ueste di pelle intorno con due torse rosse per ciascun capo il Conte d'Aliffe et Don Leonardo erano coricati in terra su due miserabili tappeti lunghi due brazzi o circa et poi tutti infangiati et calpestati dal numero delle genti che andauano a vedere. Il Cardinale è stato portato poi a seppellire alla Minerva et si dice anco il Duca. Gli altri dui dicono che li parenti trattino di condurgli a Napoli».

IV

IL SUPPLIZIO DELLA MARCHESA ANGUILLARA E DI MARGANI

Dai *Processi Verbali* redatti dalla Compagnia di S. Giovanni Decollato, che il governo opportunamente, ha con savio decreto avocati a sé, togliamo la narrazione della esecuzione di questa infelice.

«Martedì notte venendo il mercoledì, a dì 3 d'Agosto 1568, alle sei ore di notte in Roma fu menata nel luogo solito della Compagnia della Misericordia in Torre di Nona per esser fatta morire per via di giustizia madonna Caterina dell'Anguillara, la quale resasi in colpa dei sua peccati e confessatasi disse perdonare a tutti quelli che l'avessero offesa siccome ancora desidera che sia perdonato a lei e volendo fare un codicello al testamento ultimamente da lei fatto, disse restando fermo il detto testamento e le cose contenute in esso, lascionne scudi 20 ai poveri vergognosi, e ducati dieci alla Compagnia di San Giuseppe sotto Campidoglio, e dichiarò ancora che il legato dei cento cinquanta ducati l'anno, lasciato da lei nel prefato testamento a messer Bandino Piccolomini gentiluomo sanese suo ultimo marito, s'intenda libero, e che non abbia a concorrere al pagamento di nessun lascito: ma che se gli debbano pagare liberissimamente senza farlo stentare o litigare, ed in che luogo vorrà lui: e questo tanto volendo stare e vivere insieme, con li suoi figliuoli, quanto no; perché questo rimette nel suo libero arbitrio. E non volendo stare con detti suoi figliuoli, gli lascia letto, padiglione, lenzuoli, camicie, sciugatoi, e pannamenti lini ad arbitrio suo, e che questo arbitrio s'intenda tanto circa alla qualità quanto circa alla quantità; cioè che di tutte queste cose possa pigliare quella quantità che ad esso parerà, e di che sorta vorrà. Grava ancora la signora sua madre, come tutrice dei suoi figliuoli, che le piaccia fare tutti i perdoni che corrono in un anno, e che se le debbano di più far dire le messe per tutti gli altari che cavano le anime del purgatorio, e subito le messe di San Gregorio con le cento messe appresso. E questo disse volere che sia il suo ultimo conticello e volontà, la quale vuole con voglia in ogni miglior modo.

«Presenti messer Tommaso Aldobrandini, messer Francesco Scanfartoni, messer Antonio Cocchi, Bastiano Caccini, Monte, Zaffei ed io Vincenzo Rampini provveditore.

«Messer Jacopo Margani, il quale essendosi reso in colpa dei suoi peccati e fatta la debita confessione pregando nostro Signore che gli die fortezza nell'estremo punto della morte, disse perdonare a tutti quelli che l'avessero offeso; come ancora desiderava che fosse perdonato a lui. E non volendo morire senza fare menzione di alcune sue cose disse non avere da dire cosa alcuna e fece fine.

«La mattina all'ora solita si partirono processionalmente di Torre di Nona e andarono in Ponte, dove furono decapitati. Nostro Signore Iddio sia stato quello gli abbia dato luogo di riposo.

«La sera all'ora solita si portò da Santo Celso alla Compagnia di detto messer Iacopo ed a ore XXIV fu portato in Araceli dove fu sotterrato.

A dì 12 d'Agosto.

«Si vendè i panni di messer Iacopo Margani e se ne cavò giuli ventotto e si consegnarono a messer Francesco da Carmignano nostro camerlengo. E adì detto si ebbe dalle rede di madonna Caterina delli Merletti ducati quattro».

V

LE LIBERAZIONI DEI PRIGIONIERI

Abbiamo accennato alla presenza, nella giustizia dei papi, delle confraternite e alle grazie che parecchie di esse avevano diritto di chiedere, nelle occorrenze di date festività, o solennità speciali, per concessione dei vari Sommi Pontefici. Parrà strano questa abdicazione del più grato e più prezioso attributo della sovranità, a chi consideri superficialmente la cosa. Ma a chi voglia approfondire il concetto che la inspirava, troverà che essa era molto accorta ed opportuna, come quella che circondava le confraternite di un prestigio straordinario, le rendeva non solo rispettate, ma amate dal popolo e colla simpatia faceva convergere sopra di loro cospicui benefici. Valgono a chiarirlo in parte gli «Ordini con li quali deve esser governata la Venerabile Confraternita della Santissima Madonna del Suffragio» che qui ripetiamo: "Della liberazione del Prigione. Ord. XLI. Manum suam aperuit inopi, et palmas suas extendit ad pauperem Salomon. Cap. XXXI. In Carcere eram, & visitastis me. Mat. Cap. XXV.»

* * *

Fra l'altre gratie che la nostra Archiconfraternita ha ottenuto da nostro Signore Papa Clemente VIII è che ha concesso privilegio in forma di breve che possa, & abbia facoltà ogni anno nel giorno del Venerdì Santo overo della Commemoratione de' morti, deliberare un prigione condannato a morte, come appare in esso breve, & però conviene sopra de ciò fare un ordine particolare di quanto intorno a tal materia si doverà osservare & insomma faranno le cose sequenti.

Che se della Compagnia vi sarà alcun fratello ch'abbia bisogno d'esser liberato per questa strada, si preferisca ad ogni estraneo, & solo li Santissimi Primicerio, & Guardiani senz'esplorar la volontà della congregatione generale, o segreta, haveranno da deliberar sopra de ciò.

Se nella Compagnia ve ne fusse più d'uno in simil necessità, si proponghino il primo da chiederlo in gratia Nostro Signore, & in caso che non ne fusse concesso, si facc'istanza per il secondo, & poi sussequentemente per il terzo & quarto, di maniera che qual di essi ebbe manco voti di congregatione, sia anco posteriore in esser dimandato.

Questa gratia della liberazione del prigione si doverà domandar per uno delli doi giorni suddetti, & quando per quelli non vi fusse occasione, dimandarlo per il giorno della Natività della Gloriosa Vergine nostr'Advocata, una delle feste principali della nostra Archiconfraternita, overo in altre festività, acciocché tal gratia ogni anno sia adempita, & non resta vacua per benefitio di tal prigione condennato, & honore della nostra Archiconfraternita, & per quest'effetto il Camerlengo deverà ricordare un mese avanti al SS. Primicerio, & Guardiani questo negozio.

Quest'opera pia se facci per mera carità, e non per premio temporale, acciocché sia più grata a Iddio. Et perché li SS. Primicerio, & Guardiani conoscono li bisogni della Compagnia; dopo fatta stia in arbitrio loro di accettare o dimandare qualche elemosina dal prigione liberato, & questo sin tanto che piacerà a sua Divina Maestà di accrescerla in modo, che non habbi bisogno di tal subvenimento. Ma s'el prigione sarà de' nostri fratelli non doverà essere astretto, né ricercato pagare cosa alcuna, sol che la spesa della cera, o altra che per tal effetto si farà, nel resto si lasci al suo beneplacito se vorrà dare, o no, elemosina alcuna alla Compagnia.

Li Vesperi, & Messe che in tal solennità si diranno si cantino solo di Canto fermo che si faranno per il medesimo effetto, si fuga parimente ogni fausto, & ostentatione superflua, & particolarmente de musica, ma con molta devotione, & quiete li fratelli anderanno dicendo il Te Deum laudamus; li salmi Benedictus Dominus Israel, & Magnificat, alla piana, & all'uso Cappuccino che sarà di maggior edificatione nostra, & de gl'altri il tutto a laude, et gloria de Dio, & della sua Santissima Madre, pregandola che siccome nel giorno della sua santissima Natività la nostra Compagnia la prima volta uscì fuori, & in uno medesimo, si è ottenuto la tal prima gratia della liberatione del pregione, così si degni esserci sempre propitia, impetrando dal suo Santissimo figliuolo, a i vivi libertà di spirito, & a morti, quiete perpetua.

VI

L'ABATE RIVAROLA

Toccava a Clemente XI della casa Albani il triste vanto di infierire contro i giornalisti, mandando a morte nel 1708 l'abate A. Rivarola e, nel 1720, l'abate Volpini.

Accusato il Rivarola, d'aver tentato di lacerare la reputazione di papa Clemente XI con «il dente ferino delle sue furiose mordacità» e d'aver avuto rapporto con eretici, Cavalieri Ugonotti, Inglesi ed Olandesi e d'esser stato amico di Luterani, fu d'ordine di monsignor Goveru fatto carcerare, e perquisita la sua casa, dove sequestraronsi le sue carte.

Dopo essere stato esaminato parecchie volte si decise di lasciarlo in riposo – dice la relazione. Ma vedendosi che egli andava deperendo e che la sua fine si approssimava, perché non avesse a sfuggire alla pena, fu eretto sulla Piazza di Ponte S. Angelo un palco per farlo decapitare. Recatisi i Fratelli della Compagnia di San Giovanni Decollato per prepararlo al supplizio, lo trovarono estatico e quasi privo di sensi, talché temevano avesse a spirare fra le loro braccia. Perciò fu accelerata la messa e interrogato intorno a tutti i suoi bisogni dell'anima – dice la relazione – e animato alla morte e a mostrar coraggio contro le tentazioni del comune nemico. Narrate le sue colpe chiarendosene pentito, e baciando un piccolo crocifisso prestatogli mentre trovavasi nelle carceri, protestò, lagrimando, di voler morire da vero penitente. Fu quindi comunicato per viatico e sollecitato dai confrati perché il polso gli andava mancando, «e alle volte – continua testualmente la relazione – come insensato, non rispondeva alle interrogazioni dei Confrati, procedendo ciò dal non aver gustato alcun cibo per un giorno e mezzo, fu *ristorato per forza*».

Non potendo l'infelice reggersi in piedi e temendo avesse a morire naturalmente fu duopo far venire la barella e una seggiola per portarlo sul palco –«già reso semivivo e che la morte gli andava chiudendo le labbra, non avendo altro spirito che quello di un flebile lamento». I confortatori non cessavano di assisterlo suggerendogli ora uno, ora un altro atto di sommessione e preghiera, che egli quasi automaticamente eseguiva, mentre s'avvicinava al patibolo.

«Si era il popolo così affollato e stretto insieme quando spuntò sulla piazza che, per vederlo, molti messero in compromessa la loro vita perché stringendosi il popolo accorso per vederlo morire, sicché i birri fecero tutta la loro forza per tenere indietro le persone, che si erano spinte verso il palco e simile faceva il bargello di Roma che era a cavallo in mezzo alla calca.»

«Il Maestro di giustizia si trovava per essere poco pratico e di poco spirito confuso che non sapeva come maneggiare il paziente, che si trovava quasi spirante, onde si era malamente imbrogliato e non sapeva accomodarlo al ceppo, e benché avesse l'aiutante gli riusciva molto difficile vedendosi e scorgendosi da tutto la sua inesperienza; onde dopo averle messa e più volte aggiustata la testa, quale non era a giusto filo della mannaia la quale gli tagliò un pezzo di mento: ma per rimediare presto prese il mannarino (l'accetta) in mano e gli tagliò con questo il resto del collo che stava attaccato ad un pezzo di ganascia; onde il popolo fece sì gran movimento e si strinse tanto sotto al palco per lacerare il boia; ma furono presto gli esecutori di giustizia a rimediare a questo tumulto, che per frenare l'ardire del popolo e lo scompiglio fu necessario di mettere a tiro le armi come se si dovessero adoperare contro quei tumultuanti. Allora fu che il popolo dando addietro furiosamente per timore delle archibugiate, fecero cadere molte persone che furono calpestate, e siccome il bargello si trovava ivi presente per dar terrore di sé trovandosi sommerso nella mischia e non potendo uscire restando sequestrato, cadutogli il ferraiolo ed il cappello fu lacerato dal popolo e li birri con l'archibugio alla mano proseguivano a far stare indietro il popolo dal palco.

«Destò però la morte del Rivarola gran compassione e per lo strazio ricevuto dal carnefice e per essere stato veduto così malridotto portare sopra il palco, un uomo quasi morto, perché questa giustizia, conforme dissero alcuni, doveva essere fatta due o tre giorni prima. Ma il carnefice fu carcerato e pagò la pena della sua inesperienza. Molti degli astanti presero la spada ed il cappello e chi il ferraiolo ed alcuni sino la parrucca, quali cose furono calpestate e ritrovate per terra sulla piazza di Ponte; quietato il popolo essendo l'ora tarda, fu aggiustato il giustiziato in un cataletto, e come il solito portato processionalmente al luogo solito di San Giovanni Decollato, seguitato il cadavere da molta gente per conseguire l'indulgenza del Santissimo Pontefice».

Santissimo davvero! Ma iniquo al pari della sua giustizia.

Non si può figurare lo sdegno di Mastro Titta nell'apprendere dalla storia, i particolari orrendi di questa esecuzione, che parrebbe incredibile se non fossero stati consegnati nella relazione ufficiale, dalla quale abbiamo voluto riprodurla, senza aggiungervi, né frange, né chiose, né commenti, essendo di per sé stessa abbastanza eloquente.

Giovanni Battista Bugatti fremeva di giustissimo sdegno e di legittimo orgoglio, ad un tempo, ricordando la propria perizia ed *abilità*.

VII

UN'IMPICCAGIONE COLLE MASCHERE

Eppure non fu soltanto il supplizio del Rivarola che riuscì così straziante. Quando un condannato, dice l'Ademollo, moriva in carcere, la sentenza eseguivasi sul cadavere, ma, ad evitare quanto fosse possibile questo caso pei condannati in procinto di morte naturale, si affrettava il supplizio, e si mandavano al patibolo anche moribondi, facendoli portare in una sedia d'appoggio con stanghe da uomini mascherati e si tiravano sulle forche con girelle. Gli uomini mascherati non erano gente col volto coperto di una semplice maschera, ma vestiti proprio da arlecchini, pulcinelli, ecc. e aiutavano in quel costume il boia a compire le sue opere.

L'abate Placido Eustacchio Ghezzi, che nacque nel primo ventennio della seconda metà del secolo XVII – la data non è precisata – cessò di vivere nel 1740, appartenne all'Arciconfraternita – tuttora sussistente nella chiesa detta di Santa Maria degli Agonizzanti a piazza Pasquino – lasciò scritto un Diario autografo, posseduto ora dalla Biblioteca della Chiesa di Sant'Agostino nel quale sono menzionate e in parte descritte le 210 esecuzioni che ebbero luogo dal 1674 al 1739. Questo Diario è intitolato precisamente così:

> Libro di tutte le Giustizie eseguite in Roma dall'anno 1674
> à tutto l'anno 1739 con di più tutto quello che è su
> cesso di notabile nelli giorni
> che sono state eseguite; registrate dall'Abb^{te}.
> Placido Eustachio Ghezzi, Confratello
> della Venerabile Arciconfraternita della SS. Natività
> di N. S. Gesù Cristo degli Agonizzanti di Roma
> Principiando dal tempo di Papa Clemente
> X dal quale ottenne la sudd. Arciconfraternita
> il Breve di esporre il SS. ogni volta
> che si eseguiva le predette giustizie con indulgenza.

Qui giova avvertire che i condannati, recandosi al patibolo, passavano di consueto innanzi alla Chiesa degli Agonizzanti e soffermavansi alquanto per adorare il SS. Sacramento. Alla porta della Chiesa si affiggeva una tabella col nome del condannato e l'indicazione del delitto. Appena finita l'esecuzione si spegnevano i lumi, si riponeva il Sacramento, e toglievasi la tabella. Per il centro di Roma era questo il segnale che tutto era fatto. Quando l'esposizione si prolungava, era indizio che il condannato non voleva acconciarsi alla morte colla confessione.

Da questo libro del Gherzi togliamo i particolari di un'altra esecuzione, quella di Antonio Nicola d'Angelo, detto Sciarretta, che fu portato semiestinto sulla forca e nondimeno «stentò molto a morire».

Eccoli:

«Sabato, 18 marzo 1689. Antonio Nicola d'Angelo, detto Sciarretta, della Villa Palazzati, Diocesi di San Severino, impiccato di mattina a Ponte Sant'Angelo per Grassatore, giovane di 25 anni, e particolarmente per essere stato in casa del suo curato, per assassinarlo con alcuni altri compagni, quali furono impiccati, e questo si rifugiò in Chiesa, ma perché non capitò in mano della Corte, fu condannato in contumacia; s'intese però dal Sant'Offizio, che quest'Antonio haveva proferito più volte derisioni contro la Nostra Santa Fede; lo fece prendere in Chiesa, e lo ritenne per tre mesi carcerato; nel fine dei quali lo condannò alla galera per cinq'Anni. In questo mentre saputosi dalla Consulta essere questo catturato, lo domandò al S. Offizio, il quale, terminato il suo processo, lo consegnò; fattasi pertanto la ricognizione delle persone, fu condannato alla forca; doveva seguire la giustizia tre giorni prima, ma perché nella giornata destinata N. S. volse per Concistoro per il Decanato del Sacro Collegio; fu perciò trasportata a questa giornata. Alle 4 ore della notte gli fu portata la citazione *ad mortem*, al quale avviso diede un calcio all'anguinaia al Cursore, quale fu miracolo che non morisse, et al Capitano delle Carceri con le manette diede in testa, e si avventò anche verso li Confortatori, quali se non scappavano pativano qualche disastro; ordinorno pertanto che fosse meglio ligato sicché gli furno messi li Ceppi; e mentre si faceva questa operazione portò via con un morsico una polpa di braccio ad uno sbirro. Diceva che erano matti, che Lui non doveva morire, perché era stato preso in Chiesa, che non era esaminato, e che non doveva avere altra pena, che quella assegnatagli dal Sant'Offizio; al qual effetto fu mandato a chiamare anche il P. Commissario per capacitarlo. Quando li Confortatori gli parlavano di conversione; gli rispondeva levatemi dal culo, e quando gli dicevano che Christo era morto per noi, per redimerci da' peccati, rispondeva: Chi gli l'ha comandato? e diceva che S. Agostino haveva lasciato scritto, che di cento pazienti non se ne salvava uno, che però lo lasciassero stare che lui havrebbe lasciato il corpo al Boia e l'anima al Diavolo, per il che, vedutolo così ostinato, furno fatti venire altri Confortatori più provetti, ma tutto invano; fu chiamato il carnefice per vedere se si atterriva con fargli mettere la corda al collo, e li carboni alle mani, ma tutto invano, anzi, si stimò bene mettergli due manette, perché le prime le spezzò, furono mandati a chiamare li Religiosi, e particolarmente il P. Galluzzi Gesuita, al quale con l'aiuto del Signore riuscì convertirlo verso le ore 16, intese la sua Messa e si communicò. Finalmente, prolongata più di due ore la giustizia, uscì dalle Carceri ad ora di mezzogiorno, e fu strascinato sopra la carretta, perché si era indebolito, et è da considerarsi, che appena haveva spuntata la barba, e la mattina l'haveva più longa di un dito. Andiede al patibolo con li P. P. Gesuiti predetti a piedi avanti la carretta, e dietro andavano due mascherati con maschere di traccagnino, et abito da pulcinella inferraiolati con girelle e corde sotto per tirarlo sopra il patibolo, se bisognava.

Arrivato alla Cappelletta si riconciliò, et arrivato alla scala, non potendola salire, gli aiutanti gli mettevano i piedi nelli piroli, et il Boia lo tirava di sopra, essendo quasi morto, ma gettato dalla schala, stentò infinitamente a morire: quasi che il Popolo cominciava a tumultuare. Non passò avanti la nostra Chiesa, perché l'ora era tarda verso le 18, ma dalla medesima gli furono fatti li soliti suffraggij. Si seppe poi haver commesso il suddetto 15 omicidij».

VIII

DON GAETANO VOLPINI

Il giorno 3 febbraio 1720, essendo di sabato ed entrando il Carnevale, la giustizia di Sua Santità Clemente XI per offrire al popolo romano un po' di svago pensò bene di mandar a morte l'abate don Gaetano Volpini, altro degli invisi fogliettanti, precursori degli odierni giornalisti.

Era il Volpini di Piperno, figlio di un macellaio, nipote d'un canonico e fratello d'un giustiziato. Aveva soli ventidue anni e sette mesi ed era dotato di molta vivacità e spirito arguto. Venuto in Roma a studiare dall'abate Paracina, si trovò solo col conte di Sisindolf, gran cancelliere dell'Imperatore, col quale si legò in amicizia. Partendosi questo da Roma incaricò il Volpini di inviargli notizie della città e questi segnando l'impulso naturale del carattere inclinevole alla satira, approfittò di questa contingenza per far delle critiche acerbe e pungenti contro la corte papale e giunse per fino a scrivere de' brevi apocrifi.

Un giorno mentre leggevansi alla Corte imperiale i foglietti del Volpini, capitò il sovrano in persona e domandò la cagione della ilarità, in preda alla quale trovavansi gli astanti. Risaputala volle egli stesso leggere i foglietti e se ne mostrò inorridito. Mandò quindi tosto a chiamare il Nunzio, monsignor Spinola, al quale comunicò gli scritti del Volpini. Di più fece ordinare al suo ambasciatore, Cardinale di Sirotembach, di non accordare più al satirico fogliettante la sua protezione e di lasciarlo fare imprigionare se così piacesse alla pontificia autorità.

Il Nunzio non appena avuto il piego degli scritti del Volpini li mandò al Cardinale Paolucci, Segretario di Stato, il quale li rese tosto ostensibili al pontefice. Presane cognizione papa Clemente XI mandò a chiamare il Fiorelli Luogotenente Criminale dell'Auditore Camerale e si stabilì la cattura del Volpini, la quale ebbe luogo in una farmacia prossima agli Agonizzanti.

Nel contempo fu arrestato il maestro di scuola di faccia all'Apollinare e un altro prete che pur si trovava e coi quali il Volpini coabitava. Altri furono parimenti incarcerati, ma poi rilasciati tutti, tranne il figlio del farmacista a Santa Maria in Campo Carleo, il quale copiava i foglietti del Volpini e li andava leggendo su tutti i pubblici ritrovi di Roma, aggiungendovi de' fronzoli per proprio conto. Operò questa importantissima cattura il bargello del Vicario,

Silvestrucci, il quale lo condusse in Campidoglio.

Incoato il processo fu deputata a discutere la causa una congregazione speciale, dalla quale fu condannato. La sentenza avrebbe dovuto eseguirsi subito, ma la mancanza d'un carnefice, la fece procrastinare fino all'epoca suindicata.

Quando nella notte gliene diedero partecipazione rispose:

– Me l'aspettavo.

E quando il guardiano lo tolse dalla segreta dicendogli che gli era stata commutata la pena col perpetuo esilio, sclamò:

– Anche questa burla, dopo tanti strazi!

Fino alle 22 ore non volle saperne da confessarsi e rifiutò il Cappellano della Misericordia. Poi domandò del padre Angelo Carmelitano di San Martino. Gli risposero ch'era morto. Il Volpini si mostrò dispiacentissimo e chiese il gesuita padre Galluzzi, il quale accorse prontamente e lo confessò. Si lagnò con lui d'essere stato tradito, e che si fossero intercettate le lettere che scrivevano l'Imperatore e il conte Sisindolf per la sua liberazione.

Prima d'uscir dalle carceri volle essere vestito nobilmente da Abate col cappello alzato e ciò gli fu benignamente concesso!

Scese a piedi dal Campidoglio fino al piano dal lato del palazzo Caffarelli, salutando per via tutti quelli che incontrava, e altrettanto fece quando fu salito sulla carretta. Giunto al patibolo volle gli fosse levata la benda, per vedere come doveva morire e ottenutolo, dopo aver ben guardato, disse:

– Questo è un supplizio da bovi non da esseri umani. Gli eretici condannati dal Santo Uffizio per aver detto male di Dio, dopo aver fatto onorevole ammenda con pubblica abiura, vengono assolti, io per aver detto male del papa dovrò morire.

Fu necessario chiamare di nuovo il padre Galluzzi per persuaderlo a rassegnarsi al suo destino. Questo gl'impartì l'assoluzione; quando il carnefice afferratolo per gli scarsi capelli che aveva al disotto della parrucca lo trascinò per forza sotto il patibolo, l'aiutante gli pose un ginocchio sulla schiena e caduta la testa la mostrò al popolo, affollato, ad onta del tempo cattivo, perché il Volpini era uomo assai noto.

Fu compassionato da tutti, dice il Ghezzi, perché si vide morire così giovane e così generosamente.

E il suo sangue, aggiungiamo noi, lorda d'un onta indelebile un'altra pagina della trista storia dei papi, e quella in ispecie di Clemente XI.

IX

LA GAMMA DEL DELITTO

Nel 1727 fu giustiziato per primo, cioè mazzolato e squartato il giorno di sabato 18 gennaio Antonio Maria Valentino che aveva avuto una vita burrascosissima. Nato ebreo, voleva farsi turco e per ottenerlo gli convenne avere prima il battesimo. Stanco di stare fra i Turchi tornò a Roma, domandò ed ottenne di essere riammesso nel grembo della Chiesa cattolica e gli fu concesso. Il papa stesso lo battezzò con grande solennità insieme ad altri, la Pentecoste, 29 maggio del 1724 e gli diedero un posto di soldato a Ponte Sisto. Stando sotto le armi si innamorò di una meretrice benestante che abitava a piazza del Fico e gli corrispondeva cinque scudi al mese. Una notte, mentre giaceva con lui, la povera donna gli disse che era stanca di menar quella vita, e voleva abbandonarlo per chiudersi in un convento ed espiare i suoi falli. Il Valentino dolendogli che tutta la roba ch'essa possedeva dovesse andar perduta, si alzò mentre dormiva e tratto dalle tasche un coltello la scannò, e portata via ogni sua cosa, andò a nasconderla fra le macerie, adunate di fronte al palazzo Monte Cavallo: il coltello lo spezzò e lo buttò nella cantina di uno stagnaro di que' pressi. Fu accusato dell'assassinio uno sbirro che abitava a piazza del Fico, nella casa stessa della meretrice, ma questi fece voto di un cuore d'argento alla Vergine, se la sua innocenza fosse riconosciuta e fu esaudito. Arrestato il Valentino e sottoposto alla tortura, dopo pochi tratti di corda confessò tutto e fu condannato. Non volle saperne di pentimento. E siccome il giorno dell'esecuzione era la festa di San Pietro, perché il convoglio non avesse ad incontrarsi con qualche cardinale, nel qual caso, sarebbe stato spontaneamente graziato, fu fatto passare per via Giulia, San Giovanni de' Fiorentini, piazza Ponte, via dell'Orso, e per Ripetta giunse al Popolo, dove fu mazzolato e squartato dal garzone del carnefice, essendo questi degente allo Spedale di Santo Spirito per malattia.

Il secondo fu Francesco Tarquinj romano, impiccato sabato mattina 5 aprile a Campo Vaccino per aver scassinato parecchie botteghe. Lo denunziò una donna che l'aveva veduto nascondere all'arco de' Pantani i ferri di cui si serviva. Fu appostato e arrestato due giorni dopo mentre sull'imbrunire era andato a riprendere i summenzionati ferri. Subì un esame durato cinque ore. Ciò accadde il venerdì, il susseguente sabato venne fatto girare per tutta Roma seduto a ritroso a cavallo d'un asino con un trivello pendente al petto. Era un bel giovane di 22 anni, figlio di un beccamorto ammazzato alla Pace; aveva un altro fratello in galera, una sorella ed una zia monache ai Santi Quattro. Delle tredici botteghe che aveva scassinato non aveva riportato che 10 scudi, essendosi limitato a levare il denaro dalle cassette.

L'ultimo di quell'anno, Ludovico Benigno da Macerata, fu impiccato al Popolo, la mattina del 22 novembre. Era un giovane di ventidue anni, non molto alto della persona, colla barba nera, folta e prolissa, il naso leggermente aquilino, lo sguardo vivace. Avendo avuto una rissa con un suo compare, fecero la pace. Ma incontratolo per via un anno dopo, preso da subita ira gli cacciò il coltello nel petto e passò oltre. Ma dubitando che non fosse morto tornò indietro e vide infatti che tentava di rialzarsi.

– Dammi il mio coltello gli intimò.

Il ferito ne tirò la lama fuori dal petto e glielo porse; il Valentini in quel mentre lo freddò con una pistolettata.

X

LA DONNA CARNEFICE – UNA IMPICCAGIONE MODELLO

Un caso forse unico nella storia fu l'ultima esecuzione dell'anno 1731.
Antonio del *quondam* Gentile Tonelli da Mondolfo doveva essere impiccato la mattina di mercoledì 22 agosto a Ponte Sant'Angelo. Aveva 45 anni, era alto ed aitante della persona, la lunga barba gli scendeva sul petto e gli dava un aspetto feroce. E ferocissimo era, avendo per molti anni esercitato il mestiere di contrabandiere e spacciato molti birri, che cercavano di prenderlo. Arrestato finalmente, stette in carcere per ben dodici mesi e siccome aveva promesso di strozzare con due dita chi si fosse recato da lui per portargli la sentenza della sua condanna, quando questa fu pronunziata bisognò usare uno stratagemma, per impedirgli di compiere il proprio progetto. Due birri, istivalati e in abito da viaggio vennero introdotti nella sua segreta, dicendo che avevano ordine di condurlo in esilio.
Sopraggiunse il carceriere e chiese loro:
– Avete la lettera di monsignor Governatore?
– No – risposero quelli.
– E allora andatela a prendere, perché senz'essa, io non vi consegnerò certamente un arrestato, del quale sono responsabile.
I due birri uscivano, promettendo di tornar tosto colla lettera di monsignor Governatore. Il carceriere voltosi al Tonelli, gli disse:
– È necessario prepararsi alla partenza.
– Sono pronto.
– Abbiate pazienza, ma devo ammanettarvi. È un incomodo che durerà poco e val bene il prezzo della libertà, che ricupererete al confine.
Il delinquente sporse le mani.
Il carceriere gliele legò solidamente in modo che non potesse svincolarsi.
Passò tutta la notte e i birri non si fecero più vedere. Il Tonelli, incominciava a comprendere qual sorte l'attendesse e cadde in preda all'avvilimento. Il mattino seguente, il carceriere, dopo essersi bene assicurato che il prigioniero era reso all'impotenza assoluta, gli annunziò che doveva essere impiccato, e quegli si mostrò rassegnato.

Ma frattanto era accaduto un caso ben singolare.

La sera innanzi mentre doveva rizzarsi il patibolo, non si trovarono più, né il carnefice, né il suo aiutante.

Cercali di qua, cercali di là, non fu dato rinvenirli.

La moglie del boia si presentò allora a monsignor Fiscale e dichiarò d'esser disposta ad adempiere le funzioni di suo marito, il quale, non essendo stato precisamente avvertito, s'era forse allontanato da Roma, per qualche improvviso affare.

Forse le minaccie del Tonelli v'entravano per qualche cosa.

Monsignor Fiscale, per quanto gli sembrasse la cosa anormale, acconsentì che la moglie del carnefice facesse i suoi preparativi per l'esecuzione. Sperava che prima di giorno le indagini ordinate per trovare il boia, sarebbero riuscite.

La donna si disimpegnò perfettamente; senza aiuto di sorta eresse il patibolo, il quale venne visitato e trovato in eccellenti condizioni di solidità.

Sull'albeggiare, essendo riuscite vane tutte le ricerche, monsignor Fiscale si fece venire innanzi la moglie del boia e le chiese:

– Ti senti tu veramente capace di supplire tuo marito nell'esecuzione?

– Monsignor sì.

– Senza aiutante?

– Monsignor sì.

– Sai che se non ti venisse fatto, o si prolungasse di soverchio l'esecuzione, ti esporresti ad esser fatta a pezzi dalla folla, contro la quale, birri e soldati sarebbero forse impotenti a difenderti?

– Lo so.

– E non hai paura?

– Punto.

– Brava. Se tutto andrà bene, mercé tua, tuo marito non subirà le conseguenze della sua mancanza e rimarrà in carica. A te, poi, darò una congrua rimunerazione.

Si fece di tutto perché la cosa non trapelasse nel pubblico, temendosi che la novità sorprendente del fatto avesse a chiamare una maggior quantità di curiosi.

La carretta uscendo dal carcere, traversò al trotto la via, circondata da un esercito di birri e soldati. La donna stava dietro il condannato, fra due confortatori in modo che tornava impossibile vederla. Ma quando fu giunta a piedi del patibolo e la si vide scendere sorse un immenso bisbiglio da una parte all'altra della piazza. Tutti i binocoli dei signori si appuntarono sopra di lei e incominciarono i commenti.

Era una donna di mezzana statura, con una gran foresta di capelli neri e folti annodata sull'occipite: aveva il collo taurino, l'occhio lampeggiante; le maniche della veste rimboccate al disopra dei gomiti le lasciavano scorgere le braccia brune e muscolose.

Non appena scesa dalla carretta spinse il paziente sulla scala annodandogli al collo la corda piccola, e afferrata l'altra più grossa detta di soccorso salì sulla seconda scala, ratta come un lampo. L'enorme sorpresa del pubblico a quella vista non aveva per anco avuto tempo di tradursi in alcuna manifestazione, che il corpo del Tonelli già penzolava dalla forca, sbalzato da un'energica spinta nel vuoto, coi piedi della donna appoggiati sulle spalle, e un ben assestato colpo di calcagno gli spezzava il collo alle vertebre cervicali.

Fu l'affare di pochi secondi. Mai un'esecuzione, per impiccagione, era stata più rapida, più fulminea e più sicura.

Compiuta l'operazione la moglie del carnefice risalì sulla carretta che la ricondusse alle carceri, con la stessa sollecitudine con cui era venuta, sempre circondata da una moltitudine di birri e di soldati.

Intanto erano incominciati i commenti nella folla; due partiti si erano lì per lì formati. C'erano quelli che avrebbero voluto portare in trionfo la esecutrice e quelli che avrebbero voluto seguirla e farla a brani. D'ogni parte insorgevano litigi e si veniva alle mani. Indarno i birri rimasti cercavano di frapporsi e di sedare il tumulto.

Dovette uscire dal Castello Sant'Angelo un forte distaccamento di soldati, i quali, chiusi i cancelli, si avanzarono sulla folla coi moschetti spianati. Allora seguì un fuggi fuggi generale. Molti furono buttati a terra e calpestati. Chi perdette il ferraiuolo, chi il cappello, chi la parrucca, chi la spada. E ci volle del bello e del buono perché la tranquillità e l'ordine si ristabilissero.

XI

BARBARI SISTEMI DI GIUSTIZIA

Un capitolo a sé meritano i vari supplizi ai quali erano sottoposti i condannati dalla giustizia papale.

Una domenica di luglio del 1581 un fanatico Inglese, venuto a Roma con alcuni compagni della nazione medesima, per fare atto di sfregio al cattolicismo, mentre un sacerdote celebrante alzava l'ostia consacrata, gli si gettò sopra per strappargliela. Non essendo riuscito, afferrò il calice e ne disperse al suolo il contenuto. Il popolo indignato lo investì, lo percosse, e fu finalmente condotto alle carceri dell'Inquisizione. Fu condannato a morte e mentre lo conducevano al patibolo gli si inferivano dei colpi con torce accese di modo che le carni del paziente bruciavano, esalando un lezzo nauseante. Nondimeno resistette impassibile e morì da forte.

Durante la processione del Santissimo Sacramento, fatta dai frati di Sant'Agata, un altro inglese, fanatico luterano, volle gettarlo a terra, ma non riuscì, perché i fedeli ne lo trattennero e consegnaronlo all'Inquisizione. Era un giovane di 30 anni, maniaco. E nonpertanto lo condussero in carretta innanzi alla chiesa e quivi gli furono tagliate le mani, poi a Campo di fiori, bruciandogli per via le carni colle torce, come all'altro, e quivi finalmente arso vivo.

Eppure anco il rogo par pena mite in confronto d'altre che si prodigarono agli eretici. Narra Giovanni Rucellai d'aver veduto nel 1450 due donne murate in due pilastri della chiesa di San Pietro.

Nel celebre processo che portò al patibolo il Carnesecchi furono condannati ad essere murati in vita «Girolamo Guastavillani gentiluomo, Filippo Capiduro causidico, Ottaviano Fioravanti, mercante bolognese, e Girolamo Dal Pozzo faentino». Un secolo più tardi questa atrocissima pena vigeva ancora.

La frustatura, applicavasi, quasi per sollazzo del popolo, alle meretrici.

Questa solevasi infliggere, specialmente quando le prostitute venivano meno al divieto loro imposto di portar la maschera, durante il carnevale. Ed era uno dei più grati divertimenti che si potesse offrire alla plebe romana.

Il bargello soleva scegliere le più famose e più note, le quali denudate erano fatte correre per la via del Corso, mentre il bargello e i suoi aguzzini le colpivano con delle verghe, fra gli schiamazzi del popolo addensato e delle maschere. Celebre fu la frustatura della «Cecca-Buffona» colta in un legno al Corso, mascherata, insieme ad un domestico della Ambasciata Cesarea (austriaca) per la quale intercesse indarno l'ambasciatore stesso. E parimente quella di «Joanna, la spagnuola» seguita un secolo dopo.

Ma non ne andavano immuni neppure altri poveri diavoli accusati di piccoli reati. Il mercoledì mattina, reca un foglio degli *Avvisi* di Roma del 10 febbraio 1635, fu frustato per la città un tale, imputato di falsa testimonianza. Aveva un compagno che doveva subire la stessa pena. Ma quando il carnefice fece per legargli le mani, per sottrarvisi, tentò di ammazzarsi e si ferì con un coltello al collo. Questo atto inconsulto gli fruttò due anni di galera e non lo sottrasse alla frustatura, la quale gli fu inflitta non appena risanato dalla ferita, circa 20 giorni dopo.

XII

LA TORTURA: CORDA E VEGLIA

Ma ben più terribili e della frustazione ed anco della morte stessa era la tortura, che si applicava ai giudicandi per estorcere loro la confessione di veri o supposti delitti.

Il padre Labat, un domenicano che viaggiò l'Italia in qualità di provveditore del Santo Uffizio ed assistè alle torture così dette della Corda e della Veglia, le ha descritte *de visu* e noi traduciamo le sue note, in argomento, dal testo francese, recato dall'Ademollo:

«S'usano in Italia parecchi sistemi di tortura. Io ne ho veduti applicare di due sorta.

La più comune è la corda. La chiamano la regina dei tormenti. E difatti è dolorosissima. Un uomo vi muore se lo si lascia sottoposto troppo a lungo; ne uscirebbe storpiato se si trascurassero le precauzioni necessarie, prescritte onde evitare tali conseguenze.

Prima d'applicarla i medici e chirurghi visitano accuratamente il paziente per vedere se non ha né aperture, né ernie, né altri difetti congeneri, o disposizione a produrne, perché in questi casi si applica una tortura di altro genere, per evitare il pericolo che gli esca l'intestino e che soccomba per lo strangolamento che ne seguirebbe.

Trovatolo capace a subire la corda, il disgraziato vien condotto nella camera della tortura.

Il giudice accompagnato da alcuni assessori, dal cancelliere, dai medici e dai chirurghi, lo interroga sui particolari del fatto che si vuole chiarire, sia che l'imputato sia confesso o persista nella negativa la si applica. Nel secondo caso per avere una confessione di sua bocca; nel primo alfinché confermi tra i tormenti, ciò che ha confessato negli interrogatorii ciò imponendo la legge per lo accertamento della verità. E trattandosi di semplice conferma i tormenti sono più brevi e più miti.

Si spoglia l'imputato, non lasciandogli di tutti i suoi indumenti che i calzoni. Il bargello aiutato dagli sbirri, gli prende la mano sinistra e gli volge dolcemente il braccio dietro il dorso, mentre colla destra gli palpeggia la spalla manca all'articolazione, come per avvezzare la giuntura al movimento che le si fa fare. Quindi si fa mettere il piede sinistro del torturando contro il muro, in modo che possa sostenersi senz'essere fatto a brani se lo si spingesse con soverchia violenza. Un birro prende allora il braccio destro del paziente e lo mantiene nella posizione in cui l'ha messo il bargello, mentre il bargello stesso avendogli fatto stendere il braccio dalla sua parte lo avverte di abbandonarvisi completamente e maneggiando ancora l'articolazione della spalla sinistra, prende colla propria destra la destra del torturando e gli rovescia d'un tratto il braccio indietro.

È qui che si chiarisce l'abilità del bargello, perché se le braccia del paziente vengono rivoltate con saggio accorgimento soffre meno e non corre il pericolo di rimanere storpiato.

Rivoltate le braccia sul dorso, il bargello gli lega insieme i due pugni, fra la mano e l'articolazione dell'avambraccio. Si adopera a quest'uopo una legatura fortissima e morbida ad un tempo, composta di parecchi grossi fili, o di tre piccole cordicelle flessibilissime avviluppate in un involucro di pelle tenera e pieghevole, che formano una corda di nove o dieci linee di diametro; poi attaccata all'anello che ha formato con questa legatura la corda grossa, destinata a tener sospeso in aria il paziente, abbraccia questo a mezzo le coscie e lo solleva, mentre gli sbirri tirano la grossa fune passata sopra una puleggia infissa sul soffitto e lo abbandonano nel vuoto, colla maggior delicatezza possibile, affinché riesca meno doloroso il dislocamento delle spalle e non ci sia pericolo di storpiarlo.

In quel momento il torturato soffre orribilmente, perché il peso del corpo disloca le spalle e gli rompe le braccia al di sopra del capo. Egli deve rimanere in siffatta posizione un'ora, e menoché non cada in uno stato di debolezza, dichiarato pericoloso dai medici, o che per la confessione della sua colpa e la promessa di ratificare la confessione stessa fuori dei tormenti, i giudici non abbrevino la durata del supplizio.

Ci sono stati pur non dimeno degli imputati, e ne fui io medesimo testimonio, che si beffarono della tortura, dei giudici e dei testimoni, perché erano così ben preparati che provavano poco o nessun dolore. Bisogna però avere per ciò delle reni molto gagliarde. Un tale, sentendo il bargello che lo teneva sollevato, abbandonare la corda fece uno sforzo per modo che riuscì a collocarsi colla testa in basso e i piedi in alto, senza dislocazione delle spalle e per tal modo soffriva poco o punto. Tuttavia sudava molto e di quando in quando emetteva de' gridi, per farsi credere straziato. Così potè rimanere sospeso per un'ora senza confessar nulla. I giudici compresero che erano stati gabbati e dissero al bargello che egli aveva aiutato il paziente a prendere quella posizione. Il bargello rispose che egli aveva fatto onestamente il suo dovere e si lagnò d'essere stato sospettato d'avervi mancato. L'ora era intanto passata e si dovette distaccarlo, né molto si ebbe a fare per rimettergli a posto le braccia poiché non erano state slogate. Io credo che quel galantuomo avesse imparato il suo mestiere da un bravo maestro. Perché non ce ne dovrebbero essere, come in Ispagna, per applicarsi la disciplina? Il giorno seguente si ripetè l'esperimento, ma con esito eguale e dopo mezz'ora dovette essere distaccato, non potendosi prolungare il supplizio oltre questo spazio di tempo, la seconda volta. Così se la scappò per mancanza di prove.

Ma siccome tutti non hanno la sessa robustezza di reni e la stessa disinvoltura, coloro che subiscono codesta tortura penano molto più che non si sappia immaginare. Dopo pochi minuti sono inondati di sudore e hanno frequenti svenimenti. Si richiamano in sensi soffondendo loro il viso con un po' d'acqua della Regina d'Ungheria, avvertendoli il bargello di non far movimenti, i quali facendo oscillare la corda, produrrebbe loro più acuti dolori.

Benché questa tortura sia molto tormentosa si usa tutta l'umanità possibile verso coloro che devono sopportarla. La camera in cui la subiscono è ben chiusa, i giudici, i medici e i tormentatori, rimangono silenziosi e non fanno il più piccolo movimento. Si compiange il disgraziato e per tema che il movimento dell'aria aumenti le sue pene si prendono tutte le precauzioni; onde il paziente goda della calma più completa.

La tortura chiamata la veglia – continua il bravo domenicano – prende questo nome perché si suppone che colui cui è applicata per la durata di dodici ore complete, non possa dormire, a cagione degli acuti e continui dolori che soffre. Giudicatene.

L'imputato viene spogliato tutto nudo e rasato, gli si attaccano le braccia dietro il dorso, come abbiamo veduto per la corda. Lo si fa cadere per terra e gli si legano i piedi ad un lungo e grosso bastone, distaccati un dall'altro quanto più è possibile. Quindi tre o quattro uomini lo sollevano all'altezza di quattro piedi; mentre essi lo tengono disteso, si ferma la corda che gli lega le braccia ad un gancio, infisso nel muro a circa sei piedi d'altezza, e si mette sotto le natiche del paziente un tronco di 4 piedi d'altezza, in mezzo al quale sorge un cavicchio alto quattro o cinque pollici, largo da nove o dieci linee, sul quale si appoggia l'osso sacro del paziente: è sovr'esso che deve riposarsi senza muoversi; è sovr'esso che deve gravare il suo corpo per tutto il tempo che dura la tortura. S'egli scivola giù da questo perno, sente subito i dolori della corda che gli disloca le spalle, perché non ha sostegno: lo si rimette tosto su questo doloroso cavicchio, ove deve tenersi in equilibrio il corpo, con sofferenza indescrivibile. Si dice che le prime tre o quattro ore sono le più difficili a sopportarsi, perché i sensi trovandosi ancora nella piena vigorezza, sono più suscettibili del dolore, di quanto si trovano affievoliti, prostrati, ottusi, per adoperare un termine tecnico. Di consueto in queste quattro prime ore il paziente si scarica e questo gli serve di sollievo; se non lo fa c'è da temere per la sua vita.

Qualunque cosa gli accada in quello stato di dolore non gli si porge altro sollievo, che alcune goccie d'acqua della regina d'Ungheria, soffiatagli sul volto, dopo averlo avvertito, affinché non faccia de' bruschi movimenti per la sorpresa, i quali aumenterebbero le sue pene.

In tale stato suda abbondantemente per effetto della contrazione in cui si trova e dei dolori che soffre. Il sudore della parte superiore della testa gli cala sulle nari e si dice che gli cagioni una inquietezza e un prurito insopportabile.

XIII

LA GHIGLIOTTINA

Un capitolo a parte merita la ghigliottina. Sarebbe importante a questo proposito rintracciare la storia di questo supplizio in Francia, dove la macchina ha preso la denominazione che le è rimasta, grazie alle celebri parole pronunziate dal dottor Guillotin all'assemblea nazionale, nella seduta del 1° dicembre 1789: "Moi avec *ma machine* je vous fais sauter la tête d'un clin d'oeil, et vous ne souffrez pas" cioè "Io colla mia *macchina* vi faccio saltar la testa in un batter d'occhio senza che abbiate a soffrire". La espressione *ma machine* ha fatto credere che il Guillotin sia stato l'inventore della macchina. E per colorire la leggenda si disse anche essere egli stato uno dei primi condannati che ne fecero l'esperimento, anzi precisamente il primo.

Nulla di questo è vero. Il dottor Guillotin, medico nato a Secintel nel 1738, morì nel 1814. Fu umanitario e filantropo durante tutta la vita. Imprigionato nel tempo del Terrore, riebbe la libertà il 9 termidoro.

Il Guillotin non inventò la macchina, alla quale ha dato, senza sua colpa né merito, il suo nome, e non fu per nulla ghigliottinato. Anzi, sopravisse lungamente al tempo in cui l'uso della ghigliottina fu, per così dire consacrato in Francia dalla qualità e dalla quantità delle vittime. Mal si spiega per altro come l'errore circa l'inventore e la novità della macchina prendesse piede, non coll'andar del tempo ma subito. Il contemporaneo Alessandro Verri scrive nelle sue *Vicende memorabili dal 1779 al 1801* (Milano e Napoli 1858, pag. 109): Si stancavano i manigoldi e però un medico di Parigi acquistò perpetua infamia inventando una macchina, la quale troncava il capo speditamente; questi fu Guillotin, dal quale trasse nome questo strumento, *ghigliottina*, invenzione applaudita più di qualunque ritrovamento salutare di medicina e posta in uso universale per tutta la Francia.

La verità storica reca invece che la macchina era cosa vecchia, e si trovano ricordi che ce ne mostrano l'uso anche in Francia più di un secolo prima del 1789. È certo difatti che nel 1637 fu adoperata a Tolosa nel supplizio del duca di Montmorency, secondo racconta il Puysegur nelle sue *Memorie*, scrivendo:

«In quel paese si servono d'una mannaia, che è incastrata fra due travi, e quando la testa del paziente è posata sul ceppo, si allenta la corda che regge la mannaia, questa discende e spicca la testa dal busto.»

Abbiamo memorie molto più antiche per la ghigliottina in Italia; volendo se ne potrebbe seguire la storia nei supplizi celebri dal principio del secolo decimosesto in poi, per lo meno. È da sapersi primieramente che diverse incisioni del detto secolo rappresentano uno strumento di supplizio nel quale è facile ravvisare il primitivo modello della macchina, che poi prese nome dal deputato francese. Se ne trova uno nel libro delle *Simbolicae questiones de universo genere* di Achille Bocchi, 1555, libro I, Symb. XVIII. *Magnanimus sanctis paret vir legib. ultro*, e ne citiamo altre anteriori, una di Giorgio Pentz, morto nel 1550, ed altra di Federico Aldegrave o Aldegraver con data 1553, le quali rappresentano il supplizio del figliuolo di Tito Manlio.

Molto più delle incisioni valgono per altro le memorie scritte, e noi abbiamo memoria certa di un ghigliottinato in Italia nel 1507. Fu questi Demetrio Giustiniani, di Genova, mandato a morte da Luigi XII re di Francia.

Il supplizio di costui ci viene descritto nei più chiari termini dal cronista francese Jean D'Anton, che lo vide, secondo dice egli stesso, scrivendo: *qui lors étois au dit lieu*.

Ecco la descrizione:

«Ma avvenne che all'indomani, che fu proprio il giorno dell'Ascensione di N. S. in punto alle ore 9 del mattino fu dai Marescialli condotto sino alla Piazza del Moro e fatto salire sul palco d'onde volle parlare, per dire alcun che al popolo di Genova, incominciando un racconto. Il Prevosto non volle dargli il tempo di finirlo. Demetrio capacitatosi che gli sarebbe stato impossibile di farsi udire, mandò un grande sospiro, ed alzando gli occhi, colla faccia pallida e sparuta, le braccia consente al seno stette così parecchio tempo, intanto il boia gli bendava gli occhi. Quindi si pose da se stesso in ginochio e stese il collo sul ceppo. Il carnefice prese una corda alla quale era attaccato un grosso blocco di legno, munito di una mannia, scorrente fra due pali. E lasciando scorrere la corda fece cadere il blocco tagliente fra la testa e le spalle del paziente, in modo così rapido, che il capo cadde da una parte e il corpo dall'altra. La testa fu messa in cima ad una lancia e portata sulla torre della Lanterna del modo col viso rivolto alla città. Il corpo giacque sul palco per tutta la giornata e non ebbe sepoltura che alla sera.»

Dal principio del secolo decimosesto saltando alla fine e da Genova a Roma, troviamo la ghigliottina in un altro processo celebre. Beatrice Cenci e la sua matrigna Lucrezia Petroni nel 1599 furono decapitate con la mannaia, cioè, come direbbesi oggi, ghigliottinate. Infatti dell'esecuzione di Lucrezia nella ben nota relazione del supplizio dei Cenci si legge: «Non sapendo come dovesse accomodarsi domandò ad Alessandro primo boia cosa avesse da fare, e dicendole che *cavalcasse la tavoletta del ceppo* e si stendesse sopra di quella, nel che fare per la mole del corpo, ma più per la vergogna durò grandissima fatica, ma molto maggiore fu quella di *accomodarsi con il collo sotto la mannaia*, perché aveva il petto tanto rilevato che *non poteva arrivare a porre la gola sopra quel legnetto in cui cade il ferro della mannaia, a cagione che, non essendo la tavoletta più larga di un palmo, non era capace per l'appoggio delle mammelle.*» E di Beatrice: «Subito, quasi fosse informatissima, cavalcò la tavola e *pose il collo sotto la mannaia.* Affrettò questo suo ultimo atto, e questo forse *causò la tardanza del colpo.*» Se il colpo non poteva affrettarsi come si era affrettata la paziente, è chiaro che non doveva venire dal braccio del boia, ma bensì dal congegno di una macchina.

Passiamo a Napoli, quarant'anni più tardi. Negli *Avvisi* di Roma del febbraio 1640 si legge in data di Napoli *che era già posta la mannara in pubblico per doverglisi tagliare la testa.* Ma questa *mannara* era una ghigliottina? Quantunque le espressioni degli *Avvisi* accennino una *montatura*, vi potrebbe essere qualche dubbio in proposito, specialmente quando si legge nei giornali dello Zazzera (6 luglio 1618): «Non ritrovandosi boia, dicono, che facesse fare l'offizio ad un chiacchieraro (macellaro) con la *mannaia* della carne.»

Ma ogni dubbio è tolto dal racconto sincrono di un altro supplizio celebre, quello del principe di Sanza nel 13 gennaio 1640. «È giunto alla fine del luogo (Piazza del Mercato) salì il doloroso palco. E prostratosi ai piedi del confessore a dir gli scrupoli occorsigli di nuovo e ricevuta l'assoluzione amplissima, non mancando quei Padri allora far l'ultimo sforzo, l'obbediente principe fatta una bocca a riso, prontamente pose il collo al ceppo; ma ritirollo tosto: credesi perché gli facesse nausea quel ceppo troppo lordo di sangue, perché sguarnito era di lutto e d'ogni altra cosa il ceppo ed il palco. Al che uno dei Padri rimediò subito con porre sopra il legno un fazzoletto. E rincorato il Principe con maggior animo e più ridente ripose di nuovo la testa sul ceppo. E nello stesso punto *tagliato dal manigoldo il laccio, precipitò la mannaia sul collo e divise dal busto il capo*, dalla cui bocca furo l'ultime parole: *perdono, misericordia*.

Ecco dunque fino dalla metà del secolo decimosettimo, il supplizio con la mannaia quale lo trovò al principio del secolo successivo il padre Labat, che nel suo viaggio in Italia descrive la *mannaia* come una macchina veramente perfezionata. Notizie consimili si trovano anche in un altro viaggio in Italia dal 1736 al 1745, egualmente francese ma anonimo. Poiché i francesi parlano della macchina come cosa per essi nuova, bisogna dedurne che la *doloire* descritta dal Puységur pel supplizio del Montmorency nel 1632 fosse andata del tutto in disuso in Francia, quantunque sia certo che prima della rivoluzione uno dei privilegi dei nobili era quello di essere, in caso di condanna a morte, decapitati, supplizio più nobile della forca, riserbata ai condannati di origine plebea e che dava al supplizio un carattere infamante.

Era così anche in Italia, e specialmente nello Stato Ecclesiastico ove oltre la forca usava il rogo, lo squarto, la mazzolatura con variazioni diverse a seconda dei casi.

In Francia nel 1789, il principio d'uguaglianza dinanzi alla legge doveva portare naturalmente l'uguaglianza dinanzi al castigo. Il dottor Guillotin, filantropo ben noto, sottopose la questione all'Assemblea costituente, riassumendola in due punti; euguaglianza nel supplizio, abbreviamento della sofferenza. Nella seduta del 1° dicembre svolgendo in due articoli la sua proposta, indicava come mezzo più pronto e meno barbaro di supplizio, qualunque fosse la condizione sociale del colpevole, venne approvata ad unanimità. Fu nella discussione del secondo articolo che il dottor Guillotin, ribattendo le obiezioni con insistere nel dovere di risparmiare al condannato tutto ciò che ne potesse prolungare e incredulire il supplizio, pronunziò le famose parole, profetiche senza saperlo per molti dei presenti, i quali le accolsero con uno scoppio d'ilarità prolungata. Ma dicendo *ma machine*, il dottor Guillotin alludeva semplicemente al sistema della decapitazione mediante una macchina, senza per nulla accennare un meccanismo determinato.

Di fatti l'assemblea approvò soltanto la decapitazione con un mezzo meccanico in genere. Furono nella discussione indicati vagamente alcuni strumenti di supplizio in uso dei tempi andati in diversi paesi, ma nulla rimase determinato circa il meccanismo da adottarsi per la Francia. Ciò nonostante le parole, *ma machine*, del dottor Guillotin ebbero subito un'eco nelle canzoni popolari. Prima che la *macchina* fosse trovata ed approvata, la canzone parigina la battezzò col nome di *Guillottine*.

Di qui l'errore comune passato anche nella storia.

Prima che la macchina fosse definitivamente scelta, trascorsero circa trenta mesi. Il Codice Penale, un articolo del quale, votato sulla proposta di Lepelletier de Saint-Fargeau, portava che qualsiasi condannato a morte sarebbe decapitato, venne adottato nel 21 settembre 1791. Restava sempre a cercare e scegliere il modo *ad hoc*; scartata da tutti la decapitazione colla sciabola, che faceva orrore perfino al ministro Duport-Dutertre.

Per tale oggetto il Comitato si rivolse al celebre dottor Louis, segretario della Facoltà di chirurgia, chiedendogli un rapporto nel quale fossero ricercati ed indicati i mezzi più acconci per la decapitazione la più rapida e in *tutte le regole*.

La relazione del dottor Louis presentata all'Assemblea il 20 marzo 1792, indicava una macchina allora in uso in Inghilterra, la quale non era altro che quella usata in Italia da quasi tre secoli e neppure perfezionata, poiché il Louis dimostrava necessari molti miglioramenti.

Meglio istruito del Louis, il dottor Guillotin aveva sempre indicato come mezzo di esecuzione la vecchia macchina italiana, il cui uso in alcuni luoghi durava anche in quel tempo. Difatti nel libro del senatore Gozzadini: *Giovanni Pepoli e Sisto V*, troviamo un ricordo preso dal libro dei giustiziati in Bologna, nel 1791 il *trovato Guillotin* non esisteva; la macchina che si chiamò ghigliottina fu messa in uso in Francia soltanto nel 25 aprile 1792 sul collo di un brigante, di nome Nicola Giacomo Pelletier.

La *Cronique de Paris* l'indomani dell'esecuzione diceva: «La novità di questo supplizio ha considerevolmente ingrossato la folla di coloro che una curiosità barbara conduce a questo triste spettacolo. La prontezza colla quale essa colpisce il colpevole è pure nello spirito della legge, la quale può essere severa, ma non deve mai essere crudele.»

È notevole che manca la denominazione di *Ghigliottina*. Sul principio la nuova macchina fu chiamata anche *Luisette* e *grosse Luison* dal nome del suo non inventore, ma perfezionatore, il quale essendo morto nel 20 marzo 1792 ebbe la fortuna di non vedere l'uso che se ne fece. Il buon Guillotin invece fu condannato a vederla infierire e sotto il suo nome.

Non si sa che egli protestasse mai contro tale denominazione, ma non può a meno di aver lamentata la triste celebrità appioppatagli quasi in punizione di aver egli preso l'iniziativa umanitaria che abbiamo veduto sopra.

XIV

ATROCITÀ MODERNE: UN'ESECUZIONE ELETTRICA

Le barbarie dei supplizi di cui Mastro Titta andava leggendo faceva si che egli si accendesse di giustissimo sdegno vedendo l'arte sua così maltrattata. Ma dopo un secolo e mezzo, abbiamo noi di molto progredito?

Se si badasse soltanto alle esteriori parvenze si dovrebbe rispondere affermativamente; ma se si esamina profondamente la questione si trova, che nella vantata civiltà odierna c'è, per quanto concerne questo doloroso argomento, un tessuto di ipocrisia.

La folla che assiste alla esecuzione di una sentenza di morte è un controllo, un freno ed una salvaguardia. Noi abbiamo veduto in queste pagine il popolo fremere e minacciare il carnefice maldestro, che faceva soffrire il paziente. Ma che ne sappiamo noi di ciò che avvenne nell'interno di un carcere, o di una torre, dove tutti coloro che vi assistono sono cointeressati ad occultare la verità? Alcuni anni fa il carnefice di Vienna, prolungò il supplizio di un disgraziato in modo orribile e un grido di indignazione si sollevò contro di lui in tutto il mondo civile, perché pubblica era stata l'esecuzione. Ma sappiamo noi a quali pene orrende può aver soggiaciuto l'infelice Guglielmo Oberdan, impiccato a Trieste, forse da quello stesso carnefice, in un cortile del carcere, agli incerti chiarori di un'alba fosca?

Che più?

I giornali americani recarono in questi giorni un racconto del supplizio di Kemmler, assassino della propria amante, seguito a New York col nuovo sistema dell'elettricità, che supera per ferocia fredda e per l'orrore che desta, tutti gli impiccamenti, gli squartamenti, le decapitazioni, gli attanagliamenti, la ruota stessa in uso nell'età di mezzo, la cui descrizione ci faceva rizzare i capelli in capo.

Ne riferiamo qui la storia, ne' suoi terribili particolari, perché serva di termine di confronto.

Oh! è ben mille volte preferibile Mastro Titta, che uccidendo legalmente 514 persone, non ne fece soffrire, più del necessario, una sola, a questi umanitaristi che assistono, scientificamente, impavidi e cinicamente immobili allo strazio di un uomo, dotato di un coraggio sopranaturale, quasi esperimentando in corpore vili un trovato imperfetto per dar morte.

William Kemmler aveva trent'anni ed era nato a Filadelfia, da una famiglia tedesca protestante. Da ragazzo fu mandato a scuola, ma il padre lo ritirò presto per farsi aiutare nel suo mestiere di macellaio. Cresciuto, Kemmler servì come garzone macellaio presso diversi padroni e finalmente diventò negoziante di frutta e di verdura; fu allora che annodò con certa Matilde Zeigler quella relazione che è stata la causa della rovina d'ambedue.

Nel 1888 egli sposò a Chamden una donna chiamata Poster, che abbandonò dopo due giorni per fuggire colla Ziegler. Essi si recarono a Buffalo, dove si stabilirono nel peggior quartiere, menando una vita disordinata di orgie continue, uno da una parte e l'altra dall'altra, non trovandosi insieme che per litigare e battersi.

Il Kemmler non poteva più continuare a vivere con quella donna, che gli rubava tutti i denari per andarli a sciupare con altri uomini.

Il 29 marzo 1889, tornando a casa ubbriaco, egli la ritrovò in atto di preparare un *lunch* e la rimproverò della relazione che manteneva con uno spagnuolo. Poi, riscaldandosi sempre più prese un accetta e le spaccò la testa: quindi la tagliò tutta a pezzi e uscì.

La sentenza che lo condannava a morte fu pronunziata il 9 maggio dello stesso anno. L'esecuzione, ritardata per la discussione sorta sull'opportunità di servirsi dell'elettricità ebbe luogo la mattina del 6 agosto 1890.

A sei ore e mezza in punto la porta della camera di esecuzione si aperse e apparve la persona del guardiano Durston.

Dietro di lui si videro un uomo di bassa statura, dalle larghe spalle, e dalla folta barba, accuratamente pettinato e vestito di un abito completo nuovo.

Era Kemmler il condannato.

Lo seguiva il cappellano.

Kemmler era senza dubbio il meno commosso dei tre. Egli osservava la camera con interesse speciale. Ma provò un breve fremito quando la porta si rinchiuse dietro di lui.

– Volete favorirmi una sedia? – disse laconicamente.

Il guardiano gli porse una sedia di legno che egli collocò davanti, un po' a destra della poltrona d'esecuzione, in faccia ai ventisette testimoni, riuniti nell'angusta camera.

Kemmler vi si pose a sedere tranquillamente e volse uno sguardo intorno a sé, poi dall'alto al basso, senza dar segno né di paura, né di preoccupazione.

Pareva quasi che fosse contento di servire in quel momento da soggetto di studio.

– Quest'uomo, signori – disse il guardiano – è Guglielmo Kemmler, gli ho detto che andava a morte e che se avesse qualche cosa a dire, dovrebbe farlo.

Kemmler, che pareva avesse preparato un discorso disse:

– Benissimo. Io auguro ogni fortuna a tutti in questo basso mondo. In quanto a me credo di andare in un buon posto. I giornali hanno pubblicato sul conto mio un'infinità di cose non vere. Ecco ciò che ho da dire.

Kemmler voltò le spalle al giurì, si levò l'abito e lo diede al guardiano. I suoi pantaloni erano stati tagliati all'estremità del dorso, per modo che si potesse vedere la base della colonna vertebrale.

Kemmler mosse poi qualche passo slacciandosi la sottoveste; ma il guardiano lo avvertì che poteva tenerla, ed egli se la riabbottonò tranquillamente.

– Non vi turbate, disse il guardiano al paziente. Ma non ce n'era proprio bisogno, perché Kemmler era più calmo di tutti gli astanti.

Fu fatto sedere nella poltrona elettrica ed egli lo fece colla massima indifferenza come se si fosse trattato di porsi a tavola.

Si incominciò subito a passargli le corregge di cuoio intorno al corpo; Kemmler porgeva da sé le braccia ai legami.

Quando le corregge furono strette, il giustiziando disse:

– Guardiano fate a comodo vostro. Non vi affannate; state certo che mi troverete sempre pronto.

Il guardiano mise la mano sulla testa di Kemmler e la fermò contro la lamina d'ottone che guarniva la spalliera della sedia.

Il paziente disse ad alta voce:

– Perfettamente. Vi auguro buona fortuna.

Lo sceriffo Vieling abbassò l'elmo d'ottone, il quale premette la spugna che conteneva contro la sommità del capo.

– Vi assicuro che potreste spingere maggiormente, se vi giovasse, disse Kemmler.

Si ottemperò al consiglio.

Il guardiano Durston prese le corregge che dovevano serrare la testa di Kemmler.

Durante l'operazione il dottor Spizka disse:

– Dio ti benedica, Kemmler.

– Grazie, rispose il condannato.

Il coraggio di Kemmler era sorprendente. Egli conservava nella poltrona fatale la stessa calma colla quale era entrato nella camera.

Il dottor Spitzka, rispondendo alla domanda del guardiano carceriere, assicurò che tutto era finito.

– Pronto! – ripetè Durston e aggiunse:

– Addio.

Poi andò verso la porta, la semiaperse e disse a qualcuno che si trovava di là:

– Tutto è pronto.
La corrente elettrica fu stabilita. Il corpo sussultò violentemente e le membra si rattrassero. I muscoli del viso rivelarono lo spasimo del paziente, ma non si udì il più piccolo grido. Il corpo rimase 17 secondi irrigidito.
Il giurì e i testimoni, si alzarono frettolosamente in quel punto e circondarono la seggiola elettrica.
Il dottor Spitzka, ordinò di sospendere la corrente elettrica dicendo:
– È morto.
– Sì, è morto, ripeté il dottor Mac-Donald, con sicurezza.
Gli altri presenti erano del medesimo parere. Nessuno dubitava della morte di Kemmler.
Il dottor Spitzka, fece osservare che il naso del giustiziato era teso, prova evidente della sua morte.
Nessuno lo contestava.
– Toglietegli l'elmo, disse il dottore, si può portare il corpo allo spedale.
Il dottor Busch, che esaminava attentamente il corpo del paziente, richiamò l'attenzione del dottor Spitzka sopra una macchia rossa che scorgevasi in una mano. Erano gocce di sangue.
– Si ristabilisca la corrente – gridò il dottore – Kemmler non è morto.
Ma la corrente non poté essere ristabilita subito.
Si videro allora cose orribili.
La schiuma colava dalle labbra di Kemmler.
Un leggero alito sembra uscirgli dalla bocca.
Il petto si sollevava.
Si contorceva spaventosamente.
Quando la corrente fu ristabilita, si sprigionò dal corpo un vapore bianco, con una puzza orribile.
Il cadavere di Kemmler bruciava.
Si capì che bisognava interrompere la corrente.
La corrente fu interrotta.
Questa volta Kemmler era ben morto.
Divulgatasi per New-York la notizia di questo nefando supplizio, fu una protesta generale contro l'esecuzione elettrica.
Di quattro carcerati che aspettavano lo stesso supplizio, risaputone l'esito, due impazzirono e si dovette trasportarli al manicomio: gli altri due indirizzarono una fervida supplica al presidente degli Stati Uniti, perché li facesse appiccare.
Non aggiungeremo commenti a questa esposizione di fatti, che è di per se stessa eloquente.

APPENDICE

Annotazioni delle Giustizie eseguite da Gio. Battista Bugatti
e dal suo successore Vincenzo Balducci
(1796 -1870)

Sono qui riportate le note redatte dal Bugatti, il quale aveva l'abitudine di registrare le esecuzioni compiute. Si deve ad Alessandro Ademollo il ritrovamento di questo documento che venne pubblicato per la prima volta da Lapi in Città di Castello nel 1886.

1 **Nicola Gentilucci**, «impiccato e squartato» in Fuligno li 22 marzo 1796, per avere ammazzato un sacerdote, un vetturino e grassato due frati.
2 **Sabatino Caramina**, «impiccato» in Melia li 14 gennaio 1797, per omicidio
3 **Marco Rossi**, «mazzolato e squartato» in Valentano li 28 marzo 1797, per avere ucciso suo zio e suo fratello cugino.
4 **Giacomo dell'Ascensione**, «impiccato» al Popolo li 7 agosto 1797, per avere sfasciato molte botteghe.
5 **Pacifico Sentinelli**, «impiccato» in Jesi li 30 ottobre 1797, per avere ucciso il carceriere con la sua moglie.
6 **Gregorio Silvestri**, «impiccato» al Popolo li 18 gennaio 1800, reo convinto di cospirazione.
7 **Antonio Felici**
8 **Gio. Antonio Marinucci**
9 **Antonio Russo**
«Impiccati» a Ponte li 20 gennaio 1800, per grassazione.
10 **Pietro Zanelli**, «impiccato» a Ponte li 22 gennaio 1800, per monetario falso.
11 **Francesco Gropaldi**, «impiccato» a Ponte il dopo pranzo li 22 gennaio 1800, per grassazione.
12 **Ottavio Cappello**, «impiccato» a Ponte li 29 gennaio 1800, per aver tentato nuova rivoluzione per arme proibita.
13 **Alessandro d'Andrea**, «impiccato» a Ponte il primo febbraio 1800, per aver rubato un orologio.
14 **Gio. Batta Genovesi**, «impiccato, squartato e bruciato il corpo» a Ponte li 27 febbraio 1800; la testa fu portata all'Arco di S. Spirito, per aver rubato due pissidi.
15 **Gioacchino Lucarelli**
16 **Luigi de Angelis**
17 **Lorenzo Robotti**
18 **Giovanni Rocchi**
19 **Antonio Mauro**
«Impiccati e tagliate le teste e braccia», e messe a Porta Angelica li 6 maggio 1800, «e due furono bruciati» a Ponte, per avere strozzato e assassinato un prete.

20 **Bernardino Bernardi**, della medesima causa, «impiccato e tagliato la testa e braccia» e messe a Porta S. Sebastiano, li... anno suddetto.
21 **Giuseppe Zuccherini**
22 **Giuseppe Sfreddi**
23 **Giacomo d'Andrea**
«Impiccati e squartati» al Popolo li 19 gennaio 1801, per avere assassinato il Corriere di Venezia.
24 **Luigi Puerio**
25 **Ermenegildo Scani**
26 **Gaetano Lideri**
27 **Leonardo Ferranti**
«Impiccati e squartati» in Camerino li 27 gennaio 1801, per avere assassinata una principessa spagnola.
28 **Teodoro Cacciona**, «impiccato e squartato» al Popolo li 9 febbraio 1801, per avere rubato un ferraiolo, un paio di stivali e L. 60.
29 **Fabio Valeri**, «mazzolato e squartato» in Albano li 14 febbraio 1801, per avere grassato il pizzicagnolo dell'Ariccia.
30 **Francesco Pretolani**, «impiccato e squartato» in Viterbo li 21 febbraio 1801, per avere grassato e ucciso un oste con sua moglie.
31 **Giovanni Fabrini**, «impiccato» al Popolo li 6 giugno 1801, per omicidio sotto la Pace.
32 **Domenico Treca**, «impiccato» a Subiaco li 4 luglio 1801, per avere uccisa la moglie, un prete ed un'altra persona.
33 **Benedetto Nobili**, «mazzolato» al Popolo il primo settembre 1801, per avere ucciso sua moglie, sua comare ed incendiato la casa.
34 **Antonio Neri**, «impiccato» in Ancona li 26 settembre 1801, per avere rubato con chiave falsa ad un orefice due mila scudi in oro e argento.
35 **Domenico de Cesare**, «impiccato» a Ponte li 8 febbraio 1802, per avere grassato uno spazzino.
36 **Ascenzo Rocchi**
37 **Gio. Batta Limiti**
«Impiccati e squartati» a Ponte li 20 febbraio 1802, per avere grassato li carrettieri.
38 **Gio. Francesco Pace di Venanzio**, «mazzolato, scannato e squartato» a Ponte li 15 marzo 1802, per avere ucciso un ebreo e grassato.
39 **Domenico Zeri**, «mazzolato e scannato» in Fermo li 3 aprile 1802, per avere ucciso il padre.
40 **Salvatore Bozzi**
41 **Giuseppe Flacidi**
«Impiccati e squartati» a Ponte li 28 aprile 1802, per grassazione.

42 Agostina Paglialonga, «impiccata» in Orvieto li 5 maggio 1802, per avere fatto tre fanticidi.
43 Antonio Nucci, «mazzolato e squartato» in Perugia li 8 maggio 1802, per avere ucciso e grassato un frate.
44 Luigi Fantusati, «mazzolato e squartato» in Perugia li 8 maggio 1802, per avere ucciso e grassato il suo padrone.
45 Giovanni Ferri
46 Fortunato Ferri
47 Nicola Ferri
Fratelli carnali, «impiccati e squartati» in Terracina, per avere grassato il corriere di Napoli, li 25 maggio 1802.
48 Gio. Batta Germani, «impiccato» in Ceccano li 29 maggio 1802, per omicidio volontario.
49 Cosimo Moronti, «impiccato» in Genazzano il primo giugno 1802, per omicidio, a caso pensato.
50 Filippo Cataletti, «impiccato» in Frosinone li 18 giugno 1802, per omicidio.
51 Felice Rovina, «impiccato» in Collevecchio li 7 luglio 1802, per avere strozzato un eremita.
52 Bernardino Palamantelli, «impiccato» a Ponte li 13 settembre 1802, per omicidio e grassazione.
53 Stefano Viotti, «mazzolato» in Subiaco li 23 novembre 1802, per avere ucciso il padre.
54 Francesco Angelo Sorelli, «impiccato» in Ronciglione li 15 dicembre 1802, per avere ucciso una donna.
55 Giacomo Balletti, «mazzolato» in Ronciglione li 15 dicembre 1802, per avere ucciso il padre.
56 Domenico Guidi, «impiccato» in Viterbo li 18 dicembre 1802, per omicidio, con avergli intimato la morte 22 per le 23.
57 Antonio Lavagnini, «impiccato e squartato» in Zagarola li 5 febbraio 1803, per aver grassato un uomo avendogli levato 27 paoli.
58 Gio. Domenico Raggi
59 Giuseppe Cioneo
«Impiccati» in Viterbo li 5 marzo 1803, per omicidj e grassazioni.
60 Antonio Boracocoli, «impiccato» in Ancona li 15 marzo 1803, per aver dato più coltellate ad un marinaro, lo gettò nel mare ma non restò estinto, e gli levò 200 scudi.
61 Francesco Conti, «impiccato» in Città di Castello li 26 aprile 1803, per avere levato la verginità a forza ad una zitella in casa del padre con altri cinque compagni, e gli levarono un valsente di 30 scudi.

62 **Angiolo Rossi**, «impiccato» in Gubbio li 2 maggio 1803, per omicidio bestiale e irragionevole.
63 **Giovanni Tranquilli**
64 **Vincenzo Pellicciari**
«Impiccati e squartati» a Ponte li 21 maggio 1803, per grassazione e furti.
65 **Nicola Rossi**, «mazzolato e squartato» in Terracina li 7 giugno 1803, per avere ucciso il Cancelliere di Terracina e la sua testa fu posta in Cisterna.
66 **Giuseppe delle Broccole**, «impiccato» in Frosinone li 8 agosto 1803, per omicidio e furti.
67 **Vincenzo Bianchi**, «mazzolato e squartato» in Orvieto li 10 dicembre 1803, per omicidio e grassazioni.
68 **Giuseppe Ceci**, «impiccato» in Frosinone li 8 marzo 1804, per omicidio e grassazioni.
69 **Crescenzio**, ossia Vincenzo Imondi, «impiccato» in Frosinone li 12 luglio 1804, per omicidio volontario.
70 **Mattia Ricci**, «impiccato» al Popolo li 22 settembre 1804, per omicidio e resistenza alla Corte.
71 **Angiolo di Pietro di Agostini**, «impiccato e squartato» in Cascia li 10 ottobre 1804, per omicidio e sgrasso.
72 **Gregorio Pinto**
73 **Paolo Bimbo**
«Impiccati e squartati» in Iesi li 17 ottobre 1805, per grassazione.
74 **Giuseppe Gatti**
75 **Mattia Gatti**
76 **Valentino Margheri**
«Impiccati e squartati» al Popolo li 12 febbraio 1805, per grassatori.
77 **Domenico Civitella**, «impiccato» il dì suddetto, per grassatore.
78 **Luigi Masi**, «impiccato» a Fermo li 30 marzo 1805 per avere sverginato una zitella, datile diversi colpi e ucciso il padre della suddetta.
79 **Filippo Mazzocchi**
80 **Giuseppe Guglia**
«Impiccati e squartati» a Ponte li 10 giugno 1805, per grassatori.
81 **Sebastiano Spadoni**, «impiccato» a Iesi li 4 settembre 1805, per avere ucciso il fratello carnale e gettato nel pozzo.
82 **Luigi Giovansanti**, forzato, «impiccato» in Civitavecchia li 23 settembre 1805, per avere ucciso un forzato.
83 **Niccola Alicolis**, «impiccato e squartato» alla Merluzza il primo ottobre 1805, per assassinj.
84 **Santi Moretti**, «impiccato e squartato» al Ponticello fuori di Porta San Paolo 1805 dall'aiutante, per grassazione.

85 Gioacchino q.m Bernardino Rinaldi, «mazzolato e squartato» in Campo di Fiore li 9 ottobre 1805, per avere ucciso la moglie gravida di due figli ed il garzone.
86 Paolo Salvati, «impiccato e squartato» in Macerata li 11 dicembre 1805, per avere grassato il corriere del Papa ed un forastiere.
87 **Bernardo Fortuna**, «impiccato e squartato» a Ponte Felice li 22 aprile 1806, per avere grassato il corriere di Francia.
88 **Pasquale Rastelli**, «impiccato e squartato» in Amelia li 20 maggio 1806, per omicidio e grassazione.
89 **Tommaso Rotiliesi**, «impiccato» a Ponte li 9 giugno 1806, per avere ferito leggermente un ufficiale francese.
90 **Bernardino Salvati**, «impiccato» in Rieti li 12 luglio 1806, per avere ucciso un suo compare.
91 **Giuseppe Pistillo detto Fatino**, «impiccato e squartato» in Terracina li 13 agosto 1806, per grassatore.
92 **Giuseppe Agnone**, «impiccato e squartato» in Terracina li 13 agosto 1806, per grassazione.
93 **Giuseppe Chiappa**, «mazzolato e squartato» in Macerata li 25 settembre 1806, per sicario, cioè fu incombensato di uccidere il padre di un giovane per scudi 50 di premio ed il giovane fu condannato alla galera perpetua.
94 **Gioacchino Cellini**, «impiccato» in Frosinone li 27 gennaio 1807, per omicidj e grassazioni.
95 **Tommaso Grassi**, «impiccato» a Ponte li 15 aprile 1807, per avere ucciso il cognato, ed il suo compagno stette sotto le forche.
96 **Luigi Tomeucci**, «impiccato» in Frosinone li 21 aprile 1807, per più omicidj.
97 **Cesare di Giulio**
98 **Bernardino Troiani**
«Impiccati e squartati» in Campo Vaccino li 2 maggio 1807, per grassatori.
99 **Giuseppe Brunelli**
100 **Agostino Paoletti**
«Impiccati» a Gubbio li 6 luglio 1807, per omicidio a caso pensato per gelosia di donna.
101 **Giuseppe Romiti**, «impiccato» a Narni li 12 dicembre 1807, per omicidio barbaro.
102 **Angiolo Caratelli e il fratello**
103 **Paolo Caratelli**
104 **Antonio Scarinei**
105 **Rosa Ruggeri**
«Impiccati» a Todi li 6 luglio 1808, perché la donna fece ammazzare il marito dai suddetti.

*Seguono le giustizie eseguite nel nuovo edilizio
per il taglio della testa nel Governo Francese.*

106 **Tommaso Tintori**, reo di omicidio, li 28 febbraio 1810.
107 **Saverio Ricca «alias» Principe**
108 **Giuseppe Loi**
Rei di grassazione, li 5 marzo 1810.
109 **Giuseppe Giandomenico**, reo di omicidio e grassazione li 12 marzo 1810.
110 **Anna Morotti vedova Renzi**
111 **Vincenzo Gentili**
112 **Alessandro Valeri**
Rei di omicidio, li 12 aprile 1810.
113 **Domenico Dichilo**
114 **Antonio Talucci**
Rei di omicidj, li 2 aprile 1810.
115 **Raffaele Mori**, per omicidio volontario, li 8 maggio 1810.
116 **Giovanni Scipioni**, per omicidio, li 28 maggio 1810.
117 **Pasquale Masi**, per grassazione, li 27 giugno 1810.
118 **Andrea Dagiuni**, per omicidio, li 3 luglio 1810.
119 **Michele Filippi**, per avere tentato la morte del zio, li 7 luglio 1810.
120 **Niccola Quintarelli**, per omicidio premeditato, li 30 luglio 1810.
121 **Lorenzo Bellucci**
122 **Francesco Teatini**
Per omicidio e grassazioni, li 21 agosto 1810.
123 **Domenico q.m Gaspero Germagnoli**, per uccisione del padre ed una donna, li 10 settembre 1810.
124 **Evangelista Bufalieri**, per omicidio, li 14 detto.
125 **Severio Iaunardi «alias» Sfacona**, per omicidi premeditati e assassini, li 25 suddetto.
126 **Giovanni Cusciè**, per omicidi premeditati, li 14 novembre 1810.
127 **Celio Lanciani**, per omicidio premeditato, detto.
128 **Clemente D'Angelis**, per omicidio premeditato con assassinio verso lo zio, li 19 novembre 1810.
129 **Camillo Cerini**
130 **Caterina Tranquilli**
Omicidio e assassinio, li 26 suddetto.
131 **Antonio Grepi**, per omicidi premeditati, li 9 febbraio 1811.
132 **Giovanni Croce**, per omicidio con assassinio, li 2 maggio 1811.
133 **Gaspero Bacciarelli**, per assassinio, li 18 maggio 1811.
134 **Domenico Brucchioni**

135 **Gradigliano Patricelli** per assassinio, li 25 giugno 1811.
136 **Bartolomeo Andreozzi**, per assassinio, li 4 luglio 1811.
137 **Gio. Domenico Pensierosi**
138 **Nicola Reali**
Per assassinio, li 13 luglio 1811.
139 **Silverio Patrizi**, per omicidio ed assassinio, li 22 detto.
140 **Prospero Montagna**, per omicidio con premeditazione, li 6 novembre 1811.
141 **Luigi Matocci**, per omicidio con premeditazione, li 31, dicembre 1811.
142 **Francesco del q.m Pietro Paolo Mattia**, per assassinio, li 3 febbraio 1812.
143 **Domenico Cracciani**, per omicidio con premeditazione, li 22 suddetto.
144 **Lorenzo Tiberi**, per omicidio in persona del zio, eseguita la giustizia in Poggio S. Lorenzo li 18 marzo 1812.
145 **Giuseppe Trombetti**, per omicidio premeditato, e
146 **Pasquale De Sartis**, per assassinio, li 30 marzo 1812.
147 **Luigi Lombardi**, per assassinio, li 2 ottobre 1812.
148 **Maria Antonia Tarducci**, per infanticidio, li 10 novembre 1812.
149 **Emanuel Calvi**, per omicidio ed assassinio, li 10 novembre 1812.
150 **David Troia**
151 **Domenica Senese**
Per omicidio demandato, li 9 dicembre 1812.
152 **Giuseppe Padovani**, per assassinio con furto, li 12 dicembre 1812.
153 **Benedetto Canale**, per assassinio, e
154 **Giuseppe Sprega**, per omicidio con premeditazione, li 25 gennaio 1813.
155 **Pompeo Greco**, per assassinio con premeditazione di omicidio, li 29 gennaio 1813.
156 **Germano Franchi**, per tentativo d'uccisione con premeditazione; accaduta la esecuzione in Supino li 15 febbraio 1813.
157 **Gio. Crisostomo Martini**, per assassinio, li 2 aprile 1813.
158 **Angiolo Maria Parisella**
159 **Antonio Gasparoni**
Per assassinio con premeditazione, li 15 novembre 1813.
160 **Francesco Grossi**, per omicidio con premeditazione, li 24 novembre 1813.
161 **Luigi Bellaria**, per omicidio con premeditazione, li 28 dicembre 1813.

Governo Pontificio.

162 **Gio. Antonio Antonelli**
163 **Pietro Proietto**
«Forca e squarto», per grassatori, li 22 ottobre 1814.

164 **Vincenzo Zaghetti**, per omicidio con grassazione, «alla forca», e
165 **Sebastiano Tirelli**, per grassazione, «forca e squarto», li 3 dicembre 1814.
166 **Francesco Quagliani**
167 **Mariano Bonotti**
168 **Gaetano Giordani**
169 **Angiolo Pozzi**
Per grassatori, «forca e squarto», li 13 marzo 1815.
170 **Antonio Cipriani**, «mazzola e squarto», per omicidio e ladrocinio; eseguita la giustizia in Norcia li 14 agosto 1815.
171 **Francesco Perelli**, per omicidio appensato, «alla forca», e
172 **Carlo Castri**, «forca e squarto» per grassazioni, li 17 febbraio 1816, al Popolo.
173 **Domenico Posati**, «forca» per omicidj con premeditazione, eseguita in Narni li 7 marzo 1816.
174 **Giuseppe Fiacchi**, «forca» per omicidio premeditato in odio di Liti Civili in Spoleto, li 9 marzo 1816.
175 **Giuseppe Micozzi**, per omicidio proditorio con ladrocinio, «mazzola e squarto» al Popolo, li 6 aprile 1816.
176 **Vincenzo Bellini**
177 **Pietro Celestini**
178 **Domenico Pascucci**
179 **Francesco Formichetti**
180 **Michele Galletti**
Rei di più grassazioni; eseguita in Roma li 18 maggio 1816, di «forca e squarto», al Popolo.
181 **Gioacchino de Simoni**, «mazzola e squarto» in Collevecchio li 27 maggio 1816, per omicidio barbaro in persona della moglie.
182 **Giuseppe Tomei**, «forca» a Ponte, per omicidio con premeditazione, li 17 agosto 1816.
183 **Antonio Antoniani**, «forca» a Ponte, per omicidio con premeditazione, li 7 settembre 1816.
184 **Tommaso Borzoni**, «taglio della testa» al Popolo, per omicidi appensati e ladrocini, li 2 ottobre 1816.
185 **Pietro Spallotta**
186 **Benedetto Piccinini**
187 **Carlo Antonio Montagna**
«Taglio della testa e squarto» al Popolo, per grassazione, li 10 ottobre 1816.
188 **Carlo Desideri**
189 **Luigi Brugiaferro**
190 **Giovanni Mora**
«Forca e squarto» in Viterbo per grassazioni, li 16 ottobre 1816.

191 Paolo Antonini
192 Francesco Di Pietro
«Taglio della testa» al Popolo, per grassazioni, li 14 dicembre 1816.
193 Saverio Gattofoni, «taglio della testa» in Macerata, per avere ucciso sua moglie, li 20 gennaio 1817.
194 Antonio Guazzini, «impiccato» in Firenze, per omicidio e grassazione, li 22 febbraio 1817.
195 Gio. Francesco Trani
196 Felice Rocchi
197 Felice De Simoni
«Decapitati» al Popolo, per omicidi e grassazioni, li 19 maggio 1817.
198 Agostino Del Vescovo, «decapitato» al Popolo, per omicidio e ladrocinio in persona di un prete, li 19 luglio 1817.
199 Antonio Casagrande, «decapitato e squartato» in Gubbio, e la testa posta alla porta della città, per avere ucciso tre ragazzi, due maschi e una femmina, con ladrocinio, li 28 agosto 1817.
200 Angiolo Conti, «decapitato» al Popolo, per omicidio in persona della moglie, li 9 settembre 1817.
201 Alessandro Papini, «decapitato» al Popolo, per ladrocini e grassazione, li 30 settembre 1817.
202 Domenico q.m. Giacomo Gigli, romano, «decapitato» al Popolo, per omicidio irragionevole, il primo dicembre 1817.
203 (da ebreo) Angelo Camerino, (da cristiano) Giuseppe-Angiolo, «impiccato» in Ancona, per omicidio, li 13 gennaio 1818.
204 Ambrogio Piscini, «decapitato» in Loreto, per omicidio e grassazione, li 14 gennaio 1818.
205 Antonio Galeotti, «decapitato» in Perugia, per omicidio proditorio e furto, li 23 febbraio 1818.
206 Andrea Emili, «decapitato» al Popolo, li 13 aprile 1818, per avere ucciso il padre; la sua testa trasportata e messa sulla porta di Rocca Priora.
207 Martino Sabatini
208 Andrea Ridolfi
«Forca e squarto» in Viterbo, li 22 aprile 1818, per più grassazioni, e trasportati detti quarti.
209 Antonio Cicolono
210 Luigi Renzi
«Forca» in Rieti, per grassazione ed omicidio, li 21 novembre 1818.
211 Angiolo Antonio Piccini, «forca» in Viterbo, li 12 dicembre 1818, per più delitti e grassazioni, e per il barbaro omicidio in Civitella in persona della signora Bonfiglioli, con derubamento in sua casa.

212 **Domenico Fontana**, «decapitato» al Popolo, per più omicidj, li 10 marzo 1819.
213 **Andrea q.m Giuseppe Dolfi**, romano, «decapitato» al Popolo, per omicidio irragionevole, essendo forzato al Colosseo, li 2 agosto 1819.
214 **Raffaele Vattani**, romano, «decapitato» al Popolo, per veneficio in persona della moglie, li 15 settembre 1819.
215 **Pasquale q.m Vincenzo Ferrini**, regnicolo, per grassazione, «decapitato» al Popolo, li 2 dicembre 1819.
216 **Elia Sauve**, per ladrocinio, «decapitato» al Popolo, li 16 settembre 1820.
217 **Leonardo Narducci del fu Bartolommeo**, d'Ischia, per omicidj e grassazioni, «appiccato e squartato» a Viterbo, li 26 ottobre 1820.
218 **Gio. Batta Clementi di Giuseppe**, da Rotella nella delegazione d'Ascoli, «decapitato» al Popolo, per omicidio e ferite qualificate, li 27 gennaio 1821.
219 **Carmine q.m Pietro Scaccia di Torrici**, diocesi di Frosinone, di anni 23, reo di più grassazioni, «decapitato» al Popolo, li 7 aprile 1821.
220 **Giuseppe Moriconi** e
221 **Benedetto De Carolis**
«Decapitati» al Popolo, per grassazioni, li 7 giugno 1821.
222 **Carlo Samuelli** e
223 **Salvatore Torricelli, di Tivoli**
«Decapitati» al Popolo, per grassazioni, li 14 giugno 1821.
224 **Francesco Monti**
225 **Domenico Taschini**
226 **Luigi Onelli**
«Decapitati» al Popolo, per grassazioni, li 28 luglio 1821.
227 **Vincenzo Zaccarelli**
228 **Vincenzo Moretti**
«Decapitati» a Ponte S. Angelo, per omicidj irragionevoli, li 6 agosto 1821.
229 **Francesco q.m Niccola Ferri**, «fucilato» alla Bocca della Verità li 23 marzo 1822, e la sua testa portata a Collepiccolo, distante miglia 46 da Roma.
230 **Giuseppe Bartolini**, «decapitato» in Viterbo, per più grassazioni ed omicidi barbari, li 30 aprile 1822.
231 **Angiolo Antonio fu Giuseppe Monterubianesi**
232 **Pietro Antonio fu Giovanni Profeta**
233 **Angiolo fu Giorgio Mannelli**
«Decapitati» a Ponte Sant'Angelo, per grassazioni, li 8 giugno 1822.
234 **Domenico Piciconi di Caprarola**, reo di omicidio, assassinio ed altro, «decapitato» in Viterbo, li 24 maggio 1823.
235 **Giovanni Binzaglia**, «decapitato» in Perugia, li 13 agosto 1823, reo di omicidio in persona di una ragazza di anni 16.

236 **Francesco Venturi** in Castel Raimondo, per grassazioni ed altri delitti, li 18 dicembre 1823.
237 **Antonio Capriotti**, «decapitato» in Fermo, per omicidio volontario e grassazioni, li 10 luglio 1824.
238 **Niccola Sebastianelli**, «decapitato» alla Bocca della Verità, per grassazioni a mano armata, li 15 luglio 1824.
239 **Domenico Maggi**
240 **Girolamo Candelori**
«Decapitati» alla Bocca della Verità per grassazioni e latrocinio, li 24 luglio 1824.
241 **Pasquale Ciavarra**, «decapitato» in Frascati, per omicidio e grassazioni, li 6 ottobre 1824.
242 **Giuseppe Panecascio**, «decapitato» in Frascati, per omicidio e grassazioni, li 6 ottobre 1824.
243 **Michele Farelli**
244 **Camillo Pistoia**
«Forca» in Pisterzo per aderenza all'assassini briganti, li 26 ottobre 1824.
245 **Tommaso Transerini**, «forca» in Propeli, per aderenza agli assassini briganti, li 27 detto.
246 **Marco Quattrociocchi**, «forca» a S. Francesco, per i suddetti motivi, li 17 novembre suddetto.
247 **Giuseppe Sebastianelli**, «forca» a Vallecorsa, per aderenza agli assassini briganti, li 20 novembre 1824.
248 **Francesco Cerquozzi**, «forca» a S. Lorenzo, come sopra, li 22 novembre 1824.
249 **Giovanni Pietrantoni**
250 **Biagio Cloggi**
251 **Vincenzo Bovi**
«Forca» in Giuliano come sopra, il primo dicembre 1824.
252 **Cesare Menta**, «forca» a Supino, come sopra, li 2 dicembre 1824.
253 **Giovanni Montini**, «forca» a Pratica, come sopra, li 19 gennaio 1825.
254 **Domenico Avoletti**, «forca» in Frosinone, per omicidi con premeditazione, li 14 aprile 1825.
255 **Lorenzo Maniconi**, «forca» in Supino, per assassino brigante, li 18 aprile 1825.
256 **Giovanni Gasbarroni,**
257 **Angiolo Gasbarroni**
«Forca» in Supino, per aderenza agli assassini briganti; li 18 suddetto.
258 **Casimirro Rainoni**, «decapitato» in Ancona, per omicidio irragionevole, li 19 luglio 1825.

259 Leonida Montanari
260 Angiolo Targhini
«Decapitati» al Popolo li 23 novembre 1825, rei di lesa maestà e per ferite con pericolo.
261 Giuseppe q.m Vincenzo Franconi, «mazzolato» al Popolo li 24 gennaio 1826, reo di omicidio e ladrocinio in persona di un prelato.
262 Luigi Ponetti, «decapitato» al Popolo, il primo marzo 1826, per omicidio con qualità gravanti.
263 Pietro Antonio q.m Felice Tanucelli, «decapitato» al Popolo, li 15 marzo 1826, per omicidio irragionevole.
264 Lorenzo Raspante, «decapitato» in Viterbo, li 6 maggio 1826, per omicidio barbaro e qualità gravanti.
265 Giuseppe q.m Biagio Macchia, macellaro reo di omicidio in persona della moglie, «decapitato» li 16 settembre 1826.
266 Luigi Zanoli
267 Angiolo Ortolani
268 Gaetano Montanari
269 Gaetano Rambelli
Per omicidj ed attentato di omicidio verso dell'E.mo Rivarola, «forca» in Ravenna li 13 maggio 1828.
270 Abramo Isacco Forti, detto Marchino – ed avvelenamento. (*sic*)
271 Luigi Borgia del fu Camillo da Montoro Romano, per omicidio qualificato e resistenza alla forza con ferite con qualche pericolo, «decapitato» alla Bocca della Verità li 17 gennaio 1829.
272 Filippo di Pietro Cavaterra, «decapitato» in Genzano li 13 luglio 1829, per avere ucciso il zio.
273 Antonio Vichi, «decapitato» in Ancona li 5 gennaio 1830, per avere ucciso due creature con assassinio.
274 Angiolo Pasquali e
275 Giuliano, fratello
Di S. Benedetto, diocesi di Rieti, rei di barbaro omicidio premeditato in odio di lite civile «decapitati» in Rieti li 30 gennaio 1830.
276 Domenico Valeri, «decapitato» in Tolentino, per avere ucciso la moglie, li 15 febbraio 1830.
277 Luigi De Simoni, per grassazioni e più delinquenze, «decapitato» in Albano, li 22 maggio 1830.
278 Vincenzo Bagliega di Chiaravalle, per grassazioni, «decapitato» in Ancona li 12 giugno 1830.
279 Giacomo Martucci, reo di barbaro omicidio, «decapitato» a Codescipoli, li 28 luglio 1830.

280 **Francesco di Tommaso Battistini**, romano, «decapitato» alla piazza di Ponte S. Angelo, per omicidio qualificato con vendetta traversale, li 18 agosto 1830.
281 **Felice di Francesco Teatini di Frascati**, «decapitato» a Ponte S. Angelo, per omicidio irragionevole, li 11 settembre 1830.
282 **Mattia Marinelli**
283 **Giovanni Canulli**
Rei di più grassazioni, «decapitati» li 25 settembre 1830 sulla Piazza di Ponte S. Angiolo.
284 **Antonio Ascolani**, reo di omicidio nella persona del zio, «decapitato» in S. Benedetto, diocesi di Fermo, li 23 ottobre 1830.
285 **Massimo Testa del Serrone**, reo di barbaro omicidio, «decapitato» in Paliano, li 12 luglio 1831.
286 **Prospero Ciolli di Francesco da Olevano**, per prodizione e ladrocinio, «decapitato» a Ponte S. Angelo, li 22 settembre 1832.
287 **Francesco Pazzaglia di Colmurano di Tolentino**, delegazione di Macerata, «decapitato» in Via de' Cerchi, li 4 febbraio 1833.
288 **Antonio Majani della Granciolla**
289 **Francesco Massarini di Falconara**
«Decapitati» in Falconara, diocesi di Ancona per rapina notturna ed assassinio, li 30 marzo 1833.
290 **Luigi Gambaccini d'Arcevia**, «decapitato» in Ancona, per grassazione con omicidio, li 7 maggio 1833.
291 **Giuseppe Balzani della Mendola**, delegazione di Rimini, reo di lesa maestà, e
292 **Giovanni Antonelli romano**, carrettiere, per aver ucciso la moglie, «decapitati» ambedue in Via de' Cerchi, li 14 maggio 1833.
293 **Antonio Urbinati di Paterno**, per omicidio premeditato, «decapitato» in Ancona, li 19 giugno 1833.
294 **Benedetto Mazio del fu Giuseppe**, romano, per omicidj turpi con premeditazione, «decapitato» a Ponte S. Angelo, li 13 luglio 1833.
295 **Luigi Cesaroni di Monte Giuducci**, legazione di Urbino e Pesaro, «decapitato» in Urbino, per omicidio qualificato in persona di Luigi Costantini, li 22 febbraio 1834.
296 **Filippo Risi di Albano**, reo convinto d'omicidio in causa turpe, «decapitato» in Albano, li 14 giugno 1834.
297 **Tommaso Centra di Rocca Gorga**, per omicidio nella darsena di Civitavecchia in persona del cuoco dell'ospedale, «decapitato» in darsena, li 18 giugno 1834.
298 **Mariano Caroli di S. Alberto di Ravenna**, e

299 Stefano Montanari da Cesena, rei ambedue di omicidio nella darsena di Civitavecchia in persona del capo infermiere, «decapitati» in detta darsena come sopra.
300 Giovanni Amicozzi di Monteleone, reo di omicidio con premeditazione, «decapitato» in Rieti, li 30 giugno 1834.
301 Michele Bianchi di Osimo, reo di uccisione della moglie, «decapitato» in Osimo, li 19 agosto 1834.
302 Domenico Egidi, detto Nino, d'Ancona, per omicidio deliberato, «decapitato» in Ancona, li 11 febbraio 1835.
303 Francesco Lucarini «alias» Botticelli, per omicidio barbaro, «decapitato» in S. Stefano, provincia di Frosinone, li 24 marzo 1835.
304 Giovanni Orioli di Lugo, «decapitato» in Roma, li 11 luglio 1835 a Ponte S. Angelo.
305 Francesco Grossi di S. Severino, «decapitato» in detto, per parricidio, li 17 ottobre 1835.
306 Antonio Rongelli di Belvedere, per omicidio deliberato, «decapitato» in Ancona, li 20 febbraio 1836.
307 Antonio Sordini di Spoleto, per omicidio deliberato, «decapitato» in Spoleto, li 26 marzo 1836.
308 Antonio Pianesi di Monte Casciano, per più omicidj, «decapitato» in Macerata, li 27 ottobre 1836.
309 Luigi Galassi di Pofi, per omicidio e grassazione, «decapitato» in Civitavecchia, li 21 dicembre 1837.
310 Paolo Ceccarelli di Poggio Nativo, per omicidio premeditato, «decapitato» in Rieti, li 3 gennaio 1838.
311 Geltrude Pellegrini di Monteguidone, per parricidio in persona del proprio marito, «decapitata» in Via dei Cerchi, li 9 gennaio 1838.
312 Giuseppe Venturini di Albano per omicidio con prevenzione e pensamento, «decapitato» in Via de' Cerchi, li 25 gennaio 1838.
313 Giuseppe Conti di Mangiano
314 Santi Moretti di Castello
Per omicidio premeditato per gelosia di donne, «decollati» in Perugia, li 10 febbraio 1838.
315 Domenico Bombardieri di Filettino, per omicidio in persona della madre, «decapitato» in Frosinone, li 8 marzo 1838.
316 Ilario Ilari di Stefano; di Corneto
317 Pietro Paolo Panci di Domenico Antonio; di Corneto
318 Domenico Caratelli
319 Giuseppe Bianchi
Di Viterbo, per grassatori «decapitati» in Viterbo, li 17 aprile 1838.

320 Antonio Piero da Jesi, per omicidio barbaro, «decapitato» in Jesi li, 26 aprile 1838.
321 Luigi Martelli
322 Niccola Guadagnoli
Di Manno, «decapitati» in Manno, li 24 luglio 1838, per omicidio e grassazione
323 Luigi Perugini del fu Vincenzo, di Montolono, «decapitato» alla Madonna de' Cerchi, li 4 settembre 1838, per ladrocinio.
324 Domenico Antonio Bellini di S. Angelo in Capoccia, «decapitato» in Tivoli, li 27 settembre 1838, per barbaro omicidio qualificato.
325 Dionisio Prudenzi di Camerino «decapitato» in detto, li 27 ottobre 1838 per ussoricidio in persona della moglie (*sic*.).
326 Francesco Ferretti di Anagni reo di omicidio premeditato, «decapitato» in Anagni, li 3 luglio 1839.
327 Pietro Pieroni, per omicidio e ladrocinio, «decapitato» a Ponte S. Angelo, li 15 ottobre 1839.
328 Luigi Quattrociocchi, reo di omicidio con animo deliberato, «decapitato» in Veroli, li 5 novembre 1839.
329 Girolamo Mazza del fu Lorenzo di S. Marino, per parricidio in persona di Antonio Celli come demandato, «decapitato» in Via de' Cocchi, (*Cerchi?*) dell'età di anni 29, li 19 febbraio 1840.
330 Anna Tomasi-Celli, «decapitata» nello stesso giorno e luogo, dell'età di anni 40.
331 Pietro Bidei, per omicidio e grassazione, «decapitato» a Civitacastellana, li primo aprile 1840.
332 Mariano Laura Romano di anni 30 per omicidio deliberato, «decapitato» in Via de Cerchi, li 13 maggio 1840.
333 Luigi Scopigno di Rieti, «decapitato» a Ponte S. Angelo, li 21 luglio 1840, per furto sacrilego della sacrosanta pisside con la dispersione delle sacrosante particole.
334 Bernardo Coticone, reo di omicidio, di Rosano, con premeditazione, in Tivoli, li 28 luglio 1840.
335 Tommaso Brunori di S. Giovanni Rietino
336 Pasquale Priori di Segni
Per omicidj nel Bagno di Spoleto, ambedue «decapitati», li 6 agosto 1840 nella Rocca di Spoleto.
337 Angelo Crivelli «alias» Epifani di Terni, per vari omicidj in persona del diacono Valentino Bevilacqua, e chierico Basilio Luciani, ed secolare Raimondo Trippa, «decapitato», li 8 agosto 1840 in Terni.
338 Pacifico Maccioni di Cingoli di anni 26, e

339 Filippo Duranti di Golignano, Delegazione di Ancona, di anni 25, ambedue rei di grassazione, ed omicidio in persona d'uno Svizzero fuor di Porta S. Pancrazio, «decapitati» a Ponte, li 22 agosto 1840.
340 Baldassarre Fortunati di Torri in Salina e
341 Vincenzo Stefanini di Torri in Salina, di anni 29, ambedue rei di omicidio con animo di rubare, «decapitati» in Rieti alla Piazza del Mercato, li 21 settembre 1840.
342 Angelo De Angelis
343 Antonio De Angelis: fratelli,
344 Giuseppe De Benedetti, tutti e tre «decapitati» in Tivoli per omicidio e grassazione, li 13 gennaio 1841.
345 Vincenzo Morbiducci di Albacina, «decapitato» in Macerata il primo marzo 1841 per omicidio premeditato nella sua età di anni 61.
346 Pacifico Lezzerini di Cingoli, per omicidio premeditato e grassazione, «decapitato», li 4 marzo 1841 in Cingoli nella sua età di anni 25.
347 Damiano Marconi, figlio di Nicola, di anni 29, di Capranica;
348 Antonio Demassini, del fu Pietro, della Fratta, di anni 35;
349 Angelo Casini, d'Eugenio, di Carbognano, di anni 25; tutti e tre in causa di omicidio nella Galera di Civitavecchia, in cui erano forzati, in persona dell'infermiere, condannati alla «decapitazione» in Civitavecchia nella Darsena, li 27 marzo 1841.
350 Pasquale Carbone, del fu Saverio, d'anni 40, di Cresciano nell'Abruzzo, Regno di Napoli, per omicidio in persona di un forzato per nome De Angelis nella Darsena di Civitavecchia, «decapitato», li 27 marzo 1841: e morto impenitente.
351 Lorenzo Jannesi di Arnara, «decapitato», li 22 maggio 1841 in patria per omicidio premeditato.
352 Tommaso Olivieri, romano di anni 24: per omicidio premeditato, «decapitato» in Roma in via de' Cerchi e morto impenitente, li 3 giugno 1841.
353 Luigi Lodi di anni 30, per omicidio premeditato; li 8 giugno 1841 in Civitavecchia nella Darsena.
354 Luigi Galletti, di anni 28, idem.
355 Pietro Firmanti, anni 27, idem.
356 Vincenzo Orlandi di Collevecchio, anni 47, per omicidio, ed altri delitti.
357 Pietro Antonio Amici di Colle Giove, di anni 33 circa, per delitti, cioè ferite ed omicidio, e
358 Michele Spoliti di Colle Giove, di anni 38, per omicidio di piena deliberazione, li 19 giugno 1841. In Rieti, ambedue «decapitati» per una stessa causa.
359 Bernardino Carosi del fu Vincenzo, detto Scelletta, di anni 48: coniugato campagnuolo e segatore di legname, di Borbone, provincia dell'Aquila;

360 Michelina Cimini del fu Antonio, moglie di Giuseppe Carosi, di anni 35, filatrice di Cagnano del Regno sud°;
361 Domenico Recchiuti di Nicola, detto Saponaro, celibe di Lama, Provincia di Chieti, di arte Cardalana, tutti e tre rei di latrocinio ed omicidio premeditato in persona di Caterina Iachizzi moglie di Francesco orologiaro agli Uffizi del Vicario e dal Carosi strozzata, ed incinta di sei mesi, ciò accaduto li 28 giugno 1840; «decapitati» sulla piazza di Ponte S. Angelo li 20 luglio 1841. – Gran tumulto popolare e feriti per cagione di alcuni ladri e borsaroli, ma essi morirono rassegnatissimi.
362 Pietro Tagliacozzo di Olevano, reo di aver uccisa la propria genitrice condannato al «taglio della testa», il giorno 19 gennaio 1842 in via de' Cerchi;
363 Bernardino Mirabelli della Provincia dell'Aquila, reo di parricidio in persona del molinaro di Decima, ambedue di anni quaranta, condannato «al taglio della testa» e successiva esposizione in via de' Cerchi, li 19 gennaio 1842.
364 Domenico Fiori del fu Giuseppe, da Sirolo, di anni 30, reo di omicidio, condannato li 11 luglio 1842 al «taglio della testa» ad ore 12.
365 Pasquale Grespaidi di anni 24 fu «decapitato» in Viterbo il dì 30 luglio 1842 per avere ucciso un carabiniere per averli domandato il suo nome.
366 Gaspare Pierini di Città di Castello, di anni 23, reo di omicidio e sgrasso, «decapitato» il dì 15 ottobre 1842.
367 Luigi Serenga di anni 24, di Fermo, reo per aver ucciso un prete, «decapitato» infermo, li 24 detto mese ed anno.
368 Giuseppe Ricci di Caprarola di anni 24, reo di omicidio deliberato, «decapitato» in Ronciglione li 24 gennaio 1843.
369 Pasquale Boccolini di anni 34, di Loreto, per omicidio premeditato, «decapitato» in Macerata il primo giugno 1843.
370 Gaetano De Angelis
371 Luigi De Angelis
di Velletri rei di omicidio e grassazione, «decapitati» in Velletri li 12 settembre 1843.
372 Domenico Marcelli di Tivoli di anni 21, per latrocinio, «giustiziato» li 30 settembre 1843 sulla piazza della Madonna de' Cerchi.
373 Vincenzo Moresi, romano di anni 22, latrocinio, «giustiziato» come sopra.
374 Giuseppe Salvatori di Saracinesco, governo di Tivoli, per omicidio proditorio, «giustiziato» li 30 settembre 1843 come sopra.
375 Domenico Abbo, «condannato al taglio della testa» il giorno 4 ottobre 1843 ne' Forte di S. Angelo per avere strangolato e sodomizzato il suo nipote carnale con altre brutalità che fanno inorridire.
376 Pietro Rossi, romano di anni 24, pescivendolo per rapine notturne, e ferite di qualche pericolo, in unione di

377 Luigi Muzi, romano di anni 23, calzolaro, del medesimo delitto, condannati alla «morte» in via de' Cerchi il giorno 9 gennaio 1844.
378 Angelo Cece
379 Antonio Tintisona
il primo di anni 21, ed il secondo 25, da Monte Fortino, «decapitati» in Velletri il giorno primo giugno 1844, per grassazione, e ferite, con qualche pericolo.
380 Gio. Battista Rossi di Francesco, di S. Vito, di anni 22 campagnolo, reo di latrocinio, «condannato alla morte esemplare» il giorno 3 agosto 1844.
381 Bartolomeo di Pietro di anni 28, nativo di Roccantica, e
382 Giovanni Girardi di anni 25, nativo come sopra, rei di omicidio in persona di un Frate Minore Osservante in Roccantica «condannati al taglio della testa» il giorno 16 ottobre 1844 in Poggio Mirteto.
383 Angelo Cesarini di Canistro nel Regno di Napoli, di anni 26, reo di omicidio e grassazione in persona del suo fratello cugino, «decapitato» in Paliano li 21 dicembre 1844.
384 Giovanni Vagnarelli del fu Agostino da Gubbio, di anni 26, coniugato, campagnolo, per grassazione, ed omicidio in persona di Anna Cotten Bavarese, condannato «al taglio della testa» li 8 marzo 1845 in via de' Cerchi.
385 Raffaele Gammardella di Ancona forzato, reo di omicidio deliberato, «giustiziato» in Spoleto li 2 aprile 1845.
386 Giuseppe Micozzi
387 Antonio Raffaelli
maceratesi, rei ambedue di omicidio e sgrasso in persona di uno spazzino, «decapitati» in Macerata li 7 aprile 1845.
388 Pietro Bartolini di Ancona, reo di omicidio con animo deliberato contro Berneimer Israelita Svizzero, «decapitato» il giorno 10 aprile 1845.
389 Luigi Percossi, romano, reo di omicidio con animo deliberato in persona di Angelo Bruschi Guardiano, perché il Percossi era forzato; «decapitato» in Roma in via de' Cerchi li 19 aprile 1845 a ore 15.
390 Francesco Antonio Bassani da Monte Compatri di anni 23. Reo di omicidio deliberato in persona di altro forzato nella Rocca di Spoleto, ivi «giustiziato» li 3 luglio 1845, e tale omicidio mentre si faceva la comunione nel bagno.
391 Niccola Trombetta di Patrica nel Lazio, di anni 69, reo di omicidio con animo deliberato in persona del caffettiere di Maenza con furto qualificato; «condannato alla morte» il giorno 12 agosto 1845 in Maenza suddetta.
392 Vincenzo Mariani di Macerata, di anni 26, reo di omicidio deliberato, di professione calzolaro, condannato al «taglio della testa» in via de' Cerchi il giorno 30 agosto 1845.
393 Giuseppe Dragoni di S. Anatolia, Delegazione di Macerata, «decapitato»

in Spoleto li 23 ottobre 1845 per omicidio con animo deliberato in persona del Custode della Rocca di Spoleto.

394 Niccola Ciarrocca di Massignano, di anni 27, reo di omicidio deliberato in persona di una zitella da lui incinta prima di matrimonio, «decapitato» in Massignano sud, li 30 ottobre 1845.

395 Francesco Meloni del fu Pietro, nativo della Scarpa, di anni 34, capraro, reo di omicidio in persona di Maria Lori sua moglie, avendola strangolata; «condannato alla morte esemplare» li 15 gennaio 1846 ai Cerchi.

396 Fedele Moretta e il suo fratello

397 Benedetto Moretta, per grassazioni ed omicidj fatti, ed altre infamità «decapitati» li 4 marzo 1846 in Frosinone.

398 Francesco Sciarra del fu Francesco, nativo di Ienna diocesi di Subiaco, di anni 24, reo di grassazione ed omicidio; «decapitato» in via de' Cerchi il giorno 21 marzo 1846.

399 Michele Pezzana detto Mechelone, di Poggio Renatico, reo di omicidio premeditato, forzato della Rocca di Spoleto, ivi «decapitato» li 26 novembre 1846.

400 Angelo Pecorari, di Poli, di anni 29. Contadino reo di omicidio premeditato in persona di una donna, condannato alla «morte di esemplarità» in Poli li 21 gennaio 1847.

401 Francesco Pesaresi di Osimo, di anni 30, reo per un omicidio fatto in Ancona nel Bagno in persona di un forzato; condannato al «taglio della testa» li 24 aprile 1847 in Ancona.

402 Giovanni Ciampicolo
403 Giuseppe Galli
404 Francesco Pasquali
405 Mauro Franceschelli
Forzati, per tre omicidj fatti nel Bagno, «condannati a morte» il 1° luglio 1847, morti impenitenti in Spoleto.

406 Romolo Salvatori di Cisterna, di anni 40, per aver fatto fucilare dai Garibaldini, in tempo di Repubblica, l'Arciprete di Giulianello in Anagni; «decapitato» in quella città li 10 settembre 1851.

407 Gaetano Pettinelli del fu Giovanni, di Monteleone di Fermo, di anni 34, muratore, per omicidj per spirito di parte; «decapitato» in via de' Cerchi li 27 settembre 1851.

408 Bonaventura Stefanini
409 Benvenuto Cavalieri
410 Pietro Ventroni
tutti e tre «decapitati» sulla piazza di Fabriano li 15 novembre 1851 per tentato omicidio con premeditazione, in persona di un Sacerdote.

411 **Pietro Giammaiere detto Casciotta**, di Terni domiciliato in S. Gemini distretto di Terni delegazione di Spoleto, «decapitato» li 25 settembre 1852 per omicidio e grassazione in piazza di Spoleto.
412 **Sabbatino Proietti** di circa anni 25, «decollato» in Rieti per ladrocinio e grassazione li 20 agosto 1853, morto convertito, ed è stata eseguita la giustizia sulla piazza del Ponte.
413 **Giacomo Biacetti del fu Carlo**, romano, di anni 26, gramiciaro;
414 **Andrea Severi** figlio del vivente Antonio, romano, di anni 28, vaccinaro; rei ambedue di grassazioni e furti qualificati ed omicidio, «decapitati» ai Cerchi li 10 settembre 1853.
415 **Vincenzo Iancoli di Ronciglione**, reo di grassazione ed omicidio;
416 **Francesco Valentini di Letera**;
417 **Francesca Levante** vedova Ferruccini, per omicidio: tutti e tre «decapitati» a Viterbo li 8 ottobre 1853.
418 **Francesco Leandri di Marino**, condannato a «morte» per omicidio per omicidio premeditato li 12 ottobre 1853.
419 **Gustavo Paolo Epaminonda Rambelli del fu Gustavo**, di Ravenna, ex finanziere, di anni 28;
420 **Gustavo Marioni di Giuseppe**, d'anni 29, di Forlì, ex finanziere;
421 **Ignazio Mancini** di anni 30, di Ascoli, ex finanziere; tutti e tre per omicidj commessi il primo il 30 aprile 1849, in persona del Padre Aquila Domenicano, Parroco alla Croce di Monte Mario; il secondo del Padre Pellicciaio Domenicano, Parroco della Minerva, li 2 maggio a S. Calisto, per ordine del crudelissimo Zambianchí Capitano de' Finanzieri, ed altri Sacerdoti uccisero; «condannati al taglio della testa» li 24 gennaio 1854, a Cerchi e morti impenitenti recando scandalo con bestemmie continuate.
422 **Sante Costantini da Fuligno**, scapolo, di anni 24, complice nell'assassinio del Commendatore Conte Pellegrino Rossi; condannato il di 15 novembre 1848 al «taglio della testa» in via de' Cerchi li 22 luglio 1854 alle ore 6 e un quarto.
423 **Pietro Chiappa**
424 **Landerio Civitella**
425 **Paolo Dolci**
426 **Filippo Dolci**
il primo di anni 22, il secondo di anni 30, il terzo di anni 26, ed il quarto di anni 24, tutti Velletrani e rei di grassazioni ed omicidj, condannati al «taglio della testa», giustizia eseguita li 9 agosto 1854 alla Piazza di S. Carlo in Velletri.
427 **Angelo Racchetti di Gradoli**, per omicidio premeditato, «decapitato» nella città di Valentano li 30 settembre 1854.
428 **Giovanni Sabbatini marcheggiano**, per omicidio e tentata grassazione

«decapitato» in Frascati li 15 novembre 1854.

429 Giovacchino Leoni di Caprarola, per omicidio ed incendio alla persona dell'ucciso; «decapitato» in Ronciglione li 28 novembre 1854.

430 Pietro Muzi di Trevisano per aver grassato ed ucciso il proprio compare, «decapitato» nella Città d'Acqua Pendente li 16 gennaio 1855, morì impenitente.

431 Giuseppe De Cesaris di Monte Leone di Cascia condannato per grassazione ed omicidio al «taglio della testa» li 6 febbraio 1855 in via de' Cerchi.

432 Luigi Scipioni di Petescia, di anni 28, «decapitato» in Rieti li 10 febbraio 1855 per omicidio premeditato.

433 Domenico Scappoti di Sismano, di anni 46, per omicidio con animo premeditato, condannato all'ultimo «supplizio» li 15 marzo 1855 in Città di Terni.

434 Bernardino Valeriani del fu Giuseppe da Palombara, di anni 28, bifolco, per omicidio premeditato «decapitato» in via de' Cerchi li 2 maggio 1855.

435 Filippo Troncarelli di Ronciglione, avendo ucciso il suo fratello di anni 29, condannato alla «decapitazione» in Ronciglione li 23 giugno 1855.

436 Crispino Bonifazi di Viterbo, per matricidio fatto in Viterbo condannato all'ultimo «supplizio» li 25 giugno 1855.

437 Francesco Bertarelli di Viterbo, per titolo di grassazione condannato all'ultimo «supplizio» li 25 suddetto.

438 Antonio Moschini dei casali di Viterbo, reo di grassazione condannato all'ultimo «supplizio» li 25 giugno 1855.

439 Giovanni Cruciani di Rieti, per titolo di grassazione condannato al «taglio della testa» in Viterbo li 25 giugno 1855.

440 Paolo Moretti di Monte Fiascone, «decapitato» li 26 giugno 1855, per aver ucciso il suo avversario e quindi la sua sorella carnale, morì alle ore 12.

441 Pietro Antonio Barbero di Grotta di Castro, reo di grassazione, condannato all'ultimo «supplizio» li 27 giugno 1855.

442 Arberto Cicoria di Città di Castello, per ladrocinio e omicidio condannato all'ultimo «supplizio» li 26 giugno 1855.

443 Giosuè Mattioli di Viterbo, per grassazioni condannato all'ultimo «supplizio» in Viterbo.

444 Neri Domenico Vetrella, reo di grassazione; condannato all'ultimo «supplizio» li 30 giugno 1855.

445 Benedetto Ferri di Casali di Viterbo, reo di grassazione condannato a «morte» a Viterbo li 30 giugno 1855.

446 Salvatore Tarnalli di Casali di Viterbo, reo di grassazione condannato alla «morte» in Viterbo li 30 giugno 1855.

447 Antonio del fu Ferdinando De Felici, romano, di anni 35, di professione cappellaro, per attentato commesso in persona dell'Emo. Cardinale Antonelli

segretario di Stato, condannato a «morte» li 11 luglio 1855 in via de' Cerchi.
448 Pietro Ciprini di Viterbo, di anni 19, per grassazione condannato a «morte» in Monte Rosi li 7 agosto 1855.
449 Giacomo Salvatori di Valle Pietra, diocesi di Subiaco, per omicidio, condannato alla «morte» esemplare li 17 agosto 1855 in Subiaco.
450 Luigi Sarra nativo di S. Angelo, di anni 29, e
451 Nicola Arrigoli nativo di Treia, di anni 22, «decapitati» in Civitavecchia li 13 ottobre 1855.
452 Alessandro Guenzi di Sinigaglia, di anni 31, per omicidio; eseguita la giustizia in Toscanella li 15 ottobre 1855.
453 Germano Proietti reo fu «decapitato» in Civita Castellana li 18 ottobre 1855.
454 Arcangelo Finestraro da S. Buceto, per aver ucciso la propria moglie, «decapitato» in Amelia li 20 ottobre 1855.
455 Pietro Pace
456 Giuseppe Partenzi
457 Martino Rossi
Rei di omicidio di una giovane, «decapitati» in Spoleto li 23 ottobre 1855.
458 Maria Rossetti
459 Serafino Benfatti
Rei di omicidio in persona della propria moglie, «decapitati» in Perugia li... 1855.
460 Giovanni Di Giuseppe di Faenza, di anni 36, reo per aver ucciso un ispettore di polizia, «decapitato» li 29 ottobre 1855.
461 Raimondo Bregna, Spagnolo, per omicidio premeditato fatto in Campagnano, «decapitato» li 6 novembre 1855.
462 Cesare Barzetto, romano, di anni 30, e
463 Giacomo del fu Francesco Mercatelli, romano, di anni 30, per aver ucciso il custode delle carceri di Termini, «decapitati» in Roma li 9 gennaio 1856, impenitenti.
464 Lorenzo Mariani di Terni, per omicidio insidioso, morto in Terni li 5 aprile 1856.
465 Giuseppe Conti di Terni, per omicidio insidioso, morto in Terni impenitente il giorno sudetto.
466 Filippo Lucchetti della Piaggia, eseguita la giustizia in Trevi il giorno 7 aprile 1856 per omicidio premeditato.
467 Odoardo Baldassarri di Ancona, per omicidio impremeditato in persona di Francesco Cinti; eseguita la giustizia in Trevi li 14 aprile 1856.
468 Giuseppe Grilli di Albano, di anni 26, per omicidio e grassazione condannato al «taglio della testa» in Albano li 26 aprile 1856.

469 Antonio de Marzi di Albano, di anni 55, per grassazione ed omicidio condannato all'«ultimo supplizio» in Albano il giorno sudetto.
470 Pio Capolei di Marino di anni 22, per omicidio premeditato in persona del Brigattiere Maccaroni di detta Città, «decapitato» in Marino il giorno 8 maggio 1856.
471 Giuseppe Terenziani detto Fritella di anni 59, di Todi, per aver ucciso la propria madre condannato alla «decapitazione» in Todi li 18 giugno 1856.
472 Antonio Caprara detto Ciovettolo, romano di anni 27, facocchio, per omicidio premeditato condannato al «taglio della testa» li 6 settembre 1856.
473 Bartolomeo Oli di Lobo delegazione di Macerata, di anni 36, campagnolo, per omicidio e grassazione «decapitato» in via de' Cerchi il giorno sudetto.
474 Nemesio Pelonzi di Palombara, di anni 30, per omicidio premeditato in persona dello speziale di Palombara «decapitato» in Palombara li 13 dicembre 1856.
475 Francesco Roschini di Marcellina, di anni 27, per omicidio premeditato «decapitato» in Palombara il giorno sudetto.
476 Nicola De Bonis di Marcellina, di anni 27, per omicidio premeditato «decapitato» come sopra il giorno sudetto.
477 Antonio De Angelis di Marcellina, di anni 27, per omicidio premeditato «decapitato» come sopra il giorno sudetto.
478 Achille Malaccari di Ancona di anni 30 per aver ucciso il proprio padre «decapitato» in Ancona li 26 gennaio 1857.
479 Domenico Carloni di S. Valentino diocesi di Perugia, di anni 40, per omicidio e grassazione «decapitato» in Perugia li 7 marzo 1857.
480 Anacleto Marchetti di Giulianello di anni 35, per omicidio di un uomo ed una donna e poi per aver incendiato una casola di grano «decapitato» in Monte Fortino li 5 maggio 1857.
481 Domenico Capolei del fu Ottavio, di Marino per aver ucciso il Governatore di Marino, Luigi Giuliani, «decapitato» in Marino li 2 maggio 1857.
482 Francesco Elisei di Velletri, di anni 23 per omicidio volontario «decapitato» in Civita Castellana li 22 dicembre 1857.
483 Serafino Ciucci di Subiaco, di anni 34, reo di omicidio con animo deliberato di rubare ed altri delitti, «decapitato» in Subiaco li 23 gennaio 1858.
484 Davidde Foschetti di Bassanello, di anni 32, per omicidio di una donna «decapitato» in Orfe li 16 marzo 1858.
485 Giuseppe Berfarelli di Viterbo, di anni 22, «decapitato» in Viterbo li 23 giugno 1858 per omicidio e grassazione.
486 Carlo Camparini di Viterbo, di anni 21, per omicidio e grassazione «morto» in Viterbo il giorno sudetto.

487 **Alpini Giorgio**
488 **Sebbastiano Filippo**
489 **Rossi Pietro di S. Martino**, per grassazione, «decapitati» nella Città di Spoleto li 17 agosto 1858.
490 **Vincenzo Pagliara di Frosinone**, per omicidio con animo deliberato, «decapitato» in Frosinone li 13 ottobre 1858.
491 **Pietro Masciotti**, per omicidio e sgrasso «decapitato» in Perugia li 23 ottobre 1858.
492 **Vincenzo Lodovici**, di anni 33, per omicidio deliberato «decapitato» li 8 gennaio 1859 nella fortezza di Civita Castellana.
493 **Giovanni Cosinia**, di anni 26, del fu Nicola, di Carbognano, condannato alla «morte esemplare» per omicidio li 2 marzo 1859.
494 **Gennaro Castellone**, di anni 28, di Silvestro, di Cellano, per omicidio alla «morte esemplare» li 2 maggio 1859.
495 **Nazareno Caponi**, natio di Monteleone, reo di fratricidio, «decapitato» in Treia li 11 maggio 1859.
496 **Giuseppe Lepri**, di anni 30, nativo di Civitella di Agliano, sgrassatore, «morto» in Viterbo li 17 settembre 1859.
497 **Pietro Pompili**, di anni 33, nativo di Civitella di Agliano, sgrassatore, «morti» impenitenti in Viterbo il giorno sudetto.
498 **Vincenzo Vendetta**, velletrano
499 **Antonio di Giacomo**, velletrano
500 **Luigi Nardini**, velletrano
501 **Antonio Vendeta**, per grassatori ed omicidj «morti» in Velletri li 29 ottobre 1859.
502 **Valentino Antonio di Giacomo**, tutti e cinque velletrani.
503 **Luigi Bonci di Gennaro**, delegazione di Perugia, alla «morte esemplare» li 14 gennaio 1860.
504 **Serafino Volpi di Orvieto**, alla «morte esemplare» li 18 gennaio 1860 in Orvieto.
505 **Antonio Simonetti**, per omicidio con animo deliberato «decapitato» nella Darsena di Civitavecchia li 21 gennaio 1860, morto impenitente.
506 **Giuseppe Alessandrini di Luigi**, di Mosciano di Jesi, di anni 24, condannato dal Tribunale Criminale li 14 marzo 1859 per omicidio alla «morte esemplare».
507 **Lugi Finochi di Corneto**, di anni 30, per uxoricidio «decapitato» in Corneto li 21 luglio 1860.
508 **Adamo Mazzanti, di Jesi**, per omicidio in persona di padre, madre e figlio; fu eseguita la «giustizia» li 12 settembre 1860.
509 **Luigi Gagliardi**, grassatore per assassinio ed omicidio, «decapitato» in

Civitavecchia li 12 gennaio 1861.
510 Nazareno Gercorini, per omicidio e sgrasso per lo stesso motivo come sopra.
511 Gaetano Lucarelli, di Marino, di anni 29, per omicidio traversale «morto» in Marino li 30 aprile 1861 impenitente.
512 Cesare Locatelli, romano, di anni 37, reo di omicidio con animo di parte, «morto» in via de' Cerchi li 21 settembre 1861.
513 Angelo Lisi di Alatri, reo di grassazione con animo deliberato, «morto» in Frosinone li 30 aprile 1862.
514 Angelo Isola di Rocca Secca nel Regno di Napoli, reo di grassazione, morto in Subiaco li 11 giugno 1864.
515 Antonio Olietti, romano, reo di omicidj ed altri delitti, morto in via de' Cerchi li 17 agosto 1864.
516 Domenico Antonio Demartini, regnicolo, reo, di omicidj, «morto» in via de' Cerchi li 17 agosto 1864.

Così finisce la lunga lista del Bugatti.
Rechiamo ora quella brevissima del suo successore.

DECAPITAZIONI
eseguite da Vincenzo Calducci

Nella Darsena di Civitavecchia addì 20 maggio 1865 Saturnino Pescitelli.
In Viterbo addì 17 febbraio 1866 Salvatore Silvestri.
In Bracciano addì 23 maggio 1866 (doveva eseguirsi la sentenza contro Antonio di Giuseppe o Ventura, ma non fu eseguita)[1]
In Roma addì 21 luglio 1866 Francesco Ruggeri e Pasquale Berardi.
In Supino addì 11 febbraio 1867 Paolo Caprara.
In Frosinone addì 11 marzo 1867 Giovanni Capri.
In Veroli addì 12 marzo 1867 Ignazio Bubali.
In Zagarolo addì 8 ottobre 1867 Ascenzo Palifermanti.
In Palestrina addì 23 maggio 1868 Pasquale Dicori.
In Roma addì 24 novembre 1868 Monti Giuseppe e Tognetti Gaetano.
In Rocca di Papa addì 14 luglio 1869 Francesco Martini.
In Palestrina addì 9 luglio 1870 Agabito Bellomo.

---

[1] Ecco la spiegazione del fatto:
Il Condannato salì al patibolo recitando preghiere alla Madonna.
La mannaia non discese perché si erano spostati i travi del palco per il peso delle persone salite sul palco e per essere il terreno molle per la pioggia caduta nel giorno precedente.
Quando la mannaia si arrestò nel discendere il popolo cominciò a gridare: grazia, grazia. Il Carnefice avrebbe voluto ripetere la esecuzione, ma nell'indecisione delle autorità locali si oppose recisamente il Confortatore Monsignor Pelami.
Non essendovi telegrafo a Bracciano si fece immediatamente rapporto al Ministro dell'Interno ed il Pelami volle recarsi in persona dal Ministro a perorare la causa del condannato.
Questi fu ricondotto in Roma e detenuto in carcere, e dopo il cambiamento di governo fu rimesso in libertà.

INDICE

5   Mastro Titta passa ponte – di Marcello Donativi

Mastro Titta il boia di Roma

13   Le prime opere.

18   L'assassinio di un prete.

21   Un bargello e due guardie assassini.

24   La grassazione della Principessa.

28   Lo stupro d'una vergine.

30   La vendetta di un marito oltraggiato.

34   L'assassinio di un Giudìo – Parricidio.

37   Due donne impiccate – Infanticidio e assassinio d'un marito.

40   L'assassinio di un frate cappuccino.

43   La storia di un Eremita.

47   La capanna dell'Eremita.

51   L'attentato e la morte.

56   Amori clandestini.

58   La fuga e il delitto.

61   Indagini infruttuose.

63	La confessione e la morte.
65	Violazione di una promessa sposa.
68	La bella – L'abbacchiaro di Campo de' Fiori.
70	La colpa e il castigo.
72	Il Corriere del Papa.
76	L'aggressione del Corriere del Papa.
80	Scoperta, processo, condanna ed esecuzione.
83	L'assassinio del compare.
86	Un masnadiero di buon cuore.
91	L'assassinio del cognato.
94	Grassatori vili. – Un patto nefando.
98	La scoperta del macellaio.
104	L'inesorabile vendetta.
109	Omicidio brutale.
112	Un assassinio di notte.
114	La seduzione.
117	Estasi d'amore – Rivelazione – Fuga.
120	La vendetta del fratello.
123	Ultime parole di un condannato.

124	Una esecuzione difficile.
126	L'osteria di campagna – I due cacciatori.
129	Doppio omicidio – Il delirio del terrore.
131	Cinque impiccati e squartati in una mattina a piazza del Popolo.
133	I briganti della Faiola.
135	Cuor d'amante e cuor di madre.
137	Un orrendo rogo.
141	La bella contessa – Tentazione.
143	Amori sfrenati – Inclinazione al delitto.
145	L'assassinio.
147	Il processo – La condanna.
150	Un cameriere zelante.
153	Le distrazioni di don Asdrubale.
156	Carità pelosa.
159	Concupiscenza punita.
162	La scoperta del delitto.
164	L'assassinio di tre fanciulli – Viltà del delinquente.
166	Grassazioni – Omicidi – Parricidi.
170	Due opposti temperamenti.

172	L'avvelenamento.
175	Un domestico e un maestro di musica.
178	Le lezioni di piano e canto.
181	Trattative di matrimonio.
184	Gli effetti del rifiuto – Fuga progettata.
186	Il dolce nido – Dubbiezze.
188	L'ingrata sorpresa – Il delitto.
192	Un gruppo di esecuzioni.
194	La bella loretana.
197	Una vendetta.
200	Una cena in tre.
203	Auri sacra fames.
206	L'assassinio e l'espiazione.
208	L'attentato al cardinale Rivarola – Quattro impiccati.
211	Una forosetta eccentrica.
213	I misteri romantici della macchia.
216	Un'orgia d'amore.
219	Matrimonio per ripiego.
221	Incontro inaspettato.

223	L'appuntamento – Da capo.
225	L'ultima notte del marito.
227	Gli ultimi amplessi coll'amante dopo l'assassinio.
231	Amore e ribrezzo.
233	La confessione e la punizione.
236	Le prime armi in galanteria.
239	Un colpo a fondo.
241	Si continua a tutto vapore.
244	A qual punto porta la dissolutezza.
247	Un triste Don Giovanni.
250	Un dramma d'amore in carrozza.
252	Il dissoluto si fa prete.
255	Le gesta del prete.
257	Un'orgia nel palazzo del Cardinale nepote.
261	L'ultimo misfatto – La punizione.
263	Grassatori pentiti e impenitenti – Un bell'incontro.
265	Il complotto – Capriccio erotico.
267	Il misfatto – La scoperta – La civetteria della morte.
269	Un matrimonio mal assortito.

271   Colpo fallito e colpo riuscito.

274   Buona occasione di matrimonio.

277   La Denunzia – La Confessione – Conseguenze.

280   Propositi di vendetta fra moglie e marito.

283   Mutue confidenze ed espansioni.

286   Il fuoco vicino al pagliaio.

289   Patria e senso.

291   L'avventura di Angelo Isola.

Appendice - Le giustizie a Roma

299   L'Amico e segretario di Mastro Titta.

301   Variazioni intorno alla Giustizia papale.

303   Il supplizio dei Carafisti.

305   Il supplizio della Marchesa Anguillara e di Margani.

307   Le liberazioni dei prigionieri.

309   L'Abate Rivarola.

311   Un'impiccagione colle maschere.

314   Don Gaetano Volpini.

316 La gamma del delitto.

318 La donna carnefice — Una impiccagione modello.

321 Barbari sistemi di giustizia.

323 La tortura: Corda e Veglia.

327 La ghigliottina.

332 Atrocità moderne: un'esecuzione elettrica.

336 APPENDICE
Annotazioni delle Giustizie eseguite da Gio. Battista Bugatti e dal suo successore Vincenzo Balducci (1796 -1870)

SCARICA GRATIS L'EBOOK
DI QUESTA OPERA
IN FORMATO EPUB

www.edizionitrabant.it/soti6
PASSWORD: qa83ng5a4

www.ingramcontent.com/pod-product-compliance
Lightning Source LLC
Chambersburg PA
CBHW022006100426
42738CB00041B/147